前 言 FOREWORD

审计总是处于一定的社会环境之中，不可避免地受社会环境的影响和制约。从传统审计到现代审计，审计思想、审计理论、审计方法和审计内容等均发生了很大的变化。审计学作为一门综合性的社会科学，需要不断创新和完善。

本书以新准则的颁布为基础，立足于现代风险导向审计模式，遵循理论与实践相统一的原则，以注册会计师审计为主线兼顾政府审计与内部审计，以财务报表审计为重点，以内部控制审计为基础，以审计风险和审计目标为导向，以审计实务操作和能力培养为根本，系统阐述了审计基本理论知识、基本审计程序与实务操作方法。

本书的突出特点是在知识阐述中引用案例并进行剖析，使学生能比较系统、全面地掌握审计的基本理论及其实务，有利于学生加强对基本理论的理解、基本方法的利用和基本技能的训练，将专业理论和审计实务紧密结合，具有较强的应用性和实践性。

本书的参考学时为 64～94 学时，建议采用理论实践一体化教学模式，各项目的参考学时见下面的学时分配表。

学时分配表

章节	课程内容	学　时
第 1 章	总　论	2～4
第 2 章	职业道德与审计准则	2～4
第 3 章	审计种类与方法	4～6
第 4 章	我国审计的组织形式	2～4
第 5 章	审计程序与审计证据	4～6
第 6 章	审计工作底稿	2～4
第 7 章	审计计划、重要性和审计风险	6～8
第 8 章	内部控制系统及其评审	6～8
第 9 章	销售与收款循环审计	6～8
第 10 章	生产与存货循环审计	6～8
第 11 章	采购与付款循环审计	6～8
第 12 章	投资与筹资循环审计	6～8

章节	课程内容	学　时
第13章	货币资金审计	4~6
第14章	完成审计工作	4~6
第15章	审计报告	4~6
课时总计		64~94

　　本教材由田金玉任主编,并编写第 7~9 章,孟祥松、许淑景任副主编,其中孟祥松编写了第 1~6 章,许淑景编写了第 10~15 章。在编写过程中,我们参阅了有关的文献和资料,在此向这些文献的作者致以诚挚的谢意。

　　尽管我们在探索教材的结构组织方面做了许多努力,但由于编者水平有限,书中难免存在错误和不妥之处,恳切希望广大读者批评、指正。

编　者
2015 年 10 月

21 世纪高等学校
经济管理类规划教材 高校系列

工业和信息化普通高等教育
"十三五"规划教材立项项目

审计学
理论与实务

◎ 田金玉 主编

◎ 孟祥松 许淑景 副主编

AUDITING
THEORY AND PRACTICE

人民邮电出版社

北京

图书在版编目（CIP）数据

审计学理论与实务 / 田金玉主编. -- 北京：人民
邮电出版社，2016.5
21世纪高等学校经济管理类规划教材. 高校系列
ISBN 978-7-115-41512-7

Ⅰ. ①审… Ⅱ. ①田… Ⅲ. ①审计学－高等学校－教
材 Ⅳ. ①F239.0

中国版本图书馆CIP数据核字(2016)第016681号

内 容 提 要

本书立足于现代风险导向审计模式，以财务报表审计为主线，系统阐述了审计基本理论知识、基本审计程序与实务操作方法。在审计基本理论和方法部分，介绍了审计基本概念、审计规范体系、审计的分类和方法、审计程序和审计计划、审计重要性、审计风险与审计策略、审计证据和审计工作底稿、内部控制评价与审计等基本理论、基本技能与基本方法；在审计实务操作部分研究审计业务流程与审计报告，主要阐述业务循环审计、终结审计与审计报告，用比较先进的循环审计方法详细分析了审计实务中的重要程序步骤，并举例说明与之相关的知识点，以增强学生的感性认识。

为了提升学生对所学知识的理解、掌握和巩固，及时检查自己的学习效果，每章后面配有涵盖每章重要内容的复习题，以帮助学生拓宽解题思路和方法，提高运用知识的能力，更好地掌握本书的内容。

本书特别适合作为会计、财务管理、审计、资产评估等财会类专业的通用教材，也适合作为相关人士研究新准则，进行审计知识体系、实务技能更新等继续教育和自学参考用书。

◆ 主　　编　田金玉
　　副 主 编　孟祥松　许淑景
　　责任编辑　张孟玮
　　责任印制　沈　蓉　彭志环

◆ 人民邮电出版社出版发行　　北京市丰台区成寿寺路 11 号
　邮编　100164　电子邮件　315@ptpress.com.cn
　网址　http://www.ptpress.com.cn
　北京鑫正大印刷有限公司印刷

◆ 开本：787×1092　1/16
　印张：20.25　　　　　　　　　　2016 年 5 月第 1 版
　字数：465 千字　　　　　　　　2016 年 5 月北京第 1 次印刷

定价：48.00 元

读者服务热线：(010)81055256　印装质量热线：(010)81055316
反盗版热线：(010)81055315

目 录 CONTENTS

第1章 总 论

本章学习要点

1. 了解我国审计和西方审计发展的概况
2. 理解审计的含义和特点
3. 了解审计的职能和作用
4. 理解审计关系
5. 掌握审计的产生和发展的客观基础
6. 掌握审计具有的功能及作用
7. 重点掌握审计的本质、审计的目标及对象

审计是具有独立性的经济监督活动。维系受托经济责任关系是审计产生和发展的基础，加强经济管理和控制是审计发展的动力。审计对象是指被审计单位的财务收支及其有关的经营管理活动以及作为提供这些经济活动信息载体的会计报表和其他有关资料。一般认为，审计具有经济监督、经济评价和经济鉴证职能。通过审计，对社会经济活动可以起到制约、促进和证明作用。本章共分 4 节内容：审计的起源与发展，审计的基本概念及特点，审计的目标及对象，审计的职能与作用。

1.1 审计的起源与发展

审计的基本职能是经济监督，那么，伴随社会经济管理活动的产生，在一定意义上就必然要求审计这种经济监督活动的出现。由于生产力发展水平不同，社会经济管理方式不同，在社会经济发展的各个阶段，审计的形式、深度和广度也有所差异。

1.1.1 审计的起源

在经济不发达的阶段，由于经济管理活动的规模较小，生产资料的所有者可以亲临管理，经济管理活动集经营管理和经济监督于一体，此时，不需要第三者去审计。随着生产力水平的提高和社会经济的发展，社会财富日益增多，而且剩余的生产产品逐渐集中在少数人手中，经济管理活动的规模逐渐增大，生产资料的所有者不能直接管理和经营其所拥有的财富。同时，社会专业化分工产生了在某领域具有专业知识而且有能力代理他人行使权利的群体，生产资料的所有者授权或委托这个群体代为管理和经营，这就导致了生产资料的所有权

与经营管理权分离，从而形成了委托和代理之间的经济责任关系。生产资料的所有者为了保护其财产的安全、完整并有所增值，需要定期或不定期地了解其授权或委托的代理人员是否忠于职守、尽职尽责地从事管理和经营，有无徇私舞弊及提供虚假财务报告等行为，也就产生了审计需求，为以监督检查为职责的审计诞生奠定了基础。伴随着生产资料的所有者授权或委托熟悉会计业务的人员去审查代理人所提供的会计资料及其他管理资料，以助于在辨明真伪、确认优劣的基础上定赏罚，由此就产生了审计关系。所谓审计关系是由审计主体、审计客体和审计委托人三者之间形成的经济责任关系，审计关系中的审计主体是第一关系人，在审计活动中起主导作用。审计主体与第二关系人及第三关系人不存在任何经济利益上的联系，独立于两者之间，接受审计委托人的委托或授权，对审计客体履行经济契约的经济责任进行审查和评价。审计委托人在审计活动中起决定作用，如果他不委托审计客体对其财产进行管理或经营，那么就不会出现审计客体和审计委托人之间的委托代理经济契约关系，也就不存在委托或授权审计主体对审计客体进行审查和评价。因此，审计是因授权管理经济活动的需要而产生，受托经济责任关系才是审计产生的真正基础。

1. 国家审计的起源

当社会生产力发展到一定的水平上，随着奴隶制国家疆土的扩大与财富的增多，在政治上实行"分土封侯"制度，帝王将在战争中夺来的土地和奴隶赐给诸侯等各级贵族，诸侯再把其中的大部分赏赐给卿大夫。土地属于奴隶主贵族国家所有，诸侯受命于帝王，管理帝王的土地，并向帝王交纳一定的贡赋。这就产生了帝王土地所有权与经营权的分离，帝王与诸侯之间不仅是政治依附关系，也是土地经济责任关系，具备了国家审计产生的基础。

在我国，国家审计的产生可以追溯到西周时代，西周设立有负责审计的官员，称之为宰夫，每旬、月、年终要求财物保管部门将一切账册和会计报告送呈宰夫，由其核验。《周礼》记载"宰夫岁终，则令群吏正岁会；月终，则令正月要；旬终，则令正日成，而以考其治，治不以时举者，以造而诛之。"在周朝官制的天官系统中，设有大宰、小宰和司会等官职。大宰为天官之长，其中有"以八法治官府"之审计职掌，即就会计之中有失考断之；大宰还受计岁会，每三年还要对各级官吏进行一次全面考核，并根据功过进行奖惩。小宰为大宰属员，协助大宰受计。小宰的属员宰夫是周代官厅审计的主持者，是主管"治朝之法"的官员，他不掌管任何财物收支，只负责对各官府的财政收支进行全面审查，就地稽查财物收支情况，临视群吏执行朝法，以维护国王的利益，如发现违法乱纪之事，可越级向天官乃至国王报告，加以惩处，对用财得当者，给予奖励，《周礼》记载"宰夫考其出入，而定刑赏。"尽管这些官职从职能来看与现代审计并不完全相同，但其职责都与审计有关。

在西方，国家审计既具有悠久的历史，又具有具体的内容，同时也体现了现代商品经济发展的需要。据考证，早在奴隶制度下的古埃及、古罗马和古希腊时代，就有了官厅审计机构及政府审计的事实。审计人员以"听证"（Audit）的方式，对掌管国家财物和赋税的官吏进行考核，成为具有审计性质的经济监督工作。

2. 社会审计的起源

社会审计最早产生于合伙人企业出现后。那是因为企业合伙人授权或委托部分合资者经营管理企业，并需要监督检查经营管理者履行合伙契约的情况，同时，要得到参加经营管理的合伙人的认可。因为企业的所有权与管理权有了一定程度上的分离，而需要委托第三者审查，这样就导致了社会审计的诞生。当企业生产规模进一步发展以后，股份有限公司的企业组织一出现，生产资料的所有者和经营者得到了进一步分离，企业授权管理的范围更加扩大，股东与债权人为了维护自身的经济利益，公司经营者为了维护自己的信誉，均需要委托第三者对企业财务状况及有关经济活动进行审计，这更加促进了社会审计的飞速发展。

西方国家的社会审计随着资本主义经济的兴起而形成并得到迅速的发展，最早起源于15世纪欧洲国家的合伙企业。由于地中海沿岸商品贸易得到了发展，便出现了由许多合伙人筹资，委托给某些人去经营贸易的商业运行方式。这样，就导致了财产所有者与经营权的分离，对经营者进行监督就有了必要，1582年，威尼斯会计协会成立，当时便有部分财产所有者聘请会计工作者来承担该项监督检查工作，这便有了社会审计的萌芽。

我国的社会审计随着民族工商业的发展应运而生，1918年9月，北洋政府农商部颁布了《会计师暂行章程》，标志着我国社会审计的诞生。

3．内部审计的起源

科学技术的进步不仅使企业、事业单位及行政管理机关的规模有了扩大，业务范围更加广泛，也导致了授权管理方法的普遍使用、授权层次的增加和授权范围的扩大。这样，部门和单位的最高管理当局就有必要对其下属各层次管理者履行职责的情况进行监督检查，部门和单位的内部审计也就因此而产生。

我国的内部审计伴随着政府审计而逐步形成，如早期的皇室审计、寺院审计均属于内部审计的范畴。现代内部审计在民国时期就已诞生，特别在铁路、银行系统，解放前就有了较为健全的内部稽核制度。

西方国家的内部审计伴随着外部审计逐步形成，同样可以追溯到古代和中世纪，由于受托经济责任关系的产生，经济组织中的内部经济监督也就有了必要，庄园审计、宫廷审计、行会审计、寺院审计因此而产生。不过早期的内部审计与外部审计并无原则上的区别。

1.1.2 审计的发展

中外审计的发展各有特色，国内的官厅审计占主流，丰富多彩；国外的独立审计历史更辉煌，英国古老、美国现代。总体来看，审计的发展有三条道路，即国家审计发展、社会审计发展和内部审计发展。

1．国家审计的发展

从国家审计发展过程看，我国审计的发展经历了五个阶段，即审计形成阶段、审计完善阶段、审计停滞阶段、审计演进阶段和现代审计阶段。

（1）从西周时代至秦汉时期为审计形成阶段。西周是我国奴隶制社会发展的鼎盛时期，政治经济空前繁荣，国家组织和政治经济体制初步形成。在政治上，西周建立起自上而下的宝塔式统治制度；在经济上，农业有了进一步的发展，促进了手工业和商业的发展，国家机构膨胀，周王不能审理一切财政事务，只能派宰夫行使监督之权。可见，西周时期国家审计的产生有其政治经济和社会背景，有其必然性。西周时期国家审计的审计制度与审计方式有一定的先进性，如西周时期的就地稽查和送达审计方式均沿用至今。

秦汉时期，审计地位得到了提升，审计走向独立的阶段，与会计由合一而渐次分离，初步形成了统一的审计模式。秦朝，我国设置御史大夫直接辅佐皇帝，对国家政治和财政进行监督管理，在全国三十六郡设监御史，负责郡、县的政治和财政监察工作。汉承秦制，仍由御史大夫兼上计之职，行使监察大权，制定了处置上计事务的专门律条——《上计律》，完善了自春秋战国时期所形成的上计制度，使我国审计与法相联系，成为我国审计立法的开端，从而标志着全国上下真正形成了完整的国家审计体系。

（2）从隋代至宋代时期为审计完善阶段。隋代正式确立"三省六部"体制。都官部下设四个职能机构，其中设有"比部"，比部"掌勾诸司百僚俸科，调敛、逋欠，因知内外之经费"，是独立的审计组织，独立于财政部门之外。比部具有很强的权威性，开司法审计的先河，行使司法审计监察权，专管"勾稽天下财赋"。

唐代，在"刑部"下设"比部"，据《旧唐书·职官志》记载：比部郎中、员外郎"掌勾诸司百僚俸科、公廨、赃赎、调敛、徒役、课程、逋悬数物，周知内外之经费而总勾之"。"凡仓库出内、营造、佣市、丁匠、功程、勋赏、赃赎、赋敛、赐与、军资、器仗、和籴、屯牧亦勾覆之"。可以看出，唐代比部的审计职权范围得到进一步扩大，并且这个时期开始出现了一些比较明确的审计制度。

宋代，除在刑部之下设有比部外，北宋初还在太府寺内设审计司，并在宋太宗淳化三年（公元992年）设"诸军请司专勾司"，专门审查军政开支。北宋中期，比部的审计职能被划归户部，实行财审合一。南宋设立"审计院"，从此"审计"一词不仅成为我国审计机构的命名，还成了我国财政财务监督的专用名词。

（3）元明清为审计停滞阶段。元朝取消了比部，户部行使审核会计报告权。明朝比部建设基本上保留了唐代的规模，但明洪武二十二年（公元1389年），比部被撤销，标志着历时一千余年的具有中国特色的司法监督性质的比部审计制度正式消亡。明、清时期，设置都察院，十三道监察御史，构成独立的监察系统，虽然行使审计职能，但没有真正意义上的审计。总体来看，元、明、清三代基本上未设专门的审计机构，审计处于中衰时期。

（4）1840～1949年为我国近代审计演进阶段。辛亥革命以后，民国初年，北洋军阀控制下的北京政府在国务院下设"中央审计处"，各省设"审计分处"，分别对中央和地方各级行政机关的财政和财务收支进行审计监督，同时制定了《审计处暂行规定》《暂行审计规则》《执行规则》《收支凭证的证明条例》等审计法规。1914年改审计处为"审计院"，颁布《审计法》和《审计法实施规则》。1928年，国民政府公布《审计院组织法》，仍设"审计院"。1931年改"审计院"为"审计部"，隶属监察院。民国时期审计的一个最重要的特点是：审计法规的完备达到空前的程度。一方面，它突破了历代将审计内容附于其他刑事法规之内的习惯做法，公布了大量的专门的审计法规；另一方面，所颁布的审计法规涉及审计的各个方面，形成了审计法规的体系。

（5）中华人民共和国成立后步入现代审计阶段。中华人民共和国成立初期，全国学习苏联的经验，以会计检查取代了审计，国家未设立独立的审计机构。一方面赋予会计人员以监督财政、财务收支的职权；另一方面实行由主管部门对所属单位进行不定期的会计检查，财政、税务、银行进行业务监督。

随着经济体制改革的推进，人们开始认识到建立社会主义的审计制度、完善社会主义经济监督体系的必要性。1982 年 12 月，第五届全国人民代表大会第五次会议通过了《中华人民共和国宪法》，规定了在我国建立审计机构，实行审计监督制度。1985 年 8 月公布了《国务院关于审计工作的暂行规定》，同年 10 月又公布了《审计工作试行程序》，1988 年 12 月，国务院发布了《中华人民共和国审计条例》，1994 年八届全国人大常委会第九次会议通过了《中华人民共和国审计法》对审计监督的基本原则、审计机关和审计人员、审计机关职责、审计机关权限、审计程序、法律责任等做了全面规定。1997 年国务院又发布了《中华人民共和国审计法实施条例》，从法律上确立了国家审计的地位，为国家审计的发展奠定了良好的基础。

为了全面开展审计工作，完善审计监督体系，1983 年 9 月在国务院设立了审计署，县级以上的各级人民政府也相继成立了审计局，独立行使审计监督权。1984 年 12 月 17 日，中国审计学会成立。

西方国家审计的发展更体现了现代商品经济发展的需要。据考证，早在奴隶制度下的古埃及、古罗马和古希腊时代就有了官厅审计机构及政府审计的事实。审计人员以"听证"（Audit）的方式对掌管国家财物和赋税的官吏进行考核，成为具有审计性质的经济监督工作。在西方的封建王朝中，也设有审计机构和人员，对国家的财政收支进行监督。例如，英国的王室财政审计制度早在 13 世纪就正式建立起来了，至今有七百七十多年的历史。在 11 和 12 世纪，英王一直把持国家的财政大权，在威廉一世时代和亨利一世时代封建统治者在财政部内设置了审计监督部门，即上院（收支监督局）和下院（收支局）执行审计监督。1215 年，英国《大宪章》的颁布制约了英王的权力，奠定了英国国家审计制度产生和发展的政治基础。

资本主义时期，随着经济的发展和资产阶级国家政权组织形式的完善，国家审计也有了进一步发展。19 世纪，欧洲的许多国家确立国家审计机构的职权、地位和审计范围，特别是在宪法或特别法令中都规定了审计的法律地位，授权国家审计机构独立地对财政、财务收支进行监督。如英国，1785 年取消国库审计官，组建了五人审计委员会。1834 年，颁布了修订审计制度的法案，特别审计院长负责国库公款的监督，院长系终身职务。1861 年，开始在众议院设决算审查委员会，第一次真正建立了统一的、独立的审计机构。1983 年 1 月 1 日，通过了《国家审计法案》，取消英国国库审计部，正式更名为英国审计署。英国国家审计署独立于行政部门，代表议会对政府进行监督，向议会报告工作。

现代时期，大多西方国家的政权组织形式实行立法、行政、司法三权分立，议会对政府具有财政监督权，为了监督政府财政收支和财政预算法案的执行情况，维护统治阶级的利益，西方大多数国家在议会下设有专门的审计机构，由议会或国会授权，对政府及公营企事业单位财政财务收支进行独立的审计监督。如美国，在参、众两院建议下，1919 年成立预算特别委员会，把对政府账目的审计从财政部的业务中分离出来；1921 年公布了《预算和会计法》，并根据该法建立了总审计局（美国最高审计机构），总审计局是隶属于国会的独立经济监督机构，受理政府账目审计，以寻求经济有效方式来管理美国政府的公共款项。除中央情报局和总统办公室不能审查外，凡与公共开支有关的事项，总审计局都有权审查。总审计局担负着向国会行使立法权和监督权提供审计信息和建议的职责，总审计长由国会提名，经参议院同意，由总统任命，但总审计局和总审计长不在总统管辖之内，独立行使审计监督权限。另外，英国的审计署（NAO）、加拿大的审计公署等，也都是国家立法部门的独立机构，其审计结果要向议会报告，享有独立的审计监督权限，这是世界上比较普通的立法系统国家审计体制。

西方国家除了立法型的审计体制以外，还有司法型审计体制、行政型审计体制等。如法国审计法院是独立于立法机构（议会）与行政部门（内阁政府）的一个司法机构，审计法院的院长由总统任命，为终身制；审计法院的裁决为终审判决，且有法律效力；国外的国家审计，不论是哪一种类型，都立足于保证国家审计机关拥有独立性和权威性，以便于不受干扰，客观而公正地行使审计监督权。

第二次世界大战以后，西方国家不仅在审计体制上有了较大的发展，更重要的是在审计理论和实务上也有了较大的发展，从传统的财务审计向现代的三 E 审计、绩效审计方面发展，把经济监督和经济管理相互结合。

2．社会审计的发展

西方国家的社会审计是随着资本主义经济的兴起而形成并得到迅速的发展的。英国工业革命以后，产业规模日益扩大，以发行股票筹集资金为特征的股份公司大量涌现。公司所有权与经营权相分离的现象十分普遍，对经营管理者进行监督也成了英国社会的普遍需要，因此，现代社会审计制度便应运而生。英国早期的社会审计没有系统的理论依据和方法体系，只是根据查错防弊的审计目的，对大量的账簿记录进行逐笔审查，即采用详细审计方法，后来人们称之为英国式审计。1720 年，南海公司破产案催生了社会审计的发展，当时面对"南海公司"（the South Sea Company）倒闭，议会组织了一个由 13 人组成的特别委员会，调查南海公司破产事件，查尔斯·斯内尔受托对南海公司破产案的审查，并编制了一份审计报告书，从此，审计正式走向了民间。

英国社会审计的发展过程也是审计师法律地位得到法律确认的过程，1845 年，修订《公司法》规定股份公司可以聘请职业会计师协助审查公司账目，这一规定对社会审计的发展起到了巨大的推动作用；1853 年在苏格兰的爱丁堡创立了"爱丁堡会计师协会"，这是世界上第一个职业会计团体；1862 年，《公司法》确定注册会计师为法定的破产清算人，从而奠定了注册会计师审计的法定地位；1979 年，《公司法》要求银行接受特许会计师的独立审计。英国职业会计师的主要业务是审计，此外还兼做编制财务报表、税务业务、财务和管理咨询等业务，要取得会计师资格必须经过严格的考试和实践。

美国独立战争以后，工业得到发展，为了加强股份公司的会计工作，以代理记账为专业的会计师应运而生。19 世纪后半叶，随着英国资本的大量输入，英国的社会审计也传入了美国。1886 年纽约公布了公证会计师法，1887 年成立了"美国会计师公会"，1916 年改为"美国会计师协会"，后来发展为"美国注册会计师协会"（AICPA），成为世界上最大的会计团体。美国最初的会计师业务主要对合并时的资产进行验证、设计会计制度和为信用目的而进行审计，并非为了维护投资者的利益。20 世纪初，出于银行信贷业发展的需要，有必要对贷款企业的资产负债表进行分析性审计，借以判断企业的偿债能力，于是美国的会计师突破了详细审计的做法，审计对象由会计账目扩大到资产负债表，即美国式的信用审计，审计的目的是判断企业信用状况，审计方法也由详细审计逐渐转向抽样审计，审计报告的使用人扩大到债权人。1929 年的经济大危机和 1932 年的库罗尔事件震撼了美国经济，美国开始重视对投资者利益的保护，1933 年颁布了《证券法》，1934 年颁布了《证券交易法》规定了上市公司必须向交易所提出经过公证会计师审查鉴证的财务报表，这就促使了证券交易审计的诞生。从此，美国社会审计的重点由资产负债表审计发展为以损益表为中心对整个财务报表进行审计，使美国审计进入会计报表审计时代。

我国的社会审计从北洋政府颁布《会计师暂行章程》诞生后，为了规范社会审计的业务范围和要求，又先后颁布了《会计师注册章程》《会计师复验章程》《会计师章程》等。20 世纪 20 年代，一些大城市相继成立了会计师事务所，接受委托执行审计工作，如谢霖 1921 年在北京创办的正则会计师事务所、潘序伦 1927 年在上海创办的立信会计师事务所、奚玉书 1927 年在北京创办的公信会计师事务所、徐永祚 1927 年在上海创办的徐永祚会计师事务所等。1925 年，上海会计师公会成立，这是我国最早的社会审计民间组织。

中华人民共和国建国以后很长一段时间取消了社会审计。党的十一届三中全会以后，为了适应发展商品经济的客观要求和贯彻对内搞活、对外开放总方针的需要，于 1979 年开始陆续设立会计顾问处。1980 年，开始恢复和重建注册会计师制度，财政部颁布了《中华人民共和国注册会计师条例》，同年 5 月开始筹备上海公证会计师事务所，于次年正式开业，接受国内外企事业单位的委托，承办会计和审计的有关业务。

1986 年国务院颁布了《中华人民共和国注册会计师条例》，标志着我国社会审计的发展进入了一个崭新的阶段，1987 年 1 月审计署颁布了《关于进一步开展社会审计工作若干问题的通知》，具体明确了开展审计工作的一些重要问题，然后在审计条例中进一步规定了社会审计组织的性质和业务范围。1988 年中华人民共和国会计师协会成立，我国社会审计开始步入职业化发展之路。1994 年 1 月 1 日《中华人民共和国注册会计师法》的实施，使我国社会审计进入法制化的轨道。1995 年财政部批准发布了《中国注册会计师独立审计基本准则》《独立审计具体准则》第 1 号至第 7 号、《独立审计实务公告》第 1 号和《财办字（1995）26 号》文件，有力地推动了我国社会审计工作的发展及其规范化，从此我国社会审计事业走上了统一发展的道路。1996 年 10 月 4 日，中注协加入亚太会计师联合会，并于 1997 年 4 月当选为理事；1997 年 5 月 8 日，国际会计师联合会（IFAC）全票通过，接纳中注协为正式会员，标志着我国社会审计开始与国际正式接轨。

3．内部审计的发展

20 世纪前后，资本主义经济的发展使生产和资本高度集中，托拉斯式的大型企业大量出现。随着企业生产规模日益扩大化，企业内部只能采取分级、分散管理体制，随之出现了由于管理机构、层次增多产生的内部控制问题。这就要求大型企业内部要设立专门的机构和人员，由最高管理当局授权，对其所属分支机构的经营业绩进行独立的内部审计监督，近代内部审计也就因此而产生。

20 世纪 40 年代，第二次世界大战以后，资本主义经济得到了空前的发展，竞争更激烈，内部审计不断得到重视和发展。企业为了在竞争中求生存、求发展，十分重视加强内部经济监督，实行事前预防性控制，现代内部审计随着内部控制的加强而产生和发展起来。现代内部审计出于经济预测和事先控制的需要开展了事前审计；现代内部审计的领域由财务审计扩大到对经营、管理及经济效益方面的审计；现代内部审计从过去的详细审计改变为以评价内部控制制度为基础的抽样审计。

美国内部审计分为政府内部审计和企业内部审计两个方面。在美国联邦政府各部门和地方政府都设有稽核长办公室，执行内部审计。美国很多大中型企业从 20 世纪 30 年代就设立了内部审计，1941 年在约翰·舍斯顿的领导下成立了内部审计师协会，它是目前世界上唯一致力于推动内部审计和内部审计人员向前发展的国际性组织，通常称之为国际内部审计师协会（IIA），该组织的成立，大大推动了内部审计的发展。美国企业内部审计机构有直属总经理领导、副总经理领导、主计长领导等三种形式。近年来，有的企业内审机构受主计长和审计委员会的双重领导，有较大的独立性。英国的内部审计由部门审计和企业审计组成，一般均由部门或企业最高负责人领导，它的主要职责是对内部控制制度进行监督评价，并提出改进的建议。

进入 21 世纪，西方国家的内部审计的发展由管理保障（即管理会计）向风险保障转变，审计的目标转为以提高企业经验管理水平和经济效益为主，变被动审查为主动提出解决问题的建议。

我国早期的皇室审计、寺院审计均属于内部审计的范畴。现代内部审计在民国时期就已诞生，特别在铁路、银行系统，解放前就有了较为健全的内部稽核制度。解放初期，我国一些大型专业公司和厂矿企业也曾设有内部审计部门，一些中型企业也设有专职的审计人员，只是到 1953 年全面学习苏联后才被撤销。

我国社会主义内部审计是从 1983 年以后才逐步建立起来的。1985 年 12 月公布的《关于内部审计工作的若干规定》要求县级以上政府部门应当设立内部审计机构或审计人员；1988 年，国务院颁布了《审计条例》，对内部审计的机构设置、隶属关系、审计范围及内部审计做了较全面的规定；当内部审计工作开展后，各业务主管部门（部、厅、局）又针对本系统情况做出了系统内部审计的一些具体规定。上述的一些制度和规定，促使我国内部审计走上了依法审计的轨道。

1994 年 8 月颁布了《审计法》，其中第 29 条明确规定，国务院各部门和地方人民政府各部门，国有的金融机构和企业、事业组织，应当按照国家有关规定建立健全内部审计制度。从而在法律上确立了内部审计制度，同时也为进一步完善内部审计工作提供了法律依据。1995 年 7 月审计署发布了《关于内部审计工作的规定》，对于建立健全我国社会主义内部审计制度产生深远的影响。1998 年，为了适应我国加入 WTO 的新形势和内部审计发展的需要，经审计署批准，中国内部审计学会更名为中国内部审计协会，使其成为对行政机关、企业、事业单位和其他组织的内部机构进行行业自律管理的全国性社会团体组织。2001 年，中国内部审计协会开始实行国际上通行的行业自律管理，推动我国内部审计逐步走向职业化。2003 年 3 月审计署颁布了《关于内部审计工作的规定》，标志着我国内部审计走上法制化、规范化的轨道。

中外审计的发展历史表明了随着受托经济责任关系内涵的丰富和范围的扩大，不仅促进了国家审计、社会审计和内部审计的全面发展，还加速了审计目的、审计特征、审计体系、审计内容、审计方法和审计规范方面的变化，促进了现代审计的形成。

1.2　审计的基本概念及特点

1.2.1　审计的含义

早期的审计就是审查会计账目，与会计账目密切相关。现今的审计已超越了查账的范畴，拓展到对工作的经济性、效率性和效果性的查核。美国会计学会对审计的定义是："审计是一个客观地获取和评价与经济活动和经济事项的认定有关的证据，以确认这些认定与既定标准之间的符合程度，并把审计结果传达给有利害关系的用户的系统过程"。从审计总局的工作看，审计的内容包括：①查核各项工作是否遵守有关的法律和规章制度；②查核各项工作是否经济和有效率；③查核各项工作的结果，以便评价其是否已有效地达到了预期的结果（包括立法机构规定的目标）。日本著名审计学者三泽一教授在《审计基础理论》一书中为审计所下的定义是："审计是具有公正不伪立场的第三者就一定对象必须查明的事项进行批评性的调查行为，还包含报告调查结果"。我国的《审计法实施条例》第 2 条对审计所下的定义是："审计是审计机关依法独立检查被审计单位的会计凭证、会计账簿、会计报表以及其他与财政收支、财务收支有关的资料和资产，监督财政收支、财务收支真实、合法和效益的行为"。显然，这个定义是在总结我国国家审计经验的基础上提出来的，也较为符合我国政府审计的现状，但其只是一种描述性定义，缺乏超前性与概括性。

我国审计理论和实务工作者普遍认为："审计是由专职机构和人员对被审计单位的财政、财务收支及其他经济活动的真实性、合法性和效益性进行审查和评价的独立性经济监督活动"。这个定义更符合国人的理解，它准确地说明了审计的本质，审计的主体、客体，审计的基本工作方式和主要目标。这从一定义可以看出：第一，审计是一项具有独立性的经济监督活动，独立性是审计区别于其他经济监督的特征，审计的基本职能是监督，而且是经济监督，是以第三者身份所实施的监督；第二，审计的主体是从事审计工作的专职机构或专职的人员，是独立的第三者，如国家审计机关、会计师事务所及其人员；第三，审计的对象是被审计单位的财政、财务收支及其他经济活动，这就是说审计对象不仅包括会计信息及其所反映的财政、财务收支活动，还包括其他经济信息及其所反映的其他经济活动；第四，审计的基本工作方式是审查和评价，也即搜集证据、查明事实，对照标准，最终形成审计报告，审计人员针对财务报表是否在所有重大方面按照财务报告编制基础编制并实现公允反映发表审计意见，并以审计报告的形式予以传达；第五，审计的目的是改善财务报表的质量或内涵，增强预期使用者对财务报表的信赖程度，即以合理保证的方式提高财务报表的质量，而不涉及为如何利用信息提供建议。也就是说，审计不仅要审查评价会计资料及其反映的财政、财务收支的真实性和合法性，而且还要审查评价有关经济活动的效益性。

因此，现代审计涉及对各项工作的经济性、效率性和效果性的查核，即审计不仅要查明财务会计中的差错与弊端，还要查明会计账目中反映的财务事项或经济活动是否真实存在、准确可靠，是否符合和遵守有关法律和规章制度，是否经济有效和达到预期效果。更值得说明的是，现代审计的基本目的必须确定被审查对象与所建立的标准之间的一致程序或不一致的地方，否则，审计就变得毫无意义。要实现上述审计目的，审计范围势必要扩展到经济活动、经济现象以及社会责任等方面。

1.2.2　审计的本质

从上述审计的含义可以看出审计与会计有着密切的联系，彼此渗透、融会，并且两者目的最终一致，主要表现在：①审计的主要对象是会计资料及其所反映的财政、财务收支活动；②会计资料是审计的前提和基础；③会计活动是经济管理活动的重要组成部分，会计活动本身就是审计监督的主要对象。随着审计的发展，审计和会计的区别越来越突出，主要表现在以下几方面。①产生的前提不同。审计是因经济监督的需要，也即为了确定经营者或其他受托管理者的经济责任的需要而产生的；会计是为了加强经济管理，适应对劳动耗费和劳动成果进行核算和分析的需要而产生的。②两者性质不同。审计处于具体的经营管理之外，是经济监督的重要组成部分，主要对财政、财务收支及其他经济活动的真实、合法和效益进行审查，具有外在性和独立性；会计是经营管理的重要组成部分，主要是对生产经营或管理过程进行反映和监督。③两者对象不同。审计的对象主要是会计资料和其他经济信息所反映的经济活动；会计的对象主要是资金运动过程，也即经济活动价值方面。④方法程序不同。审计方法体系由规划方法、实施方法、管理方法等组成，其目的主要是为了确定审计事项、收集审计证据、对照标准评价，提出审计报告与决定，使用资料检查法、实物检查法、审计调查法、审计分析法、审计抽样法等，其目的是完成审计任务；会计方法体系由会计核算、会计分析、会计检查三部分组成，包括了记账、算账、报账、用账、查账等内容，其中会计核算方法包括设置账户、复式记账、填制凭证、登记账簿、成本计算、财产清查、会计报表等记账、算账和报账方法，其目的是为管理和决策提供必需的资料和信息。⑤职能不同。审计的基本职能是监督，此外还包括评价和公证；会计的基本职能是对经济活动过程的记录、计算、反映和监督。虽说在职能上会计也有监督，但属于自我监督行为，主要针对会计业务活动本身进行检查账目；而审计的监督既包含检查会计账目，又包含对计算行为及所有的经济活动进行实地考察、调查、分析、检验。从检查的目的来看，会计的检查只是各个单位财会部门的附带职能，主要是为了保证会计资料的真实性和准确性，其检查范围、深度、方式均受到限制；审计检查是独立于财会部分之外的专职监督检查，其目的在于证实财政、财务收支的真实、合法、效益，审计检查会计资料只是实现审计目的的手段之一。因此，审计是与会计既有联系又有区别的经济监督活动。

基于以上分析，从审计产生的目的以及建立国家审计机关实行审计监督制度的规定精神体现上，审计本质可以界定为一项具有独立性的经济监督活动。审计本质具有两方面含义：第一，审计是一种经济监督活动，经济监督是审计的基本职能；第二，审计具有独立性，独立性是审计监督的最本质的特征，是区别于其他经济监督的关键所在。

审计作为独立的经济监督活动具有三个基本要素，即审计主体、审计客体和审计授权或委托人。审计主体是指审计行为的执行者，即审计机构和审计人员，为审计第一关系人；审计客体指审计行为的接受者，即指被审计的资产代管或经营者，为审计第二关系人；审计授权或委托人指依法授权或委托审计主体行使审计职责的单位或人员，为审计第三关系人。一般情况，第三关系人是财产的所有者，而第二关系人是资产代管或经营者，他们之间有一种经济契约责任关系。第一关系人是审计组织或人员，在财产所有者和受托管理或经营者之间，处于中间人的地位，其要对两方面关系人负责，既要接受授权或委托对被审计单位提出的会计资料认真进行审查，又要向授权或委托审计人（财产所有者）提交审计报告，客观、公正地评价受托代管或经营者的责任和业绩。审计监督活动的三个基本要素构成的关系为审计关系（如图 1.1 所示），审计主体（组织或审计人员）进行审计活动，必须具有一定的独立性，不受其他方面的干扰或干涉，这是审计区别于其他管理的一个根本属性。

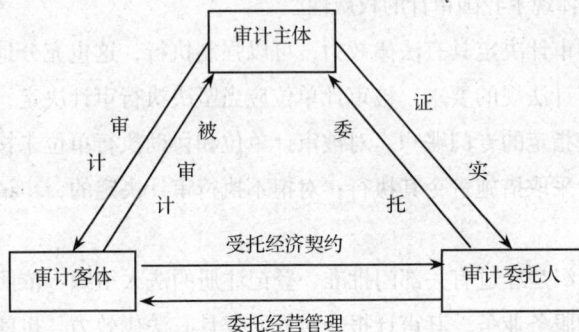

图 1.1　审计关系图

1.2.3　审计的特点

审计与经济管理活动、非经济监督活动以及其他专业性经济监督活动相比较，主要具有以下几方面的基本特点。

（1）独立性。审计的独立性是指审计机构和审计人员在审计过程中自始至终不受外来或内在因素的影响和干扰。审计的独立性是审计人员客观、公正地进行审查和做出审计结论的保证。国内外审计实践经验表明，审计在组织上、人员上、工作上、经费上均具有独立性。这是审计的本质特征，也是保证审计工作顺利进行的必要条件。

审计的独立性表现在机构独立、人员独立、工作独立、经济独立几个方面。为确保审计机构独立地行使审计监督权和审计人员能够实事求是地检查、客观公正地评价与报告，必须做到组织独立、经济独立和工作独立。审计机构必须是独立的专职机构，应单独设置，与被审计单位没有组织上的隶属关系，经济应有法定来源，不受被审单位的牵制；对于审计人员还必须做到以下几点：①不参与被审计单位的经营管理活动；②与被审单位在经济上没有利害关系；③与被审单位的主要负责人在伦理上没有亲密关系；④秉公、秉正原则进行审核检查，独立编制审计计划，独立取证，独立做出审计结论。

（2）权威性。审计的权威性来自于法律赋予的权威和自身工作树立的权威两个方面，这是保证有效行使审计权的必要条件。多数国家通过法律明确规定了实行审计制度、建立审计机关以及审计机构的地位和权力的要求，这样使审计组织具有法律的权威性。为了保障审计的权威性，各国分别通过《公司法》《证券交易法》《商法》《破产法》等，从法律上赋予审计监督、评价、鉴证职能。一些国际性的组织为了提高审计的权威性，也通过协调各国的审计制度、准则以及制定统一的标准，使审计成为一项世界性的权威的专业服务。

我国对实行审计监督制度在《审计法》中做出了明确的规定，国务院和县级以上地方人民政府设立审计机关。审计机关依照法律规定的职权和程序，进行审计监督。审计人员依法审计，任何组织和个人不得拒绝、阻碍审计人员依法执行职务，不得打击报复审计人员。审计机关负责人在没有违法失职或者其他不符合任职条件的情况下，不得随意撤换。我国法律对审计机关赋予了要求报送资料权、检查权、调查取证权以及对被审计单位拒绝、阻碍审计工作的处理、处罚权等；对审计人员依法行使独立审计权时受法律保护，如被审计单位拒绝、阻碍审计时，或有违反国家规定的财政财务收支行为时，审计机关有权做出处理、处罚的决定或建议，充分体现了我国审计的权威性。

政府审计机关的审计决定具有法律效力，可以强制执行，这也充分地显示了审计工作的权威性。根据我国审计法规的要求，被审计单位应当坚决执行审计决定，如将非法所得及罚款按期缴入审计机关指定的专门账户。对被审计单位和协助执行单位未按规定期限和要求执行审计决定的，应当采取措施责令其执行；对拒不执行审计决定的，申请法院强制执行，并可依法追究其责任。

我国社会审计组织是经过有关部门批准、登记注册的法人组织，依照法律规定独立承办审计查账验证和咨询服务业务，其审计报告对外同样具有法律效力，也就是说社会审计同样具有法定地位和权威性。

我国内部审计机构也是根据法律规定设置的，在单位内部具有较高的地位和相对的独立性，因此也具有一定的权威性。

对于审计从业人员应当具备与其从事的审计工作相适应的专业知识和业务能力。为了有利于提高审计报告与结论的权威性，审计法规定审计人员应当执行回避制度和负有保密的义务，审计人员办理审计事项应当客观公正、实事求是、廉洁奉公、保守秘密。审计人员滥用职权、徇私舞弊、玩忽职守，构成犯罪的，依法追究刑事责任；不构成犯罪的，给予行政处分。

由此可见，审计的权威性离不开审计组织的独立地位与审计人员的独立执业，与审计的独立性密切相关。

（3）公正性。审计的公正性反映了审计工作的基本要求，与权威性密切相关。审计人员依法进行审计时，应当实事求是地检查，不带任何偏见地做出符合客观实际的判断，并做出公正的评价和进行公正的处理，以正确地确定或解除被审计人的经济责任。审计人员只有同时保持独立性、公正性，才能取信于审计授权者或委托者以及社会公众，才能真正树立审计权威的形象，从这个意义上说，没有公正性也就不存在权威性。

1.3 审计的目标及对象

1.3.1 审计目标

审计目标是指人们在特定的社会历史环境中，期望通过审计实践活动达到的最终结果，或者说是指审计活动的目的与要求。审计目标在不断变化，目标的确定受审计对象的制约，取决于审计社会属性、审计基本职能和审计授权者或委托者对审计工作的要求。一般来说，审计目标都必须满足其服务领域的特殊需要，无论是国家审计、内部审计还是社会审计，它们都具有各自相对独立的审计目标，审计目标包括审计总目标和审计具体目标两个层次。

1．审计总目标

审计总目标一般是根据审计授权人和委托人的要求，对被审计单位或个人所应承担的经济责任的监督、鉴证与评价，是一种带有战略性的综合性目标，它一定要体现国家实行审计监督制度的需要。

根据我国《审计法》的规定，国家审计的总目标是对财政收支和财务收支的真实、合法和效益进行审查和评价。其中，"真实"是指财政收支、财务收支及其有关的经济活动是否发生、是否真实存在，在会计资料及其他有关资料中的反映是否符合客观实际，有无任意增加、减少、隐瞒等虚假行为；"合法"是指财政收支、财务收支及其有关的经济活动是否遵循法律、法规和有关规章制度的规定，如各级预算内财政资金的支出必须符合本级人民代表大会批准的预算，企业成本、费用的计算、归集和分配必须符合国家有关会计准则、财务通则等财务会计制度有关方面的规定；"效益"是指财政收支、财务收支及其有关的经济活动的经济效率和效果。这里所讲的效益不仅是指用于经营资金所产生的经济效益，还包括资金投入的经济性，即是否节约；资金运用的效率，即资金合理利用的程度；资金使用的效果，即是否达到预期的目标。有些资金使用并不能产生经济效益，但一定会产生相应的社会效果。

根据我国独立审计准则，社会审计的总目标是对被审计单位会计报表的合法性、公允性及会计处理方法的一贯性表示意见。合法性是指被审计单位会计报表的编报是否符合《企业会计准则》及国家其他财务会计法规的规定；公允性是指被审计单位会计报表在所有重大方面是否公允地反映了被审计单位的财务状况、经营成果和现金流量情况；一贯性是指被审计单位的会计处理方法是否前后各期保持一贯。

根据《审计署关于内部审计工作的规定》，我国部门、单位内部审计的总体目标是：通过检查会计账目及其相关资产，监督财政收支和财务收支的真实、合法、效益。由此可见，它和我国国家审计的总体目标是基本一致的。

美国注册公共会计师协会认为，独立审计师对财务报表实施一般检查的目标是对财务报表的编制是否符合公认会计原则，公允地反映财务状况、经营成果和现金流动状况表达意见，由此可见，美国审计师的责任只能依据公认审计准则检查财务报表的公允性，并签发审计报告，而没有检查舞弊行为的责任。对于财务报表公允性而言，单位管理部门应负的责任是：建立会计制度和制定会计政策，健全并监督执行内部控制制度和公允地编制财务报表。

2．审计具体目标

审计具体目标是审计总体目标的具体化，根据具体化的不同程度，审计具体目标又分为一般审计目标和项目审计目标两个层次。一般审计目标是实施项目审计时均应达到的目标，是项目审计目标的共性概括；而项目审计目标则是按每个项目具体内容而确定的目标，既表现了项目审计的个性特征，也具有一般审计的共性特征。一般说，无论是一般审计目标还是项目审计目标，都必须根据审计总目标要求和被审计单位的需要来确定。

（1）被审计单位管理当局对会计报表的认定。所谓认定，是指被审计单位管理当局在其编制的会计报表中对各会计账项所做的陈述或暗示。管理当局对于会计报表中的六要素（资产、负债、所有者权益、收入、费用、利润）都进行相应的陈述或暗示即认定。因此审计人员对会计报表的审计实际上就是确认对管理当局的认定是否符合合法性、公允性、会计处理方法一贯性的要求。

管理当局对会计账项的认定可划分为五类。①存在或发生的认定。存在或发生的认定是指列示于资产负债表的各项资产、负债、所有者权益在资产负债表日是否存在，和列示于损益表各项收入和费用涉及的交易在会计期间内是否确实发生，判断管理当局是否把那些不存在的项目或不曾发生的交易结果纳入会计报表，主要与会计报表组成要素的高估有关。②完整性的认定。完整性的认定是指列示于会计报表中的交易和项目是否完整，是否存在应列示而未列示的交易或项目，主要与会计报表的组成要素的低估有关。③权利和义务。权利和义务是指在资产负债表日，对于列示于资产负债表上的各项资产，被审计单位是否拥有所有权，对于列示于资产负债表上的各项负债，被审计单位是否应履行偿还义务，此项认定只与资产负债表的组成要素有关。④估价和分摊的认定。估价和分摊的认定是指列示于报表上的各项资产、负债、所有者权益、收入和费用等会计账项的金额是否恰当，此项认定包括三个方面的内容：总值估价、净值估价、计算精确性。⑤表达与披露。表达与披露是指会计报表上各账项的核算内容和范围是否正确，是否对有关账项的内容进行了恰当披露。

（2）具体审计目标。这是审计人员收集充分适当的证据和发表恰当的审计意见的具体指南。在审计实务中，具体审计目标包括以下几个方面。①确认报表上所列示的余额是否真实。这一具体审计目标是针对管理当局有关存在和发生的认定制定的。②确认报表上所列示的余额是否完整。这一具体审计目标是针对管理当局有关完整性的认定制定的。③确认报表上所列示的资产和负债的余额是否确属被审计单位所有。这一具体审计目标是针对管理当局有关权利和义务的认定制定的。④确认报表上所列示金额的计价是否正确。这一具体审计目标是针对管理当局有关估价或分摊的认定制定的。⑤确认接近资产负债表日的交易是否都已记入恰当的会计期间。这一具体审计目标是针对管理当局有关估价或分摊的认定制定的。⑥确认会计报表中的相关资料、数字、计算、加总及勾稽关系的正确性。这一具体审计目标是针对管理当局有关估价或分摊的认定制度的。⑦确认会计报表中是否恰当地反映了各会计账项的余额，并且符合相应的披露要求。这一具体审计目标是针对管理当局有关表达和披露的认定制定的。⑧确认会计报表中各会计账项记录的分类和列示是否恰当。这一具体审计目标是针对管理当局有关表达和披露的认定制定的。

根据制度基础审计方法的程序，西方国家认为审计一般目标包括内部控制评估和账户核实两方面内容。内部控制评估方面的目标包括评估保障资产财物的措施，保证账户及报表的准确和合理，一切会计和行政行为遵循政府和单位负责人的规定，增加工作的有效性和效率等。账户核实方面的目标包括核实账户分类的正确性，记录的真实性和完整性，计量、记账、过账和截止日的正确性，资产所有权与负债承担的明确性，以及反映与揭示的充分性等。还有人认为对会计报表审计的一般目标与被审计单位管理当局对其会计报表所做的暗示或明确表示相关，其内容包括总体合理性、真实性、完整性、所有权、估价、截止、准确性、披露、分类等，审计人员的职责主要是确定被审计单位管理当局的认定是否有理由。所以，在会计报表审计实务中，一般审计目标包括以下几个方面。

（1）总体的合理性。由于审计人员要针对会计报表公允性进行取证，所以要评价会计报表总体的合理性；注册会计师还要针对会计报表中各账户记录的正确性取证，所以也要评价账户总体的合理性。

（2）金额的真实性。真实性是指审计人员应确定已经记录在账户中的金额是否应该记录，该笔记录是否是不真实或虚构的金额。例如，在销售账户记录了一笔根本没有发生的业务，或在费用账户记录了一笔根本没有发生的支出，注册会计师就应该确认为虚构销售收入或虚构支出。

（3）金额的完整性。完整性是指审计人员应确定应该登记入账的金融是否全数足额登记入账。如果应该记录在账户中的金融没有记录或者没有足额记录，则该账户记录是不完整的。例如，将投资收益漏记或记到"其他应付款"账户，则"投资收益"账户记录就不完整。

（4）资产的所有权。审计人员应确定账户中记录的资产是否被审计单位所拥有，记录的负债是否是被审计单位应该承担。例如，将借入资产记入资产账户，该项资产并非被审计单位所拥有；销售收入记入应付款账户，该项负债也并非是被审计单位真正的债务。

（5）计量的正确性。审计人员应确定被审计单位会计报表中各项目的计价是否合理；各项目是否记入了正确的账户；结账日前后交易是否都正确地记录于恰当的会计期间，总账、明细账中有关数据计算是否准确，记账与过账是否正确，加总明细账余额与总账金额是否相符等。例如，应收账款明细表中所列各项明细余额是否和明细账余额一致，明细表中各项余额合计数是否与总额余额一致。

（6）内部控制的有效性。审计人员应确定被审计单位是否有健全的内部控制制度，所建立的内部控制制度是否得到贯彻和执行，内部控制制度是否能有效地防止或查明差错和弊端，是否能保证经济业务有秩序、高效率地执行。

（7）恰当地反映与充分揭示。审计人员应确定被审计单位所有账户及相关信息在会计报表中是否得到正确的列示，并在财务情况说明书以及会计报表注释中得到充分揭示，报表、说明书及附注所列示的内容与有关法律、法规、规章及公认会计原则是否一致。

根据《国有企业财务审计准则》（试行）第 8 条规定，对国有企业各类会计报表的审计目标有五个方面：①会计报表的编制是否符合法律、法规以及《企业会计准则》和国家有关财务收支的规定；②会计处理方法的选用是否符合一致性原则；③会计报表在所有重大方面是否公正地反映了被审计企业的财务状况、经营成果和资金变动情况；④会计报表是否根据登记完整、核对无误的账簿编制，账表之间、表内各项目之间、本期报表与前期报表之间具有勾稽关系的数字是否相符，合并会计报表的编制是否符合规定；⑤会计报表和附注及其编表说明反映的内容是否真实、完整、准确、合规。我国《独立审计准则》第 6 条规定的会计报表审计目的有三个方面：①会计报表的编制是否符合《企业会计准则》及国家其他有关财务会计法规的规定；②会计报表在所有重大方面是否充分地反映了被审计单位的财务状况、经营成果和资金变动情况；③会计处理立法的选用是否符合一致性原则。

一般审计目标明确以后，审计人员就可以据以确定项目审计目标。在一般情况下，一个一般审计目标至少有一个项目审计目标与之相对应。项目审计目标是具体账户或具体业务的审计目标，其内容视项目大小而定，而且有一定的层次性。如果把货币资金作为被审计项目，那么不仅要确定货币资金审计目标，还要分别确定现金项目审计目标、银行存款项目审计目标和其他货币资金项目审计目标。从财政财务审计角度出发，主要会计账户及经济业务的项目审计目标有以下几个方面：①现金（包括银行存款）项目审计目标；②应收及预付款项目审计目标；③存货项目审计目标；④长期投资项目审计目标；⑤资产项目审计目标；⑥负债项目审计目标；⑦所有者权益项目审计目标；⑧收入与费用项目审计目标。

1.3.2　审计对象

审计对象，即审计客体，是指参与审计活动关系并享有审计权力和承担审计义务的主体所作用的对象，是对被审计单位和审计的范围所做的理论概括。审计对象包含两层含义：一是外延上的审计实体，即被审计单位；二是内涵的审计内容或审计内容在范围上的限定。

《中华人民共和国审计法》对国家审计对象的实体即被审计单位的定义为：所有作为会计单位的中央和地方的各级财政部门、中央银行和国有金融机构、行政机关、国家的事业组织、国有企业、基本建设单位等。审计对象的主要内容包括：被审计单位的财政预算、信贷、财务收支（负债、资产、损益）和决算，以及与财政财务收支有关的经济活动及其经济效益。

《审计署关于内部审计工作的规定》对内部审计的对象界定为：本部门、本单位及其所属单位的会计账目、相关资产，以及所反映的财政收支和财务收支活动，同时还包括本部门、本单位与境内外经济组织兴办合资、合作经营企业以及合作项目等的合同执行情况，投入资金、财产的经营状况及其效益。

根据《中华人民共和国注册会计师法》的规定，社会审计的主体主要是社会审计组织（会计师事务所），审计事务所接受国家审计机关、企事业单位和个人的委托，可承办财务收支的审计查证事项，经济案件的鉴定事项，注册资金的验证和年检，以及会计、财务、税务和经济管理的咨询服务等。

从其内容和范围上，审计对象包括两方面的内容：一是审计的具体对象，即被审计单位的财政收支、财务收支及相关的经济活动；二是反映以上经济活动的载体，即被审计单位会计资料及其他有关经济资料。一般来说，审计对象的内容都是通过一定的载体反映出来的，因此，审计的一般对象是指被审计单位的会计资料及其有关资料所反映的财政、财务收支及其有关的经济活动。

1．被审计单位的会计资料及其有关经济资料

会计系统连续地反映了一个单位经济活动的全过程及其结果，审计必须对会计资料及其存在的错弊进行审查，被审计单位提供的会计资料及其有关经济资料包括以下方面。①会计报表。会计报表是重要的会计资料之一，通过对会计报表内容真实性、合法性审查和会计报表内容合理性、有效性的审查，可以全面了解被审计单位的财务状况和经营成果，以及对国家有关方针、政策、法规和制度的执行情况，从而对其做出全面的评价。②会计账簿。会计账簿是重要的会计资料之一，会计账簿的审查是会计资料审计的中心环节，在整体审计活动中处于极为重要的地位，主要包括会计账簿外在形式的审查、会计账簿合理性、合法性的审查、会计账簿合理性、有效性的审查。③会计凭证。会计凭证是进行会计核算的合法依据，可以证明经济业务和财务收支的发生情况，是明确经济责任的重要依据，在经济业务中发生的错弊绝大多数都会反映到会计凭证上，因此，必须重视会计凭证的审查。④其他相关经济资料。这主要是指除了会计核算资料之外的业务核算资料、统计核算资料，以及有关管理资料，如计划、预决策、预算、订单、合同、章程、技术标准等相关性文件资料。这些资料主要用于审查被审计单位的经营管理活动和效益性评价，审查时应注意这些资料的完整性、真实性、可比性及合理性。

2．被审计单位的会计资料及其有关的经济活动

不管是国家审计还是内部审计和社会审计都要以被审计单位客观存在的财政收支、财务收支及其有关的经济活动为审计对象，审查和评价其真实性、合法性及活动的效益，监督被审计单位是否认真履行受托经济责任。有关的经济活动包括被审计单位的财政收支、财务收支及其有关的经济活动。

1.4 审计的职能与作用

1.4.1 审计的职能

审计职能不是一成不变的，它是随着客观环境的变化而发展变化的。研究审计职能的目的是更准确地把握审计这一客观事物，以便于确定审计任务，有效地发挥审计的作用和更好地指导审计实践。

审计的职能是审计自身所具有的内在固有功能，审计能够满足社会需要的能力，是审计的本质属性。我国审计界对审计职能的观点主要有两种：一种是"单一职能论"，另一种是"多职能论"。"单一职能论"者认为无论是国家审计、社会审计，还是内部审计，它们只有一项职能，就是经济监督。"多职能论"者一般认为审计除审计监督这一基本职能外，还具有其他职能，如评价、鉴证等职能。我们认为审计具有经济监督、经济评价和经济鉴证多种职能。

1．经济监督职能

审计的经济监督职能是审计的基本职能，是指通过审计，监察和督促被审单位的经济活动在规定的范围内，在正常的轨道上进行，监察和督促有关经济责任者忠实地履行经济责任，同时借以揭露违法违纪、稽查损失浪费，查明错误弊端，判断管理缺陷和追究经济责任等。审计工作的核心是通过审核检查，查明被审计事项的真相，然后对照一定的标准，做出被审计单位经济活动是否真实、合法、有效的结论。

从依法检查到依法评价，直到依法做出处理决定以及督促决定的执行都体现了审计的这一职能。审计要实现经济监督职能，必须具备以下两个条件。

（1）监督必须由权力机关实施。非权力机关无法进行有效的监督。例如社会审计组织是一种非权力机关，因此，社会审计一般不具备经济监督职能。

（2）要有严格的客观标准和明确的是非界限。例如在经济效益审计中，经济效益的好坏依据不同的企业实体的客观情况而定，没有绝对的界限和严格的标准。因此，经济效益审计不具有监督的职能。

2．经济评价职能

审计的经济评价职能是指审计机构和审计人员对被审计单位的经济资料及经济活动进行审查，并依据一定的标准对所查明的事实进行分析和判断，肯定成绩，指出问题，总结经验，寻求改善管理，提高效率、效益的途径。

审计的经济评价职能包括评定和建议两个方面。评定是审计人员通过审核检查，评定被审计单位的经营决策、计划、方案是否切实可行，是否科学先进，是否贯彻执行，内部控制制度是否健全和有效，是否切实执行，财政财务收支是否按照计划、预算和有关规定执行，各项资金的使用是否合理、有效，经济效益是否较优，会计资料是否真实、正确，评定被审计单位提供的各项会计资料及其他经济资料是否真实、可靠，各项资源的使用是否合理和有效等。评定的结果是对被审计单位提出改善经营管理的建议。经济效益审计是最能体现审计评价职能的一种审计。

3．经济鉴证职能

审计的经济鉴证职能是指审计机构和审计人员对被审计单位会计报表及其他经济资料进行检查和验证，确定其财务状况和经营成果是否真实、公允、合法、合规，并出具书面证明，以便为审计的授权人或委托人提供确切的信息，并取信于社会公众的一种职能。在社会审计中，委托人通过委托第三方审计人员，对被审计单位的会计资料进行评价，并出具评价的意见，就是鉴证的明显例子。

审计的经济鉴证职能包括鉴定和证明两个方面。会计师事务所接受中外合资经营企业的委托，对其投入资本进行验资，对其年度财务报表进行审查，或对其合并、解散事项进行审核，然后出具验资报告、查账报告和清算报告等，均属于审计执行经济鉴证职能。国家审计机关对厂长（经理）的离任审计，对承包、租赁经营的经济责任审计，对国际组织的援助项目和世界银行贷款项目的审计等，也都属于经济鉴证的范围。

上述三职能之间的关系：经济监督是基础，经济评价和经济鉴证是经济监督的演进和发展。需要注意的是，审计的职能客观地存在于审计之中，但审计职能并非一成不变，在经济生活日趋复杂、社会日益进步、科技巨大发展的今天，审计职能也必然要发展，审计固有的职能可以逐步被人们所发现、所认识。目前的认识是监督仍是审计的基本职能。

1.4.2 审计的作用

审计的作用是行使审计职能、完成审计任务、实现审计目标过程中所产生的作用，也就是说伴随着审计职能体现，审计的作用得以发挥，有什么样的审计职能就会产生什么样的相应作用。审计作用的大小与国家审计监督制度地位的高低有关。我国审计监督制度处于较高的地位，决定了我国审计作用在社会经济活动中处于监督控制的地位。根据我国现行审计制度要求的具体审计任务来看，我国审计监督对于促进国家计划的实现，合理利用资源，提高经济效益有极其重要的作用，具体来说审计具有以下的作用。

1．审计的制约作用

审计的制约作用是在完成经济监督职能最初表现出来的作用，通过揭露和处罚等手段制约经济活动中各种消极因素，主要体现在以下几方面。①揭露经济资料中的错误和舞弊行为。现实中，有的单位的会计资料及其他各种经济资料存在错误，甚至存在有意造假现象，以图掩饰非法的经济行为。通过审计的检查监督，可以揭露出经济资料的错误和舞弊，制止经济业务中的错误和舞弊行为。②揭露经济生活中的各种不正之风。审计通过审查监督经济活动，揭露出社会上不正当的各种各样的经济关系，进而针对经济思想和经济行为提出改正意见，促进廉政建设。③打击各种经济犯罪活动。审计可以发现和查明经济活动中的经济犯罪行为，配合党的纪律检查和司法侦查工作，对经济犯罪活动进行查证与鉴定，充分发挥审计的特有作用。

2．审计的促进作用

审计的促进作用是在完成经济评价职能之后发挥出来的，审计通过调查、评价、提出建议等手段，可以促进国民经济管理水平和绩效的提高，主要体现在以下几点。①促进经济管理水平和经济效益的提高。通过对被审计单位的财政财务和经济效益审查，可以发现财务成果和经济效益的各种影响因素，并针对问题的所在提出切实可行的改善措施，这样就有利于被审计单位改善物质技术条件，提高经济效益。②促进内控制度建设和完善。通过对被审计单位的内部控制制度审计和评价，可以发现内部控制制度的建立履行情况即制度本身的完善程度，并向有关方面反馈信息，促进被审计单位内部控制制度的完善和正确的实施。③促进社会经济秩序的健康运行。实施微观审计和宏观调查，可以发现经济活动中出现的违法乱纪现象和行为，审计机关和人员通过实施提出处理意见和改进措施的权利，促进经济秩序正常的运行。④促进各种经济利益关系的正确处理。通过微观审计和宏观调查，可以发现在处理经济利益关系方面出现的问题，审计通过信息反馈和提出一些改进意见，有利于协调各方面的经济利益关系，使责、权、利更加密切地结合，正确处理社会经济活动中的经济利益关系产生的有关矛盾。

此外，审计在完成经济鉴证职能所赋予的任务之后，还能发挥证明作用。这些审计的职能和作用是相互依存、相互影响的。因此，在审计职能随着经济的发展逐渐被人们所发现、所认识的同时，审计的作用也会相应地随之变化和发展。

复习题

简答题

1. 审计的特征是什么？
2. 如何理解审计的目标及对象？
3. 如何理解"维系受托经济责任关系是审计产生和发展的基础"？
4. 审计的基本职能有哪些？
5. 如何理解审计目标与管理当局的认定之间的关系？
6. 简述会计与审计的区别与联系。

第2章 职业道德与审计准则

本章学习要点

1. 了解审计职业道德及其作用
2. 了解审计职业道德国内外有何规定
3. 掌握审计准则的含义和作用
4. 了解国外审计准则的基本框架结构和内容
5. 重点掌握我国审计准则的框架结构和具体内容
6. 理解审计职业道德的含义
7. 掌握审计职业道德规范体系

审计职业的规范包括审计准则和职业道德准则，审计执业过程中依照有关法律法规对不同的审计人员有不同的要求，本章对政府审计、社会审计和内部审计的职业道德与审计准则分开进行解释。

2.1 职业道德

道德是一定社会为了调整人们之间以及个人和社会之间关系所提倡的行为规范的总和，属于一种社会意识形态。它通过各种形式的教育和社会舆论的力量，使人们具有善和恶、荣誉和耻辱，正义和非正义等概念，并逐渐形成一定的信念、习惯和传统，以真诚与虚伪、善与恶、正义与非正义、公正与偏私等观念来衡量和评价或控制人们的思想、行为。职业道德作为社会道德的延伸和专门化，是某一职业组织以公约、守则等形式公布的，其会员自愿接受的职业行为标准。它是道德在职业活动中的具体应用。为了提高社会公众对它们的信任程度，每一个职业组织都有职业道德准则，如医有医德，师有师德。审计作为一种重要的职业，也存在职业道德，而且比其他任何职业的职业道德要求都更加严格，也更加重要。

2.1.1 审计职业道德规范体系

审计职业道德是指审计人员在长期审计工作过程中逐步形成的，应当普遍遵守的具有审计职业特征的道德准则和行为规范。它是为指导审计人员在从事审计工作中保持独立的地位、公正的态度和约束自己行为而制定的；也是为树立良好的职业形象，赢得社会的尊重和信赖而制定的一整套职业道德规范。它不仅可以作为每个审计人员维持专业态度的实务指南，同时也是向委托人与社会大众提供审计人员愿意维持高度标准并遵照实行的一种保证。

审计职业道德是审计人员的职业品德、职业纪律、专业胜任能力及职业责任等的总称。审计人员的职业道德规范包括意识形态内容和客观实际活动内容两个方面。意识形态方面的标准不是强制性标准，它只能通过社会舆论的力量来促使审计人员遵守；客观实际活动方面的准则是强制性准则，审计人员必须严格遵守，否则就要受到处罚。

目前，国外有很多审计职业道德方面的规定，美国的职业道德规范体系在世界范围最具影响力。1983 年 10 月，美国注册会计师协会（AICPA）设立了注册会计师职业行为特别委员会（即安德森委员会），委员会的基本任务是：考察变化了的职业和监管环境，彻底评估现行道德准则的相关性和有效性，对今后应采取的行动提出建议。安德森委员会于 1986 年发布了著名的"安德森报告"，该报告根据 20 世纪 70 年代以后注册会计师所面临的更富有竞争力和商业色彩的环境，在"重整职业道德"的口号下，提出一个职业道德规范框架。职业道德规范框架包括"概念—行为准则—解释—道德裁决"四个层次，这四个层次将各项职业道德原则从抽象概念依次具体化为可操作的规范。1988 年，安德森委员会对 1986 年的职业道德规范框架进行了修订，修订后的框架分为"职业行为原则—执业与行为的规则—规则的解释"三个层次，其功能依然是将抽象的概念演化为具体的可操作规范。后来，经过对注册会计师行为准则进行的多次修订，使职业行为准则的具体规则更加详细。美国的这一套职业道德规范体系适用于传统的财务报表审计、绩效审计与环境审计等。经过长期发展，AICPA 的审计职业道德规范已经成为以制定详细规则为导向的职业行为准则。

英国的英格兰及威尔士特许会计师协会（ICAEW）在 1996 年开始按照概念框架法修订和运用职业行为准则，原因是 20 世纪 80 年代末至 90 年代初，发生了一系列财务舞弊和审计合谋案。英格兰及威尔士特许会计师协会认为，采用概念框架方法制定和实施职业行为准则更加有效，1998 年，发布了核心（基本）原则，指出概念框架法的主要优点有：基本原则有合乎逻辑的指南所支持，能避免对没有特别禁止的行为方式的争论；基本原则简单易懂，几乎能应用于所有的情形，以避免规则导向所带来的刚性过度问题；商业环境和组织结构总是处于变化之中，只有建立原则导向的概念结构才能应对这一变化，而规则导向法则需要更加全面的规则并应不断更新；概念框架法认识到审计师不能做到完全免于任何威胁，所能做的就是要将对遵循基本原则的威胁降低到不重要的水平；好的指南应该具有前瞻性，这就要求审计师在遵循准则的同时能够发现和确认风险；免于重大的威胁本身不是最终目的，而是为达到最终目的采取的手段，最终目的是要提供高质量的鉴证服务。

为了规范注册会计师职业行为，提高职业道德水准，维护职业形象，实现职业道德守则的国际趋同，我国按不同的职业道德问题分别发布职业道德指南公告，在每一份指南公告中分别注明了各项规则的适用对象，构成了我国的审计职业道德框架（如图 2.1 所示）。中国注册会计师协会制定了《中国注册会计师职业道德守则》和《中国注册会计师协会非执业会员职业道德守则》，规定了职业道德基本原则和职业道德概念框架；审计署制定了《审计机关审计人员职业道德准则》，规定了审计机关审计人员的职业品德、职业纪律、职业胜任能力和职业责任；中国内部审计协会发布了《中国内部审计准则第 1201 号——内部审计人员职业道德规范》，以规范内部审计人员的职业行为。

```
┌──────────────────┐
│   基本原则概念框架   │
└────────┬─────────┘
         │
         ▼
┌──────────────────┐
│     道德事项       │
└────────┬─────────┘
         │
   ┌─────┼─────────────────┐
   ▼     ▼                 ▼
┌──────────────┐ ┌──────────────┐ ┌──────────────┐
│ 注册会计师职业道德 │ │ 政府审计职业道德 │ │ 内部审计职业道德 │
└──────────────┘ └──────────────┘ └──────────────┘
```

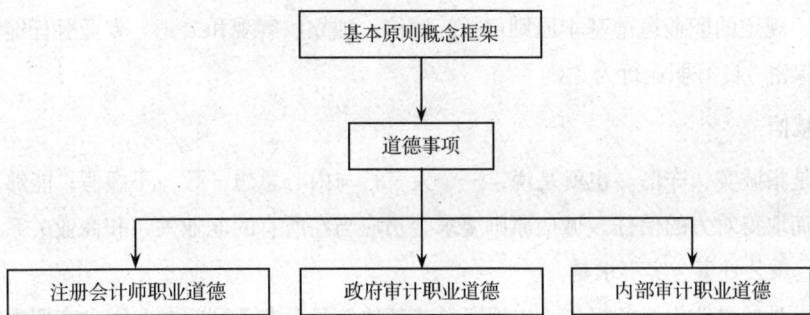

图 2.1　我国审计职业道德框架

2.1.2　注册会计师职业道德规范

注册会计师行业之所以在现代社会中产生和发展是因为注册会计师能够站在独立的立场对企业管理层编制的财务报表进行审计，并提出客观、公正的审计意见，作为企业会计信息外部使用人进行决策的依据。所谓企业会计信息外部使用人包括现有和潜在的投资人、债权人以及政府有关部门等所有与企业有关并关心企业的人士，可泛指为社会公众。社会公众在很大程度上依赖企业管理层编制的财务报表和注册会计师发表的审计意见，并以此作为决策的基础。注册会计师尽管接受被审计单位的委托并向其收取费用，但从本质上讲，服务的对象是社会公众，这就决定了注册会计师从诞生的那一天起就承担了对社会公众的责任。

为使注册会计师切实担负起神圣的职责，为社会公众提供高质量的、可信赖的专业服务，在社会公众中树立良好的职业形象和职业信誉，就必须大力加强对注册会计师的职业道德教育，强化道德意识，提高道德水准。

从世界各国来看，凡是建立注册会计师制度的国家都制定了相应的注册会计师职业道德规范，以昭示注册会计师应达到的道德水准。国际会计师联合会为了协调国际间职业道德规范，制定和颁布了《职业会计师道德守则》，该守则包括三部分。第一部分适用于所有职业会计师。职业会计师是指国际会计师联合会的成员组织的会员，不论其是在公共业务（包括个人执业者、合伙人或公司等），还是工业部门、商业部门、政府部门或教育部门工作。适用于所有职业会计师的职业道德规范包括公正性和客观性、道德冲突的解决、专业胜任能力、保密、税务服务、跨国活动、宣传等。第二部分适用于执行公共业务的职业会计师。执行公共业务的职业会计师是指向客户提供专业服务的合伙人或类似职业人员、执业机构的雇员，不论其专业服务类别（如审计、税务或咨询），以及在执业机构中负有管理职责的职业会计师。适用于执行公共业务的职业会计师的职业道德规范包括鉴证业务的独立性、专业胜任能力以及与利用非会计师有关的责任、收费和佣金、与公共会计师业务不相容的活动、客户的资金、与其他执行公共业务的职业会计师的关系、广告与招揽。第三部分适用于受雇的职业会计师，适当时也可适用于执行公共业务的职业会计师。受雇的职业会计师是指受雇于工业、商业、公共或教育部门的职业会计师。适用于受雇的职业会计师的职业道德规范包括忠诚的冲突、对同行的支持、专业胜任能力、信息的表述等。

中国注册会计师协会自 1988 年成立以来，一直非常重视注册会计师职业道德规范建设，我国现行的《中国注册会计师职业道德守则第 1 号——职业道德基本原则》是 2010 年 7 月 1

日实施的，规定的职业道德基本原则包括：诚信、独立、客观和公正、专业胜任能力和应有的关注、保密、良好职业行为。

1．诚信

诚信是指诚实、守信。也就是说，一个人言行与内心思想一致，不虚假；能够履行与别人的约定而取得对方的信任。诚信原则要求会员应当在所有的职业关系和商业关系中保持正直和诚实，秉公处事、实事求是。

审计人员如果认为业务报告、申报资料或其他信息存在下列问题：①含有严重虚假或误导性的陈述；②含有缺乏充分根据的陈述或信息；③存在遗漏或含糊其辞的信息，则不得与这些有问题的信息发生牵连。注册会计师如果注意到已与有问题的信息发生牵连，应当采取措施消除牵连。在鉴证业务中，如果注册会计师依据执业准则出具了恰当的非标准业务报告，不被视为违反上述要求。

2．独立性

独立性是指不受外来力量控制、支配，按照一定之规行事。独立原则通常是对注册会计师而非非执业会员提出的要求。在执行鉴证业务时，注册会计师必须保持独立性。在市场经济条件下，投资者主要依赖财务报表判断投资风险，在投资机会中做出选择。如果注册会计师不能与客户保持独立性，而是存在经济利益、关联关系，或屈从于外界压力，就很难取信于社会公众。

独立原则是指注册会计师在执行审计业务或其他鉴证业务时，应当保持实质上和形式上的独立。所谓实质上的独立是必须要求注册会计师与委托单位之间不存在任何利害关系；所谓形式上的独立是要求注册会计师必须在第三者的面前呈现一种独立于委托单位和其他机构的身份，即在他人看来注册会计师是独立的。

会计师事务所在承办审计和审阅业务以及其他鉴证业务时，应当从整体层面和具体业务层面采取措施，以保持会计师事务所和项目组的独立性。

3．客观和公正

客观是指按照事物的本来面目去考察，以客观事实为依据，实事求是，不被委托单位或第三者的意见所左右，不添加个人的偏见。公正是指注册会计师执行审计业务时，对待有关利益各方公平、正直、不偏袒。

客观和公正原则要求会员应当公正处事、实事求是，不得由于偏见、利益冲突或他人的不当影响而损害自己的职业判断。如果存在导致职业判断出现偏差，或对职业判断产生不当影响的情形，会员不得提供相关专业服务。

4．专业胜任能力和应有的关注

专业胜任能力和应有的关注原则要求会员除应具备良好的职业品德外，通过教育、培训和执业实践获取和保持专业胜任能力。会员应当持续了解并掌握当前法律、技术和实务的发展变化，将专业知识和技能始终保持在应有的水平，确保为客户提供具有专业水准的服务。

专业胜任能力是指会员具有专业知识、技能和经验，能够经济、有效地完成客户委托的业务。专业胜任能力可分为两个独立阶段：①专业胜任能力的获取；②专业胜任能力的保持。会员应当持续了解和掌握相关的专业技术和业务的发展，以保持专业胜任能力。会员如果不能保持和提高专业胜任能力，就难以完成客户委托的业务。事实上，如果会员在缺乏足够的知识、技能和经验的情况下提供专业服务，就构成了一种欺诈。因此，专业胜任能力是注册会计师职业道德的一项重要内容，也是对注册会计师执业的具体要求，主要包括以下内容。

（1）不得从事不能胜任的业务。一般而言，注册会计师接受委托后提供专业服务，就意味着他有足够的能力完成受托的业务，并将认真而努力地运用其知识、技能和经验。因此，注册会计师不得承接、从事本人不能胜任或不能按时完成的业务。同样，如果对某项业务整个会计师事务所都无法胜任或不能按时完成的话，会计师事务所应当拒绝接受该项业务的委托。

（2）注册会计师对助理人员和其他专业人员的责任。注册会计师所从事的大部分业务都需要助理人员和其他专业人员协助工作，但审计报告则要由注册会计师签章，注册会计师本人必须对所形成的结论和发表的意见负责，因而也就要求注册会计师对助理人员和其他专业人员的工作结果负责。注册会计师在执行业务之前，须就项目的性质、时间、范围、方法等对助理人员和其他专业人员进行必要的培训；在执行业务过程中，应当妥善规划，并对委派给助理人员和其他专业人员的工作予以切实的指导、监督和检查。

（3）接受后续教育。由于会计师事务所人员持续的胜任能力，在很大程度上取决于持续职业发展的适当水平，因此，后续教育是提高审计人员素质、专业胜任能力和帮助员工职业发展的重要途径。由于执业环境和工作要求的不断变化，后续教育是一项长期和持续的工作。后续教育提供最新的与执业相关的法律法规信息和其他学习资料，结合执业中遇到的问题进行培训和提供辅导，鼓励员工参加行业协会和有关机构组织的培训等。后续教育政策与会计师事务所的规模有很大的关系。大型会计师事务所具有资源优势，可以自行组织面对各层次员工和各种内容的培训。自行组织后续教育可以做到及时、针对性强、便于管理，起到较好的效果。规模较小的会计师事务所可能没有足够的资源自行组织后续教育，可以利用外部资源，安排员工参加外部培训，同样达到后续教育效果。

应有的关注要求会员遵守执业准则和职业道德规范的要求，勤勉尽责，认真、全面、及时地完成工作任务。在审计过程中，会员应当保持职业怀疑态度，运用专业知识、技能和经验，获取和评价审计证据。同时，会员应当采取措施以确保在其授权下工作的人员得到适当的培训和督导。在适当情况下，会员应当使客户、工作单位和专业服务的其他使用者了解专业服务的固有局限性。

5. 保密

许多国家规定，在公众领域执业的注册会计师，在没有取得客户同意的情况下，不能泄露任何客户的涉密信息。保密原则要求会员应当对在职业活动中获知的涉密信息予以保密，不得有下列行为：①未经客户授权或法律法规允许，向会计师事务所以外的第三方披露其所获知的涉密信息；②利用所获知的涉密信息为自己或第三方谋取利益。

会员在下列情况下可以披露涉密信息：①法律法规允许披露，并且取得客户或工作单位的授权；②根据法律法规的要求，为法律诉讼、仲裁准备文件或提供证据，以及向有关监管机构报告发现的违法行为；③法律法规允许的情况下，在法律诉讼、仲裁中维护自己的合法权益；④法律法规、执业准则和职业道德规范规定的其他情形。

6．良好职业行为

注册会计师的行为应符合本职业的良好声誉，在向公众传递信息以及推介自己和工作时，应当客观、真实、得体，不得有任何损害职业形象的行为。这一要求意味着注册会计师应当遵守职业道德准则，履行相应的社会责任，维护社会公众利益。注册会计师行业的一个显著标志是对社会公众承担责任。社会公众利益是指注册会计师为之服务的人士和机构组成的整体的共同利益。注册会计师作为一个肩负重大社会责任的行业，应以维护社会公众利益为根本目标。注册会计师在对社会公众履行责任的同时，也承担着对客户的特殊责任和对同行的责任。

2.1.3 政府审计职业道德规范

政府审计职业道德是国家审计机关人员在审计工作中形成的应当满足社会需要、承担社会责任、履行社会义务的行为规范，它是审计工作质量的重要保障，是维护和提高政府及审计行业形象和公信力的有效途径。一般来说，政府审计职业道德包含爱岗敬业、依法审计、好学进取、廉洁奉公和保守秘密等内涵。对政府审计职业道德的国际要求是：①独立性；②客观性；③应有的职业谨慎；④熟练的专业技能；⑤保守秘密等。

我国审计机关是国家行政机关的组成部分，是根据宪法、审计法及其他有关法律的规定建立起来并进行活动的组织。审计机关能以自己的名义实施审计监督权，是审计权力的承担者，也是审计监督活动的实施者，代表政府依法行使审计监督权，具有国家法律赋予的独立性和权威性。其基本职责是对国家财政收支和与国有资产有关的财务收支进行审计监督。其监督范围包括国务院各部门、地方各级人民政府及其各部门、国有的金融机构和企业事业组织，以及法律、行政法规规定的其他单位。其监督内容包括上述监督范围内的财政收支、财务收支及其有关的经济活动。

《审计法》《审计机关审计人员职业道德准则》等法规对政府审计职业道德的规定既是对审计人员在审计工作中的要求，也是对审计人员职业道德的要求。也就是说我国国家审计人员除了应遵循审计共性的职业道德外，如独立性、客观性、公正性和保密性等，由于政府审计的特殊地位，决定了政府审计职业道德还应具备一些特殊性。审计署确定的国家审计人员职业道德如下。

①坚持四项基本原则，全心全意为人民服务，忠于职守，克己奉公，勤奋工作。

②努力学习、更新知识，学以致用，积极进取，具备与审计工作相适应的专业知识和业务能力。

③遵守国家法律、法规，严格依法审计。

④办理审计事项应当保持职业谨慎，做到客观公正、实事求是。

⑤办理审计事项与被审计单位或者审计事项有利害关系时，应当回避。

⑥对在执行职务中知悉的国家秘密和被审计单位的商业秘密负有保密的义务。

⑦遵守廉政勤政规定和审计工作纪律，廉洁自律，艰苦奋斗，努力奉献。

⑧谦虚谨慎，平等待人，树立良好形象。

为了执行审计人员职业道德规范的要求，审计署又提出了六项纪律：不接受宴请；不接受礼品或购买低价、紧俏商品；不索贿、受贿；不利用职权为个人谋私利；不隐瞒依法查出的违法违纪的问题；不泄露审计工作中涉及的机密。审计人员如违反了职业道德和纪律，应由所在单位根据情节轻重，给予批评教育、行政处分或者纪律处分。

2.1.4　内部审计人员职业道德规范

内部审计是组织内部一种独立、客观的监督、评价活动，其目的是通过对组织的经营活动及内部控制的适当性、合法性和有效性进行审查、评价，促进组织目标的实现。内部审计是专业性较强的职业，这一职业的复杂性使外部人员难以对内部审计过程做出评价，因此，职业道德规范的建立是内部审计职业取得外界理解与支持的必然要求。

国际内部审计师协会成立后为在全球范围内推动内部审计事业的发展做出了卓有成效的工作，其中最重要的成果是制定并颁布了《内部审计实务标准》和《职业道德规范》。1947年，国际内部审计师协会颁布了第一个文件——《内部审计职责说明》，对内部审计的概念和职责进行了定义。1968年，国际内部审计师协会颁布了内部审计人员《职业道德准则》，规定了内部审计师必须遵守的行为规范。

国际内部审计师协会（IIA）的《职业道德规范》规定了职业道德规范原则，主要包括以下原则。①诚信。内部审计师的诚信确立信用，从而为信任其判断提供基础。②客观。内部审计师在收集、评价和沟通有关被检查活动或过程的信息时，要显示出最高程度的职业客观性。在做出判断时，内部审计师不受其个人喜好或他人的不适当影响，对所审相关环境做出公正的评价。③保密。内部审计师尊重所获取信息的价值和所有权，没有适当授权不得披露信息，除非是在有法律或职业义务的情况下。④胜任。内部审计师在执行内部审计业务时能够使用所需要的知识、技能和经验。

职业道德规范是从职业道德的角度对内部审计人员行为做出的规范，是取得社会公众和服务对象信任的基础保证。我国自从中国内部审计协会成立以来，一直非常重视内部审计人员职业道德规范建设。2003年颁布的《内部审计人员职业道德规范》，全文11条，主要内容有以下三方面：一般原则、专业胜任能力、其他要求。对内部审计人员的职业道德要求是：依法审计、忠于职守、坚持原则、客观公正、廉洁奉公、保守秘密，不得滥用职权、徇私舞弊，不得泄露秘密、玩忽职守。

2014年修订的内部审计准则对内部审计人员职业道德进行重新规定，即《第1201号——内部审计人员职业道德规范》（详细内容见附录A），内容有七章：总则、一般原则、诚信正直、客观性、专业胜任能力、保密、附则，共21条。新职业道德规范采用的仍是行为规则的制定方式，具体内容由原来单列的11条加至七章21条，除总则、一般原则和附则之外，分别从独立性、客观性、专业胜任能力、保密四个方面分类阐述了内部审计人员必须遵循的最低要求。原职业道德规范虽基本涵盖了内部审计人员应具备的职业道德素质，但规定过于原则化，适用性不强。此次修订以原职业道德规范为基础，吸收了原22号具体准则《内部审计的独立性和客观性》和 29 号具体准则《内部审计人员后续教育》的部分内容,同时充分借鉴了国际内部审计准则的有关内容,并参考其他行业的职业道德要求。与旧规范相比,新规范在逻辑上更清晰明了,内容更具体详细。

《中国注册会计师职业道德基本准则》《审计机关审计人员职业道德准则》和《内部审计人员职业道德规范》在内容上趋于一致。不论哪一类审计人员均应具备职业谨慎的工作态度,即要具有客观、公正、实事求是与严谨、细致的工作作风。审计人员履行专业职责时应当具备足够的专业胜任能力和一丝不苟的责任感;审计人员应当衡量与评价自己的能力、知识、经验和判断水平能否担任承担的责任,如果不具备这种能力,应考虑向专家咨询或拒绝接受委托;审计人员应对客户和社会公众尽职尽责,发挥自己的专业技能;审计人员应严格遵守职业技术规范和道德准则,对其负责的各项业务都应妥善规划与监督;审计人员对一切未保持应有职业谨慎的行为而造成的过失,应承担一定的法律责任。

从结构上相比较而言,《中国注册会计师职业道德基本准则》最为严谨,由总则、一般原则、专业胜任能力与技术规范、对客户的责任、对同行的责任、其他责任等构成。在架构上,每章首条提出原则性的规范,随之对该原则进行具体化的描述。《审计机关审计人员职业道德准则》和《内部审计人员职业道德准则》层次感不强,只是将审计人员应当遵守或者不可以进行的行为依次进行罗列,比较简练明了。

2.1.5 审计职业道德评价与惩戒

审计职业道德不仅需要有一套完整的规范体系,还应有一套评价和惩戒措施来保证审计职业道德的实现,使审计师在执业过程中自觉地履行职业责任和义务,维护职业信誉。由于道德约束的特殊性,审计职业道德的评价和惩戒措施有着其特殊性。

1.审计职业道德评价与惩戒的含义

审计职业道德评价是人们在社会生活中依据一定的道德标准、法规标准,对审计师及职业团体的职业行为做出的善或恶、肯定或否定的判断。作为维护社会秩序的重要力量,道德评价是社会道德原则和规范赖以发挥作用的"杠杆"。没有评价,审计职业道德就失去了根本的保证。

综合来看,审计职业道德评价有如下特点。第一,它是以审计师及职业团体的职业行为的道德价值作为评价对象。道德价值是指道德意识和道德活动对社会和个人所具有的意义和作用,审计职业道德价值就是指审计师及职业团体的职业行为对社会、公众及审计职业本身所具有的意义和作用。衡量审计职业道德价值的大小就是依据它对职业活动和社会生活的推动程度,依据它所反映的职业活动中的各种利益关系和要求来进行的。对那些具有重大社会价值的行为,对那些既具有重大经济价值又具有重大政治、精神价值的行为,要给予充分的肯定和赞扬。第二,审计职业道德评价是以善恶、好坏作为评价标准的,所谓"善"的、"好"的就是对社会公众和职业前途有利的。第三,它是以社会舆论、传统文化习俗和内心信念作为评价方式的。

审计职业道德惩戒则是在道德评价的基础上进行道德惩戒,也就是要对审计师执业过程中所做出的行为进行好与坏、善与恶的评价，对于好与善的行为要给予奖励和褒扬，对于坏与恶的行为则要给予惩处和贬抑。换句话说，道德惩戒就是一种将某些社会资源（诸如机会、地位、金钱、荣誉、晋升等）给予或剥夺的方式。只有配合这样的机制，审计职业才能将危害其声誉的不道德行为发生的可能性降低到最低限度，维护审计职业道德规范。

审计职业道德主要是依靠传统习俗、社会舆论和内心信念来维系的。这种非刚性的特征也就决定了它的落实、实施除审计师的自律外，还必须同时借助于行业内部的纪律处分、政府部门的行政处罚等外在的硬性他律机制，只有这样才能有效地发挥道德规范潜在的裁判和激励效力。因此，审计职业道德的惩戒机制应涵盖法律、行政、经济、道德等多个层面，即不仅要有行业的自律（通过会员资格的控制、信用档案的建立等），还需要有法律、法规（针对严重的违背职业道德行为）作为强制性手段。过于强调道德"软约束"的自律特性，而忽视了个体道德品质形成的社会文化背景，对于审计职业道德建设是不利的。"事实上，道德并不是一种独立的社会现象，它渗透于政治、经济、法律等社会生活的一切方面。我们可以从理论上对道德的特点及其相对独立性加以概括，却无法从其中抽取单一的与其他因素不相关的道德事件或道德活动。"

2．审计职业道德评价和惩戒的作用机制

审计伦理道德是一种非强制性的并以内心力量起作用的社会规范，其作用方式包括自律和他律两个方面。一般认为，它的评价和惩戒作用机制主要包括以下几个方面。

（1）社会教育机制。审计伦理道德标准和要求能否被广大审计相关人员所接受，关键在于它是否符合社会发展趋势，是否反映时代的特点和要求。这种标准和要求在多大范围内和多大程度上为人们所接受取决于传播教育的程度，取决于宣传教育工作的好坏。尤其是审计伦理道德标准和要求有不少是与传统观念和习俗不一致的，对大多数人仍须从外部进行"灌输"。例如，审计专业教育的内容应不限于知识的传播，还应包括业务能力的培养和伦理道德的教育；在职教育和函授教育也应包括伦理道德观念的教育和完善。这就需要充分利用各种宣传媒介，根据审计伦理道德的标准和要求，有组织、有计划地进行系统教育。

（2）社会评价和鼓励支持机制。审计伦理道德维护主要凭借伦理道德评价来支持，而伦理道德评价又包括个人评价和社会评价两个方面，两者是相辅相成的。在我国现阶段显然是以社会评价为主要形式，因为它是审计伦理道德他律的评价。社会评价的主要形式是社会舆论，它又可分为口头议论和大众传播媒介两个方面，前者可以通过学习、开会、总结等形式创造机会使人们对有关审计工作进行评价，肯定及颂扬维护伦理道德的行为；后者是指通过宣传媒介，如各种专业杂志来进行评价，在更广阔的范围内扬善抑恶，从而形成审计伦理道德的鼓励支持机制。必须意识到社会舆论的巨大潜在力量，如果社会评价的声音很弱，甚至听不到社会评价，那么这个社会的道德水平和道德要求的权威性也会降低。

（3）社会监督机制。审计行为涉及不同集团的利益，它的工作也应置于社会的监督之下。同时，社会的监督也是审计伦理道德他律的重要评价。由于审计工作的特殊地位，审计职业道德监督应从两个方面来理解：一是来自审计职业内部的内部监督，它是对审计师及其审计行为的一种全过程的自我管理，也是对审计师职业道德行为全过程的监督；二是来自审

计机构外部的社会监督，包括行政、司法等机构对审计师职业行为的监督等。通过这种监督，必须把那些不遵循审计伦理道德的人和事揭露出来，让社会舆论来鞭挞和斥责，严重的应取消其审计师的资格，因为他们已严重违背了审计伦理道德标准，没有资格作为审计师。社会监督机制对审计行为进行监督时，必须把握两个原则：一是不能监督过死，以免影响审计独立操作和审计的公正性和权威性；二是不能监督乏力，以免形同虚设，达不到预期目标。

（4）社会利益导向机制。精神往往是同物质相联系的，审计伦理道德的发展离不开社会利益导向机制。社会利益分配不公会导致伦理道德水平的下降，甚至引起整个社会的动荡。西方国家之所以普遍具有较高的审计伦理道德水准，从而使审计师得到社会尊重，其中一条重要的原因就是审计在经济建设中发挥了积极的作用，审计人员能得到较高的经济报酬。实际上，经济报酬在一定程度上说明了社会对审计工作价值的承认，它是按劳分配原则的体现。

2.1.6 注册会计师的法律责任

注册会计师作为市场经济的参与者之一，是通过其公正的审计报告来维护市场经济秩序的。这就要求注册会计师恪守职业道德，遵守审计准则，严谨执业。当注册会计师未能做到独立、客观、公正时，其出具的审计报告也就不再具有公信力，甚至会因出具虚假报告而承担法律责任。

1. 注册会计师法律责任的基本概念

注册会计师在承办业务的过程中，未能履行合同条款，或者未能保持应有的职业谨慎，或出于故意未按专业标准出具合格审计报告，致使审计报告使用者遭受损失，依照有关法律法规，注册会计师或注册会计师事务所应承担法律责任。

2. 导致注册会计师承担法律责任的可能原因

注册会计师若被控告，其原因可能是多方面的：有的是被审计单位方面的责任，有的是注册会计师方面的责任，有的是双方的责任，还有的是使用者错误理解了注册会计师的责任。这其中最重要的应该是被审计单位方面的责任和注册会计师方面的责任。

（1）被审计单位方面的责任。一是错误、舞弊和违法行为。错误是指会计报表中存在的非故意的错报或漏报，主要包括：原始记录和会计数据的计算、抄写错误，对事实的疏忽和误解，对会计政策的误用。舞弊是指导致会计报表产生不实反映的故意行为，主要包括：伪造、变造记录或凭证，侵占资产，隐瞒或删除交易或事项，记录虚假的交易或事项，蓄意使用不当的会计政策。违法行为是指贿赂、不合法政治捐助和违反特定法律及政府规定等行为。

对于上述被审计单位的错误、舞弊和违法行为，被审计单位应负直接责任和会计责任，注册会计师只负审计责任，两者不能相互替代、减轻和免除。注册会计师只要严格遵守专业标准，保持职业上应有的谨慎态度，就能够合理确信将会计报表中重大错误、舞弊和违法行为检查出来。由于审计测试和内部控制的固有局限性，不能苛求注册会计师发现所有的错弊及违法行为，这也就是说注册会计师的审计意见只能合理保证会计报表的可靠程度。这并不意味着注册会计师对未能查出的会计报表中的重大错误与舞弊没有任何责任，关键要看未能查出的原因是否源自注册会计师本身的过错。对于违反法规行为，应特别注意，由于注册会计师不是法律专家，对直接和严重影响会计报表的违反法规行为应在编制和实施审计计划时予以充分关注，并可向律师咨询，以合理确信能发现此类重大的违反法规行为；对间接影响会计报表的违法行为，注册会计师没有责任主动去发现。

审计过程中注册会计师已发现的对会计报表产生重大影响的错弊及违法行为，除以适当方式向被审单位管理当局告知，详细记录于工作底稿外，注册会计师还应提请管理当局修订会计报表，并考虑审计意见的类型。

二是经营失败。有些情况下，会计师事务所被指控并不是由于其自身的审计失败，而是由于被审单位的经营失败。审计失败是指注册会计师由于没有遵守一般公认审计准则而形成或出具了错误的审计意见。由于企业作为市场经济主体一定面临着经营风险（经营风险，是指企业由于经济或经营条件（如经济萧条、决策失误）等原因而无力归还借款或无法达到投资人期望的收益），经营风险的极端就是经营失败，所以很多人就是因为没有区分审计失败和经营失败两者之间的关系，而控告了会计师事务所。

由于注册会计师习惯在现代审计中使用抽样的方法，并且有一些欺诈和舞弊行为极其隐蔽而难于发现，所以，注册会计师的审计总是存在一些不能发现会计报表重大错误项目的风险，即审计风险。审计风险也就是指在会计报表实际上存在重大错报或漏报时，审计人员发表不恰当审计意见的可能性。

在发生经营失败而不是审计失败的风险时，报表使用者往往会控告注册会计师。这一方面是由于报表使用者不了解审计责任，另一方面是遭受损失的人们希望得到补偿而不管错在哪一方。作为公共会计职业界，应向报表使用者解释审计人员的责任和经营风险、经营失败及审计风险和审计失败之间的差别，以防止报表使用者在被审计单位发生经营失败时把责任归咎于注册会计师和会计师事务所。

（2）注册会计师方面的责任。注册会计师在执业过程中可能会因违约、过失和欺诈而被送上被告席。

违约是指合同的一方或几方未能达到合同条款的要求。当违约给他人造成损害时，注册会计师要承担违约责任。比如，会计师事务所违反了与客户订立的保密协议等。

过失是指在一定条件下，缺少应具有的合理的谨慎。衡量注册会计师的过失是以其他合格注册会计师在相同条件下可做到的谨慎为标准的。当过失给他人造成损害时，审计人员应承担过失责任。过失按其程度不同可分为普通过失和重大过失两种。普通过失也可称一般过失，是指没有保持职业上应有的合理谨慎；就注册会计师而言，则是指没有完全遵循专业准则的要求。比如，未按特定审计项目取得必要和充分的审计证据。重大过失是指没有保持起码的职业谨慎，对业务或事务不加考虑，满不在乎；就注册会计师而言，则是指根本没有遵循专业准则或没有按专业准则的主要要求执行审计。比如，在审计中不以一般公认审计准则为依据。另外，还有一种过失叫共同过失，即对他人过失，受害方自己未能保持合理的谨慎而蒙受损失。比如，被审计单位未能向注册会计师提供编制纳税申报表所必要的信息，而指控注册会计师未能妥当地编制纳税申报表。在这种情况下，法律可能判定被审计单位有共同过失。

欺诈又可称为注册会计师舞弊，它是以欺骗或坑害他人为目的的一种故意的错误行为。

作案具有不良动机是欺诈的重要特征，也是欺诈与过失的主要区别之一。就注册会计师而言，欺诈就是为了达到欺骗他人的目的，明知委托单位的会计报表有重大错报，却加以虚伪的陈述，出具无保留意见的审计报告。

注册会计师的过失程度往往很难界定，虽然没有过失、普通过失、重大过失和欺诈之间有一些区别，但具体到实务中则由法院根据具体情况给予解释。

3．注册会计师承担法律责任的种类

注册会计师法律责任按承担责任的内容可分为行政责任、民事责任和刑事责任。这三种责任可单处，也可并处。

行政责任是指注册会计师或事务所违反法律法规，发生舞弊或过失行为，并给有关方面造成经济等损害后，由政府部门或自律组织对其所追究的具有行政性质的责任。对注册会计师个人而言，追究行政责任包括警告、暂停执业、吊销注册会计师证书；对会计师事务所而言，追究行政责任包括警告、没收违法所得、罚款、暂停执业、撤销等。

民事责任是由法院判决的，令注册会计师承担的具有民事性质的责任，主要是令注册会计师停止侵害委托人或其他利害关系人的经济利益，并赔偿所造成的经济损失。这是在注册会计师法律责任诉讼案中较为重要的一种法律责任形式。

刑事责任也是由法院判决的，令注册会计师承担的具有刑事性质的责任，主要包括管制、拘役、有期徒刑、无期徒刑、剥夺政治权利和没收财产等。

4．我国相关法律对注册会计师法律责任的规定

近年来，随着我国社会主义市场经济的稳步推进，相关法规对注册会计师的责任不断明确。另外，我国民法、刑法对公民行为准则的普遍适用性，也是判断注册会计师法律责任的法律依据。目前我国相关法律对注册会计师法律责任的规定如下。

（1）《中华人民共和国注册会计师法》的有关规定。涉及注册会计师法律责任的最重要的法律是《中华人民共和国注册会计师法》。其中，第 6 章 "法律责任" 中，有 3 条内容与注册会计师及其事务所的法律责任直接相关。

第 39 条规定："会计师事务所违反本法第 20 条、第 21 条规定的，由省级以上人民政府财政部门给予警告，没收违法所得，可以并处违法所得一倍以上五倍以下的罚款；情节严重的，可以由省级以上人民政府财政部门暂停其经营业务或予以撤销。"

"注册会计师违反本法第 20 条、第 21 条规定的，由省级以上人民政府财政部门给予警告；情节严重的，可以由省级以上人民政府财政部门暂停其执行业务或者吊销注册会计师证书。"

"会计师事务所、注册会计师违反本法第 20 条、第 21 条的规定，故意出具虚假的审计报告、验资报告，构成犯罪的，依法追究刑事责任。"

第 40 条规定："对未经批准承办本法第十四条规定的注册会计师业务的单位，由省级以上人民政府财政部门责令其停止违法活动，没收违法所得，可以并处违法所得一倍以上五倍以下的罚款。"

第 42 条规定："会计师事务所违反本法规定，给委托人、其他利害关系人造成损失的，应当依法承担赔偿责任。"

（2）《中华人民共和国公司法》的有关规定。《中华人民共和国公司法》第 207 条规定："承担资产评估、验资或者验证的机构提供虚假材料的，由公司登记机关没收违法所得，处以违法所得一倍以上五倍以下的罚款，并可以由有关主管部门依法责令该机构停业、吊销直接责任人员的资格证书，吊销营业执照。"

"承担资产评估、验资或者验证的机构因过失提供有重大遗漏的报告的，由公司登记机关责令改正，情节较重的，处以所得收入一倍以上五倍以下的罚款，并可以由有关主管部门依法责令该机构停业，吊销直接责任人员的资格证书，吊销营业执照。"

"承担资产评估、验资或者验证的机构因其出具的评估结果、验资或者验证证明不实，给公司债权人造成损失的，除能够证明自己没有过错的外，在其评估或者证明不实的金额范围内承担赔偿责任。"

（3）《中华人民共和国证券法》的有关规定。《中华人民共和国证券法》第 201 条规定："为股票的发行、上市、交易出具审计报告、资产评估报告或者法律意见书等文件的证券服务机构和人员，违反本法第 45 条的规定买卖股票的，责令依法处理非法持有的股票，没收违法所得，并处以买卖股票等值以下的罚款。"

（4）《中华人民共和国刑法》的有关规定。《中华人民共和国刑法》第 14 条规定："明知自己的行为会发生危害社会的结果，并且希望或放任这种结果发生，因而构成犯罪的，是故意犯罪。""故意犯罪，应负刑事责任。"

第 15 条规定："应当预见自己的行为可能发生危害社会的结果，因为疏忽大意而没有预见，或者已经预见而轻信能够避免，以致发生这种结果的，是过失犯罪。""过失犯罪，法律有规定的才负刑事责任。"

第 229 条规定："承担资产评估、验资、验证、会计、审计、法律服务等职责的中介组织的人员故意提供虚假证明文件，情节严重的，处五年以下有期徒刑或者拘役，并处罚金。"

"前款规定的人员，索取他人财物或者非法收受他人财物，犯前款罪的，处五年以上十年以下有期徒刑，并处罚金。"

"第一款规定的人员，严重不负责任，出具的证明文件有重大失实，造成严重后果的，处三年以下有期徒刑或者拘役，并处或者单处罚金。"

2.2 审计准则

审计准则一词最早出现于 1841 年美国证券交易委员会制定的 S-X 规则中。这是审计发展到一定历史阶段上的产物，并随着审计实践的发展而不断地充实和完善。按审计主体的不同，审计准则也分为政府审计准则、内部审计准则和注册会计师审计准则。

2.2.1 审计准则的含义和作用

审计准则是对审计机构和审计人员自身素质及其工作质量的要求，是执行审计工作时应该遵循的规范。它是审计职业界遵循公认惯例，区别确立的职业行为规范，可作为衡量审计工作质量的重要依据。

1．审计准则的含义

审计准则是在审计实践中逐渐形成，并为多数同行承认并参照执行的一种审计工作惯例。这种惯例是由审计职业权威机构审定颁布的，审计职业界共同遵守的行为规范，是审计主体进行自我约束的规定，也是衡量审计工作的尺度。

起初的审计工作凭审计人员的经验去审查账目。如何进行审计，审计工作应做到什么程度，并没有一定的规范，社会公众如何看待和衡量及评价审计工作也无一定之规，由于诉讼浪潮的兴起，使执业会计师逐步明白了没有一定的规范，他们的职业就没有保障，就不可能避免毫无理由的指责和控告。因此，十分需要一个统一的审计规范，便于会计师在执业中共同遵守，同时也便于公众依据规范对审计进行监督。

由于社会公众的强烈要求和审计职业界为巩固和提高自身社会地位的需要，1947年美国注册会计师协会的审计程序委员会发布了《审计准则试行方案》，这是世界上第一部审计准则。随后世界各国纷纷研究制定本国的审计准则。日本学习美国，参照其准则，由大藏省企业会计审计会于1956年制定了日本的审计准则，1976年经第三次修改后，形成了《审计准则、审计实施准则及审计报告准则》。其他国家，如加拿大、澳大利亚、联邦德国等也先后制定了本国的审计准则。

在审计准则演变过程中，有关审计组织及有关审计学者对其定义和内涵做了充分的论述。《蒙氏审计学》认为：广义地说，审计准则是实施审计工作的指南，有时准则亦称为行动的戒律、准绳或指南，它规定客户和公众期望审计人员起码应达到的质量。美国总会计局认为：审计准则是对所进行的工作的质量和充分性的总的衡量，它与审计师的专业资格有关。英格兰和威尔士特许会计师协会认为：审计准则说明了审计过程中工作人员希望遵循的基本原则和惯例。加拿大特许会计师协会认为：审计准则涉及所要完成的工作质量，包括采用的程序、所要达到的目标以及审计人员报告的适当性。新西兰会计师协会认为：审计准则规定了审计师的最低限度的资格要求，以及审计师在检查、报告时做出的判断的质量。日本大藏省会计审议会认为：审计准则是把审计实务中一般认为公正妥善的惯例加以概括而归纳出来的原则；这些原则虽然没有法律上的强制性，但职业会计师在进行企业财务报表审计时都应随时遵守。此外，我国一些审计学者对审计准则的定义，也从不同的角度加以阐述。

综合所有的对审计准则的描述，可以发现审计准则主要包括以下含义。

①审计准则是出于审计自身的需要和社会公众的要求而产生和发展的。

②审计准则是审计实践经验的总结，它的完善程度同样反映出审计发展水平。

③审计准则是对审计组织、审计人员，即审计主体提出的要求，而不是对审计基体的要求，更不是衡量审计客体的尺度。

④审计准则规定了审计工作质量的要求，是控制和评价审计工作质量的依据。

⑤审计准则一般应由审计组织及审计职业团体制定和颁布才具有权威性。

基于审计准则基本含义的深入分析，可以概括审计准则的特点如下：权威性、规范性、可接受性、可操作性和相对稳定性。

（1）权威性主要是指审计准则对审计人员行为具有普遍的约束力。审计人员必须按照审计准则的规定和要求进行审计工作，如有违反就有可能承担相应的民事责任甚至刑事责任。审计准则的权威性，一是来源于审计准则的科学性，它不仅来源于审计实践，而且是整个审计职业界公认的惯例；二是来源于审计职业界权威机构或政府机构对它的审定、完善、颁布和监督实施。

（2）规范性，首先表现为审计准则本身就属于审计规范的范畴，它是审计规范体系中的具体规范；其次是审计准则本身必须具有统一性、条理性及准则性，否则就不可能作为审计工作的指南。统一性要求审计准则内容应前后一致，相互协调；条理性要求审计准则结构严谨、调理清晰、层次分明；准则性要求审计准则用词恰当、表达确切、易于理解、方便运用。

（3）可接受性主要表现为审计准则应当被审计人员、审计客体和广大社会公众所乐于接受，否则就不能成为其审计工作规范。对于审计主体而言，审计准则集审计工作实施规则、审计操作程序和惯例于一体，是保证审计质量的技术性指南，如不能被审计人员所接受，那就从根本上失去了制定审计准则的意义。就审计客体和广大社会公众而言，审计准则有助于他们了解审计人员应该做什么和不应该做什么，以及在什么样的情况下审计人员应承担什么样的责任，如果审计准则不能被他们所接受，既说明了审计准则没有客观地反映他们对审计工作的基本要求，也说明了他们对审计工作不能理解，最终会导致审计准则不可能成为审计人员自我保护的措施。

（4）可操作性主要表现在审计准则可以直接用来指导审计实践。在审计理论和审计实践之间，审计准则起了沟通的桥梁作用，也即审计理论只有通过审计准则才能指导审计实践；而审计实践只有先归纳总结为审计准则才能上升为审计理论。要想使审计准则具有可操作性，首先要使审计准则具有鲜明的层次性，如一般准则和实施、报告准则等，并要明确每个层次的准则所要服务的目标，也即是每个层次的准则要与具体的审计工作相联系；其次是审计准则的内容务必明确、可行，便于审计人员理解和遵照执行。

（5）相对稳定性是指审计准则一旦确定和发布，就不能轻易改动，要保持一个相对稳定的时期。它不仅是指制定审计准则是一项涉及面广而又复杂的工作，同时审计准则的基本结构、主要内容及其要求变动频繁不利于审计人员接受和贯彻执行，也不利于社会公众的理解。但是，审计准则只具有相对的稳定性。因为，社会经济关系的变化，科学技术的发展和审计环境的改变，都会引起审计事项、审计方法的变化和发展，都会对审计工作提出更高的要求，作为审计工作规范的准则，也势必要做相应的调整，删除过时的、不适宜的内容，增加新的、适应需要的精神，也就是说审计准则应当随着审计事业的发展得到不断的完善。

2．审计准则的作用

审计准则是把审计业务中一般认为公正、妥当的惯例加以归纳概括、形成原则，它虽然不具备法规的强制性，但它是审计人员从事审计时所必须遵循的指南。建立审计准则的主要目的在于促进审计工作的规范化、制度化和公开化，以提高审计工作效率；为实现审计质量控制和培训审计人员提供依据；为考察审计工作和认定或解除审计责任提供依据。审计准则的建立和完善程度反映了一个国家审计理论水平和审计实践能力。建立和完善审计准则对于审计事业的发展具有重要的保证和促进作用。

（1）规范指导审计人员的审计工作和行为。审计准则可以说是审计工作规范，审计人员进行审计时有章可循，知道如何开展审计工作，如何编制审计计划，如何制订审计方案、编写审计报告，审计过程中怎样搜集与评价审计证据，如何注意自己的操行职守等。有了审计准则，审计人员完全可以依据准则进行审计检查，有利于减少不必要的失误及重复劳动，保证了审计工作质量、提高了审计工作效率，有助于审计信息的使用者增强对审计结论的依赖程度，同时也规范了审计人员的审计工作和行为。

（2）衡量审计工作质量。审计准则对建立审计机构的原则和执行审计业务应遵循的规范做了全面规定，包括对审计职业道德、专业胜任能力、应执行的程序和应使用的方法都做了明确而具体的规定。只要审计人员遵照审计准则的规定去执行义务，审计工作质量就有保证。审计组织的管理部门可以通过对审计人员是否遵守审计准则的检查，进而评价审计工作质量。同时，审计准则对刚从事审计工作的人员更具有指导作用，不仅有利于提高他们的素质，也有利于减少他们工作中的差错。

（3）保护审计人员合法权益。有了审计准则，社会公众就可多了解审计是做什么的，应该怎样做，以及要做到何种程度，应该履行什么样的义务和应负什么样责任等，这样不仅有利于监督审计组织和审计人员正确地履行职责，也有利于明白自己应当怎样维护自身的利益。有了审计准则，当授权人或委托人与审计人员发生意见分歧时，就有了裁决判别的公认标准，这样既有利于维护委托人的合法权益，也有利于保护审计人员，使他们免受不当或过分的指责。

（4）是审计理论和实践成果的集中体现。审计准则是从审计实务中提炼出来的，是一种通过加工的带有规律性的认识，它既不像审计理论那样抽象和难以理解，又不像审计实务那样杂乱无章和非动手不可，故此可以用来作为审计教学的内容。事实上，西方的很多审计教科书都是围绕审计准则来组织编写的。

3. 审计准则的结构和内容

国际审计准则的框架由审计准则和相关业务准则构成，其基本内容可分为一般准则、外勤工作准则和报告准则三部分。

（1）一般准则。一般准则也称职业准则，它是规定审计人员资质的准则，是审计准则的重要组成部分。一般准则大致包括：关于审计人员独立性的规定，关于审计人员业务技能的规定，关于审计人员应有的工作态度和工作作风的规定，关于审计人员严守秘密的规定四个方面的内容。

（2）审计的外勤准则。审计的外勤准则是指审计人员在实施审计行为时应遵守的规则，也称为审计的实施准则或工作准则，主要包括制订审计计划的规定，评价内部控制制度的规定，收集和评价审计证据的规定和编制审计工作底稿的规定及部分内容。

（3）报告准则。报告准则是对审计人员编写审计报告的原则、审计报告的形式和审计报告的内容等方面提出的要求，主要包括：编写审计报告的原则，关于审计报告形式的规定，关于审计报告内容的规定。

按审计主体的不同，审计准则也分为政府审计准则、内部审计准则和注册会计师审计准则。

2.2.2 政府审计准则

国际审计组织为协调各国审计准则设置了审计标准委员会，1977 年该委员会在秘鲁首都利马召开的第七届大会上通过了著名的《利马宣言——审计标准指南》，它是一份关于国家审计机关审计规则的国际性文件。

审计准则指南对审计类型做了明确的阐述，指出了最高审计机关与议会、政府和行政机关的关系，说明了最高审计机关的审计职权等，各国政府审计准则的制定应充分考虑上述的差别。

此外，1985 年联合国政府会议和审计专家组会议专门讨论了审计准则问题，在会议专题文件中指出国家审计准则应包括审计准则序言、专业准则、实施准则、报告准则、扩展范围的审计准则、质量保证准则和其他准则七个部分。

1．美国政府审计准则的变化

美国的最高审计机关是美国联邦审计总署，其制定的政府审计准则称为《一般公认政府审计准则》，各州和地方审计机关都要执行这一审计准则。1984 年之前，美国每个联邦机构制定各自的审计指南和报告格式，局面较为混乱。因此，国会颁布了《单一审计法》，为审计联邦财务拨款项目制定统一要求。

美国政府审计准则是在民间审计推行审计准则的经验基础上，结合政府审计性质和特点制定的。1972 年美国一般公认政府审计准则的结构包括：目的、范围、一般准则、检查及评价准则、报告准则。从这一结构可以看出，美国政府审计准则的参照系主要是美国民间审计的公认审计准则，突出了政府审计的特性，它适用于政府审计人员对政府及其各部门所进行的财务审计和绩效审计。

1994 年重新修订的准则共 271 条，仍然包括以下七个方面的内容：①第一章综述，共 15 条；②第二章政府审计的种类，共 10 条；③第三章一般标准，共 36 条，主要阐述了审计人员的资格条件与审计工作要求等；④第四章财务审计的现场作业准则，共 40 条，主要内容包括审计计划工作、法规方面的要求，对错误、不正常现象和违法活动的注意，证据的搜集和工作底稿的编制，内部控制测试和评价，实质性测试，相关财务事项，现场作业规范；⑤第五章财务审计的报告准则，共 37 条；⑥第六章绩效审计的现场工作准则，共 64 条；⑦第七章绩效审计的报告准则，共 69 条。

美国 1994 年重新修订的政府审计准则的主要内容是一般准则、实施准则和报告准则，这和社会审计准则结构是相近的。从具体内容上看，其把绩效审计内容纳入了政府审计准则体系，和以前的准则比较，增加了大量的绩效审计的条目，尤其是管理控制评价的内容。

2007 年修订的美国政府审计准则包括：前言、政府审计准则的适用、道德准则、一般准则、财务审计现场工作准则、财务审计报告准则、鉴证业务一般准则和现场工作准则及报告准则、绩效审计现场工作准则、绩效审计报告准则、补充指南等内容，增加了道德准则作为审计准则适用的法理基础，吸取了公众公司会计监督委员会、国际审计和鉴证准则委员以及内部审计协会的准则来扩张政府审计准则的效力。其强调政府审计是完善国家治理，推进民主法治的关键；强调独立性、专业判断、胜任能力以及质量控制和保证在整个审计过程中的重要性，从而提高审计准则的适用性，保障政府审计的科学性。

美国的政府审计准则在西方国家中具有一定代表性，我们研究最新的《美国政府审计准则》，可把握审计准则立法发展的最新动向，对于提高我国政府审计的立法质量，完善审计制度的效能无疑具有推进作用。

2．我国的政府审计准则

我国政府审计准则的制定主要是依据《中华人民共和国审计法》《审计法实施条例》和《行政处罚法》，在体例结构和基本内容上与《国际政府审计准则》是衔接的。由于我国国家审计机关属行政型隶属模式，国家审计署隶属于国务院，受国务院总理领导，实行的是统一领导、分级审计的机制。因此，政府审计准则更具有强制性。

早在 1989 年上半年国家审计署就提出了一个中国审计标准的草稿，并在全国审计系统广泛地征求意见。1991 年 9 月，世界银行在技术援助备忘录中提出对中国制定审计标准工作提供援助。1992 年，按照审计署办公会议的决定，法规司根据社会主义市场经济体制的要求和审计工作实践，对审计准则一些基本问题进行了进一步的研究，重新确立了草拟工作思路，在对原草稿做了较大修改后，形成了《中华人民共和国审计准则（初稿）》。1993 年 5 月审计署召开座谈会，征求部分省、市审计工作者的意见，后又提交 1993 年 6 月召开的审计准则国际咨询调研会讨论。同年 9 月，审计署派员赴美、加两国考察审计准则的制定情况。随着对审计准则问题的不断研究，逐步明确了构建审计准则体系的基本思路。1994 年下发了《中华人民共和国审计准则（征求意见稿）》，1996 年底制定并发布了包括准则在内的《38 项审计规范》。《审计规范》基本是按照国际审计领域内通行的审计准则的体制结构和准则体系要求，结合我国国家审计工作的实际情况立项、草拟的。从法律效力等级上来看，《38 项审计规范》与《审计准则》属于同一个层次，都是审计署发布的审计规章，都是审计法律规范体系中的部门规章性的审计法律规范。

借鉴国内外制定审计准则的经验，结合我国国家审计的实际情况，我国《国家审计准则》分为一般准则、作业准则和专业报告三个层次。

我国新国家审计准则——《中华人民共和国国家审计准则》（审计署令第 8 号）于 2011 年 1 月 1 日起施行，新审计准则正文分为七章，即总则、审计机构和审计人员、审计计划、审计实施、审计报告、审计质量控制和责任、附则，共计 200 条。新的政府审计准则生效，同时废止了审计署以前发布的 38 项审计准则和规定。审计准则基本内容有：一般准则、作业准则、报告准则、处理处罚准则等。

（1）一般准则：规定了审计机关和审计人员应当具备的资格条件和职业要求。一般准则还规定了基本职业道德规范。

（2）作业准则：是审计机关和审计人员在审计准备和实施阶段应当遵循的行为规范。

（3）报告准则：是反映审计结果、提出审计报告以及审计机构审定审计报告时应当遵循的行为规范。

（4）处理处罚准则是审计机关对审计事项做出评价，出具审计意见书，对违反国家规定的行为，给予处理、处罚，做出审计决定时应当遵循的行为规范。

其中：审计机构应当收到审计报告之日起 30 日内，将审计意见书和审计决定送达被审计单位和有关单位，并在此后的三个月内监督其采纳、执行情况。

我国政府审计准则的制定主体是国家审计机关，规范的对象是审计机关和审计人员，是衡量和评价审计工作质量的依据，也是判别审计责任的依据，具有权威性的约束力。新的审计准则包括了所有的规范，将理论实践融为一体，贯通了中外经验，做到了三类审计互相兼容，系统规范了执行审计业务基本程序，提高了规范的可操作性、审计工作质量和审计工作效率。

2.2.3　社会审计准则

社会审计准则也称注册会计师审计准则或独立审计准则，由权威机构制定或认可，是审计机构和审计人员在执行审计业务时必须遵守的行为规范，也是衡量注册会计师审计工作质量的标准。

1．国际社会审计准则

国际审计与鉴证准则委员会是国际会计师联合会下属机构，负责制定国际审计准则，通过制定高质量的质量控制、审计、审阅、其他鉴证和相关服务业务准则，推进国际趋同，服务公众利益。国际审计准则体系就是指由国际审计与鉴证准则委员会所制定的准则体系，目前国际审计准则体系包括 31 个审计准则、8 个审计实务公告、1 个审阅准则、2 个其他鉴证业务准则、2 个相关服务准则；1 个会计师事务所的质量控制准则，可分为一般准则、工作准则和报告准则三个部分。

（1）一般准则是审计人员资格条件和执业行为的准则，主要内容如下：①对审计人员应具备的技术条件的规定，如审计人员应具备必须的学历和职业培训；必须有一定年限的工作经历并通过专门考试；必须具备分析、判断和表述能力；②对审计人员应具备的身份条件的规定，如要求审计人员必须具备超然、独立的立场，在陈述与表示意见时持公正态度等；③对审计人员应具备的职业道德条件的规定。

（2）工作准则是审计人员在执行会计报表审计过程中应遵守的准则，主要内容如下：①对制订审计计划的规定，如进行可行性研究，确定审计程序，确定审计人员及其分工等；②对确定审计范围的规定，如审计会计报表，了解、研究内部控制制度，确定进一步检查的范围、时间和方法等；③对获取审计证据的规定，如采用各种有效的方法以获取充分而适当的证据，充分考虑审计对象的重要性、风险程度及其他因素影响，为审核会计报表和提出公正的意见提供合理的依据等；④对实施审计行为的规定，如执行审计的必要条件和手续，应执行的审计业务等。

（3）报告准则是审计人员编制审计报告、选择表达方式和记载必要事项的准则，主要内容如下：①对审计报告应记载事项的规定；②对表明审计意见的规定；③对补充记载事项的规定；④对审计报告报送对象及报送时间的规定。

国际审计准则具有广泛的适用范围，只要是进行财务会计资料的独立审计，不论被审单位的规模大小，不论被审单位其法定组织形式如何，也不论被审单位是否以营利为目的，均适合使用国际审计准则；在适当的情况下，国际审计准则也应用于审计人员的其他有关活动。

2．美国社会审计准则

在世界各国的审计理论与实践方面，美国的居于领先地位，美国是审计准则制定的先行者。它的社会审计准则是由美国注册会计师协会制定并颁布的。美国注册会计师协会是一个纯粹的民间组织，不受政府的指导与监督，因而不具有国家法规的性质。但是，它的权威性、约束力很强。

1947 年美国注册会计师协会提出了《审计准则的试行说明——审计准则的一般公认要点及范围》的报告，这是世界上最早的审计准则，该报告明确提出审计程序是必须执行的，即必须实施的行为，而审计准则仅是关于实施行为质量的衡量尺度，以及运用审计程序必须达到的目标。该说明 1948 年正式通过发布，共分三个部分 9 条标准；1954 年进行修订增加了 1 条为 10 条标准，1972 年正式颁布。《一般公认审计准则》主要适用于社会审计所从事的财务会计报表审计，在国际上产生了巨大的影响，加拿大、澳大利亚、日本等国的社会审计准则几乎是它的翻版。《一般公认审计准则》共分为一般准则、现场工作准则和报告准则三部分，其具体内容如表 2.1 所示。

表 2.1　美国《一般公认审计准则》内容表

准则类别	准　则　内　容
一般准则	1．审计工作应由经过充分专业训练，并精通审计业务的人员担任
	2．审计人员对待一切审计工作，必须保持独立的意志和态度
	3．审计人员在执行审计工作和撰写审计报告时，应持有职业上的谨慎态度
现场工作准则	1．审计工作必须有充分的计划，如有助理人员，并对其进行适当的监督
	2．应适当地研究和评价现行的内部控制制度，以确立其可信赖的程度，并据此确定测试的程序和范围
	3．运用检视、观察、查询和函证等方法，取得充分而有效的证据，作为对所审计的财务报表意见的合理根据
报告准则	1．审计报告应说明财务报表表达是否符合一般公认审计原则
	2．审计报告应说明本期所采用的会计原则是否和上期一致
	3．除报告中另有说明外，财务报表所披露的信息应被视为是合理和充分的
	4．审计报告应对财务报表整体情况表示意见，或说明不表示意见。如不表示意见应说明理由。在任何情况下，财务报表一经审计人员签署，即应在报告中说明审核的性质与其所负责任的程度

至此，形成了影响全世界长达半个世纪的一般公认审计准则。这个准则除为美国民间审计所遵循外，对民间审计领域以外的各种审计，对其他国家及国际审计准则的建立，都产生了巨大影响，为其他国家开发各国审计准则提供了非常丰富的经验。当然，美国的社会审计

准则的发展并未就此停止，多年来，通过发布公告、法案的形式不断地对社会审计准则加以补充完善。如 AICPA 于 1988 年 4 月发布或修订了第 53 号至第 61 号公告补充审计准则说明；于 1995 年通过了《私人有价证券诉讼改革法案》，在标题 3 部分对 1934 年《证券交易法》第 10 章的补充中明确规定了注册会计师应承担识别和揭露某些舞弊行为的责任；AICPA 在 1997 年 2 月颁布了第 82 号审计准则说明"财务报表审计中对舞弊的关注"；AICPA 于 2002 年 10 月发布了第 99 号审计准则说明，要求注册会计师以更加务实和积极的态度承担应负的适当审计责任。

3．我国的社会审计准则

社会审计准则在我国也称为注册会计师独立审计准则，社会审计准则是用来规范注册会计师执行独立审计业务，出具审计报告的专业标准，是注册会计师独立审计行为的规范。

社会审计准则作为规范注册会计师执行审计业务的权威性标准，对提高注册会计师执业质量，降低审计风险，维护社会公众利益具有重要的作用，其建设经历了三个阶段。

（1）制定执业规则阶段（1991～1993 年）。1988 年 11 月 15 日，财政部领导下的中国注册会计师协会（以下简称"中注协"）正式成立。成立后不久的中注协就着手进行执业规则的建设，从 1991～1993 年，先后发布了《注册会计师检查验证会计报表规则（试行）》等 7 个执业规则。这些执业规则对我国注册会计师行业走向正规化、法制化和专业化起到了积极作用。

（2）建立准则体系阶段（1994～2003 年）。1994 年 5 月中注协依据《中华人民共和国注册会计师法》，遵循务实、接轨、配套、科学等原则，开始制定独立审计准则。1996 年 1 月 1 日，第一批《独立审计准则》开始实施，此时的审计准则共 10 个项目，包括准则序言、基本准则、7 项具体准则和一项务实公告。1996 年实施的《独立审计准则》内容如下。

①审计准则序言内容：独立审计准则的制定依据与目标，独立审计准则的体系（独立审计基本准则、具体准则与实务公告、执业规范指南），独立审计准则的约束力，独立审计准则的适用范围，独立审计准则的制定与咨询组织，独立审计准则的制定、发布与修订程序 6 部分。

②独立审计基本准则内容（共五章 25 条）：第一章总则、第二章一般准则、第三章外勤准则、第四章报告准则、第五章附则。

③具体准则和实务公告，至 1999 年 2 月先后三次颁布了 24 项独立审计具体准则和 6 项独立审计实务公告。

到 2003 年，中注协先后制定了 6 批独立审计准则，包括 1 个准则序言、1 个独立审计基本准则、28 个独立审计具体准则和 10 个独立审计实务公告、5 个执业规范指南，此外，还包括 3 个相关基本准则，共计 48 个项目，基本上建立起了审计准则体系。

（3）完善与提高阶段（2004 年以后）

随着独立审计准则体系的基本建立，制定工作转向完善独立审计准则体系与提高准则质量并重。自 2004 年以来，中注协在起草新准则的同时，根据变化的审计环境、国际审计准则的最新发展和注册会计师执业的需要，有计划、有步骤地修订已颁布的准则。2006 年修订原

26 个准则，新增 22 个，共 48 个顺应国际趋同大势的中国注册会计师执业准则体系。2010年，修订 38 项，废除 35 项，保留 13 项，现共 51 项准则，形成了与国际审计准则趋同的具有中国特色的审计准则体系（如图 2.2 所示），包括注册会计师鉴证业务基本准则、注册会计师审计准则、注册会计师审阅准则、注册会计师其他鉴证业务准则、注册会计师相关服务准则、会计师事务所质量控制准则 6 部分准则。

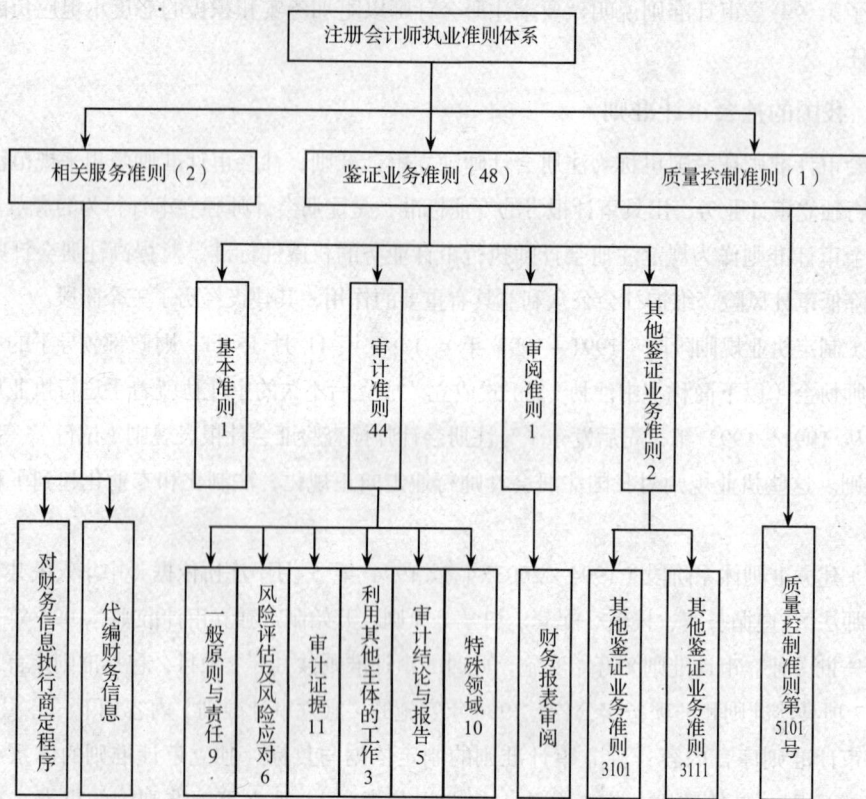

图 2.2　中国注册会计师执业准则体系

在注册会计师执业准则体系中，准则编号由 4 位数组成（详细准则编号及名称见附录B），其中，千位数代表不同类别的准则："1"代表审计准则；"2"代表审阅准则；"3"代表其他鉴证业务准则；"4"代表相关服务准则；"5"代表质量控制准则。百位数代表某一类别准则中的大类。以审计准则为例，我们将审计准则分为六大类，分别用 1 至 6 表示，"1"代表一般原则与责任；"2"代表风险评估与应对；"3"代表审计证据；"4"代表利用其他主体的工作；"5"代表审计结论与报告；"6"代表特殊领域审计。十位数代表大类中的小类。个位数代表小类中的顺序号。例如，审计准则编号区域：一般原则与责任（审计准则第 1101 至第 1153 号），风险评估与应对（审计准则第 1201 号至第 1251 号），审计证据（审计准则第 1301号至第 1341 号），利用其他主体的工作（审计准则第 1401 号至第 1421 号），审计结论与报告（审计准则第 1501 号至第 1521 号），特殊领域审计（审计准则第 1601 号至第 1633 号）。

中国注册会计师执业准则体系有以下特点：①体现了审计准则国际趋同的要求；②体现了维护社会公众利益的宗旨；③体现了风险导向审计的最新发展；④体现了强化事务所的质

量控制的要求；⑤完善了现有的执业准则体系。

2.2.4 内部审计准则

国际内部审计师协会成立后为在全球范围内推动内部审计事业的发展做了卓有成效的工作，其中最重要的成果是制定并颁布了《内部审计实务标准》。

1. 国际内部审计实务准则

1978 年，国际内部审计师协会制定和颁布了《内部审计实务标准》，其后又进行了两次修订。第二次是 1999 年开始修订，2001 年发布实施的，在国际内部审计规范体系六十多年的发展历史中，2001 年的变革是开创性、革命性的。在 2001 年颁布的《内部审计实务准则框架》中形成了从内部审计定义、职业道德规范、准则到实务公告、发展与实务支持的富有逻辑性的框架，其内容共包括五个部分，分别是导言、属性标准、工作标准、实施标准和实务公告。

然而就在此时，世界会计审计职业界出现了一次重大的动荡。2001 年 11 月，安然公司财务丑闻曝光，2002 年 5 月，世界通讯公司再度爆发丑闻，由此引发的多米诺骨牌效应，造成了这一期间美国有约 1/3 的上市公司申请破产保护。2002 年 7 月 30 日，美国国会紧急颁布了《萨班斯——奥克斯利法案》，该法案对内部审计职业界也产生了巨大影响，将内部审计职业界推向了社会公众的视野。在这样的背景下，国际内部审计师协会于 2001 年颁布的内部审计实务规范体系提出的《内部审计实务准则框架》的目的已经发生了变化。

2006 年，国际内部审计师协会建立了特别小组，对于《内部审计实务准则框架》及其制定过程进行重新审视，根据特别小组报告《面向未来： 指引内部审计职业迈向卓越》，内部审计职业界面临两大挑战：第一，为满足职业界的不同需求，各种规范相继制定，包括准则、实务公告、意见声明、白皮书等，但是对立场公告、共同信息、实用指南的需求还是很迫切的，此类形式却并未得到正式的确认或以权威的方式提供；第二，目前制定并完善规范的审计程序还不成熟，而且未为会员或利益相关者所广泛知晓。此外，各层次规范也未做权威性的明确定义，使得其能否作为全球性的规范遭到质疑。在此背景下，IIA 理事会、国际筹划委员会监督指导的特别小组对《内部审计实务准则框架》进行了重新审视。2009 年，国际内部审计师协会正式颁布了《国际内部审计专业实务框架》。

2009 年颁布的《国际内部审计专业实务框架》相对于《内部审计实务准则框架》而言，具体内容、文字上并没有太大变动，但在框架结构以及制定程序上有较大的突破。2009 年修订的《国际内部审计专业实务框架》包括内部审计定义、职业道德规范、国际准则、立场公告、实务公告、实务指南六大部分。

2. 我国内部审计实务准则

2003 年 4 月，中国内部审计协会发布了第一批《中国内部审计准则》，开启了中国内部审计职业规范化的道路。中国内部审计协会成立于 1987 年，当年 12 月即加入 IIA，建立了中国内部审计与国际内部审计沟通的渠道。作为内部审计职业团体，中国内部审计协会的最大努力体现在中国内部审计职业规范体系的建设上。内部审计职业规范是内部审计职业界自身制定并获得从业人员所公认的，用以指导内部审计机构及人员执业的标准，是内部审计职业化的必要条件，我国的内部审计规范体系就是在这样的背景下逐步建立并得以完善的。

我国 2003 年的内部审计准则体系包括三个层次：基本准则、具体准则和实务指南。基本准则是内部审计准则的总纲，是制定具体准则和实务指南的依据，其中包括内部审计定义、对内部审计人员基本素质的要求、内部审计活动执行、内部审计报告方面的基本要求以及内部审计机构管理的要求。具体准则是内部审计机构和人员在进行内部审计时应当遵循的具体规范；实务指南是在基本准则、具体准则之外的具有可操作性的指导性意见。就执行要求而言，基本准则及具体准则属于应当遵照执行，实务指南属于应当参照执行。

我国的内部审计准则体系遵循从"基本准则—具体准则—实务指南"这一由抽象到具体的逻辑规则。我国内部审计准则的体系结构沿用会计准则、注册会计师鉴证业务准则、国家审计准则等一系列专业标准规范的常用结构，这种结构符合中国国情，符合国人的理解习惯，这种简单的逻辑关系有助于我国内部审计实务界对准则体系的理解与遵循。

我国的基本准则、具体准则以及实务指南采用了"总则——一般原则—具体原则—附则"的结构，由一般原则依据所规范的内部审计活动内容和方法展开为作业准则、报告准则以及内部审计管理准则。

我国现行内部审计准则是中国内部审计协会对 2003 年以来发布的内部审计准则进行的全面、系统的修订，修订后的准则，自 2014 年 1 月 1 日开始施行。在此次修订过程中，中国内部审计协会在借鉴国际经验以及考虑我国国情的基础上，适当参考了我国国家审计准则和注册会计师执业准则的有益内容，遵循了"国际化与国家化相统一"的基本立场。

2014 年的内部审计准则的框架由内部审计基本准则、职业道德规范、20 个具体准则和 5 个实务指南构成。内部审计基本准则是内部审计准则的总纲，是制定具体准则、实务指南的基本依据。职业道德规范是从职业道德的角度对内部审计人员行为做出的规范，是取得社会公众和服务对象信任的基础保证。具体准则是依据基本准则制定的，新具体准则由现行的 29 个缩减至 20 个。实务指南是依据基本准则和具体准则制定的，为内部审计提供了具有可操作性的指导意见。就执行要求而言，内部审计基本准则、职业道德规范和具体准则都是"必须遵照执行"，而实务指南是"应当参照执行"。新准则形成了从基本准则、职业道德规范、具体准则到实务指南的由抽象到具体且富有逻辑性的框架。

2014 年的内部审计基本准则由原来的六章 27 条增加至 33 条，适用范围更大，涵盖了内部审计外包的情况，增加了"其他组织或者人员接受本组织的委托、聘用，承办或者参加的内部审计业务，也应当适用本准则"的内容。在一般准则中，增加了内部审计章程中应明确规定内部审计目标、职责和权限的内容；增加了内部审计人员保密义务的内容。在作业准则中增加了内部审计机构和内部审计人员应当全面关注组织风险，以风险为基础组织实施审计业务的内容；增加了内部审计人员关注组织舞弊风险，对舞弊行为进行检查和报告的内容；增加了内部审计人员为组织提供适当咨询服务的内容。

新具体准则共 20 号（详细准则编号及名称见附录 B），编号均以 2 开头，且 20 号具体准则中又分成了三小类，其中以编号 21 开头的为作业类准则，主要涵盖了内部审计活动从准备阶段到后续审计的审计过程及审计方法的方方面面；以编号 22 开头的为业务类准则，主要为内部审计活动中一些特殊的审计实务；以编号 23 开头的为管理类准则，主要涉及内部审计管理的各个方面。重新分类整理后的具体准则内容与基本准则之间的关联性较强，内部审计具体准则各项内容基本能在基本准则中得以体现，较好地反映了内部审计基本准则的总纲作用。此次修订未修订有关实务指南的内容，但也对实务指南进行了重新编号，编码以 3 开头。

目前，新内部审计准则体现了审计准则国际趋同的要求，《国际内部审计实务准则框架》的准则基本内容在我国新内部审计准则中均已涉及，只是由于安排结构差异，在不同的部分体现。我国新内部审计基本准则中"审计通知书"是一大特色，国际内部审计准则中并未涉及该项内容。"审计通知书"是借用了国家审计准则的做法，这样有利于提高审计项目的效率和质量，更能符合中国国情。

复习题

一、简答题

1. 审计职业道德及其作用。

2. 简述中国社会审计准则的框架与结构。

3. 我国注册会计师职业道德的基本要求是什么？

4. 注册会计师如何防范法律风险？

5. 简述会计责任和审计责任。

二、分析题

假设周琳是某会计师事务所的注册会计师，该事务所于 2015 年 2 月接受委托，对宏达公司 2014 年度的会计报表进行审计。请逐一考虑下列每种情况下，指出周琳是否需要回避，并简要说明理由。

（1）周琳在 2014 年度曾经担任宏达公司的财务经理。

（2）周琳的父亲持有宏达公司数额不大的股票。

（3）周琳是宏达公司董事长的外孙女。

（4）周琳的侄子持有较多宏达公司的股票，且买股票的钱有 70% 是从周琳处所借。

（5）周琳的好朋友李明是宏达公司的总经理。

第3章 审计种类与方法

本章学习要点

1. 了解审计方法的演进
2. 了解审计的其他分类方法
3. 掌握审计的基本分类方法和主要审计种类
4. 掌握基本审计技术方法及其具体应用
5. 理解属性抽样与变量抽样及其区别
6. 重点掌握审计抽样的基本原理和步骤

对审计从不同的角度加以考察，可以划分出不同的审计种类。最基本的分类是按审计主体和审计的内容与目的进行分类。按审计主体的性质不同，可以划分为政府审计、内部审计和社会审计。按审计的内容和目标不同，可以划分为财政财务审计、财经法纪审计和经济效益审计。审计方法是适应不断发展的经济环境要求而逐步发展和完善的，其发展大致经历了三个阶段，即账项基础审计、制度基础审计和风险导向审计。

3.1 审计种类

对审计种类进行科学的划分有助于加深理解各种不同审计活动，有助于认识探索审计规律，有利于更好地组织审计工作，充分发挥审计在经济活动中的作用。研究审计的分类方法是有效地进行审计工作的一个重要条件。

3.1.1 审计分类方法

审计分类方法是按照一定的标准，将性质相同或相近的审计活动归属于某一种审计类型的做法。审计分类的一般方法是：首先提出分类的标志，并根据每一种标志，确定归属其下的某几种审计活动；然后按照一定的逻辑程序，将各类审计活动有秩序地排列起来，形成审计类型的群体。从具体的分类方法上看，不外乎是单标准分类法和多标准分类法两种。

单标准分类法是按照某一单个的标志进行划分审计种类的方法。如按照被审计对象的范围、内容或审计的目的进行分类，或者按照审计不同的方式进行分类。1982 年 9 月联合国开发署与最高审计机关国际组织把当时世界各国的审计活动按照审计的内容划分为财务审计、弊端审计、管理审计和综合审计。有些国家按审计的实施方式划分，分为事先审计和事后审计、内部审计和外部审计、传统审计和效果审计。按照单一标准对审计进行分类的方法简单，主体突出，容易被人理解和掌握；但是审计类型容量小，没有弹性，不适应审计工作发展的需要。

多标准分类法是按照多种标志对审计种类进行划分的方法。按照分类标志排列不同，可以把多标准分类法分为无层次分类法和有层次分类法两种。无层次分类法，可以认为是"一揽子"分类法，这种方法有多少标志就有多少审计类别，各审计种类平行排列，形成无层次群体。例如，按照审计的目的、范围、内容、执行者、被审计单位、进行时间、组织方式、审计性质等多标志划分，并平行排列。这种方法少则按两个标志划分，多则按十多个标志划分，中间没有层次，很难被人掌握；又由于每个人对分类标志理解的角度不同，其分法也千差万别。有层次分法，是先按审计最基本的第一位特征，用粗线条分成若干大类，然后再按照更加具体的第二位特征将每一大类再进行细分，形成有层次的审计类别群体。例如，日本的三泽一先生将审计划分为重要的类型和其他类型，重要类型按照审计的对象、人员、实施动机又可以再分；其他类型按照实施次序、时间、重点再分。

3.1.2 主要审计种类

对审计从不同的角度加以考察，可以划分出不同的审计种类。对审计进行合理分类有利于加深对审计的认识，从而有效地组织实施各类审计活动，充分发挥审计的积极作用。

1. 按审计执行主体划分的审计种类

按审计活动执行主体的性质分类，审计可以划分为政府审计、社会审计和内部审计三种。

（1）政府审计。政府审计是由政府审计机关依法进行的审计，在我国一般称为国家审计。我国国家审计机关包括国务院设置的审计署及其派出机构和地方各级人民政府设置的审计厅（局）两个层次。国家审计机关依法独立行使审计监督权，对国务院各部门和地方人民政府、国家财政金融机构、国有企事业单位以及其他有国有资产单位的财政、财务收支及其经济效益进行审计监督。各国政府审计都具有法律所赋予的履行审计监督职责的强制性，国家审计机关有要求报送资料权，监督检查权，调查取证权，建议纠正有关规定权，向有关部门通报或向社会公布审计结果权，经济处理权、处罚权，建议给予有关责任人员行政处分权以及一些行政强制措施权等。同时，国家审计机关还可以进行授权审计和委托审计。

（2）社会审计。社会审计也称为独立审计或民间审计，是由注册会计师受托有偿进行的审计活动。我国注册会计师协会（CICPA）在发布的《独立审计基本准则》中指出："独立审计是指注册会计师依法接受委托，对被审计单位的会计报表及其相关资料进行独立审查并发表审计意见。"我国社会审计组织主要是会计师事务所。会计师事务所主要承办海外企业、横向联合企业、集体所有制企业、个体企业的财务审计和管理咨询业务；接受国家审计机关、政府其他部门、企业主管部门和企事业单位的委托，办理经济案件鉴定、纳税申报、资本验证、可行性方案研究、解散清理以及财务收支、经济效益、经济责任等方面审计。社会审计的风险高，责任重，因此审计理论的产生、发展及审计方法的变革都基本上是围绕独立审计展开的。

（3）内部审计。内部审计是指由本单位内部专门的审计机构和人员对本单位财务收支和经济活动实施的独立审查和评价，审计结果向本单位主要负责人报告。这种审计具有显著的建设性和内向服务性，其目的在于帮助本单位健全内部控制，改善经营管理，提高经济效益。在西方国家，内部审计被普遍认为是企业总经理的耳目、助手和顾问。1999 年，国际内部审计师协会（IIA）理事会通过了新的内部审计定义，指出："内部审计是一项独立、客观的保证和咨询顾问服务。它以增加价值和改善营运为目标，通过系统、规范的手段来评估风险、改进风险的控制和组织的治理结构，以达到组织的既定目标。"内部审计可以根据本系统的特点和需要，组织同步审计、相互审计、对口审计、重点或专项审计，能及时地了解系统的经营状况，并能根据需要和可能采取必要的措施，纠正错误、改善经营。内部审计是由企事业单位内部设置的审计机构或专职审计人员，对本单位范围的经济活动所进行的审计。内部审计组织独立于财会部门之外，直接接受本部门本单位最高负责人领导，并向他报告工作。

2．按审计内容和目标划分的审计种类

按审计内容和目标的不同，一般可以把我国审计划分为财政财务审计、财经法纪审计和经济效益审计。

（1）财政财务审计。财政财务审计在西方国家叫做财务审计或依法审计，是指对被审计单位财政财务收支的真实性和合法合规性进行审查，旨在纠正错误、防止舞弊。具体来说，财政审计又包括财政预算执行审计、财政决算审计和其他财政收支审计。财政预算执行审计是指由审计机关对本级和下级政府的组织财政收入、分配财政资金的活动进行审计监督；财政决算审计是指由审计机关对下级政府财政收支决算的真实性、合规性进行审计监督；其他财政收支审计是指由审计机关对预算外资金的收取和使用进行审计监督。财务审计则是指对企事业单位的资产、负债和损益的真实性和合法合规性进行审查。由于企业的财务状况、经营成果和现金流量是以会计报表为媒介集中反映的，因而财务审计时常又表现为会计报表审计。西方财务审计随着社会经济形势的变化，根据法律的规定和投资者、经营者的需要，先后曾以详细审计、资产负债表审计和财务报表审计三种不同形式出现。

财政财务审计在审计产生以后的很长一段时期都居于主导地位，因此可以说是一种传统的审计；又因为这种审计主要是依照国家法律和各种财经方针政策、管理规程进行的，故又称为依法审计。我国审计机关在开展财政财务审计的过程中，如果发现被审单位和人员存在严重违反国家财经法规、侵占国家资财、损害国家利益的行为，往往会立专案进行深入审查，以查清违法违纪事实，做出相应处罚。这种专案审计一般称为财经法纪审计，它实质上只是财政财务审计的深化。

（2）财经法纪审计。财经法纪审计是国家审计机关和内部审计机构对严重违反财经法纪的行为所进行的一种专案审计。例如，对严重违反国家现金管理、结算制度、信贷制度、成本费用开支范围、税利上交规定等问题所进行的审计，均属于财经法纪审计。财经法纪审计的主要目的是检查国家方针、政策、法令、制度、执行法规和财经纪律的执行情况，揭露违法乱纪现象。其任务是审查被审计单位贯彻执行财经法纪情况及存在问题，彻底查明各种违法乱纪案件，并根据审计结果，提出处理建议和改进财政、财务管理的意见。重点是审查和

揭露各种舞弊、侵占国家资财的事项，审查和揭露使国家和集体资产造成重大损失浪费的失职、渎职行为。弊端审计和法规审计都是专门审计，弊端审计的目的是检查、鉴定被审计造成重大损失浪费的各种失职、渎职行为。这样看来，我国的财经法纪审计类同于国外的弊端审计和法规审计；法规审计的目的是确定政府工作人员是否遵守法令、执行政策、方针和规章制度。

财经法纪审计与财务审计有着密切的联系，进行财经法纪审计要涉及财务问题，进行财务审计又必然要涉及法纪问题。一般在财务审计中对案情比较重大的违反法纪事件专门立案审查，这样有助于集中精力，查明要害问题，同时也有利于进行专案处理，追究经济责任。因此，财经法纪审计可以单列一类，也可以认为是一种专案性的特殊类别的财务审计。如果把财经法纪审计单列一类，与财务审计的区别主要表现在以下方面。

①两者的对象不同。财务审计的对象是某一单位的经济活动；财经法纪审计的对象是某一单位严重违反财经法纪的行为。

②两者的目的不同。财务审计的目的是对被审计单位的会计报表及其所进行的经济活动的合法性、真实性和效益性起监督、鉴证和评价作用；财经法纪审计的目的是查实违反财经法纪问题的情节，并按有关法规做出处理或移交有关部门追究法律责任或行政责任，起到严肃财经法纪的作用。

③两者实施的时间不同。财务审计一般是事后审计，也可以是事前或事中审计；财经法纪审计只能是事后审计。

④两者的责任人不同。一般的财务审计以处理单位为主；财经法纪审计则一般要追究直接责任人员的个人责任，企业法人一般只承担连带责任。

（3）经济效益审计。在西方国家，经济效益审计也称为"3E"（Efficiency，Effectivity，Economy）审计。"3E"审计是指经济性审计、效率性审计和效果审计。经济性审计是指对财务支出是否浪费所进行的审计，通过经济性审计，可以评价被审计单位财政财务活动的恰当程度及其遵纪守法情况。效率性审计是指对投入与产出之间关系所进行的审计，由于该种审计主要采用货币计量单位，以价值的形式计算比较，所以也称为价值审计。通过效率性审计，可以评价成本与赢利的情况，判明被审计单位的经济活动是否经济有效。效果性审计也称经营审计或经济效果审计，是指对计划目标完成情况所进行的审计，即审查产出是否达到了预期的效果，是否获得了理想的效益。

最高审计机关国际组织（INTOSAI）发表的《关于绩效审计、公营企业审计和审计质量的总声明》中对绩效审计做出如下定义："除了合规性审计，还有另一种类型的审计，它涉及对公营部门管理的经济性、效率性和效果性的评价，这就是绩效审计。"同时，还提出了绩效审计的四个目标："为公营部门改善一切资源的管理打好基础；使决策者、立法者和公众所利用的公营部门管理成果方面的信息质量得到提高；促使公营部门管理人员采用一定的程序对绩效做出报告；确定更恰当的经济责任。"国际内部审计师协会对绩效审计词义和定义做过较长时间的研讨，术语使用是比较统一的，一般都称为经营审计（Operational Audit）。该协会出版的《经营审计概论》一书对经营审计做出的定义是："经营审计是评价一个组织在管理部门控制下的经营活动的效果性、效率性和经济性，并将评价结果和改进建议，报告给有关人员的系统过程。"美国政府审计准则对经营审计做出如下规定："经济和效率审计包括确定：①经济主体取得、保护和使用其资源（如人员、财产和空间）时是否具备经济性和效率性；②低效或不经济的成因；③经济主体是否遵守法律法规中关于经济和效率的规定。程序审计包括确定：①立法机关或其他权威机构的预测结果或多或少影响收益的实现程度；②组织、系统、业务活动或职能的效力；③经济主体是否遵循法律法规中适用于该系统的规定。"注册会计师在完成经营审计工作后，一般要向被审计单位管理层提出经营管理建议。在经营审计中，审计对象不限于会计，还包括组织机构、计算机信息系统、生产方法、市场营销以及注册会计师能够胜任的其他领域。在某种意义上，经营审计更像是管理咨询。

可以看出，经济效益审计是指审计人员依据一定的标准，综合运用科学的技术与方法，对被审计单位经济活动的效率、效果和效益状况进行审查、评价，针对被审计单位经济活动的薄弱环节，提出改进建议，将审计结果及改进建议提交被审计单位，目的是促进被审计单位提高人财物等各种资源的利用效率，增强赢利能力，实现经营目标。

我国的经济效益审计包括了经营审计和管理审计部分内容。经营审计一般称为业务经营审计，是对企业供、产、销等业务经营活动进行的审核检查，以进一步挖掘潜力，提高经济效益的一种审计。管理审计则是审核检查管理能力和水平，评价管理素质的一种经济效益审计。经营审计和管理审计的根本目的是一致的，它们的侧重点略有不同：经营审计主要是审查业务经营活动和生产力各要素的利用情况，也即是对被审计单位的物质条件和技术条件的审查，具有直接性；管理审计主要审查管理组织机构的合理性、管理机能的有效性，以促进生产力各要素的有效配合，具有间接性。经营审计一般是由内部审计发展来的，它是业务审计的扩大化形式；管理审计产生于 20 世纪 30 年代，应用于 60 年代至 70 年代，它是从财务审计和内部审计发展而来的，其范围和技术更趋于综合性、绩效性与管理性。

综合来看，财政财务审计和经济效益审计既有联系，又有区别。区别表现在如下几方面。

①财政财务审计的目的在于查明财务收支和经济核算资料的真实性、正确性和合理性，进行经济公证，借以确定和解脱经济责任，主要用于查错防弊，以保护原则为主；经济效益审计的目的在于确定经济效益并做出评价，借以寻求提高经济效益的途径，以建设性原则为主。

②财政财务审计以会计法、财政财务制度、财经法纪和财务活动事实为主要依据；经济效益审计还要以业务、技术经济效益考核标准和经济活动事实为依据。

③财政财务审计以事后审计及定期审计为主；经济效益审计则以事前、事中审计为主，定期审计与经常性审计相结合。

④财政财务审计主要由专业审计人员进行，主要使用审查书面资料和证实客观事物的方法；经济效益审计不仅是由专业审计人员进行，还要有工程技术等方面的内行专家参加，同时还要运用现代管理的一些先进方法。

3．按审计实施时间划分的审计种类

按审计实施时间相对于被审单位经济业务发生的前后分类，审计可分为事前审计、事中审计和事后审计。

（1）事前审计。事前审计是指在被审单位经济业务实际发生以前进行的审计。这实质上是对计划、预算、预测和决策进行审计，如国家审计机关对财政预算编制的合理性、重大投

资项目的可行性等进行的审查；会计师事务所对企业赢利预测文件的审核，内部审计组织对本企业生产经营决策和计划的科学性与经济性、经济合同的完备性进行的评价等。

开展事前审计，有利于被审单位进行科学决策和管理，保证未来经济活动的有效性，避免因决策失误而遭受重大损失。一般认为，内部审计组织最适合事前审计，因为内部审计强调建设性和预防性，能够通过审计活动充当单位领导进行决策和控制的参谋、助手和顾问，而且内部审计结论只作用于本单位，不存在对已审计划或预算的执行结果承担责任的问题，审计人员无开展事前审计的后顾之忧。同时，内部审计组织熟悉本单位的活动，掌握的资料比较充分，且易于联系各种专业技术人员，有条件对各种决策、计划等方案进行事前分析比较，做出评价结论，提出改进意见。

（2）事中审计。事中审计是指在被审单位经济业务执行过程中进行的审计。例如，对费用预算、经济合同的执行情况进行审查。通过这种审计，能够及时发现和反馈问题，尽早纠正偏差，从而保证经济活动按预期目标合法、合理和有效地进行。

（3）事后审计。事后审计是指在被审单位经济业务完成之后进行的审计。大多数审计活动都属于事后审计。事后审计的目标是监督经济活动的合法、合规性，鉴证企业会计报表的真实公允性，评价经济活动的效果和效益状况。

按实施的周期性分类，审计还可分为定期审计和不定期审计。定期审计是按照预定的间隔周期进行的审计，如审计人员对股票上市公司年度会计报表进行的每年一次审计、国家审计机关每隔几年对行政事业单位进行的财务收支审计等。不定期审计是出于需要而临时安排进行的审计，如国家审计机关对被审单位存在的严重违反财经法规行为突击进行的财经法纪专案审计；会计师事务所接受企业委托对拟收购公司的会计报表进行的审计；内部审计机构接受总经理指派对某分支机构经理人员存在的舞弊行为进行审查等。

4．按审计技术模式划分的审计种类

按审计技术模式，审计可以分为账项基础审计、系统基础审计和风险基础审计三种。

这三种审计代表着审计技术的不同发展阶段，即使在审计技术十分先进的国家也往往同时采用。而且，无论采用何种审计技术模式，在会计报表审计中最终都要用到许多共同的方法来检查报表项目金额的真实、公允性。

（1）账项基础审计是审计技术发展的第一阶段。它是指顺着或逆着会计报表的生成过程，通过对会计账簿和凭证进行详细审阅，对会计账表之间的勾稽关系进行逐一核实，来检查是否存在会计舞弊行为或技术性措施。在进行财务报表审计，特别是专门的舞弊审计时，采用这种技术有利于做出可靠的审计结论。

（2）系统基础审计是审计技术发展的第二阶段。它建立在健全的内部控制系统可以提高会计信息质量的基础上，即首先进行内部控制系统的测试和评价，当评价结果表明被审单位的内部控制系统健全且运行有效、值得信赖时，可以在随后对报表项目的实质性测试工作中仅抽取小部分样本进行审查；相反，则须扩大实质性测试的范围。这样能够提高审计的效率，有利于保证抽样审计的质量。

（3）风险基础审计是审计技术的最新发展阶段。采用这种审计技术时，审计人员一般从对被审单位委托审计的动机、经营环境、财务状况等方面进行全面的风险评估出发，利用审计

风险模型，规划审计工作，积极运用分析性复核，力争将审计风险控制在可以接受的水平上。

5．按审计主体与客体的隶属关系划分的审计种类

按照审计主体与被审计单位的隶属关系，审计又可分为内部审计和外部审计。

（1）内部审计是部门、单位实施内部监督，依法检查会计账目及其相关资产，监督财政收支和财务收支真实、合法、效益的活动。我国国务院各部门和地方人民政府各部门、国有的金融机构和企事业组织，以及法律、法规、规章规定的其他单位，依法实行内部审计制度，以加强内部管理和监督，遵守国家财经法规，促进廉政建设，维护单位合法权益，改善经营管理，提高经济效益（详见部门和单位审计）。

根据新修订的《会计法》第37条规定，会计机构内部建立稽核制度。稽核是稽查和复核的简称。它由专职或兼职的会计人员承担会计稽核工作，对会计机构本身会计核算工作进行一种自我检查或审核，其目的在于防止会计核算工作中所出现的差错和有关人员的舞弊。稽核工作的主要内容包括：稽核工作的组织形式和具体分工；稽核工作的职责、权限；审核会计凭证和复核会计账簿、会计报表的方法。稽核工作可分为全面稽核和重点稽核，事前审核和事后复核，日常稽核和临时稽核。会计稽核制度不同于单位的内部审计制度，单位内部审计制度是由在会计机构之外另行设置的内部审计机构或审计人员对会计工作进行再检查的一种制度。

（2）外部审计是指独立于政府机关和企事业单位以外的国家审计机构所进行的审计，以及独立执行业务的会计师事务所接受委托进行的审计。由于这种审计是由本部门、本单位以外的审计组织以第三者身份独立进行的，所以具有公证、客观、不偏不倚的可能，因而具有公证的作用。我国财政、银行、税务部门为了做好其本职工作，而对其管辖区各单位的业务（税利上缴和信贷资金使用情况等）所进行的检查不属于审计，更谈不上是外部审计，只是经济监督中的财政监督、税务监督和信贷监督。企业主管部门的审计机构对所属单位进行审计，从形式上看是外部审计人员所进行的审计，但从行业系统上看，仍然属于内部审计。因为主管部门和所属企业总是有经济利益上的联系。外部审计虽然能不受干扰地进行彻底审查，具有较大的强制性，但不够及时，在大多数情况下均属于事后审计。

内部审计和外部审计总体目标是一致的，两者均是审计监督体系的有机组成部门。内部审计具有预防性、经常性和针对性，是外部审计的基础，对外部审计能起辅助和补充作用；外部审计对内部审计又能起到支持和指导作用。由于内部审计机构和外部审计机构所处的地位不同，它们在独立性、强制性、权威性和公证作用方面又有较大的差别。

6．按审计客体机构的性质划分的审计种类

按照客体机构的性质，一般又可以分为政府审计和企业审计。

（1）政府审计是指国家特设的审计机关，对政府机关的财政财务收支及各种经济资料所进行的审计。广义的政府审计是指政府审计机关所实施的所有审计，与国家审计没有根本区别。我国历代官厅审计机构对各级官府财物收支所进行的审计，当今世界各国政府中设立的审计机关对国家机关的财政预算收支活动所进行的审计，以及我国各级政府设立的审计机关对政府的财政预算收支活动所进行的审计，均属于政府审计。政府审计的目的一方面是监督

国家财政预算资金合理、有效地使用，纳财政于正轨；另一方面是对政府财政预、决算情况做出客观的鉴定与公证，提供改进财政管理的有效措施，以供各级政府部门选择执行；三是揭露财政上的不法行为，确定或解除行政人员的责任，以促进政府的廉洁。政府审计的主要内容是对中央、地方以及行政机关、部队、社会团体、教育、科研、医疗卫生、文化体育、社会福利等单位的预算执行情况、决算情况和预算外资金进行审计监督。政府审计，还可以根据不同的预算层次，划分为中央预决算审计、地方预决算审计和行政事业单位预决算审计等。

（2）企业审计是指在企业单位或具有企业经营性质的事业单位开展的对经济活动和各种经济核算资料进行的审计。它是相对于政府审计而言的，有的也称之为普通审计。在西方国家由国家审计机关对属于国家企事业单位的进行审计，由审计人员对所有私营企事业单位进行的审计，以及由企事业内部审计机构所进行的审计，均属于企业审计。企业审计的主要内容是审查企事业单位各种经济核算资料的真实性和正确性，审查财务收支活动的合法性、真实性与合理性，审查经济活动的有效性。由于各行各业有不同的经营特点，其经济业务处理方法也各不相同，各行各业又有各自的会计制度，因此企业审计按行业特点又可以分为工业企业审计、农业企业审计、商业企业审计、外贸单位审计、基本建设单位审计、交通运输单位审计、银行单位审计以及其他企事业单位审计等。由于企事业单位所有制的不同，其资金来源、使用和管理方法也不尽相同，因此企业审计按企业生产资料所有制的不同还可以划分为国营企业审计（公营企业审计）、集体企业审计、合作经营企业审计以及私营企业审计等。由于企业的经营方式不同，企业经营者应履行的职责也不相同，其审计的内容和重点当然也不会一样，因此还可以对企业审计按照企业经营方式的不同划分为承包经营审计、租赁经营审计、股份经营审计以及任期目标经营审计等。

除上述分类外，审计还可按执行地点分为报送审计和就地审计。前者是指审计机构对被审单位依法定期报送的计划、预算和会计报表及有关账证等资料进行的审计，主要适用于国家审计机关对规模较小的事业单位进行的财务审计；后者是指审计机构委派审计人员到被审单位进行现场审计，以全面调查和掌握被审单位的情况，做出准确的审计结论。此外还按审计是否有确定时间的分类，是否受法律的约束分类，审计工作开始时是否通知被审计单位等。在所有的审计分类中，按审计主体的性质和审计内容两种分类是对审计进行的基本分类。

3.2 审计方法

一百多年来，虽然审计的根本目标没有发生重大变化，但审计环境却发生了很大的变化。审计人员为了实现审计目标，一直随着审计环境的变化调整着审计方法。审计方法从账项基础审计发展到风险导向审计都是审计人员为了适应审计环境的变化而做出的调整。

3.2.1 审计方法含义

审计方法是指审计人员为了行使审计职能，完成审计任务，达到审计目标所采取的方式、手段和技术的总称。审计方法贯穿于整个审计工作过程，而不只存于某一审计阶段或某几个环节。审计工作从制订审计计划开始，直至出具审计意见书，依法做出审计决定和最终建立审计档案，都有运用审计方法的问题。

关于审计方法概念的表达，归纳起来大致有两种：一是狭义的审计方法，即认为审计方法是审计人员为取得充分、有效审计证据而采取的一切技术手段；另一种是广义的审计方法，即认为审计方法不应只是用来收集审计证据的技术，而应将整个审计过程中所运用的各种方式、方法、手段、技术都包括在审计方法的范畴之内。

随着审计实践的丰富与审计理论的发展，审计方法也经历了由简单到复杂，由低级到高级，由个别到群体的漫长的历史演变，逐渐形成有系统的方法体系。从系统论的观点看，审计方法体系是指为了完成审计任务，实现审计目标，由一组相互关联的审计方法共同构成的一个有机的整体，对于这个整体，有人认为它只包括能搜集审计证据的各种技术，也有人认为它包括整个审计过程中所使用的各种方法。我们认为后一种看法是正确的，因为要想完成审计任务，实现审计目标，仅仅依靠搜集审计证据是不够的，还要运用规划的方法，科学地确定目标，组织证实目标；还要运用记录、评价、报告的方法来反映、衡量反馈目标被证实的过程与结果；同时还要运用各种管理手段控制审计过程、审计效率和质量，否则就很难取得满意的效果。

随着社会经济的发展，民主与政治制度的推行，社会对审计的需求增加，人们对审计的要求提高，广大审计工作者不得不认真总结经验，寻求科学的方法，努力提高审计质量以满足社会的需要。在漫长的历史发展过程中，通过不断的借鉴、吸收与创新，审计方法走出了一条自己的发展道路。

3.2.2　审计方法的演进

1. 账项基础审计

19 世纪以前为审计发展的早期阶段，此时出于企业组织结构简单，业务性质单一，审计主要是为了满足财产所有者对会计核算进行独立检查的要求，促使受托责任人（通常为经理或下属）在授权经营过程中做出诚实、可靠的行为。审计的重心在资产负债表，旨在发现和防止错误与舞弊，审计方法是账项基础审计。

账项基础审计又称详细审计，由于早期获取审计证据的方法比较简单，审计人员将大部分精力投向会计凭证和会计账簿的详细检查，通过对被审计资料进行逐项的审查，借以揭露会计资料中存在的错误和弊端。这种审计方式是围绕会计凭证、会计账簿和财务报表的编制过程来进行的。在对账表上的数字进行详细核实，判断是否存在舞弊行为和技术上的错误，审计人员通常花费大量的时间进行检查、核对、加总和重新计算。由于早期审计目标单一，任务不重，经验不足，进行详细的资料与资料核对、资料与事实核对是完全可能和必要的。随着审计范围的扩展和组织规模的扩大，任务的增加，这种低效率的审计已无法满足广大客户对审计的要求。审计组织与审计人员必须寻求新的审计方法，以提高工作效率，缓解供需矛盾；加之，企业管理水平的提高和审计经验的积累，抽样审计便应运而生。

开始采用审计抽样技术时，抽查数量仍然很大，随着抽样经验的丰富，人们创造了判断抽样的方法。审计人员凭自己的经验，通过观察与判断，在大量的资料中只抽取有问题或者有可能产生问题危险的资料进行详查，对其他资料只做一般查阅，这样一方面减少了审计的盲目性，有利于查明主要问题，另一方面又节约了审计时间，有利于提高审计效率与拓宽审计的范围。当时由于审计人员并没有认识到内部控制有效性在审计中的作用，样本的选择带有很大的盲目性。根据有关文献记载，当时在整个审计过程中，约 3/4 的时间花费在合计和过账上。从方法论的角度上讲，这种审计方法就是账项基础审计方法。

随着现代企业管理水平的提高与现代科学技术在管理中的普遍应用，为了避免判断抽样所造成的审计风险，审计人员又采用随机抽样方法，通过科学计算抽取样本和预测，控制抽样风险。运用概率论与数理统计的原理进行随机抽样，从理论上讲十分科学，却避免不了被抽中的样本出现偏倚，或者被抽中的样本都出现问题，或者有问题样本未被抽中等问题，这样样本的性质很难反映出总体的性质，而失去代表性。

人们在长期的账项基础审计与一般抽查的过程中，当发现许多错误重复出现时，就思索是不是管理系统与管理制度上出现了问题，如果是整个控制系统有问题，理应从制度、系统查起，必要时，可建议改变制度及系统的控制。于是，审计就从账项基础审计与一般抽查，发展到在经营管理、决策、制度等方面进行比较全面的检查，从而产生了全面审计的指导思想。到了 20 世纪，西方审计界普遍认为对内部控制的评价是决定抽样技术是否成功的先决条件。原有的审计模式被改变为：首先对内部控制制度进行健全性与符合性测试；在对内部控制制度的评价基础上对被审计单位的业务内容进行实质性的测试。在审计报告与结论中，应写进存在的错误，造成错误的原因，纠正错误的措施和建议等内容，以促进被审计单位改善经营管理。

2．制度基础审计

19 世纪即将结束时，会计和审计步入了快速发展时期。审计重点从检查受托责任人对资产的有效使用转向检查企业的资产负债表和利润表，判断企业的财务状况和经营成果是否真实和公允。由于企业规模日益扩大，经济活动和交易事项内容不断丰富、复杂，审计工作量迅速增大，而需要的审计技术日益复杂，使得详细审计难以实施，企业对审计费用难以承受。

经过长时间的探索，审计人员越来越认识到单纯围绕账表进行详细审计，既耗费时间，又难以很好地完成审计工作。为了保证审计工作质量，必须另辟蹊径，寻找更为可靠的审计方法。在审计实践过程中，审计人员逐渐发现内部控制的可靠性对于审计工作具有非常重要的意义。当内部控制设计合理且执行有效时，通常表明财务报表具有较高的可靠性；当内部控制设计不合理，或虽然设计合理但没有得到有效执行时，通常表明财务报表不具有可靠性。因此，开始将审计视角转向企业的内部控制，特别是会计信息赖以生成的内部控制，从而将内部控制与抽样审计结合起来。

以内部控制为基础的审计方法改变了传统的审计方法，强调对内部控制的测试和评价。如果测试结果表明内部控制运行有效，那么内部控制就值得信赖，审计人员对财务报表相关项目的审计只须抽取少量样本便可以得出审计结论；如果测试结果表明内部控制运行无效，那么内部控制就不值得信赖，审计人员对财务报表相关项目的审计需要视情况扩大审计范围，检查足够数量的样本，才能得出审计结论。

值得一提的是，企业规模的扩大、统计抽样技术的应用以及内部控制在企业的普及推进了制度基础审计的产生和发展。从 20 世纪 50 年代起，以控制测试为基础的抽样审计在西方国家得到广泛应用，这也是审计方法逐渐走向成熟的重要标志。内部控制测试和评价构成了审计方法的重要组成部分。从方法论的角度，该种方法被称作制度基础审计方法。

3．风险导向审计

20 世纪 80 年代以来，科学技术和政治经济发生急剧变化，对企业经营管理产生重大影响，导致企业竞争更加激烈，经营风险日益增加，倒闭事件不断发生。于是对审计工作提出了更高的要求，审计人员必须从更高层次，综合考虑企业的环境和面临的经营风险，把握企业面临的各方面情况，分析企业经济业务中可能出现的错误和舞弊行为，并以此为出发点，制订审计策略，依据审计风险模型，制订与企业状况相适应的审计计划，以确保审计工作的效率和效果。风险导向审计是迎合高风险社会的产物，是现代审计方法的最新发展

风险导向审计模式是对制度导向审计的发展，代表了现代审计方法发展的最高趋势。它强调审计战略，要求制订适合被审计单位的审计计划，要求不仅应检查与会计制度有关的因素，而且应检查被审计单位内外的各种环境因素，不仅应进行与会计事项有关的个别风险分析，而且应进行涉及各种环境因素的综合风险分析。另外，与制度导向审计模式强调内部控制制度与审计测试之间的关系不同，风险导向审计模式要求从固有风险、控制风险、检查风险和分析性检查这一更广范围的角度，来考虑审计测试。

最初开发的审计风险模型用下列方程式表示：

$$审计风险（AR）=固有风险（IR）×控制风险（CR）×检查风险（DR） \quad 式（3.1）$$

审计风险是指当财务报表存在重大错报时，审计人员发表不恰当审计意见的可能性。固有风险是指在考虑相关的内部控制之前，某类交易、账户余额或披露的某一认定易于发生错报（该错报单独或连同其他错报可能是重大的）的可能性。控制风险是指某类交易、账户余额或披露的某一认定发生错报，该错报单独或连同其他错报可能是重大的，但没有被内部控制及时防止或发现并纠正的可能性。检查风险是指如果存在某一错报，该错报单独或连同其他错报可能是重大的，审计人员为将审计风险降至可接受的低水平而实施程序后没有发现这种错报的风险。

由于审计风险受到企业固有风险因素的影响，如管理人员的品行和能力、行业所处环境、业务性质、容易产生错报的财务报表项目、容易遭受损失或被挪用的资产等导致的风险，又受到内部控制风险因素的影响，即账户余额或各类交易存在错报，内部控制未能防止、发现或纠正的风险。此外，还受到实施审计程序未能发现账户余额或各类交易存在错报风险的影响，业界很快开发出了新的审计风险模型。

审计风险模型的出现从理论上解决了审计人员以制度为基础采用抽样审计的随意性问题，又解决了审计资源的分配问题，要求审计人员将审计资源分配到最容易导致财务报表出现重大错报的领域。从方法论的角度，以审计风险模型为基础进行的审计，称为风险导向审计

方法。

因此，审计方法不是一成不变的，它随着科学技术的进步、社会经济的发展以及审计事业的发展，由简单到复杂、从低级到高级、由单一到系统，不断进步，不断完善，最终形成科学的体系。

3.2.3 审计方法体系

我们认为审计工作不是毫无规律可言，审计方法有自己的体系，其主要内容应包括以下几个方面。

1．审计规划方法

审计规划方法是指对全部审计活动或具体审计项目进行合理组织和安排时所采用的各种措施和手段。其目的在于确定审计目标，合理分配各种审计资源，以保证审计工作经济而有效地进行。其主要内容包括计划制订方法、程序确定方法、方案设计方法等。计划制订方法涉及如何设计审计总体目标以及对审计活动长、短期安排；程序确定方法主要指对一般审计步骤的设计问题，包括对审计准备、实施与结束工作的具体安排；方案设计方法涉及对具体审计项目进行审计的要点、审计顺序、审计时间、人员分工等部署问题。

2．审计实施方法

审计实施方法是指对被审计单位或被审计项目进行具体审计时所采用的各种程式、措施和手段。其目的在于证实审计目标，搜集充分、有效的证据，以保证审计结论和决定有可靠的依据。审计实施方法是审计最基本的方法，既包括了一定的程式，又包括了各种技术手段，主要内容包括审核稽查方法、审计记录方法、审计评价方法和审计报告方法。

审核稽查方法是指搜集审计证据时所采取的各种方式和技术。其主要目的在于查明事实真相，证实被审计问题。它又可以分为系统检查法和审计技术两大类。系统检查法是根据系统的观点，以确定对被审计资料或被审计活动进行审查的顺序和审查的范围，审查方法有顺查、逆查、直查等顺序检查法，以及详查、抽查、重记等范围检查法。如果把系统检查法理解为是确定搜集审计证据的顺序和范围，那么审计技术方法就是为了搜集审计证据而采取的具体措施和手段。审计技术又可以根据审计工具和其适用的信息系统分为手工审计技术和电脑审计技术。手工审计技术也称一般审计技术，系指采用手工审计或适用于手工操作信息系统的各种技术；根据其适用范围的大小，又可以分为基本审计技术和辅助审计技术。基本审计技术系指用来搜集直接审计证据的技术，如审阅、核对、盘存等技术；辅助审计技术是用来搜集审计线索或间接证据的技术，如询问、分析、推理等技术。电脑审计技术，有的称特种审计技术，主要是指采用电脑审计或适用于电算化信息系统的各种审账术，如模拟数据、重新处理和程序检查等技术。

审计记录方法是指对审计记录文件的设计、填制与审阅的各种方法。审计记录有益于全面而系统地反映审计的过程和结果，为形成审计的结论和决定提供充分依据，为编写审计报告提供完整的资料，同时也有利于确定审计人员审计行为的恰当性和应负的责任范围。审计记录文件有审计人员日记和审计工作底稿之分。

审计评价方法是指根据查明的事实，对照审计标准以判定是非良莠的方法。通过审计评价，可以确定被审计资料是否真实、正确和可信，以及确定被审计经济业务和经济活动是否合法、合理和有效。审计评价方法根据其适用范围的大小可分为一般评价方法和特定评价方法：一般评价方法是指适用于对各种被审计项目进行评价的程式和技术；特定评价方法是指只适用于对某些具体对象的评价要点与要求。

审计报告方法是指对审计报告进行设计、编写与审定的方法。审计报告方法有益于对每次审计活动的过程和结果进行综合而有重点的反映，以便于审计委托单位或审计机关对被审计单位或被审计项目做出正确的结论和处理决定，还便于被审计单位及有关部门了解审计结果以及明确各自的责任范围。

3．审计管理方法

审计管理方法是指对审计主体活动及审计过程进行控制和调节的各种措施和手段，其目的在于提高审计质量和审计效率，保证各种审计资源得到有效的使用。由于审计范围可变性大，其管理内容、手段多种多样，最主要的有审计主体、审计质量和审计信息等方面的管理。审计主体管理方法主要是指对审计机构和审计人员的管理方法，如机构设置、人员编制、岗位责任、人员培训考核等管理方法。审计质量管理方法主要是指质量标准制定、质量控制与考核等管理方法，如质量目标管理、审计过程监督等，其目的在于制约影响质量的各种消极因素，以力求提高审计质量，避免或减少审计风险。审计信息管理方法是指对审计信息收集、处理、存储与应用的各种措施和手段，如信息管理的一般方法、审计统计方法、审计档案管理方法等，其目的在于保证审计信息资源得到有效的开发和使用，以利于沟通审计情况，更好地发挥审计在宏观管理方面的作用。

我国审计准则规定，审计人员实施审计时，可以运用详查、内控测评、抽样审计、计算、分析性复核、询证、监盘，以及计算机辅助审计等方法，审查被审计单位银行账户、会计资料，查阅与审计事项有关的文件、资料，检查现金、实物、有价证券，取得审计证据。

3.2.4　审计方法的选用

正确地选用审计方法是保证有效发挥审计监督的职能作用，实现审计目标的重要条件。要做到选用正确，必须遵循一定的原则和注意相关的问题。

1．审计方法的选用原则

（1）依据审计对象和审计目标的具体情况选用审计方法。一般地，进行财务审计时，主要运用查账的方法，如审阅法、复核法、核对法、函证法等；进行经济效益审计时，既要运用财务审计的一般方法，又要运用多种分析方法及现代管理方法，如经济活动分析、技术经济分析、决策分析和数学分析等。就每个具体的审计项目而言，应具体分析以后才能决定选用何种方法。

（2）依据被审单位的实际情况选用审计方法。被审单位情况不同，需要选用的审计方法也不相同。

（3）依据不同的审计类型选用审计方法。一般地，不同类型的审计或同一类型的不同审计项目，或是同一审计项目，可能都需要经过不同途径获取多种证据。不同证据要用不同方法才能获得。如实物证据的获得必须运用盘点法，第三方的外来证据要运用函证法或询问法等。

（4）依据审计人员的素质来选用审计方法。审计作为一项技术性很强的工作，既要求审计人员有相应的专业知识和其他学科的专门知识，又要求审计人员具有丰富的实践经验、敏锐的观察力和职业判断能力。但是，审计职业人员同其他事业人员相比，也并无"先见之明"，要真正让每个职业审计人员都成为"通才"是很难做到的。因此，为充分利用每个审计人员的业务能力，又能保证收集到所需的合理证据，在选用审计方法时必须考虑审计人员的素质，即看看该审计人员的素质是否与运用该方法时所需具备的能力相适应。

（5）依据审计方式选用审计方法。审计方式不同选用审计的方法也不同。如行政事业单位实行报送审计，一般就不需要运用盘存法去核实资产（特例除外）；而进行就地审计时，盘存法核实资产的实有数常常是必须经过的步骤。再如在进行全面审计时，一般可以采用逆查法和抽查法；若进行专题审计，则一般要用详查法、顺查法等。如要真正彻底查清问题，则需要很多方法配合使用。因此，在选用审计方法时，应该考虑审计的方式。

（6）依据审计结论的保证程度和审计成本选用审计方法。审计结论的保证程度不同需要办理的审计手续也各不相同，保证程度越高，办理的审计手续也要求越精密，从而也就决定了审计方法选用。如若要保证审计结论 100%可靠，则必须进行详查，其结果也就必然要综合运用各种审计方法；如果保证程度是 90%，那么就可以采用抽样审查。

审计成本也决定了审计方法的选用。审计人员既要考虑成本的限度，同时又要考虑由于降低成本对审计结论产生的影响，通过综合比较后，再决定应选用的审计方法。

2．选用方法时应注意的问题

（1）应相互联系地看问题，有系统观点。一般而言，对某一个具体的审计项目进行审计时，并非运用某一种方法就能解决问题，往往需要运用多种方法。因而在审计时应结合其他审计项目综合考虑，将顺查法与逆查法、详查与抽查、查账与调查、分析推理与核实等方法结合运用，以彻底查清所有问题。

（2）要善于抓住本质。运用某些审计方法，有时看到的往往只是些表面的现象。审计人员要善于通过这些现象，揭示其本质所在，然后有针对性地选用审计方法。如在财务决算审计时，重要内容之一是要检查赢利情况，若从利润表看，也许反映的利润额是相当可观的，甚至远远超过了计划数或承包数，但仅凭这个就做出该单位的经营情况很好、赢利水平高的结论，可能还过早。只有核实利润额确实是真实时，才能做出上述结论。这时就应相应检查收入的真实性和成本的正确性，这就需要运用分析法、审阅法、核对法，必要时可能还要运用函证法、盘存法等。

（3）要坚持密切联系群众。由于广大职工对被审单位的情况相当熟悉，因此，他们也很有发言权。审计人员依靠自己的力量在极短的时间内熟悉企业的所有情况往往困难较大。若能依靠群众，则在审计方法的选用上要少走很多弯路。

3.2.5　审计的一般方法

审计的一般方法也称审计的基本方法，是指与检查取证的程序和范围有关的方法。审计人员进行任何一项审计时，首先就应该考虑从哪些方面查起，按照什么样的顺序去进行检查；应该检查哪些内容，在什么样的范围内进行取证。实质上这就是审计的基本思路问题，这种基本思路虽然不是直接用来取证，但它是从系统的整体出发去构想应采取的一般方法。审计的一般方法又可分为程序检查法和范围检查法两类。程序检查法是指按照什么样的顺序依次进行检查的方法，如顺查法、逆查法等；范围检查法是指采用什么样的审计手续在什么样的范围之内进行检查取证的方法，如详查法、抽查法等。

1. 程序检查法

（1）顺查法。顺查法也称正查法，是指按照会计业务处理的先后顺序依次进行检查的方法。会计人员处理会计业务的顺序是：首先取得经济业务的原始凭证，审核无误后编制记账凭证；然后根据记账凭证分别记入明细账、日记账和总账；最后根据账簿记录编制会计报表。顺查法审计顺序与会计业务处理顺序基本一致，其具体步骤如下。

① 审阅和分析原始凭证，旨在查明反映经济业务的原始凭证是否正确、可靠。

② 审阅记账凭证并与原始凭证核对，旨在查明记账凭证是否正确以及与原始凭证是否相符。

③ 审阅明细账、日记账并与记账凭证（或原始凭证）核对，旨在查明明细账、日记账记录是否正确无误以及与凭证内容是否相符。

④ 审阅总账并与相关明细账、日记账余额核对，旨在查明总账记录是否正确以及与明细账、日记账是否相符。

⑤ 审阅和分析会计报表并与有关总账和明细账核对，旨在查明会计报表的正确性以及与账簿记录是否相符。

⑥ 根据会计记录抽查盘点实物和核对债权债务，以验证债项是否正确、财物是否完整。

由上可见，顺查法主要运用了审阅和核对的技术方法。通过对凭证、账簿和报表的审阅与核对，借以发现问题，寻找原因并查明真相。采用顺查的取证方法，审查仔细而全面，很少有疏忽和遗漏之处，并且容易发现会计记录及财务处理上的弊端，因而能取得较为准确的审计结果。但是，顺查法费时、费力，成本高、效率低，同时也很难把握审计的重点。因此，在现代审计中已经很少使用顺查法。顺查法适用范围：一是适用于规模小、业务量少的被审单位；二是适用于管理混乱，存在严重问题的被审计单位；三是适用于特别重要或特别危险的被审计项目。

（2）逆查法。逆查法也称倒查法或溯源法，是指按照会计业务处理程序完全相反的方向，依次进行检查的方法。逆查法的基本做法与顺查法相反。

① 审阅和分析会计报表，旨在确定会计报表的正确性和判断哪些方面可能存在问题以及检查的必要性。

② 根据会计报表分析所确定的重点审查项目，检查总账和相关的明细账、日记账，旨在从账项记录上查明问题的来龙去脉。

③ 审阅和分析总账并与相关明细账、日记账核对，旨在发现总账上可能存在的问题并通过明细账和日记账进行验证。

④审阅和分析明细账、日记账并与记账凭证或原始凭证核对，旨在发现明细账、日记账上可能存在的问题并通过明细账、日记账进行验证。

⑤审阅和分析记账凭证并与原始凭证核对，旨在发现记账凭证上存在的问题并通过原始凭证进行验证。

⑥审阅和分析原始凭证并抽查有关财产物资及债权债务，旨在确定被查事项的真相。

由上可见，逆查法主要采用了审阅和分析的技术方法，并根据重点和疑点，逐个进行追踪检查，直到水落石出。因此逆查法比顺查法不仅取证的范围小，而且有一定的审查重点，能够节约审计的时间和精力，有利于提高审计的工作效率，它是现代审计实务中，较为普遍采用的一种方法。由于逆查法不对被审计的资料进行全面而有系统的检查，仅仅根据审计人员的判断做重点审查，因而不能进行全面取证，也不能全面地揭露会计上的各种错弊。如果审计人员能力不强、经验不足，很难保证审计的质量。同时，其失误的可能性比使用顺查法时大得多，逆查法本身的优缺点决定了适合对大型企业以及内部控制健全的企业审计，而不适合于对管理混乱的单位以及重要和危险的项目进行审计。

值得提出的是，顺查法和逆查法各有优缺点，在实际审计工作中应将两者结合起来运用，根据需要，逆查和顺查交互使用，尽可能做到取长补短，保证审计质量，提高审计工作效率。

2．范围检查法

（1）详查法。详查法又称精查法或详细审计法，它是指对被审计单位被查期内的所有活动、工作部门及其经济信息资料，采取精细的审计程序，进行细密、周详的审核检查。详查法与全面审计不同。全面审计指审计的种类，是按审计范围大小的不同对审计进行的具体分类；详查法指审计检查的方法，是按检查手续对检查方法的分类；而且，在全面审计中的某些审计项目，根据需要既可以进行详查，也可以不进行详查。

详查法在具体做法上，通常采取逐笔检查核对的办法。

详查法最大的优点是对会计工作中的错弊行为均能揭露无遗，因而，也能够做出较精确的审计结论。但是，其应用费时、费力，工作效率很低，审计工作成本昂贵。因此，在业务量多而复杂的单位进行审计时，一般不可能对全部资料和业务应用详查法进行检查。有时即便是用了详查的方法，也会因涉及的面过大而难以抓住重点，从而疏漏一些错弊行为。事实上，随着管理水平的提高，单位内部控制的加强，再进行全面的详细审计是毫无必要的了。一般说来，除了经济活动简单、业务量极少的小单位，以及对审计目标有重大影响，且认为产生错误或舞弊的可能性很大的审计项目进行审计时采用详查法外，其余场合不宜采用。在实际工作中，通常将详查法同抽查法结合起来应用。

（2）抽查法。抽查法也称抽样审计法，指从作为特定审计对象的总体中，按照一定方法，有选择地抽出其中一部分资料进行检查，并根据其检查结果来对其余部分的正确性及恰当性进行推断的一种审计方法。抽查法与局部审计（或专题审计）不同，局部审计指审计种类是按审计范围大小或项目多少不同，对审计进行的分类；抽查法指审计检查的方法，是按检查手续对检查方法的分类；而且，在局部审计中的某些审计项目根据需要既可以进行抽查，又可以进行详查。

运用抽查法有一个前提条件，即假定作为特定审计对象总体的每个项目都能代表总体的特征，这是进行抽查的理论依据。

抽查法根据具体抽样方法的不同而有区别。抽样就是从审计对象的总体中抽取一部分项目。被抽取的项目通常称为样本项目。抽样的方法大致有三种：即任意抽样、判断抽样和随机抽样（又称统计抽样），与此对应，抽查法也有三种类型，即任意抽查法、判断抽查法和随机抽查法（或称统计抽查法）。

任意抽查法应用于抽查法的早期。当时，审计人员从检查的总体中抽取样本，既无规律可循，又无合理的根据，因而抽查的结果，使审计人员承担较大的审计风险。可以说任意抽查法仅仅是为了减少审计工作量，以适应经济发展的要求而采用的权宜之计。

判断抽查法是审计人员在抽取样本时，并非随意，而是根据长期积累的实践经验，结合审计的具体要求以及进入被审计单位所观察了解的情况，通过主观判断，从特定的审查总体中有选择地、有重点地抽查部分项目进行检查，并据此来推断总体的一种抽查方法。判断抽查法同任意抽查法相比，前进了一大步。由于在这种方法下，样本项目的选取依赖于审计人员的经验和分析判断能力，因此，对审计结论的可信性仍有较大的影响。

统计抽查法是审计人员在选取样本时，根据审计工作的要求，按照随机的原则进行的。运用统计抽样方法，不仅可以根据样本的审查结果推断总体的特征，同时还可以知道所做结论的可靠程度以及审计结论的误差范围。统计抽查法是一种较为客观的检查方法，可以排除因主观判断失误所造成的差错。但是，采用随机抽样的原则，也可能会造成样本偏倚，影响审计结论的正确程度。最好的办法是将判断抽查法和统计抽查法结合运用。在一般情况下，可用判断抽查法解决应该抽取哪些方面的样本项目问题；而用统计抽查法解决应该抽取多少样本，以及如何从整体中抽取这些样本的问题，或者是先用判断抽查法剔除重要的或危险的项目，然后再运用统计抽查法。

抽查法最大的优点是能使审计人员从简单而繁杂的数字游戏中解脱出来，极大地提高工作效率，但应用起来不大灵活，尤其是统计抽查法更是烦琐。而且，运用抽查法做出的审计结论与被审计单位的实际情况往往会发生偏差。一般说来，对于要求审计的时期长、业务内容多、规模大的单位审计时，除个别对审计目标有重大影响的或是认为存在错误和舞弊行为可能性大的审计项目，应采用详查法外，其余宜采用抽查法。总之，在使用抽查法审计时，并不完全排除进行详细检查，只有把两者有机地结合起来，才能做到既可以保证审计质量又可以节约审计资源。

3.2.6　审计技术方法

审计技术方法是专门应用于具体审计证据的收集和评价的方法，也称之为审计取证方法。审计技术方法主要在审计准备阶段和现场审查阶段使用，它与审计目标和审计证据有着密切的关系。不同的审计目标需要采用不同的审计技术方法，才能取得必要的和充分的审计证据。审计人员要想圆满完成审计任务，提出恰当的审计意见，就必须明确哪种审计技术适应于对该审计目标的审计证据的收集和评价。在审计过程中必须采用的能用来直接收集和评价重要审计证据的审计技术主要包括审阅法、复核法、核对法、盘存法、函证法、观察法和鉴定法等。

1．审阅法

审阅法是指通过对被审计单位有关书面资料进行仔细观察和阅读来取得审计证据的一种审计技术方法。根据有关法规、政策、理论、方法等审计标准或依据对书面资料进行审阅，借以鉴别资料本身所反映的经济活动是否真实、正确、合法、合理及有效。

审阅法是一种十分有效的审计技术方法，不仅可以取得一些直接证据，还可以通过审阅找出可能存在的问题和疑点，发现审查的线索取得一些间接证据。审阅法主要用于对各种书面资料的审查，以取得书面证据。书面资料主要包括会计资料和其他经济信息资料及管理资料。

（1）会计资料的审阅。会计资料包括会计凭证、会计账簿和会计报表，对它们的审阅应注意如下要点：①会计资料本身外在形式上是否符合会计原理的要求和有关制度的规定；②会计资料记录是否符合要求；③会计资料反映的经济活动是否真实、正确、合法和合理；④有关书面资料之间的勾稽关系是否存在、正确。

（2）其他资料的审阅。对会计资料以外的其他资料进行审阅，往往是为了获取进一步的信息。至于到底需要审阅哪些资料，则应视审计时的具体情况而定。如在审阅产品成本核算资料时，发现实际耗用工时与定额耗用工时相距甚远，为此，应审阅考勤记录和派工单（或生产任务通知单）等资料，以查明该单位是否存在弄虚作假。必要时，应审阅的其他资料通常包括有关法规文件、内部规章制度、计划预算资料、经济合同、协议书、委托书、考勤记录、生产记录、各种消耗定额、出车记录等。

（3）审阅的技巧。审阅的主要目的是通过观察和阅读有关资料，发现一些疑点和线索，抓住重点，缩小检查范围。这就要求掌握一定的审阅技巧。

①审阅有关数据是否有异常变动，判断被审计单位可能存在的问题。有异常情况的数据通常称为异常数，它是指某些数据资料违反了会计原理的要求，或是违反了经济活动实际情况而出现在正常情况下不应有的现象。运用审阅法从异常数方面着手，有无问题可从三个方面来衡量。一是数据增减变动幅度的大小。关键是要把握住各项经济活动本身的数量界限，在正常情况下如工资费用、管理费用发生了巨额的增减变化，一般都隐藏有一定的问题。二是数据本身的正负方向。数据的正负方向可以反映会计账户表示的属性，如财产物资类账户余额出了负数，这种表示就违背了该类账户的属类，一般来说均有问题。三是相关数据之间的变化关系。一般情况下，一个账户的变动必然引起某个或某些账户的相应变动，如果变动的方向及变动的幅度不相适应，则说明这种变动存在有一定的问题。如对外投资金额有了巨额增加，但投资收益增加很小甚至减少，这就说明与这种变化不相适应，可能存在某种问题。

②审阅会计资料和其他资料反映经济活动的真实程度，判断被审计单位有无问题。会计资料及其他资料理应真实、准确地反映单位各项经营活动的过程和结果，如果资料反映的情况和实际活动不符，则被审计单位就有弄虚作假的可能。

③审阅会计账户对应关系的正确性，判断被审计单位有无问题。相关的会计账户都有明

确的对应关系，而每个账户都有固定的核算内容，如果任意变动每个账户的核算内容，甚至将不相关的账户对应起来，一般都存在造假行为。如将投资收益、其他收入记入应付账款账户，或将应收款账户与费用账户对应、收入账户与应付款账户对应，以达到转移收入或支出的目的。

④审阅时间上有无异常，分析判断被审计单位是否存在问题。每项经济业务从开始执行到结束的整个过程所持续的时间都有一定的限度。若在有关资料上没有载明业务发生时间，或是虽载明了时间，但从发生日至记账日（或结转日）之间的时差相距甚远，则可能隐藏着某种问题。

⑤审阅购销活动有无异常，判断被审计单位有无问题。审计人员可从书面资料审阅中，发现被审计单位在购销活动方面有无舍近求远、舍优购劣的现象，以及购销活动内容、物流方向、购销价格、结算方式等是否正常、合理、合法。

⑥审阅资料的要素内容，判断问题存在的可能性。任何资料都应该具备所要求的要素，如果要素内容不全，均应进一步查明原因，以证实有无问题。

要有效地运用审阅法，必须结合使用复核、核对的方法，以便于及时证实审阅中发现的问题。审阅时应认真仔细，不要放过一个要素，更不要放过一个数字，边审阅、边思考，善于发现疑点和线索，并要进行完整的记录。为了避免重复和疏漏，审阅时应运用符号，以区别已审阅和未审阅的资料。

2．复核法

复核法是通过重新计算有关数据指标来验证是否正确的一种审计技术方法，又称复算法，或验算法。被审计单位的很多会计数据都是通过一定公式进行算术运算求得的，可能会因工作人员的疏漏，或业务水平，或故意舞弊而造成数据失真。因此，在审计时就有必要对有关数据指标进行复核。审计时，需要复核的内容很多，主要有会计数据的复核和其他数据的复核。

（1）会计数据的复核主要是指对有关会计资料提供的数据进行的复核，包括会计凭证复核、会计账簿复核和会计报表复核。

会计凭证复核内容有：①复核原始凭证上的数据、单价与金额的计算有无错误，涉及多个子项的原始凭证注意复核其合计是否正确，对于自制的付款凭证如工资结算凭证更应注意，以防有诈；②复核记账凭证所附原始凭证的金额合计是否正确；③复核记账凭证汇总表（科目汇总表）是否正确；④复核转账凭证上转记金额计算是否正确；⑤复核成本费用归集与分配，以及单位成本的计算有无错误等。

会计账簿复核内容有：①复核明细账、日记账、总账的本期借贷方发生额之和的计算是否正确；②复核各账户余额的计算有无错误，尤其是应注意现金日记账和有关实物明细账的复核，以防利用记账技巧进行舞弊；③复核在有关明细账余额之和的计算上有无错误。

会计报表复核内容有：①复核资产负债表中的小计数、合计数及总计数的计算是否正确；②复核损益表及其主营业务收支明细表、利润分配表中的利润总额、净利润及利润分配等有关数据的计算有无错误；③复核现金流量表有关项目的计算、小计、合计数有无错误；

④复核其他明细表有关栏和行的合计，以及最后的总计计算有无错误；⑤复核各报表补充资料中有关指标的计算是否正确。

（2）其他数据的复核主要是对统计核算提供的一些重要指标的复核，如工作时间的复核（包括定额工作时间、计划工作时间、实际工作时间），生产任务完成情况的复核等。必要时，还应对有关预测、决策数据进行复核。

复核法虽然是一种较为简单的技术方法，但要取得良好的效果，必须善于抓住重点，找准关键的数据，必须小心谨慎、反复验算，绝不可自信和轻信。

3．核对法

核对法是指将相关的书面资料或将书面资料与实物之间进行勾对验证的一种审计技术，是审计技术方法中较为重要的技术方法。按照复式记账的原理核算的结果，资料之间会形成一种相互制约关系，若被审计单位的有关人员存在无意的工作差错或是故意的舞弊行为，都会使形成的制约关系失去平衡。因此，通过对相关资料之间的相互核对，就能发现可能存在的种种问题。在审计中，需要相互核对的内容很多，主要有会计资料间的核对，会计资料与其他资料的核对，以及有关资料与实物的核对。

（1）会计资料间的核对包括以下内容。①记账凭证与原始凭证核对。核对时注意两点：一是核对证与证之间的有关内容是否一致，包括经济业务内容摘要、数量、单价、金额合计等；二是核对记账凭证上载明的所附凭证张数是否相符。②汇总凭证与分录记账凭证会计核对，查明凭证是否相符。③记账凭证与账簿记录核对，查明账证是否相符。④总账和所属明细账余额之和核对，查明账账是否相符。⑤报表与账簿记录核对，查明账表是否相符。⑥报表间核对，查明报表间的相互项目，或是总表的有关指标与明细表之间是否相符。

上述核对内容要点可概括为证据核对、账证核对、账账核对、账表核对和表表核对。

（2）会计资料与其他资料的核对包括以下内容。①账单核对。这主要是核对有关账面记录与第三方的账单是否相互一致，查明有无问题。如将单位的银行存款日记账同银行对账单进行核对，将应收应付账款与外来对账单进行核对，等等。②其他原始记录核对。核对会计资料同其他原始记录是否相互一致，查明有无问题。这些重要的原始记录包括核准执行某项业务的文件、生产记录、实物的入库记录、出门证、出库记录、托运记录、职工名册、职工调动记录、考勤记录及有关人员的信函。在进行某些专案审计时，这种会计资料同其他原始记录之间的相互核对尤为重要。

（3）有关资料记录与实物的核对。报表或账目所反映的有关财产物资是否确实存在是财产所有者普遍关心的问题。因此，核对账面上的记录与实物之间是否相符是核对的重要内容。核对时，主要核对盘点资料与账面记录是否相符，核对审计监盘结果与账面记录是否一致。通过以上核对，能发现其中差异所在。这些差异有些还需要进一步审查。进行审查时，应分析判断产生的原因及后果，然后确定需要采用的检查方法，并实施更深程度的审查。

具体进行核对方法有两人核对法和一人核对法。两人核对法由两个人进行，一般是一个人念，另一个人对，这样做可以提高效率，但常常会因看错、念错或听错而影响核对结果。一人核对法由一人进行核对，出错的可能性小，也便于发现问题，但效率低。为了取得满意的核对效果，核对前，应对将用来核对的资料本身的可靠性进行复核；核对过程中应特别细心，并要运用各种符号对是否核对过、是否有疑问加以识别；对复核中发现的差异、疑点、线索等要逐一详细记录，必要时要运用其他审计技术及时查明问题。

4．盘存法

盘存法是对有关财产物资的实地盘点和账实核对来证实账实是否相符的一种审计技术方法。按具体做法的不同，有直接盘存法和监督盘存法两种。直接盘存法指审计人员在实施审计检查时，通过亲自盘点有关财物来证实与账面记录是否相符的一种盘存方法。监督盘存法指在盘点有关财物时，审计人员不亲自盘点，而是通过对有关盘点手续的观察和在场的监督，来证实有无问题的一种盘存法。在审计过程中，多数采用监督盘存法。由于财产物资方面极易被贪污，也极易弄虚作假和舞弊，而财产的所有者都很关心授权经管人员经管的财产是否完整，因此，确定财产物资的实有情况就成了审计的重要内容。实施盘存法的步骤如下。

（1）盘点准备。盘点准备工作包括确定盘点的财物并予以封存，了解收发保管制度，确定参加盘点的人员，结出账面应存数，准备记录表格，选择盘点时间等。

①确定盘点的财物并予以封存。被审计单位的财物种类繁多，全面盘点不大可能，且也无必要，因此，应根据审计目标和应审计项目的具体情况，来确定需要盘点的重点。一般成为盘点的重点的条件需满足：未盘点过，账面反映存量合理，在成本中所占比重过大，物品属紧俏贵重物品，物品为日常生活必需和物品以往发生过舞弊问题等条件。

确定好盘点的财物后，如果不能立即盘点，应将需要盘点的物资予以封存，贴上封条后将钥匙交财物经管人保管。

②了解收发保管制度，并对各项制度控制功能的发挥情况做出评估，找出控制的薄弱环节，明确重点。

③确定参加盘点的人员。在盘点成员中，至少要有两名审计人员、一名财务负责人和一名实物保管人，同时，还应有必要的工作人员。

④结出账面应存数，即通过审阅、复核、核对，将账面记录和计算错误予以消除。

⑤准备记录表格，检查度量器具。对于有关用来盘点的度量器具，一定要经过检查，以防弄虚作假而使盘点结果失真。

⑥选择盘点时间。盘点时间的选择一般以不影响工作正常进行为准，宜选择在每天的业务终了后，或是业务开始前。

（2）实地盘点。盘点通常由被审计单位相关人员进行，审计人员进行现场监督对于特别重要的财物盘点，审计人员应进行复点，如现金的盘点、其他有价证券的盘点、贵重物品的盘点等。盘点完毕，应将其盘点的实际情况如实地登记在事先准备好的表格上。

监盘是审计人员现场监督被审计单位各种实物资产及现金、有价证券等的盘点，并进行适当抽查的审计方法。监盘的目的是为了确定被审计单位实物形态的资产是否真实存在且与账面记录数量相符；查明是否存在短缺、毁损及贪污、盗窃等问题。

应注意的问题是：在对有价证券、支票等票证资产进行监盘时，应将资产的监盘与对单据的监盘加以区分。如果正在被监盘的目标（销售发票之类）已经不具有固有价值，则此类凭据的审核应称为检查。例如，一张支票在未签章时是单据，签章之后便成了一项资产，而在它被注销之后又变成一张单据。从技术上看，监盘支票只能在它是一项资产的时候进行。

另外，监盘有其局限性，它只能对实物资产是否确实存在提供审计证据，却不能保证被审计单位对资产拥有所有权，并且也不能对该资产的价值和完整性提供审计证据。因此，审计人员在监盘之外，还应对实物资产的计价和所有权进行审计。

（3）确定结果。将盘点获得的结果与账存进行比较，查明账实之间是否相符，以及不符的差异，若不相符，则到底存在什么问题，还要运用其他方法进一步检查落实。

盘点结果确定以后，应由所有在场人员（尤其是实物保管人、财务负责人及审计人员）在盘点表上签名，以明确责任。

盘存法主要用于各种实物的检查，如现金、有价证券、材料、产成品、在产品、库存商品、低值易耗品、包装物、固定资产等。在具体运用盘存法时，应特别注意以下问题：①不同存放地应同时盘点，若不能同时盘点则未盘实物的保管应在审计人员的监督下进行；②清点数量同时要查明所有权及质量；③盘点人员不能由被审单位全权决定，防止串通合谋舞弊；④任何性质的白条都不能用来充抵库存实物；⑤对盘点结果成因要认真分析查明，不要轻易下结论；⑥若遇有检查日与结账日之间不一致时，应进行必要调整。调整公式如下：

$$结账日账面应存数=盘点日账面应存数+盘点日与结账日之间的发出数$$
$$-盘点日与结账日之间的收入数 \qquad 式（3.2）$$
$$结账日实存数=盘点日实存数+盘点日与结账日之间发出数$$
$$-盘点日与结账日之间的收入数 \qquad 式（3.3）$$

5．查询及函证

查询是审计人员对有关人员进行书面或口头询问以获取审计证据的一种审计方法。查询是审计人员经常要用到的方法，但通过查询收集到的审计证据通常被认为证明力不强。审计人员在获得查询证据时，一般还需要通过其他审计方法取得具有更强证明力的审计证据。例如，当审计人员希望获得有关被审计单位记录业务和控制交易的计算方法的信息时，通常开始是询问被审计单位的内部控制制度是怎样操作的，然后审计人员再对经济业务进行测试，以确定这项业务是否已按所说的方法记录和审定。

函证是审计人员为印证被审计单位会计记录所载事项而向第三者发函询证的一种审计方法。函证回函由独立的第三方开出，其记载内容是为了证明审计人员索要信息的准确性，故而其证明力较强。但是，函证是否回函取决于第三方，即使回函，回函结果可能并不能令审计人员满意，在这种情况下，应采用其他替代审计方法，以获取相应审计证据。这也说明，函证的方法并不是在可以利用它们的每种场合都能使用。当然，审计人员可以通过对函证的编写、邮寄到函证的回函进行全过程的控制，以增加其所获证据的可靠性。

6．鉴定法

鉴定法是指审计人员对于需要证实的经济活动、书面资料及财产物资超出审计人员专业技术时，由审计人员另聘有关专家运用相应专门技术和知识加以鉴定、证实的办法。例如，审计人员需要对书面资料真伪的鉴定，实物性能、质量、估价的鉴定，经济活动合理性的鉴定等，如果审计组织中无该方面的专门人才，就有必要聘请有关专家进行鉴定。鉴定法主要应用于涉及较多专门技术问题的审计领域，如经济效益审计领域；同时也应用于一般审计实务中难以辨明真伪的场合，如纠纷、造假事项等。

应用鉴定法，在聘请有关人员时，应判断被聘人员能否保持独立性，与被鉴定事项所涉及的有关方面有无利害关系；鉴定后应正式出具鉴定报告并签名，以明确责任。

7．分析法

分析法是通过相关内容的对比和分解，从中找出各项目之间的差异及构成要素，以寻求审计线索的一种审计技术方法。类同于国外审计中的分析性复核方法。审计工作中一般采用的分析法主要有比较分析法、平衡分析法、科目分析法和趋势分析法等。

（1）比较分析法。比较分析法是指直接通过对有关项目之间的对比，来揭示其中的差异，并分析判断其差异形成原因的一种分析技术方法。它包括计划与实际比较、本期与上期比较及同行业之间比较。按对比时所用指标的不同，又分绝对数比较分析和相对数比较分析两种。

绝对数比较分析指直接以有关项目之间的总额进行对比，来揭示其中差异所在并进行分析判断的一种分析技术。这种比较可以揭示出有关被审计项目的增减变动有无异常，是否合情合理，是否存在问题。若将被审计项目在各个不同时期的总额变动情况进行综合比较分析，则还可以揭示被审计单位经济活动的发展趋势，并在整体上判断有无产生问题的可能。

相对数比较分析又称比率分析，它是指通过计算出被审计项目的百分比、比率或比重结构等相对数指标，然后根据相对数指标的对比，来揭示其中的差异并分析判断有无问题的一种分析技术。相对数比较分析较绝对数比较分析更便于发现问题。

比较分析法广泛用于可以直接进行对比的被审项目的一般检查。至于在何种场合应用绝对数比较分析，或是相对数比较分析，应视被审项目的具体情况而定。一般而言，两种比较分析技术都能采用的，应同时运用两种技术，以防做出错误判断。

在具体应用比较分析法时，还应注意以下各点。

①对比较项目正确性认可。对比之前，应对用来对比的被审项目有关资料内容的正确性予以认可。

②可比性审定。对比的各项目之间必须具有可比性。

③根据目的确定比较内容。对比哪些内容应根据比较的目的而定。

④记录比较结果并分析原因。

（2）平衡分析法。平衡分析法是指根据复式记账原理和会计制度的规定，以及经济活动之间的内在制约关系，对有关项目进行计算或测定，判断有无问题的一种分析技术。由于这种分析技术通常是通过对存在依存制约关系的数据计算或测定来进行，因而也有人称它为"制度数据约定法"或"控制计算法"。

平衡分析实际上是比较分析的一种转化形式，主要应用于存在内在依存制约关系的数量或金额指标，而用直接比较分析难以奏效的场合。在具体应用平衡分析方法时，还应注意以下各点：①对有关指标先进行复核，验证本身是否正确；②分析前，应找出项目之间存在的依存制约关系；③应掌握一些生产经营活动的基本常识，以利于对依存制约关系的发现。

（3）科目分析。科目分析法根据科目对应关系的原理，按其借方或贷方的对方科目编制棋盘式对照表，分析有关科目对应是否正确，是账户分析的一种形式，又称"账户分析法"。从理论上讲，科目分析法可以应用于每个会计科目的检查，实际上没有必要，而且往往也难以办到。因此，科目分析法只对一些容易产生错误和舞弊问题的科目采用，如现金、银行存款、销售等。

科目分析法指以会计原理为依据，对总分类账户的借方或贷方的对应账户及其发生额和余额是否正常进行分析的一种方法，是审计分析中的一种主要技术方法。如将"产品销售收入"和"银行存款""应收账款""现金"及"应付账款"等账户结合起来分析，既要审查有无差错和弊端，还可以了解产品销售情况、应收账款发出和收回情况及费用发生、支付情况等。

科目分析法主要应用于一些容易发生错误和弊端的科目。在具体运用时，应注意以下各点：①针对被审计单位的具体情况，确定重点分析的科目；②在编制科目分析表时，应谨慎小心，以防疏漏而导致错误的审计结论；③对应科目应该列全，否则难以发现问题。

（4）趋势分析法。趋势分析法是指从发展的观点来分析研究经济活动在时间上的变动情况，揭示其增减变动的幅度及其发展趋势的一种分析技术方法，也称动态分析法。其分析种类有增长速度分析和发展速度分析。趋势分析技术是从各个不同时期的综合比较来揭示其中的规律性，并预测未来。因此，采用这种分析技术便于把握住被审计单位经济活动的发展前景，并提出一些建设性的意见和建议。

趋势分析法适用于财务审计中的问题揭示和管理审计中的前景预测。在具体应用趋势分析法时，须注意以下各点。①指标可比性认可。进行分权前，应对用来进行分析的各种指标的可比性予以认可。②各时期指标的可比性认可。用于进行趋势分析的有关指标在各个时期应具备可比性。③选用的方法应合理、恰当。④综合各种因素做出结论。做出分析结论时，应综合考虑各种因素的影响，决不能草率从事。

趋势分析法是通过对连续若干期某一会计报表项目的变动金额及其百分比的计算，分析该项目的增减变动方向和幅度，以获取有关审计证据的一种技术方法。

注册会计师自己的计算结果一般可以成为分析性复核程序所使用的信息。分析性复核程序应该在审计的早期进行，以便决定哪些项目不需要进一步验证，从而可以减少其他审计程序，并决定应该对哪些审计范围进行更彻底的调查研究。

审计方法同审计证据并不是一一对应关系。通常，一种审计方法可产生多种审计证据，而要获得某类审计证据也可选用多种审计方法。

3.3 抽样技术在审计中的应用

抽样技术的应用扩大了审计人员的视野，科学地解决了审计的业务量与审计结论保证程度之间的关系问题，极大地提高了工作效率。目前，在发达国家的审计实践中，抽查技术已经成为最常用的技术方法之一，并且还将其具体要求在公认审计准则中加以明确。

3.3.1 审计抽样概述

国内外审计实践都表明，在审计产生的早期，均采用了全面的详查法。随着社会经济和科学技术的不断发展，被审单位的规模越来越大，业务量越来越多，且复杂程度也越来越高或是审计费用太昂贵，再进行全面的详细审查已经不再可能，为了在合理的时间内能合理地完成审计工作，于是审计抽样应运而生。审计抽样旨在帮助审计人员确定实施审计程序的范围，以获取充分、适当的审计证据，得出合理的结论作为形成审计意见的基础。

1. 审计抽样的含义

审计抽样是一种重要的现代审计技术，抽样技术按方法的不同，有统计抽查和非统计抽查两种。

非统计抽查又称经验抽查或判断抽查，指审计人员根据长期积累的经验，结合审计的要求以及进入被审计单位了解到的情况，通过主观判断，从特定审计对象的总体中有选择地、有重点地抽取部分项目进行审核检查，并根据检查结果来推断总体的一种抽查技术。

统计抽样是指审计人员按照随机原则，运用概率论与数理统计的原理，从特定审计对象的总体中抽取部分资料进行检查，并根据检查结果对总体特征进行推断的一种抽查技术。审计抽样能够使审计人员获取和评价有关所选项目某一特征的审计证据，以形成或有助于形成有关总体的结论。运用统计抽查技术一般要经过确定抽查总体、确定抽查规模、随机抽取样本、审查样本项目、推断总体等步骤。

虽然判断抽查技术使用方便，能减少工作量并抓住重点，能利用审计人员的经验与技能，但这种方法不能科学地计算抽样误差，审计结论的可靠程度完全取决于审计人员的实践经验与判断能力。因而审计风险很大。统计抽查技术正好能补充判断抽查的不足，即能保证样本项目抽查中的机会均等，能计算抽样误差的大小，能估计审计结论的可靠程度，能对审计工作量的多少做出科学计算，避免过量审计或审计不足。

审计抽样具备三个基本特征：①对某类交易或账户余额中低于百分之百的项目实施审计程序；②所有抽样单元都有被选取的机会；③审计测试的目的是为了评价该账户余额或交易类型的某一特征。

审计抽样并非在所有审计程序中都可使用。在风险评估程序、控制测试和实质性程序中，有些审计程序可以使用审计抽样，有些审计程序则不宜使用审计抽样。风险评估程序通常不涉及审计抽样。如果审计人员在了解控制的设计和确定控制是否得到执行的同时计划和实施控制测试，则可能涉及审计抽样，此时审计抽样仅适用于控制测试。当控制的运行留下轨迹时，可以考虑使用审计抽样实施控制测试。对于未留下运行轨迹的控制，审计人员通常实施询问、观察等审计程序，以获取有关控制运行有效性的审计证据，此时不宜使用审计抽样。实质性程序包括对各类交易、账户余额和披露的细节测试，以及实质性分析程序。在实质性细节测试时，可以使用审计抽样获取审计证据，以验证有关财务报表金额的一项或多项认定（如应收账款的存在性），或对某些金额做出独立估计（如陈旧存货的价值）。在实施实质性分析程序时，不宜使用审计抽样。

2．审计抽样风险和非抽样风险

在获取审计证据时，应当运用职业判断，评估重大错报风险，并设计进一步审计程序，以确保将审计风险降至可接受的低水平。在使用审计抽样时，审计风险即可能受到抽样风险的影响，又可能受到非抽样风险的影响。抽样风险和非抽样风险通过影响重大错报风险的评估和检查风险的确定而影响审计风险。

（1）抽样风险。抽样风险是指根据样本得出的结论可能不同于对整个总体实施与样本相同的审计程序得出结论的风险。

控制测试中的抽样风险包括依赖过度风险和信赖不足风险。信赖过度风险是指推断的控制有效性高于其实际有效性的风险，也可以说，尽管样本结果支持计划信赖内部控制的程度，但实际偏差率不支持该信赖程度的风险。信赖过度风险与审计的效果有关。如果评估的控制有效性高于其实际有效性，从而导致评估的重大错报风险水平偏低，可能不适当地减少从实质性程序中获取的证据，因此审计的有效性下降。对于审计人员而言，信赖过度风险更容易导致审计人员发表不恰当的审计意见，因而更应予以关注。相反，信赖不足风险是指推断的控制有效性低于其实际有效性的风险，也可以说，尽管样本结果不支持审计人员计划信赖内部控制的程度，但实际偏差率支持该信赖程度的风险。信赖不足风险与审计的效率有关。当审计人员评估的控制有效性低于其实际有效性时，评估的重大风险水平高于实际水平，审计人员可能会增加不必要的实质性程序。在这种情况下，审计效率可能降低。

在实施细节测试时，审计人员也要关注两类抽样风险：误受风险和误拒风险。误受风险是指审计人员推断某一重大错报不存在而实际上存在的风险。如果账面金额实际上存在重大错报而审计人员认为其不存在重大错报，审计人员通常会停止对该账面金额继续进行测试，并根据样本结果得出账面金额无重大错报的结论。与信赖过度风险类似，误受风险影响审计效果，容易导致审计人员发表不恰当的审计意见，因此审计人员更应予以关注。误拒风险是指审计人员推断某一重大错报存在而实际上不存在的风险。与信赖不足风险类似，误拒风险影响审计效率。如果账面不存在重大错报而审计人员认为其存在重大错报，审计人员会扩大细节测试的范围并考虑获取其他审计证据，最终审计人员会得出恰当的结论。在这种情况下，审计效率可能降低。

也就是说，无论在控制测试还是在细节测试中，抽样风险都可以分为两种类型：一类是影响审计效果的抽样风险，包括控制测试中的信赖过度风险和细节测试中的误受风险；另一类是影响审计效率的抽样风险，包括控制测试中的信赖不足风险和细节测试中的误拒风险。

只要使用了审计抽样，抽样风险总会存在。在使用统计抽样时，审计人员可以准确地计量和控制抽样风险，在使用非统计抽样时，审计人员无法量化抽样风险，只能根据职业判断对其进行定性的评价和控制。抽样风险与样本规模反方向变动：样本规模越小，抽样风险越大；样本规模越大，抽样风险越小。无论是控制测试还是细节测试，审计人员都可以通过扩大样本规模降低抽样风险。如果对总体中的所有项目都实施检查，就不存在抽样风险，此时审计风险完全由非抽样风险产生。

（2）非抽样风险。非抽样风险是指审计人员由于任何与抽样风险无关的原因而得出错误结论的风险。审计人员即使对某类交易或账户余额的所有项目实施审计程序，也可能仍未能发现重大错报或控制失效。在审计过程中，可能导致非抽样风险的原因包括下列情况。

①审计人员选择的总体不适合于测试目标。例如，审计人员在测试销售收入完整性认定时，将主营业务收入日记账界定为总体。

②审计人员未能适当地定义误差（包括控制偏差或错报），导致审计人员未能发现样本中存在的偏差或错报。例如，审计人员在测试现金支付授权控制的有效性时，未将签字人未得到适当授权的情况界定为控制偏差。

③审计人员选择了不适于实现特定目标的审计程序。例如，审计人员依赖应收账款函证来揭露未入账的应收账款。

④审计人员未能适当地评价审计发现的情况。例如，审计人员错误解读审计证据可能导致没有发现误差。审计人员对所发现误差的重要性的判断有误，从而忽略了性质十分重要的误差，也可能导致得出不恰当的结论。

⑤其他原因。

非抽样风险是由人为错误造成的，因而可以降低、消除或防范。虽然在任何一种抽样方法中审计人员都不能量化非抽样风险，但通过采取适当的质量控制政策和程序，对审计工作进行适当的指导、监督和复核，以及对审计人员实务的适当改进，可以将非抽样风险降至可以接受的水平。审计人员也可以通过仔细设计其审计程序尽量降低非抽样风险。

3．审计抽样总体的确定

在统计抽查法下，抽查总体是特定的，因此，需要对每一抽查事项的业务范围，根据审计的目标和被审计业务的具体特征进行严格规定。

（1）剔除重要项目。虽然统计抽查可以进行科学计算，但仍然具有不确定性，审计人员一般不期望将重要项目置于不确定的抽查总体中。因此，重要项目应从抽查总体中挑出进行重点检查，以减少可能承担的审计风险和审计责任。剔除重要项目可按以下方法进行。

①按判断抽查标准剔除。运用判断抽查技术在确定抽查对象时的原则将认为特别重要的或是特别危险、最容易产生问题的项目，从特定总体中抽出来。要求审计人员根据以往的经验，结合观察了解的实际情况，通过主观分析判断确定。

②按金额比重剔除。通过运用判断抽查标准剔除后，也许仍有重要项目需要剔除，是否剔除，一般视审计业务的具体漏洞多少而定，且常以金额比重的大小作为衡量的标准。

（2）同质总体的确定。抽查范围内的每个项目都应该能反映出总体的特征，即每个项目具有相同的特征。同质总体的确定可以从以下两个方面考虑。

①每个项目是否具有共同的特性。如检查生产耗用的材料成本是否正确，若从领料单的检查来确定耗用量，则应将专用基金工程的领用单从中剔除。不过应有识别标志才能做到。

②该业务是否与审计目标相联系。与审计目标联系的所有项目都应列入抽查的总体。经过剔除和分析，抽查的总体即已确定，而后对总体中的每个项目按照一定的方法编号，以便为抽样做好准备。

3.3.2 审计抽样的基本原理和步骤

使用审计抽样方法主要分为三个阶段：第一阶段是样本设计阶段，旨在根据测试的目标和抽样总体，制订选取样本的计划；第二阶段是选取样本阶段，旨在按照适当的方法从相应的抽样总体中选取所需的样本，并对其实施检查，以确定是否存在误差；第三阶段是样本审计与样本结果评价阶段，旨在根据对误差的性质和原因的分析，将样本结果推断到总体，形成对总体的结论。

1. 样本设计

在设计审计样本时，应当考虑审计程序的目的和抽样总体的特征，即首先应考虑拟实现的具体目标，并根据目标和总体的特点确定能够更好地实现该目标的审计程序组合，以及如何在实施审计程序时运用审计抽样。审计抽样中样本设计的工作主要包括以下几个方面。

（1）测试目标的确定。审计抽样必须紧紧围绕审计测试目标展开，样本设计的第一项工作是确定测试目标。一般而言，控制测试是为了获取关于某项控制运行是否有效的证据，而细节测试的目的是确定某类交易或账户余额的金额是否正确，获取与存在的错报有关的证据。

（2）审计总体与抽样单元的确定。在实施抽样之前必须仔细确定审计总体的范围，审计总体可以包括构成某类交易或账户余额的所有项目，也可以只包括某类交易或账户余额中的部分项目。审计总体应具备下列两个特征。①适当性。确定的审计总体适合于特定的审计目标，包括适合于测试的方向。②完整性。在实施审计抽样时，需要实施审计程序，以获取有关总体的完整性的审计证据，应当从总体项目内容和涉及时间等方面确定总体的完整性。例如，如果审计人员从档案中选取付款证明，除非确信所有的付款证明都已归档，否则审计人员不能对该期间的所有付款证明得出结论。又如，如果审计人员对某一控制活动在财务报告期间是否有效运行得出结论，总体应包括来自整个报告期间的所有相关项目。

必须详细了解代表审计总体的实物，确定代表审计总体的实物是否包括全部范围。通常从代表审计总体的实物中选取样本项目，如将总体定义为特定日期的所有应收账款余额，代表总体的实物就是该日应收账款余额明细表。

抽样单元是指构成审计总体的个体项目，抽样单元可能是实物项目（如支票簿上列示的支票信息，银行对账单上的贷方记录，销售发票或应收账款余额），也可能是货币单元。在确定抽样单元时，应使其与审计测试目标保持一致。一般在确定审计总体时通常都指明了适当的抽样单元。

如果审计总体项目存在重大的差异性，可以考虑对总体分层。分层是指将总体划分为多个子总体的过程，每个子总体由一组具有相同特征（通常为货币金额）的抽样单元组成。分层可以降低每一层中项目的差异性，从而在抽样风险没有成比例增加的前提下减小样本规模，提高审计效率。在实施细节测试时，通常根据金额对总体进行分层，然后，根据各层的重要性分别采取不同的选样方法，也可以根据表明更高错报风险的特定特征对总体分层。

（3）误差构成条件的确定。对于构成误差的条件必须事先准确的确定，否则执行审计程序时就没有识别误差的标准。在控制测试中，误差是指控制偏差，要仔细定义所要测试的控制及可能出现偏差的情况；在细节测试中，误差是指错报，要确定哪些情况构成错报。

确定误差构成条件时要考虑审计程序的目标，清楚地了解误差构成条件，对于确保在推断误差时将且仅将所有与审计目标相关的条件包括在内至关重要。

（4）审计程序的确定。审计目标是通过测试某一阶段的适当授权证实交易的有效性，审计程序就是检查特定人员已在某文件上签字以示授权的书面证据，所以，必须确定能够更好地实现测试目标的审计程序组合。

2. 样本选取

（1）确定样本规模。样本规模是指从总体中选取样本项目的数量。在审计抽样中，如果样本规模过小，就不能反映出审计对象总体的特征，无法获取充分的审计证据，其审计结论的可靠性就会降低，甚至可能形成错误的审计结论。因此，为了将抽样风险降至可接受的低水平，必须确定足够的样本规模。但是，样本规模过大，就会增加审计工作量，造成不必要的时间和人力上的浪费，加大审计成本，降低审计效率，就会失去审计抽样的意义。

影响样本规模的因素主要包括以下几个方面。

①可接受抽样风险的大小。可接受的抽样风险与样本规模成反比，也就是说可接受抽样风险越小，样本规模通常越大。反之，可接受的抽样风险越大，样本规模越小。

②可容忍误差的大小。可容忍误差是在认为测试目标已实现的情况下准备接受的总体最大误差。在控制测试中，它指可容忍偏差率，即对总体中的实际偏差率不超过设定的偏离规定的内部控制程序的比率获取适当水平的保证。换言之，可容忍偏差率是能够接受的最大偏差数量；如果偏差超过这一数量则减少或取消对内部控制程序的信赖。在细节测试中，它指可容忍错报，即对审计总体中的实际错报不可超过设定的货币金额获取适当水平的保证。实际上，可容忍错报是实际执行的重要性这个概念在特定抽样程序中的运用。可容忍错报可能等于或低于实际执行的重要性。当保证程度一定时，可容忍误差越小，为实现抽样的保证程度所需的样本规模同时增大。

③预计总体误差的大小。预计总体误差是指根据以前对被审计单位的经验或实施风险评估程序的结果而估计总体中可能存在的误差。预计总体误差越大，可容忍误差也应当越大；但预计总体误差不应超过可容忍误差。在既定的可容忍误差下，当预计总体误差增加时，所需的样本规模同时增大。

④总体差异性。总体差异性是指总体的某一特征（如金额）在各项目之间的差异程度。在控制测试中，在确定样本规模时一般不考虑总体差异性。在细节测试中，确定适当的样本规模时要考虑特征的差异性。总体项目的差异性越低，通常样本规模越小。可以通过分层，将总体分为相对同质的组，以尽可能降低每一组中差异性的影响，从而减小样本规模。未分层总体具有高度差异性，其样本规模通常很大。最有效率的方法是根据预期会降低差异性的总体项目特征进行分层。在细节测试中分层的依据通常包括项目的账面金额，与项目处理有关的控制的性质，或与特定项目（如更可能包含错报的那部分总体项目）有关的特殊考虑等。分组后的每一组子总体被称为一层，每层分别独立选取样本。

⑤总体规模的大小。除非总体非常小，一般而言，总体规模对样本规模的影响几乎为零。通常将抽样单元超过 5 000 个的总体视为大规模总体。对大规模总体而言，总体的实际容量对样本规模几乎没有影响。对小规模总体而言，审计抽样比其他选择测试项目的方法的效率低。

审计抽样中影响样本规模的因素在控制测试和细节测试中的表现形式存在一定的差异，

具体表现形式如表 3.1 所示。

表 3.1 样本规模的影响因素在控制测试和细节测试中的表现形式

影响因素	控制测试	细节测试	与样本规模的关系
可接受的抽样风险	可接受的信赖过度风险	可接受的误受风险	反向变动
可容忍误差	可容忍偏差率	可容忍错报	反向变动
预计总体误差	预计总体偏差率	预计总体错报	同向变动
总体差异性	—	总体差异性	同向变动
总体规模	总体规模	总体规模	影响很小

使用统计抽样方法时，必须对影响样本规模的因素进行量化，并利用根据统计公式开发的专门的计算机程序或专门的样本量表来确定样本规模。在非统计抽样中，可以只对影响样本规模的因素进行定性的估计，并运用职业判断确定样本规模。

（2）选取样本单元。不管使用统计抽样或非统计抽样，在选取样本项目时，应当使总体中的每个抽样单元都有被选取的机会。在统计抽样中，选取样本项目时每个抽样单元被选取的概率是已知的。在非统计抽样中，要根据判断选取样本项目。由于抽样的目的是为得出有关总体的结论提供合理的基础，因此，通过选择具有总体典型特征的样本项目，从而选出有代表性的样本以避免偏向是很重要的。选取样本的基本方法，包括使用随机数表或计算机辅助审计技术选样、系统选样和随意选样。

①使用随机数表或计算机辅助审计技术选样。使用随机数表或计算机辅助审计技术选样又称随机数选样。随机数选样须对总体中的每一项目进行编号，然后可以使用计算机生成的随机数，如电子表格程序、随机数码生成程序、通用审计软件程序等计算机程序产生的随机数，也可以使用随机数表获得所需的随机数。

随机数是一组从长期来看出现概率相同的数码，且不会产生可识别的模式。随机数表也称乱数表，它是由随机生成的从 0~9 共 10 个数字所组成的数表，每个数字在表中出现的次数是大致相同的，它们出现在表上的顺序是随机的，如表 3.2 所示。

表 3.2 部分随机数表

行 栏	1	2	3	4	5	6	7	8	9	10
1	03931	33309	57047	74211	63445	17361	662825	77184	85762	46505
2	74426	33278	43972	10119	89917	15665	52872	81530	56195	98425
3	09066	00903	20793	95452	92648	45454	09552	09416	42438	48432
4	42238	12426	87025	14267	20979	04508	64535	79554	50209	17705
5	16153	08002	26540	41744	81959	65642	74240	37489	56459	52983
6	21457	40742	29820	96783	29400	21840	15035	45978	09277	13827
7	21581	57802	02050	89728	17937	27621	47075	52940	25080	33555
8	55612	78095	83197	33732	05810	24813	86902	79530	51105	26952
9	44657	66999	99324	51281	84463	60563	79312	03436	14489	02086
10	91340	84979	46949	81973	37949	61023	43997	20795	01352	89906

应用随机数表选样的步骤如下。

A. 对总体项目进行编号，建立总体中的项目与表中数字的一一对应关系。一般情况下，编号可利用总体项目中原有的某些编号，如凭证号、支票号、发票号等。在没有事先编号的情况下，须按一定的方法进行编号。

B. 确定连续选取随机数的方法。从随机数表中选择一个随机起点和一个选择编号的路线，随机起点和选择编号路线可以任意选择，一经选定就不得改变。从随机数表中任选一行或任何一栏开始，按照一定的方向依次查找，符合总体项目编号要求的数字，即为选中的号码，与此号码相对应的总体项目即为选取的样本项目，一直到选择足够所需的样本量为止。

随机数选样不仅使总体中每个抽样单元被选取的概率相等，而且使相同数量的抽样单元组成的每种组合被选取的概率相等。

②系统抽样也称等距选样，是指按照固定的间距从审计对象总体中选取样本的一种抽样方法。采用系统选样法，首先要计算选样间距，确定选样起点，然后根据间距顺序地选取样本。选样间距的计算公式如下：

选样间距=总体规模÷样本规模

【例 3.1】审计人员希望采用系统抽样法从 2 500 张凭证（假如编号范围是 51～2550）中选出 125 张作为样本。假定审计人员随机选择的起点数码是 9，问第一张凭证号数和最后一张的凭证号数分别是多少？

首先计算出样本间隔为 20（2 500÷125），然后，审计人员从 0～19 中选取一个随机数作为抽样起点，每隔 20 张凭证选取一张，共选取 125 张作为样本。假定审计人员随机选择的起点数码是 9，那么第一个样本单位是发票号码 59，向上为 79，99，…，以此类推，直至第 2 539 号。

【例 3.2】审计人员欲从编号为 0001 的 2 000 张顺序编号凭单中按系统选样法选出 25 张作为样本。若确定的选样起点为 326，则第 25 张凭证的编号为多少？所能选到的最小的凭单编号和最大的凭单编号应分别是多少？

第 25 张的凭证号数为：326+（25-1）×2 000÷25-2 000=246

最大凭证号数为：326+（21-1）×2 000÷25=1 926

最小凭证号数为：1 926+80-2 000=6

系统选样方法的主要优点是使用方便，比其他选样方法节省时间。此外，使用这种方法时，对总体中的项目不需要编号，只要简单数出每一个间距即可。但是，使用系统选样方法要求总体必须是随机排列的，否则容易发生较大的偏差，造成非随机的、不具代表性的样本。如果测试项目的特征在总体内的分布具有某种规律性，此方法选择样本的代表性就可能较差。

③随意选样。这种方法选取样本不采用结构化的方法，但要避免任何有意识的偏向或可预见性（如回避难以找到的项目，或总是选择或回避每页的第一个或最后一个项目），从而保证总体中的所有项目都有被选中的机会。使用统计抽样时，运用随意选样是不恰当的。

上述三种基本方法均可选出代表性样本。随机数选样和系统选样属于随机基础选样方法，对总体的所有项目按随机规则选取样本，因而在统计抽样中使用的较多；随意选样也可以选出代表性样本，属于非随机基础选样方法，因而只能在非统计抽样中使用。

3．样本审计与样本结果评价

（1）对样本实施审计程序。对选取的样本项目实施审计程序旨在发现并记录样本中存在的误差，因此，针对选取的每个项目，实施适合具体目的的审计程序。如果审计程序不适用于选取的项目，应当针对替代项目实施该审计程序。例如，在测试付款授权时选取了一张作废的支票，并确信支票已经按照适当程序作废因而不构成偏差，审计人员需要适当选择一个替代项目进行检查。

通常对每一样本项目实施适合于特定审计目标的审计程序，有时可能无法对选取的抽样单元实施计划的审计程序（如由于原始单据丢失等原因）。对未检查项目的处理取决于未检查项目对评价样本结果的影响，如果对样本结果的评价不会因为未检查项目可能存在错报而改变，就不须对这些项目进行检查。如果未检查项目可能存在的错报会导致该类交易或账户余额存在重大错报，就要考虑实施替代程序，为形成结论提供充分的证据。例如，对应收账款的积极式函证没有收到回函时，可以审查期后收款的情况，以证实应收账款的余额。另外，要考虑无法对这些项目实施检查的原因是否会影响计划的重大错报风险评估水平或对舞弊风险的评估。如果未能对某个选取的项目实施设计的审计程序或适当的替代程序，应当将该项目视为控制测试中对规定的控制的一项偏差，或细节测试中的一项错报。

（2）分析样本误差。无论是统计抽样还是非统计抽样，对样本结果的定性评估和定量评估一样重要。应当调查并识别出所有偏差或错报的性质和原因，并评价其对审计程序的目的和审计的其他方面可能产生的影响。即使样本的统计评价结果在可以接受的范围内，也应对样本中的所有误差（包括控制测试中的控制偏差和细节测试中的金额错报）进行定性分析。

如果发现许多误差具有相同的特征，如交易类型、地点、生产线或时期等，则应考虑该特征是不是引起误差的原因，是否存在其他尚未发现的具有相同特征的误差。此时，应将具有该共同特征的全部项目划分为一层，并对层中的所有项目实施审计程序，以发现潜在的系统误差。同时，还需要分析误差的性质和原因，考虑存在舞弊的可能性。如果将某一误差视为异常误差，应当实施追加的审计程序，以高度确信该误差对总体误差不具有代表性。

在极其特殊的情况下，如果认为样本中发现的某项偏差或错报是异常误差，应当对该项偏差或错报对总体不具有代表性获取高度保证。异常误差是指对总体中的错报或偏差明显不具有代表性的错报或偏差。在获取这种高度保证时，应当实施追加的审计程序，获取充分、适当的审计证据，以确定该项偏差或错报不影响总体的其余部分。

（3）推断总体误差。总体中各项目的差错通常有两种情况：一是总体中的项目未按照特定的控制目标进行而发生了错误，这种错误发生的频率，称为总体差错率或总体错误率；另一种是总体中的项目之间的数额上发生的差错，通常用标准差来表示。抽查数量需要根据总体的差错率或总体标准差计算，项目差错率用于属性抽样，总体标准差用于变量抽样，二者与抽查数量之间都成正比关系，即差错越大，抽查数量越多；反之则少。在具体审计时，应根据不同情况确定，若是初次审计时，只靠检查初始样本来确定（初始样本的量一般不少于30）。如在评估内部控制制度时，若通过抽取 30 张领料单审查的结果，发现了 3 张凭证错误，则样本差错率为 10%（3÷30×100%），那么，可用 10%作为总体的差错率，即以初始样本的差错率代表总体的错误率。若在变量抽样法下，则同样可以通过抽取 30 个项目审查的结果计算标准差并作为总体的预计标准差计算抽查数量。标准差的计算公式如下：

$$S = \sqrt{\dfrac{\sum\limits_{i=1}^{n}(x_i - \bar{x})^2}{n-1}} \quad \text{或} \quad S = \sqrt{\dfrac{\sum\limits_{i=1}^{n}x_i^2 - n\bar{x}^2}{n-1}} \qquad \text{式（3.4）}$$

其中：x_i 表示第 i 项目金额=（1，2，3，…，n）；$\bar{x}$ 表示项目平均数 $\sum\limits_{i=1}^{n}x_i/n$；$n$ 表示样本规模（如初始样本 30）。

具体计算步骤如下：

第一步，按一定方法抽取 30 个样本项目；

第二步，计算样本面值之和即 $\sum\limits_{i=1}^{30}x_i$；

第三步，计算平均 $x = \dfrac{\sum\limits_{i=1}^{30}x_i}{n}$；

第四步，计算 $x_i - \bar{x}$ 的平方和或计算 x_i 的平方和减去 $\bar{x}$ 的平方与样本规模 n 的积的差，即式中的 $\sum\limits_{i=1}^{30}(x_i - \bar{x})^2$ 或 $\sum\limits_{i=1}^{30}(x_i^2 - n\bar{x}^2)$；

第五步，用第四步求得的平方和或差，除以 $n-1$，即（30–1）求得根号内的值；

第六步，开方，即求得标准差 S 值。

如果是分期继续审计，则可以根据上期审计时的差错率（查阅前期审计档案取得）或标准差，结合被审计单位的情况，通过适当调整确定。若与前期相比，有关情况未发生多大变化，如内部控制与前期相比未发生明显改变，则可以前期的差错率或标准差作为本期的预计总体差错或标准差来计算抽查数量。除此之外，审计人员还可以根据自身的实践经验估计一个差错率或标准差来代表总体差错率或标准差，以简化手续。

当实施控制测试时，应当根据样本中发现的偏差率推断总体偏差率，并考虑这一结果对特定审计目标及审计的其他方面的影响。当实施细节测试时，应当根据样本中发现的错报金额推断总体错报金额，并考虑这一结果对特定审计目标及审计的其他方面的影响。

（4）样本结果评价。应当评价样本结果，以确定对总体相关特征的评估是否得到证实或需要修正。

①控制测试中的样本结果评价时，应当将总体偏差率与可容忍偏差率进行比较，必须考虑抽样风险。

在统计抽样中，通常使用表格或计算机程序计算抽样风险，评价抽样结果的大多数计算机程序都能根据样本规模、样本结果，计算确定的信赖过度风险条件下可能发生的偏差率上限的估计值，该偏差率上限的估计值即总体偏差率与抽样风险允许限度之和。如果估计的总体偏差率上限低于可容忍偏差率，总体可以接受。此时对总体得出结论，样本结果支持计划评估的控制有效性，支持计划的重大错报风险评估水平。如果估计的总体偏差率上限大于或等于可容忍偏差率，总体不能接受。此时对总体得出结论，样本结果不支持计划评估的控制有效性，不支持计划的重大错报风险评估水平，应当修正重大错报风险评估水平，并增加实质性程序的数量；也可以对影响重大错报风险评估水平的其他控制进行测试，以支持计划的重大错报风险评估水平。如果估计的总体偏差率上限低于但接近可容忍偏差率，应当结合其他审计程序的结果，考虑总体是否可以接受，并考虑是否需要扩大测试范围，以进一步证实计划评估的控制有效性和重大错报风险水平。

在非统计抽样中，抽样风险无法直接计量，通常将样本偏差率（即估计的总体偏差率）与可容忍偏差率相比较，以判断总体是否可以接受。如果样本偏差率大于可容忍偏差率，则总体不能接受。如果样本偏差率低于总体的可容忍偏差率，要考虑即使总体实际偏差率高于可容忍偏差率时仍出现这种结果的风险。如果样本偏差率大大低于可容忍偏差率，通常认为总体可以接受。如果样本偏差率虽然低于可容忍偏差率，但两者很接近，通常认为总体实际偏差率高于可容忍偏差率的抽样风险很高，因而总体不可接受。如果样本偏差率与可容忍偏差率之间的差额不是很大也不是很小，以至于不能认定总体是否可以接受时，要考虑扩大样本规模，以进一步收集证据。

②细节测试中的样本结果评价时，应当根据样本中发现的错报推断总体错报。首先要根据样本中发现的实际错报要求被审计单位调整账面记录金额，将被审计单位已更正的错报从推断的总体错报金额中减掉后，然后将调整后的推断总体错报与该类交易或账户余额的可容忍错报相比较，但必须考虑抽样风险。如果推断错报高于确定样本规模时使用的预期错报，认为总体中实际错报超出可容忍错报的抽样风险是不可接受的。可以考虑其他审计程序的结果有助于评估总体中实际错报超出可容忍错报的抽样风险，获取额外的审计证据可以降低该风险。

在统计抽样中，利用计算机程序或数学公式计算出总体错报上限，并将计算的总体错报上限与可容忍错报比较。计算的总体错报上限等于推断的总体错报（调整后）与抽样风险允许限度之和。如果计算的总体错报上限低于可容忍错报，则总体可以接受，此时对总体得出结论，所测试的交易或账户余额不存在重大错报。如果计算的总体错报上限大于或等于可容忍错报，则总体不能接受，此时对总体得出结论，所测试的交易或账户余额存在重大错报。在评价财务报表整体是否存在重大错报时，应将该类交易或账户余额的错报与其他审计证据一起考虑。通常，建议被审计单位对错报进行调查，且在必要时调整账面记录。

在非统计抽样中，运用其经验和职业判断评价抽样结果。如果调整后的总体错报大于可容忍错报，或虽小于可容忍错报但两者很接近，通常得出总体实际错报大于可容忍错报的结论。也就是说，该类交易或账户余额存在重大错报，因而总体不能接受。如果对样本结果的评价显示，对总体相关特征的评估需要修正，可以单独或综合采取下列措施：提请管理层对已识别的错报和存在更多错报的可能性进行调查，并在必要时予以调整；修改进一步审计程序的性质、时间安排和范围；考虑对审计报告的影响。如果调整后的总体错报远远小于可容忍错报，可以得出总体实际错报小于可容忍错报的结论，即该类交易或账户余额不存在重大错报，总体可以接受。如果调整后的总体错报虽然小于可容忍错报但两者之间的差距很接近，必须特别仔细地考虑总体实际错报超过可容忍错报的风险是否能够接受，并考虑是否需要扩大细节测试的范围，以获取进一步的证据。

综上所述，审计抽样流程可以用图 3.1 表示。

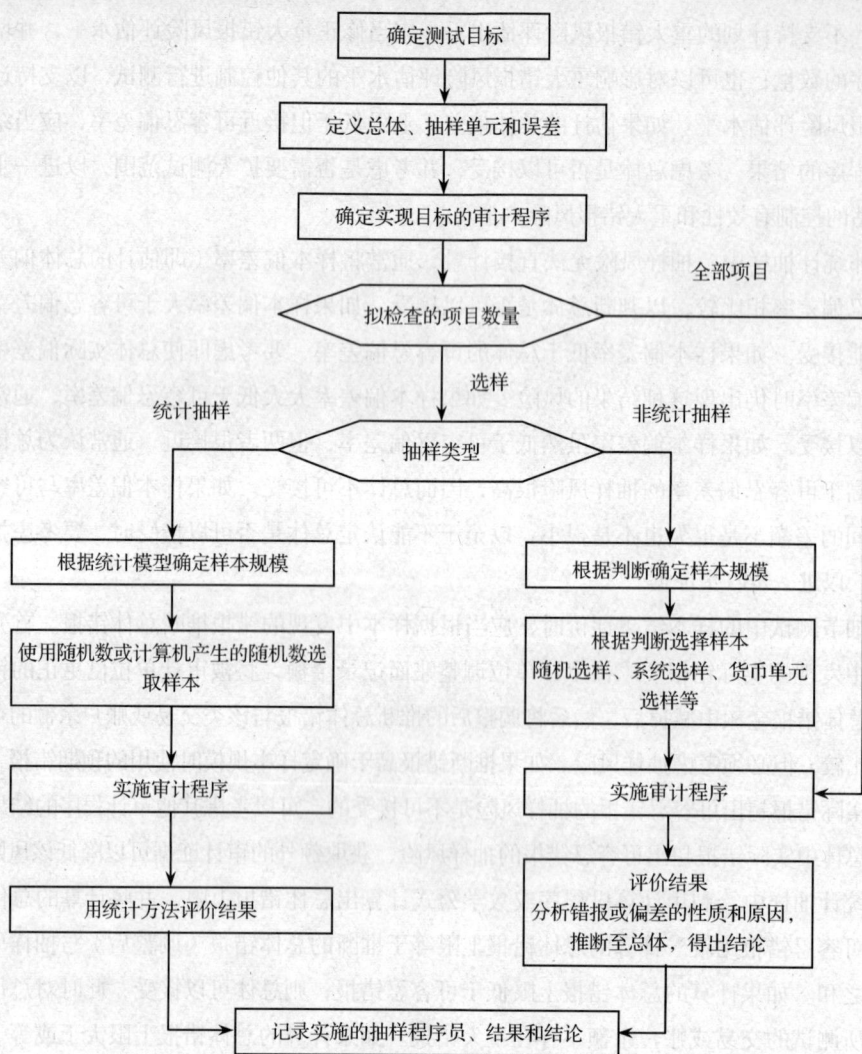

```
                    ┌─────────────────┐
                    │  确定测试目标   │
                    └────────┬────────┘
                             ↓
              ┌──────────────────────────┐
              │ 定义总体、抽样单元和误差 │
              └────────────┬─────────────┘
                           ↓
              ┌──────────────────────────┐
              │ 确定实现目标的审计程序   │
              └────────────┬─────────────┘
                           ↓                        全部项目
              ╱──────────────────────────╲
              ╲    拟检查的项目数量       ╱
               ╲────────────┬────────────╱
                       选样 ↓
      统计抽样      ╱──────────────────╲      非统计抽样
              ╱────     抽样类型      ────╲
      ┌──────┘      ╲──────────────╱      └──────┐
      ↓                                          ↓
┌──────────────────┐              ┌──────────────────┐
│根据统计模型确定  │              │根据判断确定样本规模│
│样本规模          │              └────────┬─────────┘
└────────┬─────────┘                       ↓
         ↓                        ┌──────────────────┐
┌──────────────────┐              │ 根据判断选择样本 │
│使用随机数或计算机│              │ 随机选样、系统选样、│
│产生的随机数选取  │              │ 货币单元选样等   │
│样本              │              └────────┬─────────┘
└────────┬─────────┘                       ↓
         ↓                        ┌──────────────────┐
┌──────────────────┐              │   实施审计程序   │←──
│   实施审计程序   │              └────────┬─────────┘
└────────┬─────────┘                       ↓
         ↓                        ┌──────────────────┐
┌──────────────────┐              │     评价结果     │
│ 用统计方法评价   │              │ 分析错报或偏差的 │
│ 结果             │              │ 性质和原因，推断 │
└────────┬─────────┘              │ 至总体，得出结论 │
         │                        └────────┬─────────┘
         ↓                                 ↓
      ┌──────────────────────────────────────┐
      │ 记录实施的抽样程序员、结果和结论     │
      └──────────────────────────────────────┘
```

图 3.1 审计抽样流程图

3.3.3 审计抽样的具体运用

1．属性抽样审计

在符合性测试中运用的抽样技术通常被称为属性抽样。属性抽样是一种用来对总体中某一事件发生率得出结论的统计抽样方法，该方法利用样本的特征分析来估计总体的特征，也可以利用总体中存在的某种特征通过抽样来发现具有该特征的项目。其主要针对被审计业务或被审计单位内部控制是否遵循了既定的标准及其存在的误差水平进行测试。属性抽样主要有固定样本量抽样、停—走抽样和发现抽样三种抽样方法。

（1）固定样本量抽样。固定样本量抽样是对按照预期总体误差率和可容忍误差率所确定的样本量一次性进行抽取，通过所确定样本的审查结果来推断总体特征的一种统计抽样方法，它是属性抽样的基本形式，常用于估计审计对象总体中某种误差发生的可能性，通常用百分数来表示，是一种最为广泛使用的属性抽样方法。操作步骤如下。

①确定审计目标。当对一项内部控制制度进行测试时，审计人员必须明确地知道对相关内部控制测试的目的。例如当审查企业购货付款程序的内控时，审计人员应首先确定被审单位是否存在"在付款前应将验收报告与进货发票进行核对"的内部控制制度；然后审计人员了解这一内部控制程序是否得到了有效执行。

②定义"误差"。根据以上确定的具体审计目标，可将"误差"界定为以下几种：未附验收单据的任何发票；发票虽附有验收单据，但该单据反映的是其他发票所记载货物的验收情况；发票与验收单据所记载的数量不符。

③定义审计对象总体。假如企业对每笔采购业务均采用连续编号的凭单，每张凭单上要附有验收报告及发票。因此，抽样单位是个别的凭单。若此项测试是期中执行的，则假设审计对象总体包括审计年度前 10 个月内购买原材料的×××张凭单。

④确定样本选取的方法。由于凭单连续编号，审计人员采用随机选样法来选取样本。

⑤确定样本量的大小。首先确定预期总体误差。在连续审计且本年情况与以前年度基本相同时，可以采用过去的误差率；如果是初次审计，或情况有较大变化时，则应采用预先抽样法，先随机抽取一小部分样本，了解误差情况。其次确定审计风险和可容忍误差。审计人员通过初步了解，准备信赖被审单位的内部控制。再次确定可信赖程度。最后审计人员根据控制测试统计样本量表（如表 3.3 所示），查出与所确定的可容忍误差率和预期总体误差率相对应的数字，该数字即为在执行控制测试时所应选取的样本量。

表 3.3　95%的可信赖程度下符合性测试样本量

预期总体误差（%）	可容忍误差率								
	2%	3%	4%	5%	6%	7%	8%	9%	10%
0.00	149（0）	99（0）	74（0）	59（0）	49（0）	42（0）	36（0）	32（0）	29（0）
0.25	236（1）	157（1）	117（1）	93（1）	78（1）	66（1）	58（1）	51（1）	46（1）
0.50	*	157（1）	117（1）	93（1）	78（1）	66（1）	58（1）	51（1）	46（1）
0.75	*	208（1）	117（1）	93（1）	78（1）	66（1）	58（1）	51（1）	46（1）
1.00	*	*	156（1）	93（1）	78（1）	66（1）	58（1）	51（1）	46（1）
1.25	*	*	156（1）	124（2）	78（1）	66（1）	58（1）	51（1）	46（1）
1.50	*	*	192（3）	124（2）	103（2）	88（2）	77（2）	51（1）	46（1）
1.75	*	*	227（4）	153（3）	103（2）	88（2）	77（2）	51（1）	46（1）
2.00	*	*	*	181（4）	127（3）	88（2）	77（2）	68（2）	46（1）
2.25	*	*	*	208（5）	127（3）	88（2）	77（2）	68（2）	61（2）
2.50	*	*	*	*	150（4）	109（3）	77（2）	68（2）	61（2）
2.75	*	*	*	*	173（5）	109（3）	95（3）	68（2）	61（2）
3.00	*	*	*	*	195（6）	129（4）	95（3）	84（3）	61（2）
3.25	*	*	*	*	*	148（5）	112（4）	84（3）	61（2）
3.50	*	*	*	*	*	167（6）	112（4）	84（3）	76（3）
3.75	*	*	*	*	*	185（7）	129（5）	100（4）	76（3）
4.00	*	*	*	*	*	*	146（6）	100（4）	89（4）
5.00	*	*	*	*	*	*	*	158（8）	116（6）
6.00	*	*	*	*	*	*	*	*	179（11）
7.00	*	*	*	*	*	*	*	*	*

【例 3.3】前 3 年的审计中，内部控制制度发生的误差率为 0.6%、0.7%及 0.85%，基于稳健原则，可将预期总体误差率定为 1%。审计人员通过初步了解，准备信赖被审单位的内部控制。依赖其专业判断，确定可容忍误差率为 4%，审计风险为 5%。可信赖程度 = 1 - 审计风险 = 95%。最后审计人员根据符合性测试样本容量表（表 3.3），查出可容忍误差率为 4%，预期总体误差率为 1%时，应选取的样本量为 156 项，样本中的预期误差率为 1。若在样本中发现两个或两个以上的误差，就说明抽样结果不能支持注册会计师对内部控制的预期信赖程度。

⑥选取样本并进行审计。如【例 3.3】，审计人员按随机选样法选取 156 张凭单，并按所定义的"误差"审查每张凭单及附件。

⑦评价抽样结果。审计人员对选取的样本审查后，应汇总查出的误差，并评价抽样结果。审计人员在评价抽样结果时，除了要考虑误差的次数，更要考虑误差的性质。

如【例 3.3】，审计人员通过抽样查出的误差次数为 1，且没有发现有欺诈、舞弊或逃避内部控制的情况，由于发现的误差数不超过预期误差数，所以，注册会计师可以得出结论：总体误差率不超过 4%的可信赖程度为 95%。如果注册会计师通过抽样查出的误差次数为 3，且没有发现有欺诈、舞弊或逃避内部控制的情况，由于发现的误差次数超过预期误差次数 1，并且从表 3.3 可以看出，这种情况下符合注册会计师要求的样本量增至 192 个，预期总体误差率为 1.5%。因此，审计人员不能以 95%的可信赖程度保证总体的误差率不超过 4%。这时，审计人员应减少对这一内部控制的可信赖程度，实施其他审计程序，如扩大实质性测试范围，增加样本量，或不再进行抽样审计，代之以详细审计等。

若审计人员在审查样本时发现有欺诈、舞弊或逃避内部控制的情况发生，不论其误差率是否与预期误差率相符，均应采用其他审计程序。因为这种误差的性质严重。审计人员应进一步评价所发现的这类事件对会计报表的影响，采用有利于彻底揭露这类误差的审计程序。同时应及时通知企业负责人，以使企业能够及时制止这类误差的再次发生。

⑧书面说明抽样程序。审计人员在审计工作底稿上，以书面形式记录、说明前述 7 个步骤，以作为审计抽样整体结论的基础。

（2）停—走抽样。停—走抽样是上述固定样本量抽样的一种特殊形式。采用固定样本量抽样时，只有等样本全部抽取并审查完毕，才能做出审计结论，如果最后发现预期总体误差大大高于实际误差，选取的样本过多，也无法缩小样本规模，因为样本已经审查完毕，其结果是降低了审计工作效率。停—走抽样从预期总体误差为零开始，边抽样边评价，来完成抽样审计工作。一旦能做出审计结论即可终止抽样。这种方法能够有效地提高工作效率，降低审计费用。

（3）发现抽样。发现抽样是属性抽样的一种特殊形式，是在既定的可信赖程度下，在假定误差以既定的误差率存在于总体之中的情况下，至少查出一个误差的抽样方法。

发现抽样主要用于查找重大非法事件，如发放工资给虚设的员工。在预期的偏差率很低，而且审计人员又想得到某个样本来证明有偏差存在时，使用这种方法是合适的。它能够以极高的可信赖程度（如 99.5%以上）确保查出误差率仅在 0.5%～1%的误差。使用发现抽样时，当发现重大的误差，如欺诈的凭据时，无论发生次数多少，审计人员都可能放弃一切抽样程序，而对总体进行全面检查。如果抽样没有发现任何例外，审计人员可得出在既定的误差率范围内没有发现重大误差的结论。

审计人员一般在以下情况下使用发现抽样：①审查由高控制风险项目组成的大总体；②怀疑已经发生舞弊行为。

2．变量抽样审计

在实质性测试中运用的审计抽样技术主要是变量抽样法。变量抽样是对审计对象总体的货币金额进行实质性测试时所采用的抽样方法。变量抽样法可用于确定账户金额是多是少，是否存在重大误差等，通常用于检查应收账款的金额，检查存货的数量和金额，检查工资费用和检查交易活动。通常可采用均值估计抽样、比率估计抽样、差异估计抽样等具体方法。

（1）均值估计抽样。单位平均估计抽样是通过抽样检查确定样本的平均值，再根据样本平均值推断总体的平均值和总值的方法。这种方法适用范围十分广泛，无论被审计单位提供的数据是否完整、可靠，甚至在被审计单位缺乏基本的经济业务或事项账面记录的情况下，都可以使用该方法。

单位均值法下确定样本规模的计算公式：

$$n' = \left(\frac{U_r \times S \times N}{P} \right)^2 , \quad n = \frac{n'}{1 + \frac{n'}{N}} \qquad 式（3.5）$$

公式中：n' 表示放回抽样时的样本规模；n 表示不放回抽样时的样本规模；U_r 表示可靠性程度系数；S 表示预计的总体标准离差；N 表示总体规模；P 表示计划的抽样误差。

计划的抽样误差（P）=可容忍误差 – 预计总体误差

可容忍误差是审计人员认为抽样结果可以达到审计目的而愿意接受审计总体的最大误差，取决于审计重要性水平的确定。审计重要性是指被审计单位会计报表中错报或漏报的严重程度，这一程度在特定环境下可能影响报表使用者的判断或决策。审计重要性水平是审计重要性概念的量化。因此，重要性水平就是审计人员可以接受的最大错误额（即可容忍误差）。

预计总体误差是审计人员根据前期审计所发现的错弊，被审计单位经营业务和经营环境的变化，内部控制的评价及实施分析程序的结果等，对审计总体中可能出现的错误额进行的估计。

（2）比率估计抽样。比率估计抽样是以样本实际价值与账面价值之间的比率关系来估计总体实际价值与账面价值之间的比率关系，然后再以这个比率去乘总体的账面价值，从而求出总体实际价值的估计金额的一种抽样方法。当误差与账面价值成比例关系时，通常运用比率估计抽样。比率估计抽样法的计算公式如下：

比率=样本实际价值之和 ÷ 样本账本价值之和   式（3.6）

估计的总体价值 = 总体账面价值×比率   式（3.7）

比率估计抽样与单位平均估计抽样在进行实质性测试时所采用的步骤基本相同，其区别在于评价抽样结果时对总体的推断不同。

（3）差额估计抽样。差额估计抽样是以样本实际价值与账面价值的平均差额来估计总体实际价值与账面价值的平均差额，然后再以这个平均差额乘以总体项目个数，从而求出总体的实际价值与账面价值差额的一种抽样方法。当误差与账面价值不成比例时，通常运用差额估计抽样。差额估计抽样的计算公式如下：

平均差额=样本实际价值之和与账本价值之和差额÷样本量　　　式（3.8）

估计的总体差额＝平均差额×总体项目个数　　　式（3.9）

【例3.4】某公司2009年12月31日，应收账款余额为4 000万元，由60笔赊销业务形成，审计人员按照时间顺序将这60笔赊销业务连续编号为001至060，并随机抽取15笔进行审查。这15笔赊销业务账面余额为625万元，经审定实际应为600万元。

要求：若采用差异估计法推断，在不考虑精确区间的情况下，该公司应收账款的账面余额是多少？

解：4 000－（625－600）×（60/15）＝3 900（万元）

下面以均值估计抽样法为例说明变量抽样审计的三种方法在实质性测试中的应用。

【例3.5】某公司2013年12月31日期末应收账款有1 000个客户，审计人员欲通过抽样函证来审查应收账款的账面价值。

①确定审计目标。审计目标为：确定期末应收账款的账面价值。

②确定审计对象总体。根据被审计单位实际情况，审计对象总体为1 000个应收账款客户，每一应收账款明细账户为一抽样单位。

③选定抽样方法。审计人员选定均值估计抽样方法。

④确定样本量。首先，确定风险水平和可信赖程度。本例中，考虑到内部控制和抽样风险的可接受水平，注册会计师确定误受风险为5%，可信赖程度为95%。其次，确定计划抽样误差。考虑到货币金额的重要性，本例中确定计划的抽样误差（P）为±50 000元。再次，确定总体标准离差。抽样时，注册会计师需要预先选取一个较小的初始样本量（约30个），经检查分析后用初始样本的标准离差 $S=\sqrt{\dfrac{\sum(x-\bar{x})^2}{n_0}}$ 计算，式中 x 为各初始样本项目数值，$\bar{x}$ 为初始样本平均值，n_0 为初始样本量。假定审计人员估计的总体标准离差为120元。

⑤计算样本量。使用均值估计抽样时，查可信赖程度系数表（如表3.4所示）可知，可信赖程度系数为1.96。

表3.4　可信赖程度系数表

可信赖程度	可信赖程度系数
80%	1.28
85%	1.44
90%	1.65
95%	1.96
95.4%	2.00
99%	2.58
99.7%	3.00

样本量可以通过式（3.5）来计算：

$$n'=\left(\frac{U_r\times S\times N}{P}\right)^2=\left(\frac{1.96\times120\times1\,000}{50\,000}\right)^2\approx22\text{（取整数）}$$

$$n = \frac{n'}{1 + \frac{n'}{N}} = \frac{22}{1 + \frac{22}{1\,000}} \approx 22 \text{（四舍五入，取整数）}$$

⑥确定样本选取方法并进行选样。审计人员采用随机选样法，从 1 000 个应收账款明细账中选取 22 个顾客作样本，并对选出的 22 个顾客作为审查的样本。

⑦对选取的样本进行审计并对抽样结果做出评价。审计人员对选取的 22 个顾客发出函证，确定样本中每个项目的审计值，并计算这些样本的单位实际平均值。函证结果：样本平均值为 3 500 元，样本标准离差为 112 元。

A. 计算实际抽样误差。审计人员必须推断实际的抽样误差和总体误差。实际抽样误差可以根据以下公式确定：

$$P_1 = U_r \times \frac{S_1}{\sqrt{n}} \times N \times \sqrt{1 - \frac{n}{N}} \qquad \text{式（3.10）}$$

式中，P_1 为实际抽样误差；S_1 为样本标准离差。

$$P_1 = 1.96 \times \frac{112}{\sqrt{22}} \times 1\,000 \times \sqrt{1 - \frac{22}{1\,000}} = 46\,284 \text{元}$$

因为实际抽样误差小于计划抽样误差，可无须再增加样本量。如果实际抽样误差大于计划抽样误差，则审计人员应考虑增加样本量以降低实际抽样误差，调高抽样结论的可靠性。

B. 以样本的单位平均值乘以总体规模作为总体价值的估计值。推断的总体金额为 3 500 × 1 000 = 3 500 000（元），假定被审计单位应收账款账面价值为 3 455 000 元，则推断的总体误差为 3 500 000−3 455 000=45 000（元）。

C. 按精确度区间对抽样结果做出评价。由于实际抽样误差 46 284 元小于计划抽样误差（50 000），推断的总体误差 45 000 元小于可容忍误差（50 000），审计人员可以得出结论：有 95%的把握保证 1 000 个应收账款账户的真实总体金额落在 3 500 000±46 284，即 3 453 716 ~ 3 546 284 元，被审计单位应收账款账户金额无重大误差。这时，注册会计师应将估计的总体金额 3 455 000 元与 3 500 000 元之间的差额视为审计差异，在对会计报表发表意见时予以调整，同时，建议被审计单位予以调整。

复习题

一、简答题

1. 与非统计抽样相比，统计抽样具有哪些优点？

2. 简述设计样本时应当考虑的因素。

3. 什么是抽样风险？符合性测试和实质性测试中各有哪些抽样风险？

4. 简述分析性复核有哪几类常用方法。

5. 比较属性抽样与变量抽样的主要区别。

二、分析题

1. 甲注册会计师在对 N 公司某年度会计报表进行审计时，可采用不同的审计方法获取充分、适当的审计证据。要求：

（1）请问甲注册会计师获取审计证据的审计方法有哪些？

（2）请问审计证据按其外形特征可分为哪几类？

（3）请将不同的审计方法所能获取的不同外形特征的审计证据填入表 3.5 中。

表 3.5　不同外形特征的审计证据

审计方法	审计证据

2. 某企业 2014 年 6 月管理费用明细表如表 3.6 所示。

表 3.6　某企业 2014 年 6 月管理费用明细表　　单位：元

2014 年 月	日	凭证号	摘　要	工资	水电费	差旅费	办公费	折旧费	其他	合计
6	1	转 1	领办公用品				285			285
	3	付 2	个人所得税	1 000						1 000
	5	付 4	违章罚款						500	500
	9	付 10	水电费		635					635
	10	付 16	购买电脑				6 500	·		6 500
	31	转 20	工资	20 000						20 000
	31	转 29	提取折旧					1 200		1 200
	31	付 50	差旅费报销			520				520
	31	转 36	管理费结转	−21 000	−635	−520	−6 785	−1 200	−500	

要求：对管理费用明细账进行审阅，判断存在的问题或可能存在的问题。

3. 某企业 2014 年 12 月 31 日，应收账款余额为 4 000 万元，由 60 笔赊销业务形成，审计人员按照时间顺序将这 60 笔赊销业务连续编号为 001 至 060，并随机抽取 15 笔进行审查。这 15 笔赊销业务账面余额为 625 万元，经审定实际应为 600 万元。

要求：若采用差异估计法推断，在不考虑精确区间的情况下，该公司应收账款的账面余额是多少？

第4章 我国审计的组织形式

本章学习要点

1. 了解我国审计的三种组织形式
2. 掌握政府审计、民间审计与内部审计的区别与联系
3. 理解重要性的含义及影响因素
4. 掌握重要性水平的确定和分配
5. 掌握审计风险的含义和构成要素
6. 掌握审计风险和重要性水平的关系

我国的审计监督体系由三部分构成，即国家审计机关、部门和单位的内部审计机构、民间审计组织。国家审计、内部审计、民间审计三者之间既相互联系，又各自独立，各司其职，泾渭分明地在不同领域开展审计工作。它们各有特点，相互不可替代，不存在主导和从属的关系。

4.1 政府审计

政府审计机关是最早的审计组织形式，在现代各国审计机构体系中是最重要的组成部分。政府审计机关是代表国家依法行使审计监督权的行政机关，它具有国家法律赋予的独立性和权威性。最高审计机关国际组织是联合国经济和社会理事会下属的，一个由联合国成员国的最高审计机关组成的非政府间的永久性国际审计组织。1983年我国审计署成立后正式加入了该组织。截至2010年，世界上已有182个国家和地区的政府审计机关加入国际性的审计组织——最高审计机关国际组织。

4.1.1 我国政府审计机关及其人员

审计机关是能够以自己的名义实施审计监督权的组织机构，既是审计权力的承担者，又是审计监督活动的实施者。截至2010年，世界上223个国家和地区设置了适应各自国情的政府审计机关。由于文化传统和政治体制的不同，世界各国的最高审计机关的隶属关系和地位也有很大差别。其类型主要有立法型、司法型、行政型和独立型。立法型的国家最高审计机关隶属于立法部门，依照国家法律赋予的权利行使审计监督权。立法型审计机关地位高、独立性强，不受行政当局的控制和干预。司法型的国家最高审计机关隶属于司法部门，拥有很

强的司法权。司法型审计机关可以直接行使司法权利，具有司法地位，具有很高的权威性。行政型的国家最高审计机关隶属于政府行政部门，它是政府行政部门中的一个职能部门，根据国家赋予的权限，对政府所属各级、各部门、各单位的财政财务收支活动进行审计。行政型审计机关依据政府法规，进行审计工作，其独立性低，基本上不具备法律约束力。独立型的审计机关只受法律约束，而不受国家机关的直接干预。

我国国务院下设置国家审计署，国家审计署在国务院总理领导下，负责组织领导全国的审计工作，对国务院负责并报告工作，属于行政型的国家最高审计机关。我国审计机关是国家行政机关的组成部分，是审计法律关系的主体，是行使审计监督权的组织，是以自己的名义行使职权的组织，是能够承担审计法律责任的组织，并且以行政法人资格从事审计行为，根据宪法、审计法及其他有关法律的规定进行活动。根据《中华人民共和国宪法》以及《审计法》的规定，我国实行审计监督制度，国务院设立审计机关，县级以上的地方各级人民政府设立审计机关。

1. 中央审计机关

中华人民共和国审计署是我国最高审计机关，成立于 1983 年 9 月 15 日，是国务院所属部委级的国家机关。国家审计署具有双重法律地位，一方面，审计署是国务院的组成部门，要接受国务院的领导和指示，依照和执行国务院的行政法规、决定和命令；另一方面，审计署又有自己的职责范围，对自己所管辖的事项，以独立的行政主体从事活动，并承担由此而产生的责任。

审计署按照统一领导、分级负责的原则组织和领导全国的审计工作。根据工作需要，审计署可以在重点地区、部门设立派出机构，进行审计监督；可以在国务院各部委设立派出机构，进行审计监督；可以按工作内容和范围分设财政、金融、外贸外资等审计部门。

审计署主要职责有：①接受委托起草审计法律、行政法规草案，提出修改审计法律、行政法规的草案；②制定审计工作的方针、政策，发布审计工作的命令、指示和规章，确定审计工作重点，编制全国审计项目计划；③办理审计署管辖范围内的审计事项，组织、指导全国性行业和专项资金审计，组织、实施对与国家财政收支有关的特定事项的专项审计调查；④领导、管理全国审计机关的审计业务和其他审计工作，制定审计准则；指导、监督全国的内部审计工作；⑤依照法律和国务院的规章指导、监督、管理全国的社会审计工作；⑥协同省级主管部门依照法定程序办理省级审计机关负责人（包括正职和副职）的任免事项；⑦办理法律、行政法规规定和国务院交办的其他事项。

2. 地方审计机关

地方审计机关是指省、自治区、直辖市、设区的市、自治州、县、自治县、不设区的市、直辖区人民政府设立的审计组织，负责本行政区域内的审计工作。地方审计机关也是根据宪法、审计法有关条文规定设立的，同样也具有法律地位。

省、自治区审计机关称审计厅，其他地方各级审计机关统称为审计局。我国政府审计机关实行双重领导体制，在这种体制下，审计业务以上一级审计机关领导为主，因此。地方各级审计机关在法律上也具有双重地位，一方面，它是各级政府的一个职能部门，直接对本级政府行政首长负责；另一方面，地方审计机关对自己管辖范围内的审计事项，又以独立的行政主体资格从事活动。《审计法》规定："省、自治区、直辖市、设区的市、自治州、县、自治县、不设区的市、市辖区人民政府审计机关分别在省长、自治区主席、市长、州长、县长、区长和上级审计机关的领导下，负责本行政区域内的审计工作。"

地方审计机关按照国家法律和本级政府的政策、决议行使权力，处理行政事务。其主要职责是：①接受委托起草地方性审计法规、规章和其他规范文件草案，提出修改地方性审计法规、规章和其他规范性文件的草案；②制定审计规章制度，根据本级人民政府和上级审计机关的要求，确定审计管辖范围内的审计工作重点，编制审计项目计划；③办理本级审计机关审计管辖范围内的审计事项，组织、指导审计管辖范围内行业和专项资金审计，组织实施对本级财政收支有关的特定事项的专项审计调查；④领导、管理下级审计机关的审计业务和其他审计工作；⑤具体指导、监督审计管辖范围内的内部审计工作；⑥根据规定具体指导、监督、管理社会审计工作；⑦协同下一级主管部门依照法定程序办理下一级审计机关负责人（包括正职和副职）的任免事项；⑧办理法律、法规、规章规定以及上级审计机关或者本级人民政府交办的其他事项。

我国地方审计机关实行双重领导，对本级人民政府和上一级审计机关负责并报告工作，审计业务以上级审计机关领导为主。根据审计法的有关规定，我国地方审计机关也可以在其审计管辖范围内派出审计特派员，但应由本级政府决定，并报上级审计机关备案。如①地方审计机关要遵照执行上级机关颁布的审计规章和做出的审计工作决定；②地方审计机关要认真办理上级审计机关布置的工作任务；③地方审计机关的工作情况和查出的重要问题要及时向上级审计机关报告；④地方审计机关如遇有地方政府对审计工作的指示、决定与上级审计机关的决定、规章相违背时，应按上级审计机关的执行，上级审计机关当然也要考虑下级审计机关及其政府的意见。

我国审计组织体系的主要特征是：我国国家审计实行行政审计模式；我国对地方审计机关实行双重领导体制；国家审计机关对社会审计、内部审计进行业务指导和审计监督。

由于我国各级审计机关的审计范围是按照被审计单位财政财务的隶属关系来划分，如属于中央的企事业单位由审计署负责审计；属于地方的企事业单位，分别由省、市、县审计机关负责审计。为了就近审计和同行业审计的需要，审计机关有必要在重点地区和部门派出审计特派员。

3．国家审计人员

国家审计人员是审计机关中接受国家委托，以审计机关的名义，代表国家依法行使审计监督权，从事审计事务的人员。国家审计人员包括国家审计署的审计长、副审计长、地方各级审计厅、局的厅、局长、各级审计机关的领导人员和非领导职务的一般工作人员。

审计长是审计署的行政首长。按照宪法有关条文的规定，审计长是根据国务院总理提名，全国人民代表大会常务委员会决定，由中华人民共和国主席任命。审计署实行审计长负责制，审计长是国务院的组成人员。审计长每届任期 5 年，可以连任。全国人民代表大会有权罢免审计长。

根据《中华人民共和国国务院组织法》和国务院的有关规定，审计署设副审计长 4 名，协助审计长的工作，并对审计长负责。副审计长的任免由国务院决定。

根据中华人民共和国地方各级人民代表大会和地方各级人民政府组织法中有关规定，审计厅、局长由本级人民代表大会常务委员会决定任免。审计厅、局长是本级人民政府的组成人员。

《审计法》规定："审计机关负责人没有违法失职或者其他不符合任职条件的情况的，不得随意撤换。"同时还规定了具体的罢免条件：违法犯罪，受到刑事处罚的；违法失职，受到行政处分，而且不再适宜担任审计机关负责人的；因健康原因，长期不能履行其职责的。根据国家有关规定，地方各级审计机关负责人的任免应当事先征得上一级审计机关的意见。

4.1.2　我国政府审计机关的职责和权限

1．我国审计机关的职责

审计机关职责是指国家法律、行政法规规定的审计机关应当完成的任务和承担的责任。从总体上讲，我国审计机关的基本职责是对国家财政收支和与国有资产有关的财务收支进行审计监督。其监督范围包括国务院各部门、地方各级人民政府及其各部门、国有的金融机构和企业事业组织，以及法律、行政法规规定的其他单位。其监督内容包括上述监督范围内的财政收支、财务收支及其有关的经济活动。其监督要求是检查审计监督范围的财政、财务收支的真实、合法和效益情况。此外，审计机关作为政府内部的职能部门，还承担主管本行政区域内审计工作的重要职责。审计机关具体职责表现在以下一些方面。

（1）财政收支审计职责。对财政收支进行审计监督是审计机关的主要职责。审计署可以对国务院财政部门具体组织的中央预算执行的情况进行审计；地方各级审计机关可以对本级人民政府财政部门具体组织的本级预算执行的情况进行审计。

（2）财务收支审计职责。对财务收支审计也是审计机关的重要职责。审计署对中央银行及其分支机构的金融活动以及从事有关金融业务活动发生的各项财务收支进行审计；对中央银行及其分支机构或者有关金融机构经管的中央国库业务进行审计。地方各级审计机关对有关金融机构和国有资产占控股地位或者主导地位的金融机构的资产、负债、损益进行审计。审计机关对国家的事业组织的财务收支进行审计。审计机关对国有企业和国有资产占控股地位或主导地位的企业的财务收支进行审计。审计机关对国家建设项目和以国有资产投资为主的基本建设项目和技术改造项目进行审计。审计机关对社会保障基金、社会捐赠资金及其他有关基金、资金进行审计。审计机关对国际金融组织、外国政府及其机构、外国银行及非银行金融机构向我国政府提供的各种援助、赠款和贷款的财务收支进行审计。

（3）其他法律、法规规定的审计事项。这主要是指除在审计法中做出的专门规定外，在我国其他法律、行政法规中所做的审计机关职责的规定。如在宪法、预算法、会计法中的规定等。

（4）专项审计调查职责。审计机关有权对国家财政收支有关的特定事项向有关地方、部门、单位进行专项审计调查，并向本级人民政府和上一级审计机关报告审计调查结果。

（5）审计管辖范围确定的职责。各级审计机关应当根据被审计单位的财政、财务隶属关系，确定审计管辖范围，不能根据财政、财务隶属关系确定审计管辖范围的，根据国有资产监督管理关系，确定审计管辖范围。上级审计机关可以将其审计管辖范围内的有关审计事项授权下级审计机关进行审计；上级审计机关对下级审计机关审计管辖范围内的重大审计事项可以直接进行审计，但应当防止重复审计。

（6）管理审计工作的职责。审计署在国务院总理的领导下，主管全国审计工作；地方各级审计机关在本级政府最高行政首长和上一级审计机关的领导下，负责本行政区域内的审计工作。上述内容确认了审计机关依法管理审计工作的职责。

（7）指导和监督内部审计的职责。审计机关对国务院各部门和地方人民政府各部门、国有金融机构和企业事业组织的内部审计，有权进行业务指导和监督。

（8）指导、监督和管理社会审计的职责。审计机关依照法律和国务院的有关规定，对依法独立进行社会审计的机构，进行指导、监督和管理。审计机关有权在审计管辖范围内对被审计单位报送的社会审计机构出具的审计报告进行监督，如发现其出具的审计报告内容不实，有权予以纠正。

2．我国审计机关的权限

审计机关的权限是指国家通过法律赋予审计机关在审计监督过程中所享有的资格和权能，也就是审计监督权。我国《宪法》和《审计法》对审计机关的权限做了全面的规定，从其规定的内容看，我国审计机关的权限具有权威性、法定性和专属性。权威性表现在审计监督权是由宪法确认的和审计法规定的。《宪法》是国家根本大法，任何法律、法规均不得同其抵触，《宪法》中确认了审计监督权具有最高的权威性；审计法是审计监督活动的基本法，审计法对宪法中确认的审计监督权加以具体化，自然具有较高的权威性。法定性主要表现在国家意志性、强制性和稳定性方面。审计机关的权限是国家意志的体现，不以个人的意志为转移；一切国家机关、社会团体、企业事业组织都必须遵守宪法和审计法中对审计监督权的规定，不得违反，否则就要受到追究并要承担相应的法律责任；审计机关的权限是通过法律加以规定的，非经法定程序修改法律，其权限不得变更或消灭。专属性表现在审计机关的权限只能由审计机关在审计监督过程中独立行使。一切非审计机关和个人不得行使该项权力，也不得干涉审计机关行使权力；审计机关在从事其他民事、经济以及内部行政管理活动中，也不得行使审计监督权。

我国审计机关是国家行政机关，其权限是一种行政监督权，同时，我国审计机关肩负着综合性经济监督责任，其权限具有经济监督权的性质，所以，我国审计机关的权限是一种行政监督权。依照宪法和审计法中的规定，国家审计监督权只能由各级国家审计机关行使，我国审计机关代表国家行使国家审计监督，既不同于各项专业经济监督，也不同于内部审计行使的内部审计监督，政府审计是高层次的经济监督。

我国审计机关权限的内容具有广泛性。我国审计机关具有监督检查权，采取行政强制措施权，通报或公布审计结果权，处理处罚权和建议纠正处理权等，这对审计机关依法独立履行审计监督职责是十分必要的。

（1）监督检查权包括调查取证权、检查权和要求报送资料权。要求报送资料权，会计资料及其他有关资料是审计的直接对象，审计机关依法进行审计监督，被审计单位应当按照审计机关规定的期限和要求，向审计机关报送有关资料。被审计单位不得拒绝、拖延与谎报。检查权是审计机关实施审计时，对被审计单位的有关资料和资产进行检查的权力。这是审计机关履行职责最基本的权力。被审计单位应当接受审计机关的检查，不得拒绝。调查取证权是指审计机关就审计事项的有关问题向有关单位和个人进行调查，并取得证明材料的权力。审计机关进行调查时，有关单位和个人应当接受调查，并如实反映情况，提供有关的证明材料。

（2）采取临时强制措施权是指审计机关在进行审计时，为了及时制止正在进行的违反国家规定的财政收支、财务收支行为，或者为了保证审计工作的正常进行，对被审计单位的账册、资产采取一定的暂时性的强制措施的权力。

审计机关采取临时强制措施权的适用条件和方式，在《审计法》中有如下三种情况的规定：一是审计机关对被审计单位正在进行的违反国家规定的财政财务收支行为；二是审计机关如发现被审计单位已经转移、隐匿、窜改、毁弃会计资料以及其他有关资料时，可责令其交出、改正或者采取措施予以补救；如发现有可能转移、隐匿、篡改、毁弃资料时，应责令被审计单位采取措施予以防止，情况紧急时，经县级以上审计机关负责人批准，暂时封存有关账册和资料；三是审计机关如发现被审计单位已经转移、隐匿违法取得的资产，应责令其交出；如发现被审计单位有可能转移、隐匿违法取得的资产，应责令采取预防措施，也可以要求人民政府或者有关主管部门采取措施，或者申请人民法院采取保全措施，情况紧急时，经县级以上审计机关负责人批准，暂时封存有关资产。

（3）通报或公布审计结果权是指审计结束后，审计机关向政府有关部门通报或者向社会公布审计结果的权力。审计机关对严重违反国家规定事项的审计结果，对政府有关部门所属单位的审计结果，需要政府有关部门采取改进措施的审计结果等，应向政府有关部门通报。对于社会公众关注的审计结果，本级人民政府或者上级审计机关要求向社会公布的，以及其他需要向社会公布的，审计机关可以通过新闻媒介向社会公布。

（4）处理处罚权包括：对被审计单位拒绝、阻碍审计工作的处理处罚权，对被审计单位违反预算或者其他违反国家规定的财政收支行为的处理权，对被审计单位违反国家规定的财务收支行为的处理处罚权。

①对被审计单位拒绝、阻碍审计工作的处理处罚权。被审计单位拒绝、阻碍审计工作主要有两方面表现：一是拒绝或者拖延提供与审计事项有关的资料，侵犯了审计机关要求报送资料权；二是拒绝、阻碍审计机关的检查，如拒绝审计机关对资料和资产的检查，或者有意转移、隐匿、篡改、毁弃会计资料和有关资料，或者转移、隐匿所持有的违法取得的资产等。

审计机关依法行使审计监督权，被审计单位有义务接受审计监督，不得拒绝、阻碍，否则要根据情节轻重，分别给予责令改正、通报批评、警告、依法追究责任等处理处罚。

②对被审计单位违反预算或者其他违反国家规定的财政收支行为的处理权。审计机关对查出的本级各部门（含直属单位）和下级人民政府违反预算的行为或者其他违反国家规定的财政收支行为，应当依照法律、行政法规的规定，区别情况给予处理，责令限期缴纳应当上缴的财政收入，限期退还被侵占的国有资产，限期退还违法所得，责令冲转有关账目，采取

其他纠正措施。

③对被审计单位违反国家规定的财务收支行为的处理处罚权。审计机关对有违反国家规定的财政收支行为的被审计单位，除适用对违反国家规定的财政收支行为的处理规定外，并可依照法律、行政法规的规定，分别给予警告、通报批评、没收非法所得、罚款。罚款金额一般不超过违反国家规定的财务收支行为的款额；情况特别严重的，最高不超过该款额的 5 倍。对被审计单位违反国家规定的财务收支行为负有直接责任的主管人员和其他直接责任人员，可以给予相当于本人 3 个月的基本工资以下的罚款。

（5）建议纠正处理权是指审计机关发现被审计单位一些违法行为，有权建议有关主管部门纠正处理。这是因为在审计实践中，一些被审计单位的违法行为是由于执行上级主管部门制定的与法律、行政法规相抵触的规定造成的。在这种情况下，应当建议有关主管部门纠正；如有关主管部门不予纠正，审计机关应当提请有权处理的机关依法处理。建议纠正处理权还包括对有关责任人提出给予行政处分的建议权。

4.1.3 我国政府审计机关的审计原则

我国《宪法》和《审计法》确定了我国审计机关进行审计监督的基本原则是：依法审计原则、独立审计原则和强制审计原则。

1．依法审计原则

依法审计是依法行政原则在审计监督活动中的具体体现。我国《宪法》对审计机关的设置、审计监督的范围和内容、审计监督的基本原则做了明确规定，它是审计监督的最高法律依据。我国《审计法》是审计监督的基本法，对审计监督的原则、审计机关和审计人员、审计机关的职责、审计机关的权限、审计程序和法律责任等内容做出了全面规定；此外还有其他方面的法律、法规以及审计监督方面的各级行政规章等，为依法审计提供了充分的依据。依法审计基本原则的具体内容包括：审计监督的职责和权限，由法律、法规规定；审计机关必须遵循法律、法规规定的职权和程序；审计机关必须依据有关法律、法规的规定，评价审计事项，揭露存在问题和对违法行为进行处理、处罚。

审计机关依照法律规定的职权，进行审计监督时，应当做到：①国家审计机关应直接依据法律规定的职权，对被审计单位主动实施强制审计；既不能超越法定职权活动，也不能不履行法定的职责，越权行为和失职行为都是违反法律规定的行为；②审计机关应当对法律规定的有关组织（被审计单位）实施审计监督，对于无法律规定的组织一般不得审计，除非接受了特殊的授权或委托；③审计机关进行审计监督的事项，应当符合法律的规定；④除了上级审计机关决定自审或授权下级审的事项以外，各级审计机关应当按照各自的审计管辖范围，对有关单位和事项进行审计监督；⑤审计机关应当按照法定的权限进行审计调整，如要求被审计单位如实提供有关资料，要求有关单位和个人提供有关证明材料等；⑥对审计监督中查出的违反国家规定的财政、财务收支的行为，依法进行处理、处罚；⑦对审计的结果，可以依法向有关政府部门通报或者向社会宣布。

审计机关必须按照法律规定的程序进行审计监督。法律规定的审计程序是审计工作的操作规程。审计机关严格按规定的程序有利于客观、公正、准确地查明事实真相，有利于及时、有效地完成审计任务，有利于取得被审计单位的支持和配合，同时也有利于维护被审计单位的合法权益。审计机关必须遵循的审计程序的主要内容有：确立审计事项，事先送达审计通知书，对资料和实物检查以及向单位和个人调查，审计组向审计机关提出审计报告，报告提出前应征求被审计单位的意见，审计机关出具审计意见书，依法做出审计决定等。

2. 独立审计原则

独立审计的原则是《宪法》确立的，为确保这一原则的贯彻执行，《审计法》进一步对审计机关的组织、审计人员、审计经费等做了明确规定。《审计法》按照《宪法》规定，国务院设立的审计机关在国务院总理领导下，县级以上的地方各级人民政府的审计机关受本级政府行政首长和上一级审计机关的领导。为了保护审计人员，《审计法》规定，审计机关负责人依照法定程序任免；审计机关负责人没有违法失职或者其他不符合任职条件的情况的，不得随意撤换，同时，《审计法》还规定了不得打击报复审计人员及相应的制裁措施。为了保障审计机关的经费，《审计法》规定，审计机关履行职责所必需的经费，应当列入财政预算，由本级人民政府予以保证。

确立独立审计的原则，对于保障审计机关依法行使审计监督权，客观公正、实事求是地评价、揭露和处理问题，维护社会主义法制是十分必要的。审计监督权是国家的一项经济监督权，由审计机关依照法律规定独立行使审计监督权，不受其他行政机关、社会团体或个人的干涉。

审计机关是国家的经济监督专门机关，担负了特殊的职能，如果不具有必要的独立地位，依附于其他的组织，势必会受到这些组织的控制和影响，难以独立地行使审计监督权；如果所依附的组织本身就属于审计机关审计监督的对象，那么对其审计完全是流于形式。如果审计机关不能依法独立行使职权，就会受到其他组织或个人的干涉，审计机关对审计事项就无法做出实事求是的评价，客观、公正地提出审计报告和出具审计意见书。因此，许多国家都在宪法和审计法律中，对审计机关组织的独立性、审计长和其他审计人员的独立性、审计机关经费的独立性做出了明确的规定。最高审计机关国际组织 1977 年第九届代表大会通过的《审计规则指南》中也提出，审计机关"必须独立于受审计单位之外，并不受任何外来影响，才能客观而有效地完成其工作任务"；审计机关"必须具有完成其任务所需的职能和组织上的独立性"。该指南还指出，国家审计机关"是国家机构整体的一部分，因此，它不可能是绝对的独立"。由此可见，审计机关的独立性不是绝对的，而是相对的，例如我国审计机关设在政府内部，是政府中的一个独立部门，同时受政府主要负责人的领导。我国审计机关依法独立行使审计监督职能权，主要体现在以下几个方面：①在领导关系上，审计署直接接受国务院总理领导，对总理负责；地方各级审计机关受本级政府"一把手"和上一级审计机关的双重领导，在审计业务上以上级审计机关领导为主，政府的其他领导人不应干涉审计机关独立行使审计监督权；②审计机关可以自行安排审计工作计划，部署审计监督工作；③审计机关可以自行安排执行各项审计任务的人员，并严格执行回避的规定：任何单位和个人均不得干涉对审计人员的安排，审计人员只服从所在的审计机关的领导，对所在审计机关负责并报告工作；④审计机关根据审计结果，独立地进行审计事项评价和以自己的名义出具审计意见书，向本级政府和上一级审计机关提出审计结果报告；⑤在属于审计机关处理、处罚的范围内，审计机关对查出的违反国家规定的财政、财务收支的行为，可依照法律、法规的规定，自行做出处理、处罚的决定。

其他行政机关、社会团体和个人不得利用本部门的特殊地位、条件或个人的职权，干涉审计机关依法履行审计监督职权，应当支持配合审计机关工作。审计机关和审计人员也应敢于坚持原则，依法独立行使审计监督职权。政府审计机关在审计过程中，有规定的监督检查权，对违反财经法规的被审计单位，可按有关规定进行处理。

3．强制审计原则

强制性是我国政府审计的一项重要特征。强制性是特定主体通过政治、经济等手段使某种活动或结果得到强迫执行或落实的一种性质。我国政府审计机关是政府机关的一种形式，具有国家机器的性质，其经济监督活动和其结果可以通过政治、经济措施得到落实与执行。没有强制性，政府审计工作便无法开展，审计结果也便失去存在的基础，进而影响政府审计乃至整个审计工作的质量，削弱了审计在我国经济监督系统中较高层次的关键地位。可见，强制审计原则是我国政府审计机关进行审计监督的重要原则之一。

4.2　内部审计

2013 年 8 月 20 日中国内部审计协会公布的《第 1101 号——内部审计基本准则》(2014 年 1 月 1 日起施行) 第二条规定：本准则所称内部审计是一种独立、客观的确认和咨询活动，它通过运用系统、规范的方法，审查和评价组织的业务活动、内部控制和风险管理的适当性和有效性，以促进组织完善治理、增加价值和实现目标。可见，内部审计是指由部门或单位内部相对独立的审计机构和审计人员进行审核和评价活动

4.2.1　我国内部审计机构和审计人员

在我国实行内部审计制度，有利于企业通过内部审计来检查和评价内部各单位履行经济责任的状况，加强内部管理和控制，挖掘内部潜力，提高经济效益，增强竞争能力，维护自身的合法权益；有利于其他占有和使用国有资产的部门和单位通过内部审计来保障国有资产的安全、完整，提高国有资产的利用效果和效率；有利于国家通过内部审计促使各部门、各单位加强对国有资产的经营或管理，以巩固和发展国有经济。

1．内部审计机构的设置

内部审计机构是指本部门或本单位内部设置的相对独立的审计机构，对本部门或本单位的财政财务收支、经营管理活动等进行审核和评价，查明其真实性、合法性、合规性和有效性，提出意见和建议。

早在审计署正式成立以后，我国就提出了实行内部审计制度问题，并根据国务院的要

求，许多部门和单位相继建立了内部审计机构；在《国务院关于审计工作的暂行规定》中，进一步规定了内部审计机构的设置、领导关系、审计任务等问题；后来在《审计条例》中，对内部审计机构又做了进一步的规范；1995 年颁布的《审计署关于内部审计工作的规定》更全面地规范了内部审计机构的设置、领导关系、审计范围、主要权限、工作程序、内部管理及与审计机关的关系等。《审计署关于内部审计工作的规定》（2003 年 5 月 1 日起施行）第三条规定：国家机关、金融机构、企业事业组织、社会团体以及其他单位应当按照国家有关规定建立健全内部审计制度。法律、行政法规规定设立内部审计机构的单位必须设立独立的内部审计机构。法律、行政法规没有明确规定设立内部审计机构的单位可以根据需要设立内部审计机构，配备内部审计人员。有内部审计工作需要且不具有设立独立的内部审计机构条件和人员编制的国家机关，可以授权本单位内设机构履行内部审计职责。设立内部审计机构的单位，可以根据需要设立审计委员会，配备总审计师。2010 年 5 月 1 日实施的《中华人民共和国审计法实施条例》第二十六条规定：依法属于审计机关审计监督对象的单位的内部审计工作应当接受审计机关的业务指导和监督。依法属于审计机关审计监督对象的单位可以根据内部审计工作的需要，参加依法成立的内部审计自律组织。审计机关可以通过内部审计自律组织，加强对内部审计工作的业务指导和监督。

我国的内部审计机构是根据《审计法》设置的，是指在部门、单位内部从事组织和办理审计业务的专门组织，是我国审计主体的重要组成部分。审计法规定国务院各部门和地方人民政府各部门、国有的金融机构和企业事业组织应当按照国家有关规定，建立健全内部审计制度。《会计法》强调大中型国有企业要设立审计机构。按照这些规定建立的内部审计机构分为两个层次，一是部门内部审计机构，二是单位内部审计机构。

部门内部审计机构，是国务院和县级以上地方各级人民政府各部门根据审计业务的需要设置的审计机构。这些审计机构在本部门负责人的领导下开展工作，对本部门及下属单位进行内部审计，同时业务上接受同级国家审计机关的指导。

单位内部审计机构是大中型国有企业、大型基建项目的建设单位、国有金融企业和财务收支金额较大的全民所有制事业单位根据审计业务的需要设置的机构。这些审计机构在本单位负责人、上一级内审机构和同级国家审计机关指导下开展审计工作，对本单位及下属单位的财务收支及经济效益等进行审计监督。审计业务不多的小型企业也可不设内部审计机构，只须指定专人检查账目。

我国内部审计机构在本单位主要负责人的直接领导下，依照国家法律、法规和政策，以及本部门、本单位的规章制度，对本单位及所属单位的财政、财务收支及其经济效益进行内部审计监督，独立行使内部审计监督权，对本单位领导负责并报告工作。

2．内部审计人员

内部审计人员是在内部审计机构中工作的审计人员。内部审计人员应当在具有良好的政治素质和道德素质的基础上，具备必要的专业知识和技能。到目前为止，我国对内部审计人员没有提出具体的要求。

国际内部审计师协会于 1972 年开始实行注册内部审计师制度。取得国际注册内部审计师资格须通过以下科目的考试：内部审计程序、内部审计技术、管理控制和信息技术、审计环境等。根据中国内部审计学会与国际内部审计师协会的协议，我国已在广州、济南、北京、天津等地举行了该考试。我国已有部分内部审计人员取得了国际注册内部审计师的资格。

4.2.2　我国内部审计机构职权和任务

内部审计机构能否有效地进行审计监督，与内部审计机构在组织中的地位、权力、责任及其人员与管理能力等方面条件总是相关的。内部审计机构必须处在较高的地位，同时得到领导者有效的支持；内部审计机构必须要有广泛的活动范围及一定的权力；内部审计机构必须配备合适的人员和选用科学的管理方法。这些条件中最关键的是内部审计机构和人员要具有一定的独立性，它决定着内审工作的效果。内部审计机构应该具有不受约束、客观地进行工作的实质上的独立性。

1．我国内部审计机构职权

内部审计机构的职责是通过对本组织的会计、财务和其他经营活动进行检查，提供有关被查活动的分析、评价和建议，从而为本组织服务。

根据我国《审计法》的规定，内部审计机构和内部审计人员对本单位及下属单位的下列事项进行内部审计监督。

①财务计划或者单位预算的执行和决算。

②与财务收支有关的经济活动及其经济效益。

③国家和单位资产的管理情况。

④违反国家财经法规的行为。

⑤承包、租赁经营的有关事项。

⑥本单位领导交办的和审计机关委托的其他审计事项。

为了保证内部审计机构能独立行使审计监督权，完成审计任务，我国《审计法》赋予内部审计机构下列职权。

①检查凭证、账表、决算、资金和财产，查阅有关的文字和资料。

②参加有关的会议。

③对审计中的有关事项，进行调查并索取证明材料。

④对阻挠、破坏审计工作以及拒绝提供有关资料的，经单位领导人批准，可以采取封存账册和资料等临时措施，并提出追究有关人员责任的建议。

⑤提出制止、纠正和处理违反财经法纪行为的意见，以及提出改进管理、提高经济效益的建议。

⑥对严重违反财经法纪和造成严重损失浪费的人员提出追究其责任的建议。

⑦对审计工作中的重大事项，向对其进行指导的上级内部审计机构和审计机关反映。

2．内部审计机构的任务

内部审计机构与外部审计机构相比较，一是具有内向性，即内部审计是本单位管理机能的一部分，是为加强单位内部经营管理和控制服务的；二是具有广泛性，即内部审计不局限于对财政、财务收支审计，而且要对内部控制、生产经营及经济效益各个方面进行检查、分析与评价；三是具有及时性、针对性和经常性，因为内部审计人员常年工作在本部门、本单位内部，熟悉情况，并可以随时了解情况、发现问题，这样有助于及时、有针对性和经常地提出建议，并督促其采取措施贯彻执行。

内部审计机构的以上特点决定了其在各组织内部进行独立的审计活动，它的基本任务是对全部管理职能进行系统的检查和评价，向管理部门报告关于内部管理的方针、实务和控制是否具有效率性、经济性和效果性。具体任务一般包括以下五个方面：

①审查本单位和所属单位的财政、财务收支及其有关的经济活动是否符合国家规定；

②保护国家和单位的资产安全、完整，不受损失；

③检查和评价内部控制制度是否健全和有效；

④促进本单位做出的有关决策和制定的措施得到贯彻和落实；

⑤促进提高工作绩效、经济效益或资金的使用效果。

为了适应市场经济不断发展的需要，内部审计机构除检查和评价之外，还要深入研究改进的措施，以便提出合理的建议。因此，内部审计机构应充分利用自己的优势，在促进单位内部控制制度建设的基础上，积极地拓展经济效益审计。由经营项目审计入手，逐步开展经济性、效率性、效果性审计，以及管理决策等方面的审计。提高本部门、本单位的工作绩效和经济效益应逐步成为我国内部审计机构的主要工作目标。

4.2.3 我国内部审计机构与外部审计机关的关系

最高审计机关国际组织在第七届、第八届、第九届、第十二届等会议上，系统而深入地讨论了国家最高审计机关与内部审计机构之间的关系，并形成了决议，写入了有关的"指南"或"声明"之中。其主要精神有：最高审计机关应系统地、不断地促进其审计范围内各机构的内部审计制度和内部审计机构的建立和完善；内部审计机构应当从属于所在单位领导，但应尽可能在组织机构方面保持它在职能上和组织上的独立性，特别要强调内部审计机构应直接向其单位领导负责的重要性；内部审计是内部控制的一个重要方面但又有所区别，内部审计工作包括对经营管理及其结果的审计；为保证内部审计制度和机构能有效地发挥作用，可由最高审计机关制定原则和一般的规则、规章，要求或者建议受其审计的内部审计的工作效果，如果不与国家法律相抵触的话，最高审计机关在其提交议会的报告中应写入它们对内部审计工作效率、工作量及其结果的评价；虽然最高审计机关与内部审计在目标上是有差别的，但它们之间应有紧密的工作关系，为了避免不必要的工作重复，它们之间应进行多方面的情况交流，包括专业交流，最高审计机关对内部审计要给予特殊信赖，以及帮助内部审计开展专业人员培训工作等。

我国各部门、国有的金融机构和企业事业组织的内部审计，应当接受审计机关的业务指导和监督。指导和监督的内容包括以下内容：

①按照法律、法规和各级政府的要求，起草内部审计法规草案，制定内部审计准则和其他内部审计规章、制度；

②指导和监督有关部门、单位建立健全内部审计机构，配套内部审计人员；

③指导、监督内部审计机构和审计人员按照有关规定进行内部审计工作；

④组织内部审计理论研究，培训内部审计人员；

⑤总结、交流、宣传内部审计工作经验，表彰内部审计先进单位和个人。

4.3 民间审计

民间审计也称社会审计、注册会计师审计，是指由依法设立并承办注册会计师业务的会计师事务所实施的审计。民间审计组织是指由具有专门资格的专业人士组成的从事审计、咨询等业务的审计组织，在我国主要指会计师事务所。不同国家民间审计组织的名称各不相同，除称会计公司、会计师事务所外，德国称经济审计公司，日本称审计法人，泰国称审计会计事务所。我国主要指会计师事务所，根据《中华人民共和国注册会计师法》的规定，我国目前只准设立有限责任会计师事务所和合伙会计师事务，不准个人设立独资会计师事务所。

4.3.1 我国会计师事务所的设立与审批

我国社会审计组织是指根据国家法律或条例规定，经政府有关部门审核批准，注册登记的审计事务所、会计师事务所和其他审计咨询机构。设立会计师事务所，由省、自治区、直辖市人民政府财政部门批准。外国会计师事务所需要在中国境内临时办理有关业务的，须经有关的省、自治区、直辖市人民政府财政部门批准。

根据现行《中华人民共和国注册会计师法》（以下简称注册会计师法）中的有关规定，合伙设立的会计师事务所的债务由合伙人按照出资比例或者协议的约定，以各自的财产承担责任。合伙人对会计师事务所的债务承担连带责任。会计师事务所符合下列条件的可以是负有限责任的法人：①不少于30万元的注册资本；②有一定数量的专职从业人员，其中至少有5名注册会计师；③国务院财政部门规定的业务范围和其他条件。负有限责任的会计师事务所以其全部资产对其债务承担责任。财政部《会计师事务所审批和监督暂行办法》中的第七条规定，设立合伙会计师事务所应当具备下列条件：①有2名以上的合伙人；②有书面合伙协议；③有会计师事务所的名称；④有固定的办公场所。第八条规定，设立有限责任会计师事务所应当具备下列条件：①有5名以上的股东；②有一定数量的专职从业人员；③有不少于人民币30万元的注册资本；④有股东共同制定的章程；⑤有会计师事务所的名称；⑥有固定的办公场所。

会计师事务所设立的申请及审批程序如下。

（1）申请人提交申请材料，省级财政部门进行审查，并核对有关复印件与原件是否相符。对申请材料不齐全或者不符合法定形式的，应当当场或者在5日内一次告知申请人需要补正的全部内容。对申请材料齐全、符合法定形式，或者申请人按照要求提交全部补正申请材料的应当受理。受理申请或者不予受理申请应当向申请人出具加盖本行政机关专用印章和注明日期的书面凭证。

（2）对申请材料的内容进行审查，并将申请材料中有关会计师事务所名称以及合伙人或者股东执业资格及执业时间等情况予以公示。

（3）自受理申请之日起 30 日内做出批准或者不予批准设立会计师事务所的决定。

（4）做出批准设立会计师事务所决定的，应当自做出批准决定之日起 10 日内向申请人下达批准文件，颁发会计师事务所执业证书，并予以公告。

（5）省级财政部门做出批准设立会计师事务所决定的，应当自做出批准决定之日起 30 日内将批准文件及相关材料报送财政部、中国注册会计师协会。

《会计师事务所审批和监督暂行办法》中的第 14 条规定，申请设立会计师事务所应当向省级财政部门提交下列材料：①设立会计师事务所申请表；②会计师事务所合伙人或者股东情况汇总表；③注册会计师情况汇总表；④工商行政管理部门出具的企业名称预先核准通知书复印件；⑤全体合伙人或者全体股东现所在的省级注册会计师协会为其出具的审计业务情况的证明、已转出原会计师事务所证明，若合伙人或者股东为原会计师事务所合伙人或者股东的，还应提交退伙或者股权转让证明；⑥会计师事务所注册会计师的注册会计师证书复印件；⑦书面合伙协议或者股东共同制定的章程；⑧办公场所的产权或者使用权的有效证明复印件。设立有限责任会计师事务所还应当提交验资证明。因合并或者分立新设会计师事务所的，还应当提交合并协议或者分立协议。

会计师事务所的合伙人或者股东应当具备下列条件：

（1）持有中华人民共和国注册会计师证书；

（2）在会计师事务所专职执业；

（3）成为合伙人或者股东前 3 年内没有因为执业行为受到行政处罚；

（4）有取得注册会计师证书后最近连续 5 年在会计师事务所从事下列审计业务的经历，其中在境内会计师事务所的经历不少于 3 年，①审查企业会计报表，出具审计报告；②验证企业资本，出具验资报告；③办理企业合并、分立、清算事宜中的审计业务，出具有关的报告；④法律、行政法规规定的其他审计业务；

（5）成为合伙人或者股东前 1 年内没有因采取隐瞒或提供虚假材料、欺骗、贿赂等不正当手段申请设立会计师事务所而被省级财政部门做出不予受理、不予批准或者撤销会计师事务所的决定。

4.3.2　我国会计师事务所的审计业务范围

会计师事务所的审计业务范围，也即是注册会计师的审计业务范围。根据《注册会计师法》第 14 条的规定及其他法律、行政法规的规定，我国注册会计师可以办理以下几方面的审计业务。

（1）审查企业会计报表，出具审计报告。会计工作是经济管理工作的重要基础，整顿会计工作秩序，强化会计监督是国家加强和改善宏观调控，维护市场经济秩序，创造良好经济环境的重要前提。依法实行企业年度会计报表注册会计师审计制度是国家有效制止和防范利用会计报表弄虚作假，提高会计信息质量的重要手段。

目前，国家对上市公司的监管所依据的信息，主要来自上市公司的会计报表和注册会计师出具的审计报告。注册会计师在某种程度上已成为上市公司监管的第一道防线，在证券市场上扮演着举足轻重的角色。注册会计师审计上市公司旨在对上市公司会计报表的合法性、公允性发表审计意见。如果注册会计师出具了有保留意见的审计报告，就说明该上市公司存在程度不同的问题。注册会计师作为独立审计人是联系广大投资者和资本市场必不可少的纽带，是投资者利益的保护者。

除上市公司之外，国有企业和其他企业也需要注册会计师审计。1998 年 10 月，财政部发布的《国有企业年度会计报表注册会计师审计暂行办法》规定国有企业的年度会计报表不再实行财政审批制度，改由企业在规定时间内委托注册会计师审计。随着国家从直接经济管理向间接管理转变，随着会计报表的使用者越来越多，他们需要通过分析财务会计报表来做出经济决策，因此最为关心财务会计报告的合法性、公允性。注册会计师的职能之一就是通过对财务会计报告的审计，为社会提供审计监督。

（2）验证企业资本，出具验资报告。根据《公司法》《企业登记管理条例》等国家法律法规的规定，公司及其他企业在设立审批时，必须提交注册会计师出具的验资报告。股东及其他投资者全部缴付出资后，必须经注册会计师验资并出具验资报告。公司及其他企业申请变更资本时，也要提交验资报告。

（3）办理企业合并、分立、清算事宜中的审计业务，出具有关的报告。企业在合并、分立或终止清算时，应当按照国家财务会计法规的规定，分别编制合并、分立会计报表以及清算会计报表。为了提高报表使用者对这些报表的信任程度，企业就需要委托注册会计师对这些会计报表进行审计。在对这些报表进行审计时，同样需要对相关的会计资料进行认真的审计，并关注企业合并、分立或清算过程中的特定事项，在取得充分、适当的审计证据后，编制和出具审计报告，表示审计意见。

（4）办理法律、行政法规规定的其他审计业务，并出具相应的审计报告。

在实际工作中，注册会计师还可根据国家法律、行政法规的规定，对以下特殊目的业务进行审计：①按照特殊编制基础编制的会计报表；②会计报表的组成部分，包括会计报表的特定项目、特定账户或特定账户的特定内容；③法规、合同所涉及的财务会计规定的遵循情况；④简要会计报表。

这些业务的办理需要注册会计师具备和应用相关的专业知识，注意处理问题的特殊性。注册会计师执行特殊业务出具的审计报告，同样具有法定证明力，注册会计师及其所在的会计师事务所对其出具的审计报告同样要承担相应的法律责任。

4.3.3 民间审计的管理

1．民间审计管理方式

世界各国对民间审计的管理主要有以下几种方式。①民间审计组织自我管理。这主要由民间审计协会承担对民间审计人员的培训、考试、颁发执照、业务指导和监督检查等工作，并负责制定社会审计准则，对社会审计人员进行纪律制裁等。如美国由会计师协会负责制定社会审计准则和社会审计人员的考试工作；各州会计事务委员会具体管理本州的民间审计工作。②民间审计机构管理。这是成立一个由政府官员、民间审计人员、教授等人组成的机构，负责对民间审计工作进行管理。如泰国，在 1962 年颁发的《审计会计师条例》中规定，成立审计监督委员会，由商业部次长任主任委员，商业注册厅厅长、中央财会厅厅长、税务厅厅长、审计长公署审计长、朱拉隆大学商业会计系主任、法律大学商业会计系主任为当然委员，以及由部长任命的委员 8 人（其中注册审计会计师的人数不得少于半数）等组成。审计监督委员会的权力与任务是接受审计会计师注册登记，并发给执照；责令注册审计会计师停职或吊销其执照；制定注册审计会计师的申请、发给执照、延期颁发执照等有关规定、条件与办法；为大学或其他教育部门提供有关审计、会计专业学历的咨询。③政府有关部门直接参与管理。如日本大藏省直接参与对公认会计师及其审计工作的管理，一是考试合格的公认会计师，报大藏省认定后，方可注册登记；二是成立审计法人须得到大藏省的同意；三是审计法人审计大公司的报告要报送大藏省。

我国《注册会计师法》第五条规定，国务院财政部门和省、自治区、直辖市人民政府财政部门，依法对注册会计师、会计师事务所和注册会计师协会进行监督、指导。财政部、审计署合发的财办字 1995 年 25 号文件确定："中国注册会计师协会与中国注册审计师协会实行联合，称为中国注册会计师协会，依法对民间审计进行行业管理，并依法接受财政部、审计署的监督、指导"。《审计法》规定："对依法独立进行社会审计的机构的指导、监督、管理，依照有关法律和国务院的规定执行。"

上述规定，明确了对民间审计机构进行指导、监督、管理是审计机关的一项基本职责；同时也明确了审计机关应当按照《注册会计师法》和国务院的有关规定，依法对社会审计机构进行指导、监督、管理。其主要内容包括：与财政部共同成立注册会计师协会，实施注册会计师的考试、注册以及对注册会计师及其事务所的指导、监督、管理工作。

根据《审计机关监督社会审计组织审计业务质量的暂行规定》（中华人民共和国审计署令第 1 号），审计机关对社会审计组织承担的资产评估、验资、会计、审计等业务出具的证明文件是否真实、合法进行监督检查。检查人员通过审查有关的审计档案，查阅与检查事项有关的文件、资料，向有关单位和个人调查等方式进行检查，并取得证明材料。证明材料必须客观、相关、充分和合法，能够证明所检查的事项。检查组实施检查后，应当向审计机关提出检查报告，报告的内容包括：检查的范围、内容、方式、时间；被检查社会审计组织的基本情况；实施监督检查的有关情况；监督检查评价意见；对违反国家有关法律、行政法规和规章行为的定性、处理、处罚建议及其依据。审计机关审定检查报告后，对被检查的社会审计组织、注册会计师违反国家规定的执业行为，应当视其情节轻重分别依法给予处理、处罚：责令改正，给予警告，通报批评；建议有关主管机关依照法律、法规规定予以处理、处罚；移送司法机关依法追究刑事责任；通报或者公布监督检查结果，法律、行政法规、规章规定的其他可以采取的处理、处罚。最主要的工作是对社会审计质量进行监控。

2．注册会计师考试与注册登记

我国的独立审计基本准则第五条规定"担任独立审计工作的注册会计师应当具备专业学识与经验，经过适当专业训练，并具有足够的分析、判断能力。"我国通过严格的注册会计师考试与注册登记制度来保证达到这一要求。

注册会计师考试与注册登记制度是注册会计师管理制度的重要内容之一。目前世界上许多国家为了保证审计质量，保护投资者合法权益，维护注册会计师职业在公众心目中应有的权威性，都相继制定了较为完善的注册会计师考试与注册登记制度。我国为了选拔优秀人才加入注册会计师队伍，于 1991 年建立了注册会计师全国统一考试制度，当时实行"考评结合"。从 1994 年起，通过注册会计师全国统一考试才是取得注册会计师资格的前提。通过考试，一大批优秀人才加入了注册会计师队伍。

根据《注册会计师法》及《注册会计师全国统一考试办法》的规定，具有下列条件之一的中国公民，可报名参加考试：①高等专科以上学历；②会计或者相关专业（指审计、统计、经济）中级以上专业技术职称。注册会计师考试科目为会计、审计、财务成本管理、经济法、税法。考试方法为闭卷、笔试。试卷由全国考试委员会办公室集中组织评阅，考试成绩由全国考试委员会认定，由各地方考试办公室复核后通知考生。每科 60 分及以上者为单科合格，单科成绩合格者，其合格成绩在取得单科成绩合格凭证后的连续 4 次考试中有效。取得全部应考科目有效合格成绩者，可持成绩合格凭证，向地方考试委员会办公室申请换发全科合格证书，取得全科合格证书后，便可申请加入中国注册会计师协会成为非执业会员，但还不能单独执业。

根据《注册会计师法》的规定，参加注册会计师全国统一考试各科成绩合格取得非执业会员资格后，还必须加入一家会计师事务所，具有两年以上的审计业务工作经历，符合其他审批条件，才可以向省级注册会计师协会申请注册。省级注册会计师协会应当将准予注册的人员名单报国务院财政部门备案，同时发给国务院财政部门统一制定的注册会计师证书，方能凭证执业。

复习题

一、简答题

1. "有限责任"与"合伙"会计师事务所设立条件是什么？
2. 我国的审计监督体系由哪些部分构成？它们的关系如何？
3. 简述国家审计机关、内部审计机构和民间审计组织的业务范围。
4. 比较政府审计、民间审计和内部审计的区别与联系。

二、分析题

根据我国《注册会计师法》的规定，我国目前只准设立有限责任会计师事务所和合伙会计师事务，不准个人设立独资会计师事务所。结合有限责任会计师事务所和合伙会计师事务所对债务承担连带责任分析：

（1）中国为什么不允许个人设立会计师事务所？
（2）会计师事务所的组织形式对审计质量的影响。

第 5 章　审计程序与审计证据

本章学习要点

1. 了解审计程序的含义及其作用
2. 了解审计证据的含义和作用
3. 掌握审计证据的特征、种类
4. 掌握审计证据的收集方法
5. 掌握鉴证与整理的方法

确定审计目标后，审计人员就可以开始按审计程序实施审计，审计程序一般包括三个阶段，即计划阶段、实施审计阶段和审计完成阶段。在执行审计业务过程中，为了形成审计意见，审计人员须获取审计证据，具体包括实物证据、书面证据、口头证据和环境证据。无论何种类型的审计证据都必须具有充分性和适当性的特征，且能支持形成审计结论。为达到这个目的，审计人员必须要对收集来的审计证据进行整理、分析和评价。

5.1　审计程序

审计作为一种独立的经济监督活动，是由各种存在着内在逻辑关系的工作所组成的一个完整的运动过程。在对任何一个审计项目的完整审计过程中，先做什么工作，后做什么工作，必须按照一定的顺序进行。

5.1.1　审计程序概述

审计程序说明在一定时期内审查具体的对象或项目所需要的步骤，一般包括三个阶段，即计划阶段、实施审计阶段和审计完成阶段，有时还包括行政复议阶段和后续审计阶段。注册会计师审计与国家审计、内部审计不同，它是一种委托审计，即只有在得到被审计单位委托的情况下，才能实施审计。因此，在注册会计师审计程序中还应包括一个接受委托阶段。每个阶段又分别包括若干具体工作内容。

1．审计程序的含义

所谓审计程序是指审计监督活动中，审计机关和被审计单位双方必须遵循的顺序、形式和期限等。这是实现审计规范化，使审计监督有条不紊地顺利进行的重要保证，也是依法遵循审计原则和独立审计原则的基本要求。

正确理解审计程序的含义，要注意以下几点。

（1）审计程序是项目审计的工作程序，在实际的审计业务活动中，任何审计活动都是通过实施一定的审计项目来进行的。因此，审计程序主要是指从审计机构确定审计项目开始，直到全面完成项目审计为止的全过程中所经历的工作步骤，是与一个完整的项目审计过程相联系和相匹配的概念。它既非审计机构所有工作的程序，也非审计过程中某一阶段某一项工作的程序。

（2）审计程序包括的范围大小因事而异。在审计程序所包括的三个阶段中，不论审计主体是国家审计、内部审计还是社会审计，也不论审计的目的和内容是财政财务审计、经济效益审计还是经济责任审计，一般都要经过准备阶段、实施阶段和终结阶段。因此，准备阶段、实施阶段和终结阶段是审计程序包括的基本阶段。

对一般的审计项目，审计组提交审计报告，审计机关出具审计意见书和依法做出审计处理决定，即意味着审计任务的结束，但对一些重大的审计事项，则还要进一步地了解被审计单位对审计意见书和审计处理决定中要求纠正的问题，以及提出的改进建议和意见是否得到落实，因而需要进行后续审计。在审计处理决定下达一定时期后，进行后续审计时，如果发现被审计单位对单位处理决定执行不认真，则要责成被审计单位采取措施强制执行。

当审计处理决定发出后，如被审计单位不服，可向做出审计处理决定的审计机关的上一级审计机关申请行政复议。因此，行政复议也是审计程序的一个重要内容。

（3）审计程序在不同情况下的含义不同。对审计程序这一概念，要分别从实际的、理论的以及规范的三个角度去理解。

实际的审计程序是在审计实践活动中，完成某项具体审计项目所实际经历的工作步骤。不同的审计项目之间，其实际所经历的工作步骤就有所不同。

理论上的审计程序是对从事一般审计活动所经历的工作步骤的一种理论上的概括和总结，它抽象地、概括地反映了普遍的审计工作步骤，它来源于各种审计实践活动。

规范的审计程序是由具有权威性的机构所规定的，要求在审计实践活动中遵照执行的工作步骤。它反映了审计工作步骤的科学顺序，因而实际工作的审计程序应该尽量符合规范的审计程序，这样才能最大限度地保证审计工作的高效率和高质量。

按照审计主体种类的不同，审计程序的三个阶段具体内容也有所不同。国家审计机关的审计程序在《中华人民共和国审计法》及其一系列审计规章中有明确的规定。中国注册会计师协会发布的《独立审计准则》按照审计行业界公认的审计业务规则，制定了一系列具体准则，对社会审计的整个程序做出了规定，充分体现了社会审计工作的行业特点。内部审计工作程序既不同于社会审计，也与国家审计工作程序存在着一定的区别，其三个阶段的具体内容主要取决于单位内部管理阶层根据需要做出的具体规定。

2．审计程序的作用

由权威性机构制定出的规范而科学的审计程序，不仅是分配审计工作的具体依据，也是控制审计工作的有效工具。

（1）有利于保证审计质量。审计程序规定了为实现目的所必须实施的各项具体步骤，不仅可使审计负责人随时掌握审计工作的进度，还可以保证审计人员不至于忽略重要的审计步骤和主要事项，以便从审计程序的角度，保证审计工作质量。

（2）有利于提高工作效率。严格而灵活的审计程序有利于提高工作效率，保证审计人员在较短的时间内，取得充分有效的审计证据，从而正确表达意见，做出恰当的结论，避免可能发生的失误。

（3）有助于提高熟练程度。规范而科学的审计程序可以使审计工作有条不紊地进行，这对审计工作经验不多的审计人员来说，可以较好地把握审计工作的基本环节；对审计工作经验较多的审计人员来说，可以腾出更多的时间，考虑审计中随时可能遇到的更为复杂的问题。

（4）有利于审计工作规范化。规范而科学的审计程序也是使审计工作逐步实现规范化、制度化、法制化的一项重要内容。法定的审计工作程序是保证审计法律关系主体正确地行使权利，承担义务的基本保证，是贯彻依法审计原则的主要形式，审计人员和被审计单位必须严格遵循。自律性的行业规范确认的审计程序是保证审计业务工作按照公认的规则正常开展的基本步骤。正确地实施审计程序是保证审计业务质量，提高审计工作信誉的前提条件，是社会审计工作者依法执业的具体表现。

总之，审计程序对审计实践活动有着重大的意义，我国的国家审计机关早在 1985 年 10 月 4 日就颁发了《审计工作试行程序》；1993 年 4 月 13 日，发布审计署关于实施审计工作程序的若干规定；现行的《中华人民共和国审计法》第 5 章对审计工作程序也做了详细的规定。随着社会主义市场体制的建立发展，审计程序将会更加科学和规范，特别是适应市场经济需要的内部审计和社会审计的审计程序将会更加完善。

5.1.2 政府审计的程序

审计机关和审计人员在实施项目审计时，应当遵循的审计程序主要分审计计划阶段、实施阶段和审计终结阶段。

1．审计的计划阶段

审计的计划阶段是整个审计过程的起点和基础，对任何一项审计工作，为如期实现审计目标，审计人员都必须在具体执行审计程序之前，制订科学、合理的计划。计划阶段的工作做得是否充分细致，对整个项目审计工作都会产生很大的影响。计划阶段一般可分为审计机关的计划工作和审计组的计划工作两个方面。

（1）审计机关的计划工作包括：编制审计项目计划、委派审计人员组成审计组和下达审计通知书。

①编制审计项目计划。审计项目计划一般是年度计划，是审计机关对需要审计的事项所做的具体规划。《审计法》规定国家审计机关应对国务院各部门和地方各级政府及其各部门的财政收支，国有金融机构和企事业单位的财务收支，以及其他依照《审计法》规定应接受审计的财政、财务收支的真实性、合法性和效益性进行审计监督。因此，审计机关应当根据法律、法规和国家其他有关规定，按照本级人民政府和上级审计机关要求，确定年度审计工作

重点，对审计对象进行预测和分类，科学地编制审计计划。按照审计项目计划的时间安排，确定相应的被审计单位和审计事项。

②委派审计人员组成审计组。实施项目审计就需要配备审计人员，组成审计小组。审计事项确定以后，审计机关应根据审计事项的特点和要求，组织一定数量和质量的审计人员组成审计组（至少要 2 人以上）。审计组实行组长负责制，其他组员在组长领导和协调下开展工作，并对分担的工作各负其责。审计组的具体职责是：拟定审计工作方案、实施审计、搜集审计证据、编写审计工作底稿、撰写审计报告、征求被审计单位意见、报送审计报告、审计事项的立卷归档、检查审计意见和审计决定的落实情况、进行后续审计。

③下达审计通知书。审计通知书是审计机关发给被审计单位，对被审计单位进行审计的书面通知，是审计人员执行审计任务、行使审计监督权的依据和证明。被审计单位收到审计通知书后，应按审计通知书的要求，做好审计前的各项准备工作。审计通知书的主要内容包括：审计机关名称；被审计单位名称；审计范围、内容、时间；审计组成员情况；对被审计单位的基本要求等。审计机关认为需要被审计单位自查的，应当在审计通知书中写明自查内容、要求和期限。审计通知书在下达被审计单位的同时，还应抄送被审计单位的上级主管部门和有关部门。

（2）审计组的计划工作包括：了解被审计单位基本情况和拟定审计工作方案。

①了解被审计单位基本情况。审计负责人接到任务后，应召集全组审计人员，根据审计任务的要求，通过收集查阅被审计单位平时上报的资料，走访有关部门听取各方面情况介绍，初步了解被审计单位的业务性质、生产经营特点、组织机构设置等。如系再次审计，可以通过查阅原来的审计工作底稿、审计报告、审计决定等档案资料，了解被审计单位过去的经济情况，发生过哪些问题，是如何处理的。

②拟定审计工作方案。审计工作方案是审计小组按照每一个被审计单位（或项目）制订的实施审计项目的具体工作安排，是审计项目计划的具体化，也是审计机关据以检查、控制审计工作质量、进度的依据。其主要内容包括：审计项目名称、被审计单位名称；审计目标；审计方式；编制依据；审计的范围和内容；审计要点、步骤和方法；时间进度和人员分工等。审计工作方案对于明确审计的范围和重点、明确审计责任、合理组织和协调审计工作具有重要的作用。

编制审计方案应当根据重要性原则，围绕审计目标、确定审计的范围、重点。审计工作方案在制订时还应留有适当余地，以便实际情况发生变化时，做出相应的调整。审计工作方案经审计组所在部门领导或审计机关主要领导批准后，由审计组负责实施。

2．审计的实施阶段

根据审计工作方案的时间安排，在送达审计通知书后，审计人员进驻被审计单位开始实施审计。审计实施阶段是将审计工作方案付诸实施，化为实际行动的阶段，是审计全过程的最主要阶段，是审计组进驻被审计单位进行审查会计凭证、会计账簿、会计报表，查阅与审计事项有关的文件、资料，检查现金、实物、有价证券，并向有关单位和人员调查，以取得证明材料的过程。其主要步骤是：①听取被审计单位情况介绍；②索取、收集必要的资料；

③深入调查研究，全面了解内部控制状况；④必要时，调整原审计方案；⑤进行符合性测试；⑥实施实质性测试；⑦编制审计工作底稿；⑧编写审计报告。

审计人员进驻后的第一项工作是通过召开"见面会"，与被审计单位有关领导、财会和内部审计等部门的负责人以及有关工作人员取得联系，说明审计的目的、内容、时间等，以取得被审计单位领导和员工的支持和配合，同时还需要深入、细致地了解被审计单位的情况，尤其要重视对被审计单位的内部控制进行了解、测试和评价，根据新掌握的情况和内部控制可信赖程度，适当修改和补充审计方案。

审计方案修改完成后，审计组分头实施修改后的审计方案，运用各种审计方法，对被审计事项进行审查，搜集审计证据。现代审计的最大特征是以评价内部控制制度为基础的抽样审计，实行的是制度基础审计。因此，在审计实施阶段，首先必须全面了解被审计单位的内控制度，并进行评价。

为了把有限的审计力量花在更有价值的审计内容上，审计人员先要对经济业务进行一般分析。《审计法》第三十八条规定，审计人员通过审查会计凭证、会计账簿、会计报表、查阅与审计事项有关的文件、资料、检查现金、实物、有价证券，向有关单位和个人调查等方式进行审计，并取得证明材料。审计人员在审查分析有关书面资料后，还应对有关盘存的账户所记录的内容进行实物盘点，以取得实物证据。如库存现金盘点、库存材料盘点、低值易耗品盘点、在产品盘点、产成品盘点、固定资产盘点等。如实物较多，审计人员应按可能性、必要性、重要性的原则，有选择地进行重点盘点。

审计实施过程就是不断搜集审计证据，整理分析证据，运用审计证据的过程。在此过程中，审计人员必须有详细的工作记录，这些记录可以反映出审计工作的全部过程，有些可以直接作为正式的审计工作底稿。审计工作底稿是审计证明材料的汇集，是撰写审计报告的基础，是检查审计工作质量的依据，也是行使复议乃至再度审计时需要审阅的重要资料。因此，审计组长应当对审计人员的审计工作底稿进行必要的检查和复核，通过检查、复核和整理审计工作底稿，对汇集的审计证据客观性、相关性和合法性进行鉴定，保证审计组收集的证明材料的充分性。

此阶段最后，审计组编写的审计报告对被审计单位财政、财务收支的真实性、合法性和效益性进行评价，提出意见和建议，做出审计结论。审计报告的主要内容有：审计的基本情况（审计的范围、内容、方式、时间以及被审计单位概况说明）；审计中发现的问题；对审计事项的评价和结论；依据法律、法规、政策的有关规定；审计处理意见和改进建议等。

3. 审计的终结阶段

审计的终结阶段是审计工作的总结阶段，此阶段包括：①审定审计报告；②出具审计意见书和审计决定；③对违反国家规定的，在法定职权范围内做出审计决定或者向有关主管机关提出处理、处罚意见；④提出审计结果报告和审计工作报告；⑤审计行政复议。

《审计法》规定，审计组对审计事项实施审计后，应当向审计机关提出审计报告；审计机关审定审计报告，对审计事项做出评价，出具审计意见；对违反国家规定的财政、财务收支行为，需依法给予处理、处罚的，在法定职权范围内做出审计决定或者向有关主管机关提出处理处罚意见。审计意见书、审计决定两种审计文书分别适用于不同的审计结果。审计机关通过对审计报告进行审定，如果未发现被审计单位有违反国家规定的财政、财务收支行为，不需要进行经济处理、处罚的，则只对被审计单位的财政、财务收支情况做出结论，进行评价，提出审计建议，出具审计意见书；如果发现被审计单位有违反法律或法规的行为，应依法进行经济处理、处罚的，则需做出审计决定。

审计机关的审计决定送达后，被审计单位对地方审计机关做出的具体行政行为不服的，可以先向上一级审计机关或者本级人民政府申请复议；但对地方性法规规定或者本级人民政府交办的事项审计不服的，应当先向本级人民政府申请复议；对审计署做出的具体行政行为不服的，应当先向审计署申请复议。审计机关按照《行政复议条例》和其他有关法律、法规的规定，办理审计复议事项。审计行政复议是为了维护和监督审计机关依法行使审计职权，防止和纠正违法或不当的具体审计行政行为，保护被审计单位的权益。最后，审计行政复议机关提出审计复议申请，做出复议决定。

5.1.3　社会审计的程序

社会审计的程序与国家审计的程序有很多相似之处，不论政府审计、内部审计，还是社会审计，都包括三个主要的阶段，即审计计划阶段、实施阶段、审计终结阶段。社会审计与国家审计不同之处是：社会审计属于一种委托审计，即只有在得到被审计单位委托的情况下，才能实施审计。因此，在社会审计程序中还应包括一个接受委托阶段。

1．接受委托阶段

被审计单位根据其自身需要，可以向会计师事务所提出委托审计的要求。会计师事务所接到被审计单位委托审计的要求时，主要工作包括：①明确审计业务的性质和范围；②初步了解被审计单位的基本情况；③评价会计师事务所的胜任能力；④商定审计收费；⑤明确被审计单位应当协助的工作；⑥签订审计业务约定书。

这项活动是由会计师事务所与委托人共同签订，据以确认审计业务的受托与委托关系，明确委托的目的、审计范围及双方责任与义务等事项，最终形成书面合约的活动。在签订审计业务约定书之前，会计师事务所应当委派注册会计师了解被审计单位的基本情况，初步评价审计风险。接受委托之前应当了解被审计单位的业务性质、经营规模和组织结构，经营情况及经营风险，以前年度接受审计的情况，财务会计机构及工作组织以及其他与签订业务约定书相关的基本情况。在初步了解情况、评价审计风险并充分考虑自身承受委托能力的基础上，与委托人就约定事项进行商谈。如洽谈审计的目的与范围，审计中所采用的程序与方法，完成的工作量与工作时限，要求客户提供的工作条件和配合的方法、程度，双方的权利与义务，收费标准和付费方式等。商谈双方就约定事项达成一致意见后，即可接受委托，正式签订审计业务约定书。

提出业务委托并与社会审计组织签订审计业务约定书的可以是单位，也可以是个人。签订审计业务约定书应由会计师事务所和委托人双方的法定代表人或其授权的代表签订，并加盖委托人和会计师事务所的印章。审计业务约定书应当包括签约双方的名称、委托目的、审计范围、会计责任与审计责任、签约双方的义务、出具审计报告的时间要求、审计报告的使用责任、审计收费、审计业务约定书的有效时间、违约责任、签约时间以及签约双方认为应当约定的其他事项等内容。

2. 审计计划阶段

计划阶段是整个审计过程的起点。对于任何一项审计工作，为了如期实现审计目标，注册会计师都必须在具体执行审计程序之前，制订科学、合理的计划。审计计划，是指注册会计师为了完成年度会计报表审计业务，达到预期的审计目的，在具体执行审计程序之前编制的工作计划，审计计划包括总体审计计划和具体审计计划。总体审计计划是对审计的预期范围和实施方式所做的规划，是注册会计师从接受审计委托到出具审计报告整个过程基本工作内容的综合计划。具体审计计划是依据总体审计计划制订的，对实施总体审计计划所需要的审计程序的性质、时间和范围所做的详细规划与说明。注册会计师在整个审计过程中，应当按照审计计划执行审计业务。

科学、合理的计划可以帮助注册会计师有的放矢地审查、取证，形成正确的审计结论，从而实现审计目标；可以使审计成本保持在一种合理的水平上，提高审计工作的效率。一般地讲，计划阶段的主要工作包括：编制审计计划前的准备工作、审计计划的内容与编制、审计计划的审核。

（1）编制审计计划前的准备工作。在编制审计计划前，注册会计师应当了解被审计单位的年度会计报表，合同、协议、章程、营业执照，重要会议记录，相关内部控制制度，财务会计机构及工作组织，厂房、设备及办公场所，宏观经济形势及其对所在行业的影响以及其他与编制审计计划相关的重要情况。在编制审计计划前，注册会计师还应当查阅上一年度审计档案，关注上一年度的审计意见类型、审计计划及审计总结、重要的审计调整事项、管理建议重点，上一年度的或有损失以及其他有关重要事项。如属首次接受委托，注册会计师可以同被审计单位的有关人员就总结审计计划的要点和某些审计程序进行讨论，并使审计程序与被审计单位有关人员的工作协调，总之，注册会计师在编制审计计划之前，应当尽可能多地了解被审计单位的有关情况，并充分考虑其对本期审计工作的影响。

（2）审计计划的内容与编制。审计计划的繁简程度取决于被审计单位的经营规模和预定审计工作的复杂程度。因此，在编制审计计划时，注册会计师应当对审计的重要性、审计风险进行适当评估。在编制计划时，要特别考虑一些基本因素，如委托的目的、审计范围及审计责任，被审计单位的经营规模及其业务复杂程度，被审计单位以前年度的审计情况，被审计单位在审计年度内经营环境、内部管理的变化及其对审计的影响，被审计单位的持续经营能力，经济形势及行业政策的变化对被审计单位的影响，关联者及其交易，国家新近颁发的有关法规对审计工作产生的影响，被审计单位会计政策及其变更，对专家、内部审计人员及其他审计人员工作的利用，审计小组成员业务能力、审计经历和对被审计单位情况的了解程度等。

总体审计计划的基本内容包括被审计单位的整体情况，审计目的、审计范围及审计策略，重要会计问题及重点审计领域，审计工作进度及时间、费用预算，审计小组组成及人员分工，审计重要性的确定及审计风险的评估，对专家、内部审计人员及其他审计人员工作的利用以及其他有关内容。

具体审计计划应当包括各具体审计项目的一些基本内容，如审计目标、审计程序、执行人及执行日期、审计工作底稿的索引以及其他有关内容。具体审计计划的制订，可以通过编制审计程序表完成。

（3）审计计划的审核。审计计划应当经会计师事务所的有关业务负责人审核和批准。对总体审计计划应审核审计目的、审计范围及重点审计领域的确定是否恰当，对被审计单位的内部控制制度的依赖程度是否恰当，对审计重要性的确定及审计风险的评估是否恰当，对专家、内部审计人员及其他审计人员工作的利用是否恰当等。对具体审计计划应审核审计程序能否达到审计目标，审计程序是否适合审计项目的具体情况，重点审计领域中审计项目的审计程序是否恰当，重点审计程序的制订是否恰当。

审计计划经会计师事务所的有关业务负责人审核后，应将审核和批准的意见记录于审计工作底稿。审计计划应当在具体实施前下达到审计小组的全体成员。注册会计师应当在执行中视审计情况的变化及时对审计计划进行修改、补充。审计计划的修改、补充意见应经会计师事务所的有关业务负责人同意，并记录于审计工作底稿。

3．审计实施阶段

实施阶段是根据计划阶段确定的范围、要点、步骤、方法，进行取证、评价，借以形成审计结论，实现审计目标的中间过程。它是审计全过程的中心环节，其主要工作包括：①测试被审计单位内部控制制度；②运用审计方法获取审计证据；③编制审计工作底稿。

（1）被审计单位内部控制制度的测试。注册会计师执行审计，对被审计单位进行审计时，对被审计单位与生成会计信息有关的内部控制设计和执行的有效性进行了解，通过对内部控制的了解和测试，注册会计师一方面可以初步评价被审计单位所提供的基础性会计记录等资料的可靠性和充分性；另一方面可以据此确定其他审计程序的性质、范围和实施时间。在对审计过程中发现的内部控制制度的重大缺陷，应当向被审计单位报告，如有需要，可出具管理建议书。注册会计师主要对会计控制制度进行测试，也即是对控制环境、会计制度和控制程序等方面进行测试，然后据以确定内部控制可依赖的程度。为了取得满意的测试效果，注册会计师应正确地进行抽样和抽样结果的评价。

（2）审计证据的获取。注册会计师在审计时，在符合性测试的基础上，运用抽查、监盘、观察、查询及函证、计算、分析性复核等方法，以获取充分、适当的审计证据。检查，是指注册会计师对会计记录和其他书面文件可靠程度的审阅与复核。监盘是指注册会计师现场监督被审计单位各种实物资产及现金、有价证券等的盘点，并进行适当的抽查。注册会计师监盘实物资产时，应对其质量及所有权予以关注。观察是指注册会计师对被审计单位的经营场所、实物资产和有关业务活动及内部控制的执行情况等所进行的实地察看。查询是指注册会计师对有关人员进行的书面或口头的询问。函证是指注册会计师为印证被审计单位会计记录所载事项而向第三者发函询证。如不能通过函证获取必要的审计证据，应实施替代审计程序。计算是指注册会计师对被审计单位原始凭证及审计记录中的数据所进行的验算或另行计算。分析性复核是指注册会计师对被审计单位重要的比率或趋势进行的分析，包括调查异常变动以及这些重要比率或趋势与预期数额和相关信息的差异。对于异常变动项目，注册会计师应当重新考虑其所采用的审计程序是否恰当。必要时应当追加适当的审计程序。注册会计师在获取证据时，可以同时采用上述方法。

注册会计师应当对所获取的审计证据进行分析和评价，以形成相应的审计结论。对所获取的审计证据在审计工作底稿中予以清晰、完整的记录。对审计过程中发现的、尚有疑虑的重要事项应进一步获取审计证据，以证实或消除疑虑；如在实施必要的审计程序后，仍不能获取所需要的审计证据，或无法实施必要的审计程序，注册会计师应出具保留意见或拒绝表示意见的审计报告。

（3）审计工作底稿的编制。审计工作底稿是注册会计师在审计过程中形成的审计工作记录和获取的资料。审计工作底稿应如实反映审计计划的制订及其实施情况，包括与形成和发表审计意见有关的所有重要事项，以及注册会计师的专业判断。

注册会计师编制审计工作底稿应当包括被审计单位名称，审计项目名称，审计项目时点或期间，审计过程记录，审计标志及其说明，审计结论，索引号及页次，编制者姓名以及编制日期，复核者姓名及复核日期以及其他应说明事项。审计工作底稿中由被审计单位、其他第三者提供或代为编制的资料，注册会计师除应注明资料来源外，还要在实施必要的审计程序过程中，形成相应的审计记录。

会计师事务所应当建立审计工作底稿复核制度。各复核人在复核审计工作底稿时，应做出必要的复核记录，书面表示复核意见并签名。在复核中，各复核人如发现已执行的审计程序和做出的审计记录存在问题，应指示有关人员予以答复、处理，并形成相应的审计记录。

上述工作之间有着密切的关系。如果注册会计师认为被审计单位内部控制的可信赖程度较高，则实质性测试工作就可以大大减少；反之，实质性测试工作则大大增加。不论何时，实质性测试工作必不可少。

4．审计终结阶段

审计终结阶段是实质性项目审计工作的结束，其主要工作有：①整理、评价执行审计业务中收集到的审计证据；②复核审计工作底稿，审计期后事项；③汇总审计差异，并提请被审计单位调整或做适当披露；④形成审计意见，编制审计报告。

注册会计师应当在实施必要的审计程序后，以经过核实的审计证据为依据，形成审计意见，出具审计报告。审计报告是注册会计师在完成审计工作后向委托人提交的最终产品，具有以下特征：①注册会计师应当按照审计准则的规定执行审计工作；②注册会计师在实施审计工作的基础上才能出具审计报告；③注册会计师通过对财务报表发表意见，履行业务约定书约定的责任；④注册会计师应当以书面形式出具审计报告。

注册会计师应当根据由审计证据得出的结论，清楚表达对财务报表的意见。财务报表，是指对企业财务状况、经营成果和现金流量的结构化表述，至少应当包括资产负债表、利润表、所有者（股东）权益变动表、现金流量表和财务报表附注。无论是出具标准审计报告，还是非标准审计报告，注册会计师一旦在审计报告上签名并盖章，就表明对其出具的审计报告负责。

5.1.4 内部审计程序

内部审计程序既不同于社会审计程序，也与国家审计程序存在着一定的区别。从形式上看，内部审计工作程序的几个基本阶段同国家审计程序大体相同，其工作程序的具体繁简程度，则主要取决于单位内部管理层根据需要做出的具体规定。

1．准备阶段

部门、单位内部审计机构所进行的内部审计，在准备阶段的工作内容与国家审计大体相同，但审计项目的确定、审计计划制订的依据，更多的是本部门、本单位实际经济情况，以及本部门、本单位领导交办的案件。内部审计人员一般熟悉本部门、本单位的内部情况，因此，可以不需要做很多的准备工作，便能迅速地转入实施阶段。同时，因内部审计人员是本部门、本单位内部的成员，所以，审计工作方案可以比较机动灵活，并且可以随时补充修改。

2．实施阶段

内部审计实施具体的审计工作，一般应事先通知被审计单位，无须做初步调查，也无须对内控制度进行健全性调查、符合性测试和有效性评价。审计人员依靠自己对本部门、本单位的了解，已经积累对审计环境的认识，一般足以使他们于实施阶段一开始便着手深入地进行审核检查工作，即便有些一般情况需要了解，亦可与审核检查工作结合进行。对审计中发现的问题，可随时向有关单位和人员提出改进的建议。

3．终结阶段

内部审计的审计报告须由经办内部审计的审计人员提出后，征求被审计单位意见，并报送本部门、本单位领导审批。经批准的审计意见书和审计决定送达被审计单位。被审计单位必须执行审计决定。对主要项目要进行后续审计，检查采纳审计意见后执行审计决定的情况，被审计单位对审计意见书和审计决定如有异议，可以向内部审计机构所在单位负责人提出，该负责人应当及时处理。国家审计机关派驻部门的审计机构代行所驻部门内部审计机构的职能，其做出的审计报告还应报送派出的审计机关。

5.2 审计证据

审计证据是审计人员在执行审计业务过程中，为了形成审计意见所获取的任何资料，主要包括来自于被审计单位的财务报告及其所依据的原始凭证与会计记录，和来源于其他渠道的佐证信息等。

5.2.1 审计证据的含义

审计人员搜集和整理审计证据的唯一目的是得出关于被审计单位经济活动的审计结论，并发出一份恰当的审计报告。审计证据包括构成财务报表基础的会计记录所含有的信息和其他信息，审计人员应当测试会计记录以获取审计证据。

《审计法》规定：审计人员通过审查会计凭证、会计账簿、会计报表，查阅与审计事项有关的文件、资料，检查现金、实物、有价证券，向有关单位和个人调查等方式进行审计，并取得证明材料。审计证明材料即通常所说的审计证据，是证明应证事实是否客观存在的材料，是证明被审计单位财政收支、财务收支及其有关的经济活动真相的凭证。它是审计人员对审计事项进行评价和判断的客观基础，也是审计机关提出审计意见，做出审计决定的客观事实基础，对于国家审计来说，审计证据，是指审计机关收集的用以证明审计事项并作为审计结论基础的材料。

《独立审计具体准则第五号——审计证据》第二条规定，审计证据是指注册会计师在执行审计业务过程中，为形成审计意见所获取的证据。这个定义说明了两个要点：一是说明审计证据是在执行审计业务过程中获得的，非审计过程中所获取的信息虽然也可能成为某种证据，但不能构成审计证据；二是说明获得审计证据的目的是形成审计意见。

我国台湾的《审计准则》指出："查核证据是指查核人员为对财务报表表示意见，而关于其专业判断所归集之资料。"香港的《审计指导》认为，审计证据是审计师为达成审计结论，据以对财务报表表示意见所搜集的资料。

《国际审计准则》中将审计证据界定为：审计人员在达成据以形成审计意见的结论时所获取的信息。

综合来看，审计证据是指审计人员在审计过程中，围绕审计目标和依照法定程序和方法而获得的经过核实用以证明审计事项真相并保证审计意见和审计决定正确所依据的资料。审计证据是审计人员正确认定被审事项真相的根据，也是审计人员进行正确判断，表示审计意见，做出审计决定的基础。

审计证据是审计工作的核心问题，任何审计工作都要根据审计项目确立审计目标，并围绕审计目标实施必要的审计程序和方法，以获取充分、适当的审计证据，最后以审计证据证实审计目标。在审计过程中，除确立目标外，其余工作都与审计证据有关；获取审计证据就是为了证实目标而进行证据的收集、鉴定、评价和综合，其结果是形成与审计目标相关的一系列证据群体；证实审计目标也即根据获取的证据说明审计目标的实际状况，并对照衡量的依据，引出审计的结果，据此提出审计意见和做出审计决定。没有审计证据，则不能证实目标真相；没有审计证据，则不能形成审计结果；没有充分、适当的审计证据，则不会有正确的意见和决定。由此可见，审计的成功在于取证的成功，审计的质量取决于审计证据的质量，取证是全部审计工作的关键所在。

5.2.2 审计证据的特征

《独立审计具体准则》指出：注册会计师执行审计业务，应当在取得充分、适当的审计证据后，形成审计意见，出具审计报告。注册会计师应当运用专业判断，确定审计证据是否充分、适当。由此可见，要保证审计质量，首先要保证审计证据的质量；审计证据的特征主要表现为充分性和适当性。

1. 充分性

审计证据的充分性又称足够性，是指审计证据的数量能足以证明被审计事项真相和审计人员的审计意见，是形成审计意见所需审计证据的最低数量要求。影响证据数量的因素主要有两个方面：一是证据是否能反映本质，证据越能反映本质，其需要的正面证据数量就愈少；二是对立证据数量越少，需要的正面证据数量就越少。审计证据的数量并非是越多越好，为了有效率、有效益的审计，证据只要能证明事项真相和能说明审计意见正确也就足够了。每一审计项目对审计证据的需要量，应根据具体情况而定，还必须考虑取证的难易程度。审计人员只有通过不同的渠道和方法取得他认为足够的审计证据时，才能据以发表审计意见。

审计人员在判断审计证据是否充分时，应考虑以下因素。

（1）审计风险。审计风险主要是指审计人员对被审计资料某些重要信息反映失实未予发现的风险，包括固有风险、控制风险和检查风险三部分。一般情况，审计风险越高，需要证实的审计证据需要量就越大；审计风险越低，其需要的证据就越少，审计风险具体又受项目的性质、内部控制的性质和强弱、业务经营性质、时常更换社会审计组织、财务状况、管理当局的可信赖程度等因素影响。审计人员判断审计证据是否充分时，应考虑的是固有风险和控制风险，将与每个重要认定相关的审计风险限制在可接受的水平。

对于会计报表审计来说，审计风险是指会计报表中存在重大错报或漏报，存在风险量化问题，注册会计师需要获取的审计证据的数量受其对重大错报风险评估的影响，评估时要考虑报表层和账户层风险责任的数量和质量。然而，注册会计师仅靠获取更多的审计证据可能无法弥补其质量上的缺陷。例如，注册会计师对某计算机公司进行审计，经过分析认为，受被审计单位行业性质的影响，存货陈旧的可能性相当高，存货计价的错报可能性就比较大。为此，注册会计师在审计中就要选取更多的存货样本进行测试，以确定存货陈旧的程度，从而确认存货的价值是否被高估。

审计人员在制定和实施审计策略时，通过改变对固有风险和控制风险的估计水平，以确定在最有效、最节约的情况下，制定出检查风险的最佳函数，这就是审计风险的测试原理。审计风险的评估就是在审计计划、实施和报告过程中，对各个风险构成要素的测试及其涉及的方法与测试结果的综合评价与估计。在审计风险测试与评估中，任何时候都不能离开经济判断。

（2）具体审计项目的重要程度。证据力的大小取决于证据的重要性。所谓审计证据的重要性是指证据的有用性。而收集到的证据是否有用，还取决于该项证据的内容对于评价被审事项是否具有重要意义。证据的重要性起着直接的重要作用。所谓证据内容重要包括两个方面的含义：一是证据反映经济业务金额的重要性，有同质证据的条件下，金额大比金额小的更重要；二是证据反映经济问题性质的重要性，问题性质的不同，其重要性程度也就不同，一般来说，反映会计弊端的证据比反映会计上差错的证据更重要。

越是重要的审计项目，审计人员就越要收集充分的审计证据，以免造成判断上的错误，导致对整体判断的失误。如果审计项目不重要，即使审计中有些偏差，也不会影响对整体判断的正确性。

针对于会计报表审计来说，重要性是指被审计单位会计报表中错报或漏报的严重程度，这种程度在特定环境下可能影响报表使用者的判断与决策的失误。它是从会计报表使用者可忍受程度来考虑的。会计报表重要性又可进一步分为会计报表层的重要性和账户余额层或交易发生额的重要性。审计人员在编制审计计划时，必须充分考虑会计报表层的重要性，而在实施审计和收集审计证据时应充分考虑账户余额层或交易发生额的重要性，原则上难以对会计报表的合法性、公允性、一贯性做出总体结论。审计人员在判断重要性时，既要考虑数量，又要考虑性质，如数量小当然不重要，一般记录中差错也无足轻重。重要性量化通常反映于审计人员正确判断，有时也参照一些指导性意见，如达到或超过税前利润 5%～10%的问题即为重要性问题，达到或超过总资产或总收入的 1%即为重要性问题。

（3）审计人员的经验。丰富的审计经验可使审计人员从较少的审计证据中判断出被审计事项是否存在错误或舞弊行为。相对而言，此时就可减少对审计证据数量的依赖程度。相反，当审计人员缺乏审计经验时，少量的审计证据就不一定能使其发现被审计事项是否存在错误或舞弊行为，因而应增加审计证据的需要量。

（4）是否发现错误或舞弊。审计人员在审计过程中如果发现了错误和弊端，就应该扩大取证的范围，收集更多的证据，以便做出恰当的决定或提出正确的审计意见。

针对会计报表来说，错误是指会计报表中存在的非故意的错报或漏报。错误类型主要是原始记录和会计数据计算和抄写错误，对事实的疏忽与误解错误，对会计政策的误用错误等。舞弊是指导致会计报表产生不实反映的故意行为。舞弊类型主要有伪造、变造会计资料或其他资料，利用职务之便侵占资产，隐瞒或删除交易或事项的结果，记录虚假的交易或事项，蓄意使用不当的会计政策，蓄意披露与事实不符的会计政策。发现重大错误和舞弊迹象时，应重新考虑相关人员陈述的可靠性，重新评价内部控制制度，修改或追加审计程序，并以书面形式告知被审计单位管理当局。如涉及最高管理人员的重大舞弊时，还应考虑是否向股东大会（董事会）报告，如果舞弊严重到出示审计报告会承担重大审计风险的程度时，在征求律师意见后应考虑取消审计业务的约定。

（5）审计证据的类型与取证途径。如果大多数审计证据都是从独立于被审计单位的第三者所获取的，而且这些审计证据本身不易伪造、变造，则审计证据的质量就较高。相对而言，审计人员所需获取的审计证据的数量就可减少；反之，审计证据的数量就应增加。

此外，审计人员判断审计证据充分性还应考虑经济因素与总体规模和特征。由于审计工作也要讲成本效益，注册会计师就必须以合理的时间和合理的成本取得充分的审计证据。也就是说，当获取最理想的审计证据需要花费高昂的成本时，注册会计师可转而选择质量稍逊但仍能满足审计目标要求的其他证据代替；对重要的审计项目，注册会计师不应以审计成本的高低或获取审计证据的难易程度作为减少必要审计程序的理由。在现代审计中，对很多会计报表项目都采用抽样的方法来收集审计证据。通常抽样总体规模越大，所需审计证据的数量就越多。同时注册会计师对不同质的总体可能比对同质的总体需要较大的样本量和更多的佐证信息。

2．适当性

审计证据的适当性是对审计证据质量的衡量，即审计证据在支持审计意见所依据的结论方面具有的相关性和可靠性。相关性和可靠性是审计证据适当性的核心内容，只有相关且可靠的审计证据才是高质量的。

（1）审计证据的相关性。审计证据的相关性是指审计证据应与审计目标相关联，有证据力的审计证据必须具有相关性，证据的相关性越强，其质量越好。证据相关性一是指证据与该项审计的目的相关；二是指证据与某审计事项的具体目标相关；三是指证实同一目标的全部证据之间能够相互印证，具有内在联系，能产生一种联系证明力。例如，存货监盘结果只能证明存货是否存在，有无毁损短缺，而不能用来证明存货计价及所有权，这就是证据与目标的相关性决定的。

注册会计师只能利用与审计目标相关联的审计证据来证明和否定被审计单位所认定的事项。一般而言，注册会计师通过符合性测试获取审计证据时，就要注意对内部控制是否存在，内部控制是否有效，内部控制是否一贯遵守等方面证据进行收集，以利于形成相互印证的证据群。

注册会计师通过实质性测试获取审计证据时，应考虑的相关事项主要包括：资产或负债在某一特定时日是否存在；资产或负债在某一特定时日是否归属于被审计单位；经济业务的发生是否与被审计单位有关；是否有未入账的资产、负债或其他交易事项；会计记录金额是否恰当；资产或负债的计价是否恰当；收入与费用的配比是否恰当；会计报表项目的分类反映是否恰当，前后各期是否一致等。

（2）可靠性。审计证据的可靠性是指审计证据应能如实地反映客观事实。审计证据可靠程度的判断标准包括：书面证据比口头证据可靠，外部证据比内部证据可靠，审计人员自行获得的证据比由被审计单位提供的证据可靠，内部控制较好时的内部证据比内部控制较差时的内部证据可靠，能相互印证的审计证据更为可靠五个方面。

可靠的证据必须有可靠的来源，同时其证据本身也必须是可靠的。审计证据的可靠性程度通常受提供者的独立程度、证据本身的证据力和证据提供者的有关知识等因素的影响。一般说来，证据可靠程度同被审计单位对其支配力成反比例，与证据提供者的独立程度成正比；具有较高的专业水平的人提供的证据可靠性较高，反之则低；一个人所提供的证据可靠程度同他所具有的相关方面的知识有密切关系。有的证据起直接证实作用，有的起间接证实作用。直接证实的证据比间接证实的证据有更高的证据力。

另外，客观证据比主观证据可靠。审计证据是客观事实的反映，不是主观臆断的产物。审计人员在取证和运用证据时，应坚持实事求是、客观公正的态度，防止估计与虚构。客观性要求审计证据载明的时间、地点、事实、当事人等必须和事实相符；审计证据所描述的被审经济事项的变化过程、因果关系、制约因素、影响程度，必须真实而不能虚构；审计证据中涉及的各种数字都必须通过验算和核对，一定要和事实相符。客观性是审计证据胜任其证明的必要条件，不客观的证据没有任何证据力。

还有，越及时的证据越可靠。审计证据的效力受一定时间的限制，审计证据所覆盖的时间区域与被审计事项所形成的时间是一致的，审计证据所反映的时点应与被审事项发生的时间相一致，某些审计证据只能用来证明某个特定时间内的事项，如果超过了时间限制，即失去了证明力。例如，期末审计要收集有关内容控制结构有效性证据，期末审计要收集财务报表余额真实、公允性证据，期末审计之后则要收集有关期后事项的证据。在期末审计取证时，证据的时间特征应该是：对于资产负债表项目而言，作为证据的样本项目越接近结账日越好；对于损益表项目而言，作为证据的样本项目越能覆盖整个会计期间越好。

审计证据的充分性和适当性密切相关。审计证据的适当性会影响其充分性。一般而言，审计证据的相关与可靠程度越高，所需审计证据的数量就可减少；反之，审计证据的数量就要相应增加。

5.2.3 审计证据的种类

研究审计证据的种类不仅有助于高效率地收集审计证据，也有利于正确评价和综合运用审计证据，最终达到提高审计质量的目的。审计证据可以采用多种不同的分类形式，分为不同的审计证据种类，不同种类的审计证据具有不同的证据力，在其证实审计目标方面则有不同的作用。一般来说，所获审计证据按其外形特征分为实物证据、书面证据、口头证据和环境证据四大类。

1．实物证据

实物证据是指通过实际观察或清点所取得的，用以确定某些实物资产是否确实存在的审计证据，以物品外部形态某种客观事实为表现形式。例如，通过监盘可以验证库存现金的存在及数额，各种存货和固定资产可以通过监盘的方式证明其是否确实存在。这类实物证据的特点有两个方面：一是可以通过实物盘存方法取证；二是作为物证能够通过价值加以反映。

还有一种实物证据并不完全具备有形资产证据的两个特征，但它们确实是实物，当它们同某一被审计事项发生密切关系时，它们就以其实物形态为该事项作证，成为一种实物证据。例如，审查企业劳保用品发放的合规性时，已发放的实物虽然已不属于企业所有，但可以当作实物证据拿出来以证实企业是否有超标准、超规定发放劳保用品的现象。

实物审计证据是一种直接验证资产是否确实存在的非常有说服力的审计证据，可以有效地证实资产、实物的状态、数量、特征、质量等，它通常被看成是几种最可靠、最有用的审计证据类型之一，但实物资产的存在并不能完全证实被审计单位对其拥有所有权。另外，通过对某些实物资产的清点，虽然可以确定其实物数量，但其质量好坏（直接影响到资产的价值）有时难以通过实物清点来加以判断。因此，对于取得实物证据的账面资产还应就其所有权归属及其价值情况进行确认。

2．书面证据

书面证据又称文件证据或书证，是审计人员所获取的各种以书面文件记录形态作为证明事项真实情况的表现形式的审计证据。它包括与审计工作相关的各种原始凭证、记账凭证、会计账簿、各种明细表、各种会议记录和文件、各种合同、通知书、报告书及函件等。在审计过程中，注册会计师往往要大量地获取和利用书面证据。因此，书面证据是审计证据的主要组成部分，可称之为基本审计证据。其有两个方面的特征：一是它所记载内容或所表达的思想，可供他人认识和了解；二是它的内容必须反映一定审计事项的事实。

书面证据的种类很多，包括有关审计事项的各种经济业务的行政会议记录、报告、批准文件、指示、决议、合同；有关审计事项的各种经济、财务收支来往的书信、电报；有关审计事项的各种会计资料和财务计划资料等。根据书面证据的来源不同，可分为外部证据和内部证据。一般而言，来自于被审计单位以外的组织机构或人士的书面证据的证明力强于来自于被审计单位内部的组织机构和人士的书面证据的证明力。

外部证据是由被审计单位以外的组织机构或人士所编制的书面证据，可以分为以下两种。一是由被审计单位以外的机构或人士编制并由其直接递交注册会计师的外部证据，如应收账款函证回函，被审计单位律师与其他独立的专家关于被审计单位资产所有权和或有负债等事项的证明函件等。此类审计证据由完全独立于被审计单位的组织或人员提供，未经被审计单位有关职员之手，从而排除了伪造、更改凭证或业务记录的可能性，因而其证明力最强。二是由被审计单位以外的机构或人士编制，并由被审计单位持有后提交给注册会计师的书面证据，如银行对账单、购货发票等。此类审计证据由于经过被审计单位职员之手，在评价其可靠性时，应考虑被涂改或伪造的难易程度及其已被涂改的可能性，故其证明力相对弱一些。

内部证据是由被审计单位内部机构或职员编制和提供的书面审计证据，包括被审计单位的会计记录，被审计单位管理当局声明书，以及其他各种由被审计单位编制和提供的有关书面文件。一般而言，内部证据不如外部证据可靠。如果内部证据在外部流转，并获得其他单位或个人的承认，则具有较强的可靠性。如果内部证据经过了被审计单位不同部门的审核、签章，且所有凭据预先都有连续编号并按序号依次处理，说明被审计单位的内部控制较好，则这些内部证据也具有较强的可靠性。

书面证据数量大、来源广、作用广泛、易于篡改，它的价值并不在账面，而在于它所记录的内容。因此，审计人员在取证过程中，既要广泛地、大量地收集与被证实事项有关的书面证据，又要认真地对证据进行仔细的鉴定和分析，辨别真假。

3．口头证据

口头证据是指能够证明审计事项真实情况的事实，通过被审计单位职员或其他有关人员对审计人员的提问做口头答复所形成的审计证据。口头证据是人用言词叙述他们所知道的客观事实，不仅客观因素、陈述者的主观倾向能够影响其真实性，而且与陈述者的记忆力、判断力、表达力密切相关。它包括质询的口头答复、被调查人的陈述和写出的书面证明材料等。

一般而言，口头证据没有实物形态、没有载体，带有感情色彩，所以，口头证据本身并不足以证明事情的真相，但审计人员往往可以通过口头证据发掘出一些重要的线索，从而有利于对某些需审核的情况做进一步的调查，以搜集到更为可靠的审计证据。例如，审计人员在对应收账款进行账龄分析后，可以询问相关会计人员对收回逾期应收账款可能性的意见。如果其意见与审计人员自行估计的坏账损失基本一致，则这一口头证据就可成为证实有关坏账损失判断的重要审计证据。

在审计过程中，审计人员应把各种重要的口头证据尽快做成完善的记录，并注明是何人、何时、在何种情况下所做的口头陈述，必要时还应获得被询问者的签名确认。相对而言，不同人员对同一问题所做的口头陈述如果能相互印证或一致，口头证据具有较高的可靠性。一般情况下，口头证据往往需要得到其他相应审计证据的支持。

4．环境证据

环境证据也称状况证据，是指对被审计单位产生影响的各种环境事实。具体而言，它又包括以下几种。

一是内部控制状况。如果被审计单位有着良好的内部控制，其会计资料及其他的信息资料可靠程度就高。也就是说，审计人员认定被审计单位有健全的内部控制制度并得到很好的遵守时，就可以认为被审计单位现行的内部控制制度为会计报表项目及其他管理资料的可靠性提供了强有力的审计证据。审计人员可以根据被审计单位内部控制的完善程度就被审计单位的会计报表发表无重大差错、漏报的意见，但要对有关会计报表有关数据的真实性实施实质性测试。此外，被审计单位内部控制的完善程度还决定着注册会计师所需的从其他各种渠道收集的审计证据的数量。一般来说，内部控制越健全、越严密，所需的其他各类审计证据就越少；否则，审计人员就必须获取较大数量的其他审计证据。

二是人员的素质。被审计单位人员的素质会对会计资料的可靠性产生重大影响。如果被审计单位人员的素质越高，则其所提供的审计证据发生错误的可能性就越小，可靠性程度就越大；如果被审计单位的会计人员素质好，其会计中的差错也会减少，舞弊可能性也会很小，其提供的财务会计信息可靠程度也会增加。

三是管理条件和管理水平。良好的管理条件和较高的管理水平也是影响被审计单位所提供审计证据可靠程度的一个重要因素。被审计单位管理条件越好、管理水平越高，其提供的证据可靠程度也就越高；否则，被审计单位所提供的证据就很难予以信赖。

需要指出的是，环境证据一般不属于基本审计证据，但它可帮助审计人员了解被审计单位及其经济活动所处的环境，是审计人员进行判断所必须掌握的资料。

审计证据还可以采用其他的分类形式划分种类。按审计证据来源分类，分为内部证据、外部证据和亲历证据。内部证据是指由被审计单位内部各种经营管理活动所形成的保存于单位内部的证据。它是审计人员在被审计单位取得的，填制地点在被审计单位，如内部书证、物证人证、原件等。外部证据是指审计人员取得的由被审计单位外部第三者提供的各种证据，填制地点在被审计单位外部。外部证据主要包括外部有关单位提供的业务询证资料，书面证明，从外部获得的实物证据以及外部有关人员的陈述等。亲历证据是指审计人员目击或亲自参加检查测试所取得的证据，如通过鉴定实物、现场观察、计算分析等所取得的证据。亲历证据可信程度高，具有很强的证明力。

此外，还可以根据取证人员在取证过程中所采取的不同方式而进行的证据分类，分为检查证据、调查证据、鉴定证据、其他证据；按照证据相关程度，分为直接证据和间接证据；按照证据的重要性，分为基本证据、辅助证据和矛盾证据；按照证据制作依据，分为原始证据和派生证据；按照证据内容的真实性，分为真实证据、不真实证据等。

5.2.4　审计证据的收集与整理

审计人员要查明事实，表示审计意见以及出具审计报告都必须取得充分而又恰当的审计证据。要获取充分而恰当的审计证据，当然离不开证据收集、证据鉴定与证据整理等过程。

1．审计证据收集

审计证据收集是审计人员为了发现和取得证据所进行的活动。取证是整个审计活动的关键工作，既关系到审计工作的成效，更关系到审计质量的好坏。因此，在取证前必须进行正确的决策，在取证中要遵循一定的原则和运用科学的方法。

（1）取证决策。审计人员在进行每一项审计活动时，都要面对纷繁复杂的业务和大量多变的信息数据以及多种多样的制度规定，更重要的是他们要运用科学的审计方法和专业判断去选取充分而恰当的审计证据，以说明事实真相、支持审计意见和作为审计决定依据。为了保证审计证据质量，节约取证时间，提高取证效率，有必要在取证前进行正确决策，否则就会造成审计资源的浪费或影响审计质量。这样不仅会给客户或委托人带来不利的影响，而且还会影响到审计机构以及审计人员的信誉，并有可能造成经济损失。取证决策主要包括以下要点。

第一，审计手续决策。有了明确而具体的审计目标以后，审计组或审计人员就应该确定证实目标的各种审计手续，也就是确定取证的途径和方式以及应办理的各种审计手续，并编入审计工作方案，以便审计人员遵照执行。例如，审查资产负债表的部分手续是：取得应审的资产负债表和上期资产负债表；取得总账和有关资产、负债、所有者权益的明细账；审阅与分析资产负债表，并将有关科目余额与总账及相关的明细账核对；查明不相符的金额和不相符的经济业务；在分析错误影响的基础上，提出调整意见；对资产负债表的真实性、合法性及有效性表示意见，等等。

第二，证据规模决策。在采取抽样审计的情况下，决策了审计手续之后，就应该确定证据规模，也即是决定样本量的多少。证据规模或样本量的大小，既可以根据统计抽样来计算，也可以凭着审计人员的经验判断。总之，要有利于取得充分的审计证据。

第三，选取项目的决策。在证据规模决策后，审计人员就要为选取证据项目决策。审计人员首先应把自己非常关注的项目选进样本，其次就是要把具有代表性的项目选进样本。只有对具有上述性质的样本实施必要的审计手续，才能取得恰当的审计证据。

第四，实施审计手续时间的决策。对于不同的审计种类，实施审计手续进行取证的时间也不尽相同。如进行财务审计，有些作业手续可在期中实施，而对有些账户余额审核、验证，一般要在结账后实施。管理审计中的取证工作可以在期中进行，也可以在期末进行，如对管理功能的审查可放在期中，对管理绩效的取证可放在期末。取证时间选样恰当与否，关系到是否选择到恰当的审计证据。

（2）取证方法。在审计过程中，审计人员可根据需要单独或综合运用以下方法获取充分、适当的审计证据。

①检查。检查是指审计人员对被审计单位内部或外部生成的，以纸质、电子或其他介质形式存在的记录和文件进行审查，或对资产进行实物审查。检查是审计人员经常采用的取得

审计证据的方式，检查记录或文件可以提供可靠程度不同的审计证据，审计证据的可靠性取决于记录或文件的性质和来源，而在检查内部记录或文件时，其可靠性则取决于生成该记录或文件的内部控制的有效性。

审计人员在审阅会计记录和其他书面文件时，应注意其是否真实、合法。具体而言包括如下内容：一是审阅原始凭证，应注意有无涂改和伪造现象；记载的业务内容是否合理、合法；是否有业务负责人、经办人员的签章或签字等；二是审阅会计资料时，应注意其是否符合《企业会计准则》、会计制度及国家其他财务会计法规的规定，具体包括审阅被审计单位据以入账的原始凭证是否齐全、完备；会计分录编制和账户运用是否恰当；账簿有关内容与原始凭证的记载内容是否一致；会计分录的编制或科目的运用是否恰当；货币收支的金额有无不正常现象；成本核算是否符合国家有关财务会计制度的规定；审计目标要求的其他内容；三是在审阅会计报表时，应注意会计报表的编制是否符合《企业会计准则》、会计制度及国家其他财务会计法规的规定；会计报表的附注是否对应予以揭示的重大问题做了充分、恰当的披露。

某些文件是表明一项资产存在的直接审计证据，如构成金融工具的股票或债券，但检查此类文件并不一定能提供有关所有权或计价的审计证据。此外，检查已执行的合同可以提供与被审计单位运用会计政策（如收入确认）相关的审计证据。

检查有形资产可为其存在提供可靠的审计证据，但不一定能够为权利和义务或计价等认定提供可靠的审计证据。对个别存货项目进行的检查，可与存货监盘一同实施。

②监盘。监盘是指审计人员现场监督被审计单位各种实物资产及现金、有价证券等的盘点，并进行适当抽查的审计方法。监盘的目的是确定被审计单位实物形态的资产是否真实存在且与账面记录数量相符；查明是否存在短缺、毁损及贪污、盗窃等问题。在监盘时，审计人员还应对实物资产的质量及所有权予以关注。

实物资产的盘点通常应由被审计单位相关人员进行，在审计过程中，审计人员只是对被审计单位盘点工作进行监督，对于贵重物资，才进行抽查复点。采取监督盘点法的目的是为了确定被审计单位实物形态的资产是否真实存在，是否与账面反映一致，有无短缺、毁损及贪污、盗窃等问题存在。实物盘点工作只能证实实物的存在性，而不能证实其所有权和质量好坏，因此，审计人员还须另行审计，以证实其所有权和质量问题。

这里应注意的问题是：在对有价证券、支票等票证资产进行监盘时，应将对资产的监盘与对单据的监盘加以区分。如果正在被监盘的目标（销售发票之类）已经不具有固有价值，则此类凭据的审核应称为检查。例如，一张支票在未签章时是单据，签章之后便成了一项资产，而在它被注销之后又变成一张单据。从技术上看，监盘支票只能在它是一项资产的时候进行。

另外，监盘有其局限性，它只能对实物资产是否确实存在提供审计证据，却不能保证被审计单位对资产拥有所有权，并且也不能对该资产的价值和完整性提供审计证据。因此，注册会计师在监盘之外，还应对实物资产的计价和所有权进行审计。

③观察。观察是审计人员对被审计单位的经营场所、实物资产和有关业务活动及其内部控制的执行情况所进行的实地察看。观察有利于审计人员了解被审计单位的基本情况，获取

审计单位的经营环境、资产状况、业务运转情况及内部控制制度的执行情况等方面的第一手资料，为形成独立、客观、公正的审计结论提供依据。例如，审计人员可以巡视被审计单位，以便对被审计单位有一个总的印象；可以观察被审单位的仓库是否上锁，以确定仓库内资产是否安全；也可以留意有关人员完成会计工作的情况，以便决定此人能否胜任他的职责。观察获取的审计证据是远远不够的，需要利用另外的审计方法收集审计证据来验证所观察到的现象。

④查询与函证。查询是注册会计师对有关人员进行书面或口头询问以获取审计证据的一种审计方法。查询是审计人员经常要用到的方法，通过查询收集到的审计证据通常被认为证明力不强。审计人员在获得查询证据时，一般还需要通过其他审计方法取得具有更强证明力的审计证据。例如，当注册会计师希望获得有关被审计单位记录业务和控制交易的计算方法的信息时，通常都从询问被审计单位的内部控制制度是怎样操作的开始，然后注册会计师再对经济业务进行测试，以确定这项业务是否已按所说的方法记录和审定。

函证是审计人员为印证被审计单位会计记录所载事项而向第三者发函询证的一种审计方法。函证回函由独立的第三方开出，其记载内容是为了审计人员索要信息的准确性，故而其证明力较强。但是，函证是否回函取决于第三方，即使回函，回函结果可能并不能令审计人员满意，在这种情况下，审计人员要有从其他方面取证的准备，以获取相应审计证据。这也说明，函证的方法并不是在可以利用它们的每种场合都能使用。当然，注册会计师可以通过对函证的编写、邮寄到函证的回函进行全过程的控制，以增加其所获证据的可靠性。经常需要通过函证核实的主要信息有银行存款、应收账款、应收票据、委托销售的自有存货、存放在公共仓库中的存货、人寿保险退保现金额、应付账款、应付票据、预收账款、应付抵押、应付债券、已发行的股票、保险金、不确定负债、债券发行契约、债权人手中的抵押品等。

⑤计算。计算是审计人员对被审计单位的原始凭证及会计记录中的数据进行验算或另行计算的一种审计方法。这种方法的主要目的是对被审计单位的凭证、账簿和报表的数字计算以及加总数进行验证。

审计人员在使用这种审计方法时，并不一定按照被审计单位原先的计算程序和方法进行；在计算过程中，不仅要注意计算结果是否正确，还要注意过账、转账等方面的差错。计算还包括对会计资料中有关项目的加总或其他运算。其中加总既包括横向数字的加总，又包括纵向数字的加总。在报表审计中，要充分注意利用加总技术来获取必要的审计证据。

⑥分析性复核。分析性复核是审计人员对被审计单位重要的比率或趋势进行分析和比较的一种审计方法，包括调查异常变动以及这些重要比率或趋势与预期数额和相关信息差异。这种方法的主要目的是发现异常变动和差异，在必要时调整相应的审计程序，以获取更进一步的审计证据来证明异常变动和差异的合理性。例如，将当年的毛利率与前一年的进行比较，当毛利率大幅下降时，就应查明大幅下降的原因。在整个审计过程中各个阶段，审计人员都将运用分析性复核方法。分析性复核常用的方法又有比较分析法、比率分析法、趋势分析法、纵向分析法、横向分析法、纵横交错分析法、抽样分析法等。

分析性复核所取得的结果可用于对内部控制测试和评估的调整。对于异常变动项目，审计人员应重新考虑其所采用的审计方法是否合适；必要时，应追加适当的审计程序，以获取相应的审计证据。分析性复核是一项技术性较高、说服力较强的取证手段，它要求审计人员具有较高的专业判断能力和审计经验，并运用一定的方式和程序，确保检查风险降至可接受水平。

分析性复核程序应该在审计的早期进行，以便决定哪些项目不需要进一步验证，从而可以减少其他审计程序，并决定应该对哪些审计范围进行更彻底的调查研究。

审计方法同审计证据并不是一一对应关系。通常，一种审计方法可产生多种审计证据，而要获得某类审计证据，也可选用多种审计方法。

2．审计证据整理

审计人员要将所收集到的分散的、个别的审计证据，变成充分的、适当的、具有证明力的审计证据，以正确评价被审计单位会计报表等有关会计资料是否恰当地反映了其财务状况、经营成果及现金流量，就必须按照一定的方法对审计证据进行分类整理与分析，使之条理化、系统化。只有这样，审计人员才能对各种审计证据合理地进行审计小结，并在此基础上，恰当地形成整体的审计意见。

（1）审计证据鉴定。对于所收集到的证据资料，在未对其进行分析评价之前，通常只具有潜在的证明被审计事项的能力。要使这种潜在的证据力转化为现实的证据力，就必须将收集到的证据加以鉴定，视其是否是所需要的审计证据。

审计证据鉴定应根据不同种类的证据的特点，着重从不同方面进行鉴定，鉴定证据的步骤是：首先对证据本身的真实性及可靠程度进行评定，舍弃不具有真实性的资料，认定出具有证明事项能力的资料；其次对证据资料与被审计事项的相关性进行鉴定，鉴定证据资料能否对被审计事项直接或间接地加以证明，舍弃那些没有相关性的证据；最后判断证据的内容对被审计事项证明和评价结果。

在审计证据鉴定过程中，对于实物证据，不仅核实其数量是否真实，还要鉴定其质量是否可靠，如有必要，需要权威部门对物证做出技术鉴定等。对于书面证据，着重鉴定书面是否伪造，内容是否准确无误，样式是否符合要求。对于口头证据，着重审定提供者的陈述是否真实。对于外来证据，主要审查外来证据在转述、转抄中有无错误等。审计人员对审计证据客观性、相关性、充分性和合法性进行鉴定后，如发现审计证据不够充分，不够有力、可靠，审计人员应进一步收集证明材料。

（2）审计证据整理。审计证据整理的关键在于使具有现实证据力的证据对证实对象具有条理化，并要综合全部证据进行评价。审计证据的整理没有一个固定的模式，审计的目的不同，审计证据的种类不同，其整理方法也不相同。一般而言，审计证据整理的方法有以下几种。

①分类。所谓分类是指将各种审计证据按其证明力的强弱，或按与审计目标的关系是否直接等分门别类地排序。

②计算。所谓计算是指按照一定的方法对数据方面的审计证据进行计算，并从计算中得出所需的新的审计证据。

③比较。所谓比较包括两方面的内容：一是将各种审计证据进行比较，从中获得被审

计单位经济活动的特征及其变动趋势；二是将审计证据与审计目标比较，判断证据是否符合要求。

④小结。小结是指对审计证据在上述分类、计算和比较的基础上，审计人员对审计证据进行归纳、总结，得出具有说服力的局部审计结论。

⑤综合。综合是指审计人员对各类审计证据及其局部结论进行综合分析，最终形成整体的审计意见。

整理审计证据时，还应运用以下三个方面技巧。

①矛盾解决法。矛盾解决法主要从查明证据与证据之间有无矛盾和查明审计证据与审计事项事实之间有无矛盾两方面分析解决。查明证据与证据之间有无矛盾是要分析言词证据与物证、书证之间有无矛盾；原始证据与外来证据之间有无矛盾。在查明审计证据与审计事项事实之间有无矛盾方面，如果形式上似有联系，在实质上并无内在联系，或者两者之间存在矛盾，就必须针对不同的矛盾根据具体情况采用不同的方法加以解决。

审计证据整理就是从证据的总体上，进行归纳、分析和综合，形成完整的证据体系。要形成体系就必须认真分析和解决证据之间的各种矛盾。在收集到的各种证据中，某个证据与其他证据之间不可避免地会出现这样或那样的矛盾。整理证据首先在善于发现相关证据之间尚未解决的矛盾。随着矛盾的不断揭露、不断解决，证据与事项的事实之间的联系被揭示，证据体系得到完善，使证据的证明力更加充分。

②联系整理法。联系整理法是指围绕某一具体被审事项，按照一定的审计目的的要求，从各种证据中，找出证据间的某种联系，从而将有联系的证据归纳整理，形成相关证据组。

③共性归集法。共性归集法是找出各种形态证据的共同点，把具有相同点的证据归集在一起，形成一个相同的证据组。共性归集法一般是在联系整理法的基础上使用，它是对具有相同问题的相关性证据进一步归纳和分类，使问题的重要性系统地反映出来。

审计证据的收集与审计证据的整理、分析并不是互不相关的独立的环节，它们往往是交叉进行的。审计过程中，通过审计人员对审计证据的分析与评价，还可能产生一些有价值的新的审计证据，从而对被审计单位做出较为恰当的结论。

复习题

一、简答题

1. 收集审计证据的方法有哪些？应注意哪些问题？

2. 如何衡量审计证据证明力的强弱？

3. 审计证据的特征是什么？它们的关系如何？

4. 社会审计的准备阶段、实施阶段、终结阶段应做的主要工作。

二、分析题

1. 注册会计师在对 A 公司进行审计时，收集到以下 6 组证据，请分别说明每组证据中哪些审计证据的证明力较强，并说明理由。

（1）销货发票副本与产品出库单；

（2）收料单与购货发票；

（3）领料单与材料成本计算单；

（4）工资计算单与工资发放单；

（5）银行函证回函与银行对账单；

（6）存货盘点表与存货监盘记录。

2．注册会计师在对应收账款进行审计时，收集到如下审计证据：

（1）被审单位销售发票；

（2）被审单位存货、主营业务成本等明细分类账及总分类账；

（3）被审单位对应收账款存在性的声明；

（4）被审单位债务人寄来的对账单；

（5）注册会计师对被审单位债务人进行函证，债务人的回函。

要求：将上述审计证据按可靠程度的强弱依次排列，并说明原因。

第6章 审计工作底稿

本章学习要点

1. 了解工作底稿的含义、作用和种类
2. 了解工作底稿的基本结构、基本要素
3. 掌握审计工作底稿的填制
4. 了解审计工作底稿的归档与保管
5. 重点掌握审计工作底稿的设计和复核

审计工作底稿是审计证据的载体，是指审计人员在执行审计业务过程中所形成的审计工作记录及所获取的资料。具体可分为三类：即综合类工作底稿、业务类工作底稿和备查类工作底稿。审计工作底稿需要按一定的要求，符合一定的结构，包括相关的内容来编制。为了保证审计工作底稿的正确性，需要对其进行三级复核。一个审计项目完成后，审计人员应将审计过程中所获取的审计工作底稿整理成册，归档保管，并按相关的要求进行调阅。

6.1 概述

从一定意义上说，审计的过程就是收集证明材料，并鉴定和整理证明材料的过程。在此过程中，审计人员要对所收集的证明材料及其收集的过程必须进行记录，这就形成了审计工作底稿。审计工作底稿作为重要的档案资料可以为研究审计理论、方法，建立审计法规、制度，探索审计工作的规律，以及研究经济政策提供资料。

6.1.1 审计工作底稿的含义

审计工作底稿是指审计人员在执行审计过程中所形成的与审计事项有关的工作记录和获取的证明材料。审计工作底稿通常包括总体审计策略、具体审计计划、分析表、问题备忘录、重大事项概要、询证函回函和声明、核对表、有关重大事项的往来函件（包括电子邮件），还可以将被审计单位文件记录的摘要或复印件（如重大的或特定的合同和协议）作为审计工作底稿的一部分。此外，审计工作底稿通常还包括业务约定书、管理建议书、项目组内部或项目组与被审计单位举行的会议记录，与其他人士的沟通文件及错报汇总表等。但是，审计工作底稿并不能代替被审计单位的会计记录。

审计工作底稿作为支持审计报告的一种专业记录，形成于审计过程，也反映整个审计过程。它全面反映审计人员所收集的全部证明材料，是审计证据的载体，是审计人员所做的工作、所使用的方法程序，以及审计人员实施审计所获得的结果等。审计工作底稿是以下审计工作的依据：首先，审计工作底稿是审计人员发表审计意见，做出审计结论，编写审计报告的重要依据；其次，审计工作底稿是组织审计工作，控制审计进度，监督审计质量，评价审计人员业务水平和考核审计人员工作业绩的主要依据；另外，审计工作底稿是审计行政复议、法律诉讼的证据资料和后续审计的重要参考资料，同时也是以后各期编制审计计划的参考资料。

6.1.2　审计工作底稿的作用

审计工作底稿是审计人员在执行审计业务中普遍使用的专业工具，编制审计工作底稿是审计人员最主要的审计工作。审计工作底稿在计划和执行审计工作中发挥着关键作用，主要有以下几个方面。

（1）联结整个审计工作。审计项目小组一般由多人组成，项目小组内要进行合理的分工，不同的审计程序、不同会计账项的审计往往由不同人员执行。最终编制审计报告形成的审计结论和发表的审计意见是根据被审计单位的全部会计报表获取的。因此，必须把不同人员的审计工作有机地联结起来，以便对被审计单位整体会计报表发表意见，审计工作底稿对全部的审计工作完成了这种联结作用。

（2）提供审计工作实际执行情况的记录。审计工作底稿是审计结论、发表审计意见的直接依据，是形成审计报告的基础。审计结论和审计意见是根据审计人员获取的各种审计证据，以及审计人员一系列的专业判断形成的，而审计人员收集到的审计证据和做出的专业判断都完整地记载于审计工作底稿中。因此，审计工作底稿理当成为审计结论与审计意见的直接依据。

（3）对未来的审计业务具有参考备查价值。审计业务有一定的连续性，同一被审计单位前后年度的审计业务具有众多联系或共同点。因此，当年度的审计工作底稿对以后年度审计业务具有很大的参考或备查作用。

（4）实现审计质量控制与质量检查。审计工作底稿也可用于质量控制复核，监督会计师事务所对审计准则的遵循情况以及第三方的检查等。注册会计师协会或其他有关单位依法进行审计质量检查，主要是对审计工作底稿进行的检查。同时，会计师事务所进行审计质量控制也是通过编制审计工作底稿及对审计工作底稿进行严格复核，完成指导和监督审计人员选择实施审计程序。因此，没有审计工作底稿，审计质量的控制与检查就无法落到实处。

（5）可以解脱或减轻审计责任。在因执业质量而涉及诉讼或有关监管机构进行执业质量检查时，审计工作底稿能够提供证据，证明审计过程是否按照审计准则的规定执行了审计工作。审计人员依照独立审计准则实施了必要的审计程序，可解脱或减轻其审计责任。审计人员是否实施了必要的审计程序，审计程序的选择是否合理，专业判断是否准确等也是通过审计工作底稿来体现和衡量的。

（6）有助于项目组计划和执行审计工作。及时编制审计工作底稿有助于提高审计工作的质量，便于在出具审计报告之前，对取得的审计证据和得出的审计结论进行有效复核和评价。如果时间拖延过久，注册会计师可能会遗忘某些事项，使得审计工作底稿的记录不能全面地反映审计人员所执行的审计工作。一般情况下，在审计工作执行过程中编制的审计工作底稿比事后编制的审计工作底稿更准确。

6.1.3 审计工作底稿的种类

审计工作底稿作为一种专业记录，涉及的内容非常广泛。根据不同的分类标准，可以分为以下几种不同的审计工作底稿。

1．按审计工作底稿的性质和作用分类

根据工作底稿的性质和作用，可将其分为：综合类工作底稿、业务类工作底稿和备查类工作底稿三类审计工作底稿。

综合类工作底稿是指审计人员在审计计划和审计报告阶段，为规划、控制和总结整个审计工作，并发表审计意见所形成的审计工作底稿。它主要包括审计业务约定书、审计计划、审计报告书未定稿、审计总结、审计调整分录汇总表、被审计单位声明书和管理建议书等综合性的审计工作记录。

业务类审计工作底稿是指审计人员对被审计单位财政、财务收支实施审计时形成的工作记录，包括与形成和发表审计意见有关的所有重要事项以及审计人员的专业判断。业务类审计工作底稿的主要内容包括被审计单位的名称；审计项目的名称；实施审计期间或截止日期；实施审计过程记录；索引号及页次；编制者的姓名及编制日期；复核者的姓名及复核日期；其他应说明事项。

备查类工作底稿是指审计人员在审计过程中形成的，对审计工作仅具有备查作用的审计工作底稿。它主要包括与审计约定事项有关的重要法律性文件、重要会议记录与纪要、重要经济合同与协议、企业营业执照、公司章程等原始资料的副本或复印件。

2．按审计工作底稿编制依据分类

审计工作底稿按其编制依据不同，可分为基本审计工作底稿、项目审计工作底稿、汇总审计工作底稿。

基本审计工作底稿是直接依据被审计单位提供的有关资料和情况编制的审计工作底稿。如被审计单位基本情况表，被审计单位组织机构一览表，内控制度调查表等。

项目审计工作底稿是根据审计人员的日记、审查记录及其他证据资料编制的审计工作底稿，如现金审计工作底稿、银行存款审计工作底稿等。项目工作底稿一般也叫分项目审计工作底稿，应当由审计人员根据审计方案确定的项目内容，逐项逐事编制形成，做到一项一稿或一事一稿。

汇总审计工作底稿是根据基本审计工作底稿、项目审计工作底稿汇总编制的工作底稿。一般是按照分项目审计工作底稿的性质、内容，进行分类归集，综合编制。由于该底稿一般是在审计评价后编制和反映评价结果的，因此也称作审计评价工作底稿。如货币资金审计工作底稿、所有者权益审计工作底稿等。

3．按审计工作底稿保存时间和所起作用分类

按照审计工作底稿保存的时间和所起的作用，可将其分为永久性工作底稿和近期审计工作底稿。

永久性工作底稿指与当前的审计工作相关的，带有历史性和延续性的数据资料。典型的永久性工作底稿包括：具有持续重要性的公司文件的摘录或复印件，如协作条款、公司章程、债券发行契约，以及养老金计划等；对审计人员来说具有持续重要性的、前几个年度的账户分析；与了解内部控制制度和评估控制风险有关的信息；前几个年度审计的分析程序的结果。

近期审计工作底稿指所有在审计年度内使用的审计工作底稿，包括审计计划、一般性信息、工作试算表、调整分录和重新分类登录、证明用的表格等。

4．按审计工作底稿编制主体的分类

审计工作底稿根据编制主体的不同，可以分为审计人员编制的审计工作底稿、被审计单位提供的工作底稿和被审计单位和审计组织共同制定的审计工作底稿三类。

审计人员编制的审计工作底稿，主要包括：审计计划；实施具体审计程序的记录和资料；对被审计单位、其他审计人员、专家和其他人员的会谈记录、往来函件等；审计报告、管理建议书底稿及副本、审计差异调整表，以及代被审计单位编制的审定会计报表与会计报表附注；审计约定事项完成后的审计工作总结等。

被审计单位提供审计工作底稿，具体包括：与被审计单位设立有关的法律性资料，如营业执照等；与被审计单位组织机构及管理层人员结构有关的资料，如管理层人员学历、管理作风等；重要法律文件、合同、协议和会议记录的摘录或副本；对被审计单位的相关内部控制制度的评价记录；被审计单位的未审会计报表及相关财务资料；被审计单位声明书等。

被审计单位和审计组织共同制定的审计工作底稿，主要包括审计业务约定书。

6.1.4 审计工作底稿的设计

1．设计原则

为了使审计工作底稿能满足审计工作的需要，在具体设计时应注意和遵循适用性原则、简明性原则、完备性原则和规范化原则。

适用性原则是审计工作底稿的内容和格式要适应审计工作的需要，符合不同审计项目的要求。在规划方法上，尽量采用项目规划法，按不同的要求分别规划基本审计工作底稿，按具体的审计项目分别规划专用的项目审计工作底稿。

简明性原则体现在两个方面：一是审计工作底稿应当简单明了，繁简适度，使审计人员可以迅速、方便地编制，使阅读者便于了解所反映的情况和提供的证明材料；二是审计工作底稿的内容应反映有关方面的主要情况，抓住主要矛盾，做到重点突出。但是，应注意简明性原则必须建立在能够满足审计工作的需要，提供充分而必要的证明材料，正确反映审计工作状况的基础之上。不能因为片面强调简明性，而使审计工作底稿不能发挥其应有的作用。

完备性原则是指审计工作底稿要能全面反映审计工作过程的状况，完整记录审计人员在审计过程中编制和搜集的各种资料和有关证明材料，以及审计人员在审计过程中所进行的各种计算、分析、调整、汇总工作的情况和结果，保证对审计结论可能产生影响的重要事项不被遗漏。通过审计工作底稿所提供的资料能对被审计单位的情况做出正确的评价，使审计结论客观、公正且有充分可靠的证明材料。

规范化原则主要体现在以下几方面。首先，审计工作底稿的格式要采用比较固定的形式，基本审计工作底稿和项目审计工作底稿的主要项目要具有相当的稳定性，不应任意随时变动；其次，审计工作底稿的编制和审核要符合规定的要求，以便审计工作底稿的查阅和利用；此外，审计工作底稿的分类要规范，以便于审计工作底稿整理、汇总和归档。

2．设计方法

目前，审计工作底稿的设计方法主要为：按照审计程序设计和按审计项目设计两种。这两种设计方法中，按照审计程序设计的工作底稿可以比较集中地反映审计程序各个阶段的状况，为组织协调审计工作提供依据；按审计项目设计的工作底稿则系统地反映了各个审计项目的情况和有关资料，集中了审计过程中搜集的各种证据，是编制审计工作报告、做出审计结论的主要依据。

按照审计程序设计审计工作底稿主要应考虑：①审计程序的各个阶段需要哪些种类的工作底稿，据此决定审计工作底稿的种类；②在确定各审计阶段所需工作底稿种类的基础上，确定各审计工作底稿的格式、内容、编制方法以及其他有关问题；③在设计时要考虑审计程序的各个阶段的具体内容的情况，审计的目的、种类、方式等方面的具体要求，使审计工作底稿能够反映审计各个阶段的全面情况，提供必要的审计证据。

按照审计项目设计工作底稿是根据确定的各个审计项目以及审查的内容、目的和要求，以及编制审计工作报告的需要来加以设计，是目前设计审计工作底稿的主要方法。

①在设计时首先确定要进行哪些项目的审计和有关审计项目的特点（如现金、实物、会计资料的工作底稿应有所不同）。

②要考虑对不同项目进行审计的种类和方式对审计工作底稿的要求。

③要考虑被审计项目的重要程度和出现错误和弊端的可能性来确定审计工作底稿的详略程度。

④要根据审计任务的要求，编制审计报告和做出审计结论的需要，来设计审计工作底稿应反映的内容和项目。

审计工作底稿可以以纸质、电子或其他介质形式存在。随着信息技术的广泛运用，审计工作底稿的形式从传统的纸质形式扩展到电子或其他介质形式。无论审计工作底稿以哪种形式存在，会计师事务所都应当针对审计工作底稿设计和实施适当的控制。

在实务中，为便于会计师事务所内部进行质量控制和外部执业质量检查或调查，以电子或其他介质形式存在的审计工作底稿应与其他纸质形式的审计工作底稿一并归档，并应能通过打印等方式，转换成纸质形式的审计工作底稿。

6.2 审计工作底稿的内容与格式

一般地说，审计工作底稿的内容和格式是由审计活动过程中具体的审计目标决定的。在具体的审计项目中，由于经济活动具有较大的差异，因而审计目标也不尽相同。因此，不同类型审计工作底稿的内容和格式也不尽相同。

6.2.1 审计工作底稿的内容与格式的影响因素

在确定审计工作底稿的内容与格式时，审计人员应当考虑下列因素。

（1）被审计单位的规模和复杂程度。通常来说，对大型被审计单位进行审计形成的审计工作底稿，比对小型被审计单位进行审计形成的审计工作底稿要多；对业务复杂被审计单位进行审计形成的审计工作底稿，比对业务简单被审计单位进行审计形成的审计工作底稿要多。

（2）拟实施审计程序的性质。通常，不同的审计程序会使得注册会计师获取不同性质的审计证据，由此注册会计师可能会编制不同的审计工作底稿。例如，注册会计师编制的有关函证程序的审计工作底稿（包括询证函及回函、有关不符事项的分析等）和存货监盘程序的审计工作底稿（包括盘点表、注册会计师对存货的测试记录等）在内容、格式及范围方面是不同的。

（3）识别出的重大错报风险。识别和评估的重大错报风险水平的不同可能导致注册会计师实施的审计程序和获取的审计证据不尽相同。例如，注册会计师识别出应收账款存在较高的重大错报风险，而其他应收款的重大错报风险较低，则注册会计师可能对应收账款实施较多的审计程序并获取较多的审计证据，因而对测试应收账款的记录会比针对测试其他应收款记录的内容多且范围广。

（4）已获取的审计证据的重要程度。注册会计师通过执行多项审计程序可能会获取不同的审计证据，有些审计证据的相关性和可靠性较高，有些质量则较差，注册会计师可能区分不同的审计证据进行有选择性的记录，因此，审计证据的重要程度也会影响审计工作底稿的格式、内容和范围。

（5）识别出的例外事项的性质和范围。有时注册会计师在执行审计程序时会发现例外事项，由此可能导致审计工作底稿在格式、内容和范围方面的不同。例如，某个函证的回函表明存在不符事项，如果在实施恰当的追查后发现该例外事项并未构成错报，注册会计师可能只在审计工作底稿中解释发生该例外事项的原因及影响；反之，如果该例外事项构成错报，注册会计师可能需要执行额外的审计程序并获取更多的审计证据，由此编制的审计工作底稿在内容和范围方面可能有很大不同。

（6）当从已执行审计工作或获取审计证据的记录中不易确定结论或结论的基础时，记录结论或结论基础的必要性。在某些情况下，特别是在涉及复杂的事项时，注册会计师仅将已执行的审计工作或获取的审计证据记录下来，并不容易使其他有经验的注册会计师通过合理的分析，得出审计结论或结论的基础。此时注册会计师应当考虑是否需要进一步说明并记录得出结论的基础（即得出结论的过程）及该事项的结论。

（7）审计方法和使用的工具。审计方法和使用的工具可能影响审计工作底稿的格式、内容和范围。例如，如果使用计算机辅助审计技术对应收账款的账龄进行重新计算，通常可以针对总体进行测试，而采用人工方式重新计算时，则可能会针对样本进行测试，由此形成的审计工作底稿会在格式、内容和范围方面有所不同。

考虑以上因素有助于注册会计师确定审计工作底稿的格式、内容和范围是否恰当。注册会计师在考虑以上因素时，须注意根据不同情况确定审计工作底稿的格式、内容和范围均是为达到审计准则中所述的编制审计工作底稿的目的，特别是提供证据的目的。例如，细节测试和实质性分析程序的审计工作底稿所记录的审计程序有所不同，但两类审计工作底稿都应当充分、适当地反映注册会计师执行的审计程序。

6.2.2 审计工作底稿的基本内容和结构

一般来说，审计工作底稿的结构和内容是由审计活动过程中具体的审计目标决定的。在具体的审计项目中，由于经济活动千差万别，因而审计目标也各不相同，因此就应确定相应的审计工作底稿的结构和内容。审计工作主要底稿有基本审计工作底稿、项目审计工作底稿、汇总审计工作底稿等。

基本审计工作底稿多数是反映审计准备阶段调查了解的情况，因此这类工作底稿的内容应取决于调查的目的。如被审计单位基本情况表主要是为了调查了解被审计单位的基本情况：单位的性质、法定代表人、主管部门、内部组织机构、资本情况、生产经营状况、财务状况等，调查完毕，一般还要对每个问题做一个基本评价。因此，在审计工作底稿中还应加上审计意见这一内容。其参考格式如表6.1所示。

表6.1　×××××基本情况表

审计名称：   编号：

被审计单位名称		法定代表人	
经济性质		主管部门（单位）	
法定地址		联系电话	
组织机构情况：			
基本情况：			
生产经营状况：			
财务状况：			
其他情况：			
审计评估：			

审计主管：××　　　　　编制人：××　　　　　编制日期：×年×月×日

审核人：××　　　　　审核日期：×年×月×日

项目审计工作底稿主要是为了全面、系统地反映对每一项目审计的具体范围，采取的步骤和运用的方法，以及所收集的审计证据和审计人员对审计证据的评价意见等内容。因此，项目审计工作底稿的内容应充分满足上述目标的要求，具体包括：审计对象、审计范围、审计程序、审计方法、审计结果、审计意见和建议等。其参考格式如表6.2所示。

表6.2　××审计工作底稿

被审计单位名称：　　　　　　　　　　　　　　　　　　　　　　　　编号：

审计内容范围：
审计程序方法：
审计简要经过及结果：
审计评估或结论：
审计处理意见及标准：
审计建议：
备　注：

审计主管：××　　　　　　编制人：××　　　　　　　编制日期：×年×月×日

　　　　　　　　　　　　　审核人：××　　　　　　　审核日期：×年×月×日

汇总审计工作底稿是为了将性质相同或者业务相同的项目审计工作底稿归集在一张工作底稿上，为编写审计报告提供直接依据。其内容与格式基本与项目审计工作底稿基本相同。

1．审计工作底稿的基本内容

审计人员所编制的审计工作底稿应包括：审计工作底稿的标题、审计过程记录、审计结论、审计标志及其说明、索引号及编号、编制者姓名及编制日期、复核者姓名及复核日期等基本内容。

（1）审计工作底稿的标题。每张底稿应当包括被审计单位的名称、审计项目的名称以及资产负债表日或底稿覆盖的会计期间等。

（2）审计过程记录。在记录审计过程时，应当特别注意以下几个方面。

首先，具体项目或事项的识别特征。识别特征是指被测试的项目或事项表现出的征象或标志，识别特征因审计程序的性质和测试的项目或事项不同而不同。在记录实施审计程序的性质、时间安排和范围时，审计人员应当记录测试的具体项目或事项的识别特征，记录具体项目或事项的识别特征可以实现多种目的。

其次，重大事项及相关重大职业判断。审计人员应当根据具体情况判断某一事项是否属于重大事项。有关重大事项的记录可能分散在审计工作底稿的不同部分。将这些分散在审计工作底稿中的有关重大事项的记录汇总在重大事项概要中，不仅可以帮助审计人员集中考虑重大事项对审计工作的影响，还便于审计工作的复核人员全面、快速地了解重大事项，从而提高复核工作的效率。

最后，针对重大事项如何处理不一致的情况。如果识别出的信息与针对某重大事项得出的最终结论不一致，审计人员应当记录如何处理不一致的情况。记录如何处理识别出的信息与针对重大事项得出的结论不一致的情况是非常必要的，它有助于注册会计师关注这些不一致，并对此执行必要的审计程序以恰当地解决这些不一致。

（3）审计结论。审计工作的每一部分都应包含与已实施审计程序的结果及其是否实现既定审计目标相关的结论，还应包括审计程序识别出的例外情况和重大事项如何得到解决的结论。审计人员需要根据所实施的审计程序及获取的审计证据得出结论，并以此作为对财务报表发表审计意见的基础。在记录审计结论时，需要注意在审计工作底稿中记录的审计程序和审计证据是否足以支持所得出的审计结论。

（4）审计标志及其说明。审计标志被用于与已实施审计程序相关的底稿时，每张底稿都应包含对已实施程序的性质和范围所作的解释，以支持每一个标志的含义。审计工作底稿中可使用各种审计标志，但应说明其含义，并保持前后一致。

（5）索引号及编号。通常，审计工作底稿需要注明索引号及顺序编号，相关审计工作底稿之间需要保持清晰的逻辑关系。为了汇总及便于交叉索引和复核，每个事务所都会制定特定的审计工作底稿归档流程。因此，每张表或记录都应有一个索引号，以说明其在审计工作底稿中的放置位置。工作底稿中每张表所包含的信息都应当与另一张表中的相关信息进行交叉索引，随着审计工作的推进，链接表还可予以自动更新。

（6）编制人员和复核人员及执行日期。为了明确责任，在各自完成与特定工作底稿相关的任务之后，编制者和复核者都应在工作底稿上签名并注明编制日期和复核日期。在需要项目质量控制复核的情况下，还需要注明项目质量控制复核人员及复核的日期。通常，需要在每一张审计工作底稿上注明执行审计工作的人员和复核人员，完成该项审计工作的日期以及完成复核的日期。

审计工作记录应当记载审计人员获取的证明材料的名称、来源和时间等，并附有经过审计人员鉴定的证明材料。审计记录的内容主要包括实施具体程序的记录及资料；审计测试评价的记录和审计方案及其调整变更情况的记录；审计人员的判断、评价、处理意见和建议；审计组讨论的记录和审计复核记录；审计组核实与采纳被审计单位对审计报告反馈意见的情况说明；审计组的审计报告稿；与其他方案事项有关的记录和证明资料。审计工作底稿一般都有附件说明等，附件主要内容包括与被审计单位财政、财务收支有关的证明材料；与被审计单位审计事项有关的法律文书、合同、协议、会议记录、往来函件、询证函公证或鉴定资料等的原件、复制件或摘录件；其他有关的审计证明材料。审计工作底稿也会因项目的不同，其格式与内容有差异，如表 6.3、表 6.4 所示。

表 6.3　内部控制制度调查表

审计项目名称：　　　　　　　　　　　　　　　　　　　　　　　　　编号：

问题	有无内控制度		执行情况和问题	意见和建议
	有	无		

审计主管：××　　　　　　编制人：××　　　　　　编制日期：×年×月×日

　　　　　　　　　　　　　审核人：××　　　　　　审核日期：×年×月×日

表 6.4　库存现金核对表

审计项目名称：　　　　　　　　　　　　　　　　　　　　　　　　　　　编号：

币别		银行核定库存现金限制	
核对日期	年　　月　　日		
项　　　　目			金　　额
实际库存现金			
加：已付讫未入账的支出凭证	份		
加：白条抵库	份		
减：已收未入账的收入凭证	份		
减：代保现金	份		
库存现金实际占用			
现金日记账账面金额	（　　年　　月　　日）		
核对结果：	短缺：　　　　元	溢金：　　　　元	
其他情况：			
会计主管：×××		现金管理人：×××	

审计主管：××　　　　　　　编制人：××　　　　　　　　　编制日期：×年×月×日

　　　　　　　　　　　　　　审核人：××　　　　　　　　　审核日期：×年×月×日

2．审计工作底稿的基本结构

审计人员编制审计工作底稿的基本目的是为了揭示有关审计事项的未审情况、审计人员的审计过程和经过审计后有关审计事项的审定情况。为实现上述目的，注册会计师编制审计工作底稿时，应把握以下基本结构。

（1）被审计单位的未审情况，包括被审计单位的内部控制情况、有关会计账项的未审计发生额及期末余额。

（2）审计过程的记录，包括审计人员实施的审计测试性质、审计测试项目、抽取的样本及检查的重要凭证、审计标志及其说明、审计调整及分类事项等。

（3）审计意见，审计人员的审计意见主要包括：①审计评价或结论，即对发现的问题做出实事求是、客观公正的评价并做出结论；②审计处理意见和审计标准，根据审计标准针对存在的问题提出处理意见；③审计建议，针对存在的问题提出纠正的措施和建议；④审计附件，如审计作业过程中各种记录和查明的证据资料，各种引证资料，各种查询记录和证明函件，各种有关的其他有价值的资料等。这主要是与被审计单位财政、财务收支有关的资料；与被审计单位审计事项有关的法律文件、合同、协议、会议记录、往来函件、公证、鉴定资料等的原件、复制件或摘录件等。

6.2.3　审计工作底稿的填制

审计工作底稿的填制是审计工作中的重要步骤，审计证据收集的状况如何在很大程度上取决于审计工作底稿填制的质量。

审计工作底稿所反映的内容十分复杂，总的来说，审计工作底稿的内容取决于审计的目的和范围。

1．衡量填制内容的标准

填制审计工作底稿，首先要确定哪些内容应记入工作底稿并判断有关事项是否应进入审计工作底稿，一般应掌握下列标准。

（1）是否为编制审计报告所必需。与编制审计报告关系不大的资料在编制工作底稿时一般不宜选用。

（2）是否为证明审计项目所必需。不能证明审计项目的资料也不宜填入工作底稿。

（3）是否为纠正违纪行为所必需。审计工作的目的之一就是要纠正违法乱纪行为，审计工作底稿应提供这方面的情况。

（4）是否为本案今后继续审查所必需。审计工作底稿的作用之一就是为复审和后续审计提供资料，它的内容必须反映这一点。

（5）是否符合审计的目的。这是确定工作底稿内容的最重要的一条标准。与本次审计目的无关的内容一般不宜在底稿中加以反映。

此外，还应考虑略去这项资料是否会造成不良后果，是否会影响审计报告的客观公正性。

2．应填制的主要内容

审计工作底稿是审计人员经过综合分析、汇总整理有关资料形成的书面材料。内容包括：已经完全查清或基本查清的事实及其情节；证实该事实确实存在的主证和旁证的说明；衡量该事实是非界限的法律、法规、制度，以及其他有关依据；反映经济效益的目标和指标的实现程度及其管理者尽职尽责的状况；对问题和经济事项的主客观因素的分析和评价；根据审计标准提出处理问题的初步意见和改进管理的初步设想；审计工作底稿的附件。

审计工作底稿的资料是在审计活动中取得的，它的主要来源有以下几个方面：国家方针、政策、法令，有关部门的规章制度、批文等；被审单位的有关计划、方案，各项管理制度、会计制度、责任制度，各类账表、凭证统计资料以及经济活动分析、财产物资实有状况；各方面的检举揭发材料，有关人员检查交待和情况说明，以及其他单位或个人提供的同被审单位或审计项目有关的情况资料；审计人员工作日记，调查询问记录，检查账表记录，各种查证、函证核实的材料。

3．填制的要求

（1）填制审计工作底稿应当做到内容完整、真实、重点突出。如要完整地反映审计计划、审计方案制定及其实施情况，包括与形成和发表审计意见有关的所有重要事项，以及审计人员的专业判断。审计工作底稿不得被擅自删减或修改。

（2）填制审计工作底稿应当做到观点明确，条理清楚，用词恰当，字迹清晰，格式规范，标志一致；审计工作底稿应有索引编号及顺序编号；审计工作底稿中载明的事项、时间、地点、当事人、数据、计量、计算方法和因果关系必须准确无误，前后一致；相关的证明资料如有矛盾，应当予以鉴别和说明。

（3）审计工作底稿应做到繁简得当，其繁简程度应充分考虑审计约定事项的性质、目的和要求；被审计单位的经营规模及审计约定事项的复杂程度；被审计单位的内部控制制度是否健全、有效；被审计单位的会计记录是否真实、合法、完整；是否有必要对业务助理人员的工作进行特别指导、监督和检查；审计意见类型等。

（4）审计人员编制的审计工作底稿，不得被擅自删减或修改。相关的审计工作底稿之间应当具有清晰的勾稽关系，相互引用时应当注明索引编号。

（5）审计工作底稿中由被审计单位、其他第三者提供或代为编制的资料，审计人员除应注明资料来源外，还应实施必要的审计程序，形成相应的审计记录；审计工作底稿所附的审计证明材料应当经被审计单位或其他提供证明资料者的认定鉴证，如果有特殊情况无法认定鉴证的，应当由审计组做出书面说明。现金、存货、固定资产等审计工作底稿记录的重要审计事项作为形成审计意见和审计决定的证明材料使用时，必须有相关单位，责任人的签名或盖章。

4．填制方法

在开展审计之前，审计人员应广泛收集被审单位会计报表、账册、凭证、有关法令、制度、批文等，以便于审计分析、判断。在审计工作过程中，根据审计任务的要求，有的放矢，边查边记录，只要认为有用都可记录下来。查完一段后，经过反思，进行筛选，将与审计任务相关联的重要经济事项挑出来，并找出有关的法规依据，从而确定其性质，正式编制审计工作底稿。

进行审计工作底稿的填制。其填制方法如下。

第一，基本工作底稿的填制。填写基本工作底稿应在进行审计工作中弄清一个问题编写一个。编写时要注意把问题性质分清楚。基本工作底稿一般根据需要印成固定的格式，按问题性质、金额、证据名称或内容、来源、去向、张数、编号、编制说明、主审人、编制人等项目表现出来，填写时按项目填写。

第二，分类工作底稿的填制。分类工作底稿是根据基本工作底稿填制的。填制前，先把基本工作底稿按性质进行分类，把相同性质的放在一起，然后填写。填写时文字要简练，把所属性质项下每个问题的数量、金额、年段、来龙去脉说清楚就行了。在每条的后面，可以注上"见基本工作底稿××号"，以便和基本工作底稿（尤其是一稿几用的基本工作底稿）连续和核对。

第三，汇总工作底稿的填制。审计人员应当在详细审阅分项目审计工作底稿及证明材料，并确定其事实清楚、证据确凿、程序完备之后，再进行分析整理，按审计项目的性质、内容分类、归集、排序形成汇总审计工作底稿。汇总工作底稿是根据分类工作底稿填写的，就是把分类工作底稿中相同性质的问题摘录到一起，重大问题单独列出；一般问题、内容相同的问题合并起来写，文字力求简练，并计算出每类问题的金额和总金额。在填制汇总工作底稿的同时，可以编制查明问题统计表，按性质、单位、来源、去向等项目全面地反映审计查明的问题，以利于审计人员和其他有关人员集中掌握或了解情况；或者以查明问题统计表为主，附简单的文字说明作为汇总工作底稿也可以。

上面我们说明了各类工作底稿的填制方法，对于一些关系复杂、牵涉面较广的问题，还可以单独编写审计工作底稿。下面介绍审计工作底稿各项目的填制方法。

（1）稿头部分。标题要根据审计项目列出，要言简意赅，语言明确，使人易于明白底稿记录的内容。要统一编号，便于查阅利用。填制日期要按期填列，并应写明被审单位名称。

（2）填写审计发现的问题。这是把分散的证据和资料进行归类、汇集形成证据体系，填入工作底稿。对于可以直接用表格的形式清楚地反映审计过程和结果的，这些表格可以不经整理而直接作为审计工作底稿的正式附件。对于审计笔录要整理成表格文字，作为审计工作底稿的正式附件。对于审计原始笔录和整理成的表格可以作为审计工作底稿的附件，例如对财产物资账户和实物的审计，财产物资的账实对比表、盘点表等作为工作底稿的附件。根据其他审计工作底稿中有关账务调整的事项来制成有关表格，列入审计工作底稿。

（3）填写评价和意见。先对汇集后的资料和证据逐个进行分析研究，以确定证据资格。然后分析已获取的证据的可靠性。在确定证据的可靠性后，要研究各证据之间的相互关系，特别要研究正反两方面的证据。进而以国家的政策法令和规章制度来衡量，得出客观、公正的评价。

（4）审计结论和处理意见的填写。这项内容应由审计负责人进行综合判断后填写。这时要注意判断标准的运用，主要是国家的法律法规、规章制度和一些公认标准。在进行综合判断同时，必须全面提出问题，提出令人信服的论据。在做出结论和提出处理意见时，要研究问题发生时的情况、原因和历史背景，有关人员在其中应承担的责任，从而做出公正的结论和提出恰如其分的处理意见。

在填制工作底稿时审计人员须注意以下问题：审计工作底稿所写事项必须按照具体业务内容或审计项目分别设置，一事一稿；审计工作底稿应写明编号、标题、编制人、复核人和主审人的姓名，注明编制、复核日期，并注明所附审计证据张数和日期；审计工作底稿应注明所列资料的来源或去处、取证日期；对引自或结转其他工作底稿的数据资料都要注明有关编号，以便核对，并对有关符号加以说明；审计工作底稿除复制件外，一般应经复核，重要事项由主审人复核并签字；对工作底稿中所列的问题应提出纠正处理或进一步查证核实的意见；审计工作底稿的稿纸应按编制规范统一印制，必须用钢笔或毛笔缮写，不得用铅笔书写；要按一定的顺序排列，按标题或编号填制目录，以便随时查阅；审计工作底稿只供审计人员内部使用，无须被审计单位逐一签章；未形成审计报告之前，不得与被审计单位的人员见面；审计工作底稿应装订归档，以免散失。

6.3 审计工作底稿的归档与复核

审计工作底稿形成后，审计人员应按照一定的标准予以归档。归档时，可以按照审计循环或会计报表项目，以及审计工作底稿的使用期限长短进行分类，再编上相应标志号和页次后，分别存档。审计工作底稿经过分类整理、汇集归档后，就形成了审计档案。

6.3.1 审计工作底稿的归档

《质量控制准则第 5101 号——会计师事务所对执行财务报表审计和审阅、其他鉴证和相关服务业务实施的质量控制》和《中国注册会计师审计准则第 1131 号——审计工作底稿》对审计工作底稿的归档做出了具体规定，涉及归档工作的性质和期限、审计工作底稿保管期限等方面。

1．审计工作底稿归档工作的性质

在出具审计报告前，注册会计师应完成所有必要的审计程序，取得充分、适当的审计证据并得出适当的审计结论。由此，在审计报告日后将审计工作底稿归整为最终审计档案是一项事务性的工作，不涉及实施新的审计程序或得出新的结论。

如果在归档期间对审计工作底稿做出的变动属于事务性的，注册会计师可以做出变动，主要包括：删除或废弃被取代的审计工作底稿；对审计工作底稿进行分类、整理和交叉索引；对审计档案归整工作的完成核对表签字认可；记录在审计报告日前获取的，与项目组相关成员进行讨论并达成一致意见的审计证据。

2．审计档案的分类

对每项具体审计业务，注册会计师应当将审计工作底稿归整为审计档案。在实务中，审计档案按其使用期限的长短和作用大小可以分为永久性档案和当期档案。

永久性档案是指由那些记录内容相对稳定，具有长期使用价值，并对以后审计工作具有重要影响和直接作用的审计工作底稿所组成的审计档案。它主要由综合类工作底稿和备查类工作底稿组成。在这些工作底稿中，有些记录内容十分重要，诸如审计报告书副本等；有些记录内容则可供以后年度直接使用，诸如重要的法律性文件、合同及协议等。因此，应把它们归入永久性档案进行管理。如果永久件档案中的某些内容已发生变化，审计人员应当及时予以更新。为保持资料的完整性以便满足日后查阅历史资料的需要，永久性档案中被替换下的资料一般也须保留。

当期档案又称一般档案，是指由那些记录内容在各年度之间经常发生变化，只供当期审计使用和下期审计参考的审计工作底稿所组成的审计档案。它主要由业务类工作底稿组成，诸如符合性测试工作底稿、具体会计账项实质性测试的工作底稿等。这些工作底稿所记录的内容在各年度之间是不同的，因此，主要供当期审计使用。

目前，一些大型国际会计师事务所不再区分永久性档案和当期档案。这主要由于电子形式保留审计工作底稿的使用，尽管大部分事务所仍然既保留电子版又保留纸质的审计档案。

3．审计档案的所有权与保管

审计工作底稿是注册会计师对其执行的审计工作所做的完整记录。从一般意义上讲，审计档案的所有权应属于执行该项业务的审计人员。但是，我国注册会计师不能独立于会计师事务所之外承揽审计业务，审计业务必须以会计师事务所的名义承接。因此，审计档案的所有权属于承接该项业务的会计师事务所。

会计师事务所应当建立审计档案保管制度，对审计档案妥善管理，以保证审计档案的安全、完整。审计档案的保管期限可视不同档案类别而有所不同。

《质量控制准则第 5101 号》（会计师事务所对执行财务报表审计和审阅、其他鉴证和相关服务业务实施的质量控制）要求会计师事务所制定有关及时完成最终业务档案归整工作的政策和程序。审计工作底稿的归档期限为审计报告日后 60 天内。如果注册会计师未能完成审计业务，审计工作底稿的归档期限为审计业务中止后的 60 天内。

如果针对客户的同一财务信息执行不同的委托业务，出具两个或多个不同的报告，会计师事务所应当将其视为不同的业务，根据会计师事务所内部制定的政策和程序，在规定的归档期限内分别将审计工作底稿归整为最终审计档案。

对于永久性档案，应当长期保存。若会计师事务所中止了对被审计单位的后续审计服务，那么其永久性档案的保管年限与最近一年当期档案的保管年限相同。

对当期档案，会计师事务所应当自审计报告签发之日起，至少保存 10 年。即使会计师事务所中止了对被审计单位的后续审计服务，其当期档案的保存年限也不得任意缩减。

对于最低保存年限届满的审计档案，会计师事务所可以决定将其销毁。在销毁之前，应当按规定履行必要的手续，对将要销毁的审计档案做最后一次检查，然后报主任会计师批准。销毁时，有关人员应进行现场监督或检查，以保证被销毁的审计档案彻底销毁干净。

4．审计档案的保密与调阅

会计师事务所应建立严格的审计工作底稿保密制度，并落实专人管理。除有特殊情况，会计师事务所不得对外泄漏审计档案中涉及的商业秘密及相关内容。如法院、检察院及其他部门因工作需要，在按规定办理了手续后，可依法查阅审计档案中的有关审计工作底稿；注册会计师协会对执业情况进行检查时，可查阅审计档案。

另外，不同会计师事务所的注册会计师因审计工作的需要，经委托人同意，在下列情况下，也可以要求查阅审计档案。如被审计单位更换了会计师事务所，后任注册会计师可以调阅前任注册会计师的审计档案；基于合并会计报表审计业务的需要，母公司所聘的注册会计师可以调阅子公司所聘注册会计师的审计档案等。

拥有审计工作底稿的会计师事务所应当对要求查阅者提供适当的协助，并根据有关审计工作底稿的性质和内容，决定是否允许要求查阅者阅览其底稿，及复印或摘录其中的有关内容。审计工作底稿中的内容被查阅者引用后，因查阅者的误用而造成的后果，与拥有审计工作底稿的会计师事务所无关。

5．审计工作底稿归档后的变动

在完成最终审计档案的归整工作后，审计人员不应在规定的保存期限届满前删除或废弃任何性质的审计工作底稿。

审计人员发现有必要修改现有审计工作底稿或增加新的审计工作底稿的情形主要有以下两种：一是审计人员已实施了必要的审计程序，取得了充分、适当的审计证据并得出了恰当的审计结论，但审计工作底稿的记录不够充分；二是审计报告日后，发现例外情况要求审计人员实施新的或追加审计程序，或导致得出新的结论。例外情况主要是指审计报告日后发现与已审计财务信息相关，且在审计报告日已经存在的事实，该事实如果被审计人员在审计报告日前获知，可能影响审计报告。例如，在审计报告日后审计人员获知法院在审计报告日前已对被审计单位的诉讼、索赔事项做出最终判决结果。例外情况可能在审计报告日后发现，也可能在财务报表报出日后发现，审计人员应当按照相关规定，对例外事项实施新的或追加的审计程序。

在完成最终审计档案的归整工作后，如果发现有必要修改现有审计工作底稿或增加新的审计工作底稿，无论修改或增加的性质如何，审计人员均应当记录修改或增加审计工作底稿的理由和修改或增加审计工作底稿的时间及人员等事项。

6.3.2　审计工作底稿的复核

无论是国家审计还是社会审计，为了保证审计质量，减少审计风险，均要求建立审计工作底稿复核制度。

1．审计工作底稿复核制度

一张审计工作底稿往往由一名审计人员独立完成，编制者对有关资料的引用，对有关事项的判断，对会计数据的加计复算等都可能出现误差。因此，在审计工作底稿编制完成后，通过一定的程序，经过多层次的复核就十分必要。《审计机关审计工作底稿准则（试行）》第12 条规定：审计工作底稿应当由审计组组长在编制审计报告前进行复核，并签署复核意见。经复核审定的审计工作底稿，不得增删或者修改。审计人员根据复核意见检查审计工作底稿，确有需要改动，应当另行编制审计工作底稿，并做出书面说明。会计师事务所也应结合本所实际情况制定出实用、有效的复核制度。所谓审计工作底稿复核制度，就是会计师事务所对有关复核人员级别、复核程序与要点、复核人职责等做出的明文规定。

就我国会计师事务所的体制来看，建立了审计工作底稿三级复核制度。审计工作底稿三级复核制度，是会计师事务所制定的以主任会计师、部门经理（或签字注册会计师）和项目经理为复核人，对审计工作底稿进行逐级复核的一种复核制度。这一复核制度对提高审计质量发挥着重要作用。

项目经理复核是三级复核制度中的第一级复核，称为详细复核。它要求项目经理对下属审计助理人员形成的审计工作底稿逐张复核，发现问题，及时指出，并督促注册会计师及时修改完善。

部门经理（或签字注册会计师）复核是三级复核制度中的第二级复核，称为一般复核。它是在项目经理完成了详细复核之后，再对审计工作底稿中重要会计账项的审计、重要审计程序的执行以及审计调整事项等进行复核。部门经理复核既是对项目经理复核的一种再监督，也是对重要审计事项的重点把关。

主任会计师（所长或指定代理人）复核是三级复核中的最后一级复核，又称重点复核。它是对审计过程中的重大会计问题、重大审计调整事项及重要的审计工作底稿所进行的复核。主任会计师复核既是对前面两级复核的再监督，也是对整个审计工作的计划、进度和质量的重点把关。

需要指出的是，若部门经理作为某一审计项目的项目负责人，该项目又没有项目经理参与，则该部门经理的复核应视为项目经理复核，主任会计师应另行指定人员代为执行部门经理复核工作，以保证三级复核彻底执行。

2．项目组成员实施的复核

《中国注册会计师审计准则第 1121 号》（对财务报表审计实施的质量控制）规定，由项目组内经验较多的人员（包括项目合伙人）复核经验较少人员的工作时，复核人员应当考虑以下内容：①审计工作是否已按照法律法规、相关职业道德要求和审计准则的规定执行；②重大事项是否已提请进一步考虑；③相关事项是否已进行适当咨询，由此形成的结论是否得到记录和执行；④是否需要修改已执行审计工作的性质、时间安排和范围；⑤已执行的审计工作是否支持形成的结论，并已得到适当记录；⑥获取的审计证据是否充分、适当，足以支持审计结论；⑦审计程序的目标是否已经实现。

为了监督审计业务的进程，并考虑助理人员是否具备足够的专业技能和胜任能力，以执行分派的审计工作，了解审计指令及按照总体审计策略和具体审计计划执行工作，有必要对执行业务的助理人员进行适当的督导和复核。

复核人员应当知悉并解决重大的会计和审计问题，考虑其重要程度并适当修改总体审计策略和具体审计计划。此外，项目组成员与客户的专业判断分歧应当得到解决，必要时，应考虑寻求恰当的咨询。

复核工作应当由至少具备同等专业胜任能力的人员完成，复核时应考虑是否已按照具体审计计划执行审计工作，审计工作和结论是否予以充分记录，所有重大事项是否已得到解决或在审计结论中予以反映，审计程序的目标是否已实现，审计结论是否与审计工作的结果一致并支持审计意见。

复核范围因审计规模、审计复杂程度以及工作安排的不同而存在显著差异。有时由高级助理人员复核低层次助理人员执行的工作，有时由项目经理完成，并最终由项目合伙人复核。如上所述，对工作底稿实施的复核必须留下证据，一般由复核者在相关审计工作底稿上签名并署明日期。

3．项目质量控制复核

《中国注册会计师审计准则第 1121 号》（对财务报表审计实施的质量控制）规定，注册会计师在出具审计报告前，会计师事务所应当指定专门的机构或人员对审计项目组执行审计实施项目质量控制复核。

项目合伙人有责任采取以下措施：①确定会计师事务所已委派项目质量控制复核人员；②与项目质量控制复核人员讨论在审计过程中遇到的重大影响，包括项目质量控制复核中识别的重大事项；③在项目质量控制复核完成后，才能出具审计报告。

项目质量控制复核应当包括项目组做出的重大判断和在准备审计报告时得出的结论等客观评价事项。

会计师事务所采用制衡制度，以确保委派独立的、有经验的审计人员作为其所熟悉行业的项目质量控制复核人员。复核范围取决于审计项目的复杂程度以及未能根据具体情况出具审计报告的风险。许多会计师事务所不仅对上市公司审计进行项目质量控制复核，也会联系审计客户的组合，对那些高风险或涉及公众利益的审计项目实施项目质量控制复核。

143

4．审计工作底稿复核的基本要求

复核审计工作底稿是审计工作进行控制和管理的一个重要组成部分。建立良好的审计工作底稿复核制度，有助于提高审计工作质量，减少或消除人为的审计误差，以降低审计风险；促进编稿人员严格要求自己，遵守审计工作纪律，遵守审计工作规范；便于上级管理人员对审计人员进行审计质量监控和工作业绩考评，减少差错，防止审计事故发生；及时发现和解决问题，保证审计计划顺利执行，并能够不断地协调审计进度、节约审计时间、提高审计效率。复核审计工作底稿的主要目的是：查明是否依据审计准则执行审计业务；查明所搜集的审计证据，对形成审计报告和决定，是否必要而充分；查明审计工作底稿本身是否具备了应具备的条件，并正确地进行编制。

复核是会计师事务所进行审计项目质量控制的一项重要程序，必须有严格、明确的规则。一般说来复核时应做好下面几项工作：①做好复核记录，对审计工作底稿中存在的问题和疑点要明确指出，并以文字记录于审计工作底稿中；②复核人签名和签署日期，这样做有利于分清审计责任，也有利于上级复核人对下级复核人的监督、检查；③书面表示复核意见；④督促编制人员及时修改、完善审计工作底稿。

复核工作底稿的质量直接影响着审计报告的质量，衡量工作底稿质量的标准包括以下几个方面：①写入工作底稿的事项是否真实、贴切，与事实核对无误；②写入工作底稿的证据是否经过验证、鉴别，具有胜任性和公认性；③写入工作底稿的旁证是否引用准确、完备，具有充分的政策法规依据；④写入工作底稿的事实和证据是否经得起审计会议的审定和上级审计机关复审的检验。

复习题

一、简答题

1．简述审计工作底稿的基本内容。

2．审计工作底稿归档之后需要变动的情形有哪些？注册会计师应当怎样记录变动的情况？

3．审计工作底稿有什么作用？怎样进行审计工作底稿的复核？

二、分析题

1．分析说明光大会计师事务所下列审计工作底稿复核中存在的问题。

（1）注册会计师李浩在复核助理审计人员形成的审计工作底稿时，发现助理审计人员把向被审计单位 ABC 公司索要的应收账款账龄分析表直接当做了审计工作底稿。李浩应当指导助理审计人员如何形成这张审计工作底稿？这张审计工作底稿应该具有哪些内容？

（2）助理审计人员在检查期末发生的一笔大额赊销时，要求 ABC 公司提供由购货单位签收的收货单，ABC 公司因此提供了收货单复印件。助理审计人员在将品名、数量、收货日期等内容与账面记录逐一对相符后，将获取的收货单复印件作为审计证据纳入审计工作底稿，并据以确认该笔销售"未见异常"。助理审计人员的这种做法是否恰当？说明理由。

2. A 注册会计师是 U 会计师事务所的业务质量控制负责人。目前正在对本所近期执行的审计项目进行业务检查。在检查过程，A 注册会计师注意到以下情况。

（1）在 X 公司 2014 年度财务报表审计项目组中，I 注册会计师负责对索引号为 L-3-1，L-3-2，L-3-3，…，L-3-20 的全部 20 张应收账款函证回函工作底稿进行复核。在完成复核工作后，I 只在应收账款函证核对表及 L-3-1 号工作底稿上签名，未在其余 19 张工作底稿上签名。

（2）在 Y 公司 2014 年度财务报表的审计工作底稿中，项目组成员 J 针对同一事项先后编制了两张结论相互矛盾的工作底稿。其中一张工作底稿 J 特别注明 Y 公司根据审计结论进行调整后矛盾已经解决。根据检查中发现的普遍性问题，A 注册会计师建议在本所原有规定的基础上增加以下与审计工作底稿相关的规定，以完善本所的业务质量控制制度。

①如果审计客户采用计算机处理业务，应直接获取以电子信息形式存在的资料。为便于复核，应将相关信息打印，形成纸质工作底稿，以代替原电子形式的工作底稿。

②对于直接从审计客户获取的有关合同、章程等重要文件的原件，凡需要形成审计工作底稿的，执行业务的审计小组成员必须亲自复印，并将复印件与原件相核对。

③在审计工作中，如果注册会计师向客户管理层出具了内部控制存在重大缺陷的管理建议书，应作为重要的审计工作底稿归档，保存期限不得少于 5 年。

要求：请根据审计准则中与审计工作底稿相关的规定，指出 I 和 J 注册会计师的做法是否符合规定，并指出 A 注册会计师提出的 3 条建议是否存在问题，简要说明理由。

第7章 审计计划、重要性

和审计风险

本章学习要点

1. 掌握审计计划的内容和制订步骤
2. 了解重要性的含义及影响因素
3. 掌握重要性水平的确定和分配
4. 掌握审计风险的含义和构成要素
5. 掌握审计风险和重要性水平的关系

本章是审计工作的开端，正确实施审计工作离不开事先的计划与安排。本章介绍了审计计划的定义和作用，编制和审核总体与具体审计计划；审计重要性的含义与其具体的运用；审计风险及其组成要素；本章还分析了审计重要性与审计风险的关系等内容。

7.1 审计计划

审计人员执行审计业务，应当编制审计计划，对审计工作做出合理安排和布置。审计计划是指审计人员为了完成各项审计业务，达到预期的审计目标，在具体执行审计程序之前编制的工作计划。审计计划分为总体审计策略和具体审计计划。总体审计策略用以确定审计范围、时间和方向，并指导制订具体审计计划。

7.1.1 审计计划的作用

作为审计实施的一种预先规划，审计计划是审计过程中的一个重要环节。通常由审计项目负责人在审计工作开始时起草编制，是对审计工作的一种事先规划。对任何一个审计项目，不论其规模大小、业务繁简，审计计划都是至关重要的。当然，审计计划并非审计业务的一个孤立阶段，而是一个持续的、不断修正的过程，贯穿于审计业务的始终。由于未预期事项、条件的变化或在实施审计程序中获取的审计证据等原因，在审计过程中，审计人员应当在必要时对总体审计策略和具体审计计划做出更新和修改。

审计计划的作用主要表现在以下几个方面。

（1）通过制订和实施审计计划，可使审计人员能根据具体情况收集充分、适当的证据。一般情况下，审计人员在审计计划的指导下，实施审计程序，搜集审计证据，编制审计工作底稿，并据以发表审计意见。审计计划越周详，审计人员越能收集充分、适当的审计证据。

（2）通过制订审计计划，可以保持合理的审计成本，提高审计工作的效率和质量。例如，通过审计计划，审计项目负责人可以全面了解审计工作的整体安排和各审计步骤的具体时间安排，适当掌握好审计工作的进程。助理审计人员也可以通过审计计划，明确自己在审计过程的各个阶段中应做的工作、要求以及时间安排等，做到心中有数，从而有利于做好审计工作。又比如，审计项目负责人可以通过预先的计划安排，使所有参加审计工作的人员有一个合理的分工、搭配，从而能协调一致地完成审计工作。

（3）有利于审计人员与被审计单位的合作，避免产生误解。审计人员在编制审计计划过程中，一般都要与被审计单位的有关人员就审计计划的要点和某些审计程序进行讨论。有了科学、合理的审计计划，有利于双方合作顺利地完成审计工作，避免审计人员与被审计单位产生误解。例如，假设审计组织通知被审计单位某一确切的审计完成日期，实际却由于工作人员计划不周而未能按期完成审计聘约，那么，被审计单位可能就会对审计组织产生不满情绪，甚至可能控告其违约。

作为实施审计工作的预先规划，审计计划的好坏关系到审计工作能否有条不紊地顺利进行。审计计划是高质量审计的前提，一个规划全面、可行性强的审计计划将使得之后的审计工作更加简洁和明了。因此，制订一个良好的审计计划是至关重要的工作之一。

7.1.2 审计计划的内容及编制

1．审计计划的内容

审计计划分为总体审计策略和具体审计计划两个层次。审计人员应针对总体审计策略中所识别的不同事项，制订具体审计计划，并考虑通过有效利用审计资源来实现审计目标。

总体审计策略是对审计的预期范围和实施方式所做的规划，用以确定审计的范围、时间和方向，并指导具体审计计划。

总体审计策略的基本内容包括以下方面。

（1）审计业务特征。其主要包括被审计单位的业务性质、经营背景、组织结构、主要管理人员简介及经营政策、人事和会计、财务管理等情况。

（2）审计范围。在确定审计范围时，需要考虑下列具体事项：编制拟审计的财务信息所依据的财务报告编制基础，包括是否需要将财务信息调整至按照其他财务报告编制基础编制；特定行业的报告要求，如某些行业监管机构要求提交的报告；预期审计工作涵盖的范围，包括应涵盖的组成部分的数量及所在地点；母公司和集团组成部分之间存在的控制关系的性质，以确定如何编制合并财务报表；由组成部分审计人员审计组成部分的范围；拟审计的经营分部的性质，包括是否需要具备专门知识；外币折算，包括外币交易的会计处理、外币财务报表的折算和相关信息的披露；除为合并目的执行的审计工作外，对个别财务报表进行法定审计的需求。

（3）报告目标、时间安排及所需沟通的性质。本部分包括如下内容：被审计单位对外报告的时间表，包括中间阶段和最终阶段；与管理层和治理层举行会谈，讨论审计工作的性质、时间安排和范围；与管理层和治理层讨论审计人员拟出具的报告的类型和时间安排以及沟通的其他事项（口头或书面沟通），包括审计报告、管理建议书和向治理层通报的其他事项。

与管理层讨论预期就整个审计业务中对审计工作的进展进行的沟通；与组成部分审计人员沟通拟出具的报告的类型和时间安排，以及与组成部分审计相关的其他事项；项目组成员之间沟通的预期的性质和时间安排，包括项目组会议的性质和时间安排，以及复核已执行工作的时间安排；预期是否需要和第三方进行其他沟通，包括与审计相关的法定或约定的报告责任。

（4）审计方向。总体审计策略的制定应当包括考虑影响审计业务的重要因素，以确定项目组工作方向，包括确定适当的重要性水平，初步识别可能存在较高的重大错报风险的领域，初步识别重要的组成部分和账户余额，评价是否需要针对内部控制的有效性获取审计证据，识别被审计单位、所处行业、财务报告要求及其他相关方面最近发生的重大变化等。

在确定审计方向时，审计人员需要考虑下列事项。

第一，重要性方面，具体包括：为计划目的确定重要性；为组成部分确定重要性且与组成部分的审计人员沟通；在审计过程中重新考虑重要性；识别重要的组成部分和账户余额。

第二，重大错报风险较高的审计领域。

第三，评估的财务报表层次的重大错报风险对指导、监督及复核的影响。

第四，项目组人员的选择（在必要时包括项目质量控制复核人员）和工作分工，包括向重大错报风险较高的审计领域分派具备适当经验的人员。

第五，项目预算，包括考虑为重大错报风险可能较高的审计领域分配适当的工作时间。

第六，如何向项目组成员强调在收集和评价审计证据过程中保持职业怀疑必要性的方式。

第七，以往审计中对内部控制运行有效性评价的结果，包括所识别的控制缺陷的性质及应对措施。

第八，管理层重视设计和实施健全的内部控制的相关证据，包括这些内部控制得以适当记录的证据。

第九，业务交易量规模，以及审计效率的考虑确定是否依赖内部控制。

第十，对内部控制重要性的重视程度。

第十一，影响被审计单位经营的重大发展变化，包括信息技术和业务流程的变化，关键管理人员变化，以及收购、兼并和分立。

第十二，重大的行业发展情况，如行业法规变化和新的报告规定。

第十三，会计准则及会计制度的变化。

第十四，其他重大变化，如影响被审计单位的法律环境的变化。

（5）审计资源。审计人员应当在总体审计策略中清楚地说明审计资源的规划和调配，包括确定执行审计业务所必需的审计资源的性质、时间安排和范围。其具体内容如下。

①向具体审计领域调配的资源，包括向高风险领域分派有适当经验的项目组成员，就复杂的问题利用专家工作等。

②向具体审计领域分配资源的多少，包括分派到重要地点进行存货监盘的项目组成员的人数，在集团审计中复核组成部分审计人员工作的范围，向高风险领域分配的审计时间预算等。

③何时调配这些资源，包括是在期中审计阶段还是在关键的截止日期调配资源等。

④如何管理、指导、监督这些资源，包括预期何时召开项目组预备会和总结会，预期项目合伙人和经理如何进行复核，是否需要实施项目质量控制复核等。

除了总体审计策略，审计人员应当为审计工作制订具体审计计划。具体审计计划比总体审计策略更加详细，其内容包括为获取充分、适当的审计证据以将审计风险降至可接受的低水平，项目组成员拟实施的审计程序的性质、时间和范围。可以说，为获取充分、适当的审计证据，而确定审计程序的性质、时间和范围的决策是具体审计计划的核心。具体审计计划应当包括风险评估程序、计划实施的进一步审计程序和其他审计程序。其内容包括以下方面。

①为了足够识别和评估财务报表重大错报风险，审计人员计划实施的风险评估程序的性质、时间安排和范围。

②针对评估的认定层次的重大错报风险，审计人员计划实施的进一步审计程序的性质、时间安排和范围，即控制测试和实质性程序。

③对财务报表项目之外的特殊事项实施的其他审计程序。

审计计划的繁简程度取决于被审计单位的经营规模和预定审计工作的复杂程度。

2．审计计划的编制

审计计划应由审计项目负责人编制。审计计划应形成书面文件，并在工作底稿中加以记录。审计计划的文件形式多样，其中，表格式、问卷式和文字叙述为许多审计机构所采用。无论采用哪一种形式，均要适应条件需要，不能生搬硬套，否则难以起到审计计划应有的预期效果，最终导致偏离审计目标。

在编制审计计划时，审计人员需要特别考虑以下因素：①委托目的、审计范围及审计责任；②被审计单位的经营规模及其业务复杂程度；③被审计单位以前年度的审计情况；④被审计单位在审计年度内经营环境、内部管理的变化及其对审计的影响；⑤被审计单位的持续经营能力；⑥经济形势及行业政策的变化对被审计单位的影响；⑦关联者及其交易；⑧国家新近颁发的有关法规对审计工作产生的影响；⑨被审计单位会计政策及其变更；⑩对专家、内部审计人员及其他审计人员工作的利用；⑪审计小组成员的业务能力、审计经历和对被审计单位情况的了解程度。在编制审计计划时，审计人员要结合风险导向审计的理念对审计重要性、审计风险进行适当评估。关于对审计重要性、审计风险进行评估的问题将在后文进行介绍。

在编制总体审计策略中，时间和费用预算是十分重要的内容。时间预算就是执行审计程序的每一步骤需要的人员和工作时间所做的计划。时间预算既是合理确定费用预算的基础，也是审计收费的依据，同时还是衡量审计工作进度，判断审计人员工作效率的依据。在审计实务中，时间预算往往会根据出现的新问题或审计环境发生的变化而进行相应的调整，进而可以修改费用预算，但是收费总额一般很难调整。如果调整时间预算是由于客户的原因引起的，或者是由于双方都认可未预见到的原因引起的，会计师事务所应及时通知委托人并取得谅解，收费总额调整的要求应在实际调整时间预算之前完成。时间预算的编制一般借助于时间预算表来完成。典型的时间预算表如表 7.1 所示。

如时间预算与实际耗用时间存在较大差异，审计人员应在"差异说明"栏内说明产生差异的原因。

对于具体审计计划，实际工作中，一般通过编制"审计程序表"的方式来体现。常规审计程序表格式如表 7.2 所示。

表 7.1　时间预算表　　　　　　　　　　　单位：小时

耗用时间 审计项目	去年实际 耗用时间	本年 预算	本年实际				本年实际与 预算差异	差异 说明
			总时数	其中				
				张一	王二	赵三		
合计								

表 7.2　审计程序表

××公司　　　　　　　　　　　　　　　　　总页次＿＿＿＿＿＿索引号＿＿＿＿＿＿
20××年 12 月 31 日　　　　　　　　　　　编制人＿＿＿＿＿＿日　期＿＿＿＿＿＿
××账户　　　　　　　　　　　　　　　　　复核人＿＿＿＿＿＿日　期＿＿＿＿＿＿

步骤	审计程序	执行人	执行日期	工作底稿索引
1				
2				
3				
...				

独立编制审计计划是审计人员的责任。依据审计准则规定，审计人员可与被审计单位的有关人员就总体审计策略的要点和某些审计程序进行探讨，以使审计程序与被审单位有关人员的工作相协调。审计计划应当在具体实施前下达至审计小组的全体成员。审计过程可以分为不同阶段，通常前面阶段的工作结果会对后面阶段的工作计划产生一定的影响，而后面阶段的工作过程中又可能发现需要对已制订的相关计划进行相应的更新和修改。通常来讲，这些更新和修改涉及比较重要的事项。例如，对重要性水平的修改，对某类交易、账户余额和披露的重大错报风险的评估和进一步审计程序（包括总体方案和拟实施的具体审计程序）的更新和修改等。一旦计划被更新和修改，审计工作也就应当进行相应的修正。

7.1.3　审计计划的审核

审计计划最终须经审计组织的有关业务负责人审核和批准。重大审计项目的审计计划应经主任会计师审核和批准，甚至须经审计组织最高决策层集体讨论决定。对在审核中发现的问题应及时进行相应的修改、补充、完善。对审计计划的审核和批准意见应记录于审计工作底稿。

对总体审计策略，一般审核以下主要事项：①审计目标、审计范围及重点领域的确定是否恰当；②时间预算是否合理；③审计项目组成员的选派与分工是否恰当；④对被审计单位的内部控制制度的信赖程度是否恰当；⑤对审计重要性的确定及审计风险的评估是否恰当；⑥对专家、内部审计人员及其他审计人员工作的利用是否恰当。

对具体审计计划，一般审核以下主要事项：①审计程序能否达到审计目标；②审计程序是否适合各审计项目的具体情况；③重点审计领域中各审计项目的审计程序是否恰当；④重点审计程序的制定是否恰当。

审计计划工作并非审计业务的一个孤立阶段，而是一个持续的、不断修正的过程，贯穿于整个审计业务的始终。由于未预期事项、条件的变化或在实施审计程序中获取的审计证据等原因，审计人员经常需要在审计过程中对总体审计策略和具体审计计划做出必要的更新和修改。一般来说，重大的总体审计策略的更新和修改要报经审计组织主要负责人审查批准；具体审计计划的更新和修改则授权该审计项目的负责人进行决策。

审计工作结束后，审计项目负责人还应就审计计划的执行情况，特别是对审计重点领域所做的审计程序计划的执行情况进行复核，找出并分析差异原因，以便将来制订出更切实可行的审计计划。

7.1.4 审计计划的记录

审计人员必须记录总体审计策略和具体审计计划，包括在审计工作过程中做出的任何重大更改。对总体审计策略的记录，应当包括为恰当计划审计工作和向项目组传达重大事项而做出的关键决策；对具体审计计划的记录，应当能够反映计划实施的风险评估程序的性质、时间和范围，以及针对评估的重大错报风险计划实施的进一步审计程序的性质、时间和范围。

审计人员可以使用标准的审计程序表或审计工作完成核对表，但需要根据具体审计业务的情况做出适当修改。审计人员必须记录对总体审计策略和具体审计计划做出的重大更改及其理由，以及对导致此类更改的事项、条件或审计程序结果采取的应对措施。审计人员对计划审计工作记录的形式和范围取决于被审计单位的规模和复杂程度、重要性、具体审计业务的情况以及对其他审计工作记录的范围等事项。

7.2 重要性

审计项目负责人对被审计单位的基本业务情况进行了解和执行分析性复核程序之后，应对审计工作做出规划。在编制审计计划时，审计人员还应当对重要性进行适当评估。

7.2.1 重要性的定义及适用范围

1. 重要性的定义

重要性是一个很基础的审计概念。在规划审计工作以及评价审计结果时，都应当合理运用重要性原则。重要性在审计学中是一个量化概念，是指被审计单位财务报表中错报或漏报的严重程度，这一程度在特定环境下可能影响财务报表使用者的判断或决策。也就是说，重要性取决于在具体环境下对错报金额和性质的判断。如果一项错报单独或连同其他错报可能影响财务报表使用者依据财务报表做出的经济决策，则该项错报就是重大的。我们可以将重要性视为是财务报表中包含错报、漏报能否影响财务报表使用者对财务报表全面反映的整体理解的"临界点"。超过该临界点，就会影响其做出正确判断或决策。审计人员的责任是确定财务报表是否存在重大错报，以便对财务报表表达意见。

国际会计准则委员会（International Accounting Standards Board，IASB）对重要性的定义是："如果信息的错报或漏报会影响使用者根据财务报表采取的经济决策，信息就具有重要性。"美国财务会计准则委员会（Financial Accounting Standards Board，FASB）对重要性的定义是："一项会计信息的错报或漏报是重要的，指在特定环境下，一个理性的人依赖该信息所做的决策可能因为这一错报或漏报得以变化或修正。"英国会计准则委员会（Accounting Standards Board，ASB）对重要性的定义是："错报或漏报可能影响到财务报表使用者的决策即为重要性。重要性可能在整个财务报表范围内，单个财务报表或财务报表的单个项目中加以考虑。"由此可以看出，各国对重要性的认识是基本一致的，即信息的错报或漏报可能影响到财务报表使用者的决策就是重要性。

我国审计准则对重要性的定义是："重要性取决于在具体环境下对错报金额和性质的判断。如果一项错报单独或连同其他错报可能影响财务报表使用者依据财务报表做出的经济决策，则该项错报是重要的。"理解这一定义，需要注意以下几点。

（1）如果合理预期错报（包括漏报）单独或汇总起来可能影响财务报表使用者依据财务报表做出的经济决策，则通常认为错报是重大的。

（2）对重要性的判断是根据具体环境做出的，并受错报的金额或性质的影响，或受两者共同作用的影响。

（3）判断某事项对财务报表使用者是否重大，是在考虑财务报表使用者整体共同的财务信息需求的基础上做出的。由于不同财务报表使用者对财务信息的需求可能差异很大，因此不考虑错报对个别财务报表使用者可能产生的影响。

2．重要性的适用范围

（1）审计人员在执行财务报表审计时，包括对企业及实行企业化管理的事业单位的年度和非年度财务报表进行的审计，应当运用重要性原则。

（2）审计人员在执行其他鉴证业务时如赢利预测审核等，涉及重要性原则的运用时，除非其他法规和准则有特定要求，应该参照重要性原则办理。

7.2.2　重要性的运用

1．运用重要性原则的一般要求

对重要性的评估是审计人员的一种专业判断。在确定审计程序的性质、时间和范围及评价审计结果时，审计人员必须运用重要性原则。运用重要性原则的一般要求可以从以下几个方面来理解。

（1）在审计过程中，有两种情形需要运用重要性原则，一是在确定审计程序的性质、时间和范围时，此时，重要性被看成允许经审计后未能查出错报或漏报的限度；二是在评价审计结果时，此时，重要性被看成审计报告提交使用者后又查出存在错报或漏报但仍不影响使用者决策的限度。

（2）审计人员在审计过程中需要合理运用重要性原则。运用合理，一方面可以提高审计效率，另一方面可以保证审计质量。重要性原则如果运用不当，则可能导致审计成本提高或者审计风险加大。不适当地降低重要性水平，就会增加审计成本，白白浪费了人力和时间；盲目提高重要性水平，则会加大审计风险，容易得出错误的审计结论，而错误的审计结论往往又会导致审计人员陷入法律诉讼。

（3）审计人员对重要性的评估需要运用专业判断。审计人员在对某一被审计单位进行审计时，必须根据客户面临的环境，并考虑其他因素，运用专业判断，合理确定重要性水平。由于对影响重要性的各种因素的判断存在差异，不同的审计人员对同一财务报表的重要性水平的判断就可能存在差异。

2．对金额与性质的考虑

审计人员在运用重要性原则时，应当考虑错报或漏报的金额和性质。重要性具有数量和质量两个方面的特征。一般来说，错报或漏报的金额越大，则该错报或漏报越重要。

但是，某项错报从量的方面看并不重要，如果性质严重，也应视为重要的错报或漏报。比如，涉嫌舞弊或违法行为的金额，通常被认为比相同金额的非故意错报更为重要，因为舞弊反映了管理层或其他牵涉人员的诚实性和可靠性有问题；金额小的错报因可能涉及有关法律责任后果而成为重要错报；金额并不重要的错报，因影响到被审计单位的赢利走势而可能成为重要错报。比如，如果某项错报导致亏损报告为赢利，则需要引起关注；如果可能引起履行合同义务后果，则在其他情况下被认为是不重要的错报，有可能成为重要的错报。

审计人员还要关注小金额错报或漏报的累计数，小金额错报或漏报的累计数可能会对财务报表产生重大影响，这是审计人员应当考虑到的。如果小金额错报或漏报的累计额超过重要性水平，审计人员需要考虑采取适当措施，做出必要的处理，如扩大实质性测试范围、扩大样本规模、收集更多的证据等。

3．对两个层次重要性的考虑

重要性分为两个层次，一是财务报表层次的重要性，二是账户和交易层次的重要性。审计人员应当既考虑财务报表层次的重要性水平，又考虑相关账户、交易层次的重要性水平。由于审计的目标是对财务报表发表审计意见，因此，审计人员必须考虑财务报表层次的重要性。又由于财务报表所提供的信息来源于各账户或各交易，只有通过验证各账户和各交易，才能得出财务报表是否合法、公允的整体性结论，因此，审计人员必须从两个层次考虑重要性水平。

4．重要性与审计风险之间的关系

审计人员按照审计准则实施审计工作后，合理确信财务报表不存在重大错报，然而这同时又意味着还有可能存在重大错报，这种可能性就是审计风险。审计风险与重要性之间存在着反向关系。审计风险越低，重要性水平越高，即审计风险如果较低的话，则重要性水平可以定得高些；审计风险越高，重要性水平越低，即如果估计审计风险较高，则重要性水平必须定得较低；也可以说，重要性水平确定得较低，则审计人员认为审计风险较大；重要性水平提高，则审计人员认为面临的审计风险不大。

审计人员应当考虑和熟悉重要性与审计风险之间存在的这种反向关系，保持应有的职业谨慎，合理确定重要性水平。

如果审计人员根据具体情况确定了较低的重要性水平，这就意味着被审计项目存在着较大的审计风险，因为一个较小余额的错报或漏报就会改变报表使用者的决策，而完全查出这些较小金额的错报或漏报的可能性又不大，所以审计风险加大。根据重要性与审计风险之间的这种反向关系，审计人员如果估计审计风险较大，则应适当降低重要性水平。

7.2.3 编制审计计划时对重要性的评估

1．对重要性评估的总体性要求

在编制审计计划时，应当对重要性水平做出初步判断，以确定所需审计证据的数量。重要性水平越低，应当获取的审计证据越多。这是对重要性评估所做的总体性要求，可以从以下几个方面来理解。

（1）编制审计计划时必须对重要性水平做出初步判断。在编制审计计划时，审计人员应当对审计重要性、审计风险进行适当评估。

（2）初步判断的目的是确定所需审计证据的数量。重要性是影响审计证据充分性的一个十分重要的因素。因此，审计人员在编制审计计划时，应当根据所确定的审计重要性水平，合理确定所需的审计证据，并据此决定审计程序的性质、时间和范围。

（3）重要性水平与审计证据之间呈反向关系。也就是说，重要性水平越低，应获取的审计证据越多。例如，为合理保证存货账户的错报不超过 10 000 元所需搜集的审计证据，比为了保证该账户错报不超过 20 000 元所需搜集的审计证据要多。在理解这一关系时必须注意，重要性水平不同于重要的审计项目。审计项目越重要，所需搜集的审计证据越多，例如，存货占资产总额的 30%时，比占 20%时需要更多的审计证据。

2．对重要性水平做出初步判断时应考虑的因素

审计人员需要综合考虑以下主要相关因素，并结合其审计经验，对重要性水平做出初步判断。考虑的主要因素包括：①以往审计中确定的重要性水平及其运用结果；②有关法规对财务报告的要求及其最新的变动；③被审计单位的经营规模及业务性质；④内部控制与审计风险的评估结果；⑤财务报表各项目的性质及其相互关系；⑥财务报表各项目的金额及其波动幅度等。

审计人员须在审计现场工作开始时将被认为是重要的报表错报或漏报总额确定下来。确定这一总额就是对重要性水平的初步判断。其实这一判断不一定必须进行准确的数量化，但实务中通常是从数量化开始的。它之所以被称为"对重要性水平的初步判断"，是因为它是一

种职业判断，会在审计过程中随着情况的变化而改变，即审计人员在审计过程中通常会改变其对重要性的初步判断。如果审计人员这样做，那么新的判断被称为对重要性的修正判断。

因此，对重要性水平的初步判断就是审计人员认为报表中能容忍其存在，不影响正常使用者决策的最大错报或漏报金额。这一判断是审计人员所做的最重要的决策之一，它需要大量的职业判断。重要性的初步判断受到许多因素的影响，以下两点说明可能会加深对重要性概念的认识：第一，重要性是相对概念而非绝对概念，某一程度的错报对小公司来说可能重要，但相同金额的错报对大公司来说可能并不重要；第二，评价重要性需要一定的基数，税前净利润通常是确定重要性水平的最重要的基数，因为它被使用者视为关键项目。

3．财务报表层次重要性水平的确定

确定财务报表层次重要性水平的内容包括以下方面。

（1）判断基础和计算方法。审计人员确定财务报表层次的重要性水平通常采用一个判断基础乘以一个比率的方法进行计算，故审计人员必须合理选用重要性水平的判断基础，判断基础通常包括资产总额、净资产、营业收入、净利润等。

在选定判断基础后，乘以一个百分比，得出财务报表层次的重要性水平。其中的百分比是多少并没有一个权威的规定。以下是实务中用来判断重要性水平的一些指南。

①净利润的 5%～10%（净利润较小时用 10%，较大时用 5%）。

②资产总额的 0.5%～1%。

③净资产的 1%。

④营业收入的 0.5%～1%。

一般情况下规模越大的企业，允许的错报或漏报金额的比率越小，这种做法被称为变动比率法，相应地将上述有预先确定百分比取值范围的做法称为固定比率法。一般是根据资产总额或营业收入两者中较大的一项确定一个变动百分比。

（2）财务报表层次重要性水平的选取。如果同一期间各财务报表的重要性水平不同，审计人员应当取其最低者作为财务报表层次的重要性水平。审计人员应当首先对每张财务报表确定一个重要性水平。例如，将利润表的重要性水平确定为 200 万元，将资产负债表的重要性水平确定为 400 万元。由于财务报表彼此相互关联，并且许多审计程序经常涉及两个以上的报表，例如，用以确定年底赊销是否正确地记录在适当期间的审计程序，不仅为资产负债表上的应收账款提供审计证据，而且为利润表上的销售提供审计证据，因此，在编制审计计划时，应使用被认为对任何一张财务报表都重要的最小错报总体水平，也就是说，审计人员应当选择最低的重要性水平作为财务报表层次的重要性水平。

（3）财务报表尚未编制完成时重要性水平的确定。审计人员通常在资产负债表日之前对重要性水平做出初步判断，在编制审计计划时，如果被审计单位尚未完成财务报表的编制，审计人员可以根据期中财务报表推算年度财务报表，或者根据被审计单位经营环境和经营情况变动对上年度财务报表做必要修正，得出年末财务报表数据，并据此确定财务报表层次的重要性水平。

4．账户或交易层次重要性水平的确定

账户或交易层次的重要性水平是指财务报表中的重要性水平反映到某账户或交易类别中被认为存在的错报或漏报的严重程度，达不到重要性水平的错报或漏报是审计人员可以容忍的最大错报或漏报情况。这种重要性水平也称为"可容忍错报"。例如，如果审计人员决定将总额为 50 万元的重要性初步判断金额中的 20 万元分配给存货，则存货的可容忍错报额就是 20 万元。这就意味着，只要存货中的错报不超过 20 万元，审计人员就可认为存货是公允反映的。

审计人员在制定账户或交易的审计程序前，可将财务报表层次的重要性水平分配至各账户或各类交易，也可单独确定各账户或各类交易的重要性水平。对于账户或交易层次的重要性水平的确定，既可以采用分配的方法，也可以不采用分配的方法。

审计人员在确定各账户或各类交易的重要性水平时，应当考虑以下主要因素：各账户或各类交易的性质及错报的可能性；各账户或各类交易重要性水平与财务报表层次重要性水平的关系。

无论是否采用分配的方法，审计人员均应考虑上述因素。对于重要的账户或交易，审计人员应当从严确定重要性水平；对于出现错报可能性较大的账户或交易，可以将重要性水平确定得高一些。在采用分配方法时，各账户或交易层次的重要性水平之和应当等于财务报表层次的重要性水平。

以下举例说明账户或交易层次重要性水平的确定方法。

【例 7.1】（1）采用分配的方法。采用分配方法时，分配的对象一般是资产负债表账户。假设某公司总资产的构成如表 7.3 所示，审计人员初步判断的财务报表层次的重要性水平为资产总额的 1%，即 280 万元，即资产账户可容忍的错报为 280 万元。现审计人员按这一重要性水平分配给各资产账户。

表 7.3　重要性水平的分配　　　　　　　　　　　　单位：万元

项目	金额	方案 1	方案 2
现金	1400	14	5.6
应收账款	4200	42	50.4
存货	8400	84	140
固定资产	4000	40	84
总计	28000	280	280

在表 7.3 中，方案 1 是按 1%进行同比例分配，一般来说，这并不可行，审计人员必须对其进行修正。由于应收账款和存货错报的可能性较大，故应分配较高的重要性水平，以节省审计成本，如方案 2。假定审计存货后，仅发现错报 80 万元，且审计人员认为所执行的审计程序已经足够，则可将剩下的 60 万元再分配给应收账款。

（2）采用不分配的方法。这里介绍两种不分配的方法。一种方法是某著名国际会计师事务所采用的方法。假设财务报表层次的重要性水平为 200 万元，则可根据各账户或各类交易的性质及错报的可能性，将各账户或交易的重要性水平确定为财务报表层次重要性水平的 20%～50%。审计时，只要发现该账户或交易的错报超过这一水平，就建议被审计单位调整。最后，

编制未调整事项汇总表，若未调整的错报超过 200 万元，就应建议被审计单位调整。

另一种方法是境外某会计师事务所采用的方法。该会计师事务所规定，各账户或交易的重要性水平为财务报表层次重要性水平的 1/6 ~ 1/3。假设财务报表层次的重要性水平为 180 万元，应收账款的重要性水平为这一金额的 1/3，存货为 1/5，应付账款为 1/5，则其重要性水平的金额分别为 60 万元、36 万元和 36 万元。

必须指出，在实际工作中，往往很难预测哪些账户可能发生错报，也无法事先确定审计成本的大小，所以，重要性水平的确定是一个非常困难的专业判断过程。

7.2.4 评价审计结果时对重要性的考虑

1．评价审计结果时所运用的重要性水平

随着审计人员对被审计单位了解程度的增加，审计人员评价审计结果时所运用的重要性水平，可能与编制审计计划时所确定的重要性水平初步判断数不同，如前者大大低于后者，审计人员应当重新评估所执行审计程序是否充分。因为原来较高的重要性水平意味着原来判断为较低的审计风险，据此执行的审计程序和收集的审计证据相对较少；而有了深入了解后，评价审计结果所运用的重要性水平比原来大大降低，则审计风险相应增加，这就要求执行更多的审计程序和收集更多的审计证据。

2．错报的汇总

审计人员在评价其审计结果时，应当汇总已发现但尚未调整的错报或漏报，以考虑其金额与性质是否对财务报表的反映产生重大影响。审计人员在汇总尚未调整的错报或漏报时，应当包括已发现的和推断的错报或漏报，并考虑期后事项和或有事项是否已进行处理。已发现的错报或漏报是指通过对账户或交易实施详细的实质性测试所确认的未调整错报或漏报；推断的错报或漏报是指通过审计抽样或分析程序所估计的未调整错报或漏报。

3．汇总数超过重要性水平的处理

如果尚未调整的错报或漏报的汇总数超过重要性水平，则审计人员必须考虑扩大实质性测试范围或提请被审计单位调整财务报表，以降低审计风险。如果被审计单位拒绝调整财务报表，或扩大实质性测试范围后，尚未调整的错报或漏报的汇总数仍超过重要性水平，审计人员应当发表保留意见或否定意见。这意味着当被审计单位拒绝调整财务报表，或仅部分调整财务报表，尚未调整的错报的汇总数并未得到实质性的减少时，或者当审计人员扩大实质性测试范围后，尚未调整的错报的汇总数仍然超过财务报表层次的重要性水平时，审计人员就应当考虑其发表的审计意见的类型。一般地，如果尚未调整的错报的汇总数可能影响到某个财务报表使用者的决策，但财务报表就其整体而言是公允反映的，审计人员应当发表保留意见。如果尚未调整的错报非常重要，可能影响到大多数甚至全部财务报表使用者的决策时，审计人员应当发表否定意见。

4．汇总数接近重要性水平的处理

如果尚未调整的错报或漏报的汇总数接近重要性水平，由于该汇总数连同尚未发现的错

报或漏报可能超过重要性水平，审计人员应当实施追加审计程序，或提请被审计单位进一步调整已发现的错报或漏报，以降低审计风险。被审计单位财务报表的错报除已发现的错报及推断的错报之外，还可能存在其他错报。当汇总数接近重要性水平时，如考虑该种错报，汇总数可能会超过重要性水平，审计风险就会增加，为降低审计风险，审计人员应当实施追加审计程序，或提请被审计单位进一步调整财务报表。

7.3　审计风险

审计风险有别于审计失败，审计失败一般是指注册会计师由于没有遵守审计准则的要求而发表了错误的审计意见；审计风险是指财务报表存在重大错报，注册会计师发表不恰当的审计意见的可能性。因此，审计失败和审计风险最大区别就是有无遵守审计执业准则。审计人员应该通过制订审计计划和实施审计工作获取充分、适当的审计证据，以使审计风险降至可接受的水平。

7.3.1　审计风险的组成要素及其相互关系

审计中的风险意味着审计人员在执行审计职能时要接受一定程度的不确定性。当我们说到风险时，通常是指遭受损失、伤害、不利或毁灭的可能性，审计风险也有风险的基本含义，即遭受损失的可能性。不过这种损失首先表现为审计人员提交了不恰当的审计报告，之后这种不恰当的审计报告有可能给审计人员带来损失。所以，按照我国审计准则，审计风险是指财务报表存在重大错报而审计人员发表不恰当审计意见的可能性。

原有模型中的审计风险由固有风险、控制风险和检查风险构成。其关系用公式表示如下：

审计风险=固有风险×控制风险×检查风险

固有风险是指假定被审计单位不存在相关的内部控制时，某一账户或某类交易单独或连同其他账户、其他交易产生重大错报或漏报的可能性。固有风险是被审计单位经营过程中所固有的，它源于企业的业务经营及特征，独立于财务报表而存在。因此，在审计开始时，审计人员无法改变固有风险的实际水平，但是审计人员可以改变固有风险的估计水平，并根据评价结果修正审计证据收集的数量和实质性审计程序。

控制风险是指某一账户或某类交易单独或连同其他账户、其他交易产生错报或漏报，而未能被内部控制防止、发现或纠正的可能性。有效的内部控制将降低控制风险，但并不能完全保证可防止和发现所有的重大错报，因此，控制风险不可能为零。同固有风险一样，审计人员也无法改变控制风险的实际水平，但是审计人员通过研究和评价被审计单位的内部控制，可以改变其对控制风险的估计水平。

检查风险是指某一账户或某类交易单独或连同其他账户、其他交易产生重大错报或漏报，而未能被实质性测试发现的可能性。检查风险的高低取决于审计程序设计的有效性和审计人员运用审计程序的有效性。与固有风险和控制风险不同，检查风险的实际水平随着审计人员对某项认定执行的实质性测试的性质、时间和范围的改变而改变。比如，设计有效的审计程序并实施得当可降低检查风险。

在经营风险导向审计时代，审计风险取决于重大错报风险和检查风险。它们之间的关系可用下列公式表示：

$$审计风险=重大错报风险 \times 检查风险$$

审计人员应当实施审计程序，评估重大错报风险，并根据评估结果设计和实施进一步审计程序，以控制检查风险。所谓重大错报风险是指财务报表在审计前存在重大错报的可能性。

审计人员应当考虑已识别但未更正的单独或累计的错报是否对财务报表整体产生重大影响。审计人员应当关注财务报表的重大错报，但没有责任发现对财务报表整体不产生重大影响的错报。在设计审计程序以确定财务报表整体是否存在重大错报时，审计人员应当从财务报表层次以及各类交易、账户余额、列报、认定层次考虑重大错报风险。

财务报表层次的重大错报风险通常与控制环境有关，并与财务报表整体存在广泛联系，可能影响多项认定，但难以界定某类交易、账户余额、列报的具体认定。审计人员应当评估财务报表层次的重大错报风险，并根据评估结果确定总体应对措施，这些措施包括向项目组分派更有经验或具有特殊技能的审计人员、利用专家的工作或提供更多的督导等。

审计人员应当评估认定层次的重大错报风险，并根据既定的审计风险水平和评估的认定层次重大错报风险确定可接受的检查风险水平。在既定的审计风险水平下，可接受的检查风险水平与认定层次重大错报风险的评估结果呈反向关系。评估的重大错报风险越高，可接受的检查风险越低；评估的重大错报风险越低，可接受的检查风险越高。审计人员应当获取认定层次充分、适当的审计证据，以便在完成审计工作时，能够以可接受的低审计风险对财务报表整体发表审计意见。

检查风险取决于审计程序设计的合理性以及执行的有效性。审计人员应当合理设计审计程序的性质、时间和范围，并有效执行审计程序，以控制检查风险。

7.3.2 评估重大错报风险

1. 识别和评估两个层次的重大错报风险

审计人员应当识别和评估财务报表层次以及各类交易、账户余额、列报认定层次的重大错报风险。在识别和评估重大错报风险时，审计人员应当实施下列审计程序。

（1）在了解被审计单位及其环境的整个过程中识别风险，并考虑各类交易、账户余额、列报。

（2）将识别的风险与认定层次可能发生错报的领域相联系。

（3）考虑识别的风险是否重大。

（4）考虑识别的风险导致财务报表发生重大错报的可能性。

审计人员应当利用实施风险评估程序获取的信息，包括在评价控制设计和确定其是否得到执行时获取的审计证据，作为支持风险评估结果的审计证据。审计人员应当根据风险评估结果，确定实施进一步审计程序的性质、时间和范围。

审计人员应当关注下列事项和情况可能表明被审计单位存在重大错报风险。

（1）在经济不稳定的国家或地区开展业务。

（2）在高度波动的市场开展业务。

（3）在严厉、复杂的监管环境中开展业务。

（4）持续经营和资产流动性出现问题，包括重要客户流失。

（5）融资能力受到限制。

（6）行业环境发生变化。

（7）供应链发生变化。

（8）开发新产品或提供新服务，或进入新的业务领域。

（9）开辟新的经营场所。

（10）发生重大收购、重组或其他非经常性事项。

（11）拟出售分支机构或业务分部。

（12）复杂的联营或合资。

（13）运用表外融资、特殊目的实体及其他复杂的融资协议。

（14）重大的关联方交易。

（15）缺乏具备胜任能力的会计人员。

（16）关键人员变动。

（17）内部控制薄弱。

（18）信息技术战略与经营战略不协调。

（19）信息技术环境发生变化。

（20）安装与财务报告有关的新的重大信息技术系统。

（21）经营活动或财务报告受到监管机构的调查。

（22）以往存在重大错报或本期期末出现重大会计调整。

（23）发生重大的非常规交易。

（24）按照管理层特定意图记录的交易。

（25）应用新颁布的会计准则或相关会计制度。

（26）会计计量过程复杂。

（27）事项或交易在计量时存在重大不确定性。

（28）存在未决诉讼和或有负债。

审计人员应当确定，识别的重大错报风险是与特定的某类交易、账户余额、列报的认定相关，还是与财务报表整体广泛相关，进而影响多项认定。财务报表层次的重大错报风险很可能源于薄弱的控制环境。薄弱的控制环境带来的风险可能对财务报表产生广泛影响，难以限于某类交易、账户余额、列报，审计人员应当采取总体应对措施。在评估重大错报风险时，审计人员应当将所了解的控制与特定认定相联系。控制与认定直接或间接相关；关系越间接，控制对防止或发现并纠正认定错报的效果越小。审计人员可能识别出有助于防止或发现并纠正特定认定发生重大错报的控制。在确定这些控制是否能够实现上述目标时，审计人员应当综合考虑控制活动和其他要素。

2．需要特别考虑的重大错报风险

作为风险评估的一部分，审计人员应当运用职业判断，确定哪些识别的风险是需要特别考虑的重大错报风险。在确定哪些风险是特别风险时，审计人员应当在考虑识别出的控制对相关风险的抵消效果前，根据风险的性质、潜在错报的重要程度以及发生的可能性，判断风险是否属于特别风险。在确定风险的性质时，审计人员一般考虑下列事项。

（1）是否有舞弊迹象。

（2）是否与近期经济环境、会计核算和其他方面的重大变化有关。

（3）交易的复杂程度。

（4）是否涉及重大的关联方交易。

（5）财务信息计量的主观程度，尤其要认识到不确定事项的计量存在宽广的区间。

（6）是否涉及异常或超出正常业务范围的重大交易。

特别风险通常与重大的非常规交易和判断事项有关。非常规交易，是指由于金额或性质异常而不经常发生的交易。由于非常规交易具有下列特征，与重大非常规交易相关的特别风险可能导致更高的重大错报风险。

（1）管理层更多地介入会计处理。

（2）数据收集和处理涉及更多的人工成分。

（3）复杂的计算或会计处理方法。

（4）非常规交易的性质可能使被审计单位难以对由此产生的特别风险实施有效控制。

由于下列原因，与重大判断事项相关的特别风险可能导致更高的重大错报风险。

（1）对涉及会计估计、收入确认等方面的会计原则存在不同的理解。

（2）所要求的判断可能是主观和复杂的，或需要对未来事项做出假设。

对于特别风险，审计人员应当评价相关控制的设计情况，并确定其是否已经得到执行。与重大非常规交易或判断事项相关的风险很少受到日常控制的约束，审计人员应当了解被审计单位是否针对该特别风险设计和实施了控制。如果管理层未能实施控制以恰当应对特别风险，审计人员应当认为内部控制存在重大缺陷，并考虑其对风险评估的影响。

3．仅通过实质性程序无法应对的重大错报风险

作为风险评估的一部分，如果认为仅通过实质性程序获取的审计证据无法将认定层次的重大错报风险降至可接受的最低水平，那么审计人员应当评价被审计单位针对这些风险设计的控制，并确定其执行情况。在被审计单位对日常交易采用高度自动化处理的情况下，审计证据可能仅以电子形式存在，其充分性和适当性通常取决于自动化信息系统相关控制的有效性，审计人员应当考虑仅通过实施实质性程序不能获取充分、适当审计证据的可能性。如果认为仅通过实施实质性程序不能获取充分、适当的审计证据，审计人员应当考虑依赖的相关控制的有效性。

4．对重大错报风险评估的修正

审计人员对认定层次重大错报风险的评估应以获取的审计证据为基础，并可能随着不断获取审计证据而做出相应的变化。如果通过实施进一步审计程序获取的审计证据与初始评估

获取的审计证据相矛盾，审计人员应当修正风险评估结果，并相应修改原计划实施的进一步审计程序。

7.3.3　检查风险的评估基础

检查风险是指如果存在某一错报，该错报单独或连同其他错报可能是重大的，审计人员为将审计风险降至可接受的低水平而实施程序后没有发现这种错报的风险。检查风险取决于审计程序设计的合理性和执行的有效性。由于审计人员通常并不对所有的交易、账户余额和披露进行检查，以及其他原因，检查风险不可能降低为零。其他原因包括审计人员可能选择了不恰当的审计程序，审计过程执行不当，或者错误解读了审计结论。这些其他因素可以通过适当计划，在项目组成员之间进行恰当的职责分配，保持职业怀疑态度以及监督、指导和复核助理人员所执行的审计工作得以解决。

在既定的审计风险水平下，可接受的检查风险水平与认定层次重大错报风险的评估结果呈反向关系。评估的重大错报风险越高，可接受的检查风险越低；评估的重大错报风险越低，可接受的检查风险越高。

鉴于重大错报风险的评估对检查风险有直接影响，重大错报风险的水平越高，审计人员就应实施越详细的实质性测试程序，并着重考虑其性质。例如，针对存货和产品销售成本项目，除实施分析程序外，还应对其余额（金额）进行细节测试，以将检查风险降至可接受的水平。

7.3.4　检查风险对确定实质性测试的影响

不论重大错报风险的评估结果如何，审计人员都应当对各重要账户或交易类别进行实质性测试。然而，审计人员实施的实质性测试，其性质、时间和范围的决定，最终取决于根据重大错报风险水平所确定的可接受的检查风险。可接受的检查风险水平与实质性测试的性质、时间和范围的关系如表7.4所示。

表 7.4　检查风险与实质性测试的性质、时间和范围的影响

实质性测试可接受的检查风险	性　　质	时　　间	范　　围
高	分析程序和交易测试为主	期中审计为主	较小样本 较少证据
中	分析程序、交易测试以及余额测试结合运用	期中审计、期末审计和期后审计结合运用	适中样本 适量证据
低	余额测试为主	期末审计和期后审计为主	较大样本 较多证据

7.3.5　审计风险与审计意见的类型

检查风险不仅影响审计人员所实施的实质性测试的性质、时间和范围，而且影响审计人员所发表审计意见的类型。如果经过实施有关实质性测试后，审计人员仍认为与某一重要账

户或交易类别的认定有关的检查风险不能降至可接受的水平，那么，就应当发表保留意见或无法表示意见。这是因为如果不能将重要账户或交易类别的检查风险降至可接受的水平，审计人员将难以确定有多少重大错报无法通过实质性测试予以发现，财务报表的部分或全部认定是否合法、公允也难以确定。在这种情况下，最明智的做法是发表保留意见或无法表示意见。

![复习题] 复习题

一、简答题

1. 总体审计计划和具体审计计划包括哪些内容？

2. 如何理解审计重要性？审计人员在审计过程中为什么要考虑重要性？

3. 审计人员如何确定审计重要性水平？

4. 如何理解审计风险？审计风险的构成要素有哪些？这些要素之间具有怎样的关系？

5. 审计风险、审计证据与重要性水平之间是怎样的关系？这样的关系对审计过程有何影响？

二、分析题

1. 重要性水平的确定

【资料】注册会计师对 ABC 公司 2014 年度财务报表进行审计时，取得未经审计的有关财务报表项目金额如表 7.5 所示。

表 7.5　未经审计的有关财务报表项目　　　　　　　　　单位：万元

财务报表项目名称	金　额
资产总计	180 000
股东权益合计	88 000
主营业务收入	240 000
利润总额	36 000
净利润	24 120

【要求】

（1）如果以资产总额、净利润（股东权益）、主营业务收入和净利润作为判断基础，采用固定比率法，并假定资产总额、净资产、主营业务收入和净利润的固定百分比数值分别为 0.5%、1%、0.5%、5%，请你代表注册会计师计算确定 ABC 公司 2014 年度财务报表层次的重要性水平，并列示计算过程。

（2）简要说明重要性和审计证据的关系。

（3）简要说明重要性和审计风险的关系。

2. 评估重大错报风险

【资料】H 会计师事务所接受 ABC 公司的委托，审计其 2014 年的财务报表。公司以前年度是由 K 会计师事务所审计的，并对 2013 年的财务报表出具了带强调事项段的保留意见。在接受委托之前，主管此项业务的 H 会计师事务所合伙人 A 注册会计师经公司的允许与 K 会计师事务所进行了沟通，了解到公司的一些信息。以下为 A 注册会计师了解的部分信息：

（1）ABC 公司是一家高新技术企业，拥有多项高新技术，在高新行业内属于佼佼者；

（2）日益激烈的市场竞争与国际高新技术企业的加入使公司变现能力和赢利能力恶化；

（3）公司的管理层最大限度地"挤压利润"，竭尽全力地使报告的收入和每股收益最大化。在 2013 年度，公司的收入被 K 会计师事务所的注册会计师调减了 1 000 万元，占原报告收入的 25%，同时调减利润 300 万元，占原报告收入的 50%；

（4）公司管理层不愿意接受审计调整；董事会中无审计委员会，内部审计部门形同虚设；

（5）公司大多数交易采用计算管理系统进行核算，核算系统内部控制政策和程序比较健全，但对资产的控制很差；最近实现的电算化系统中的固定资产记录并不是很准确。而且，该公司银行账户也安排银行出纳人员全负责；

（6）公司 2013 年财务报表附注中提到了一起由该公司竞争对手所提起的诉讼，称 ABC 公司某项高新技术的知识产权存在侵权问题。K 会计师事务所在 2013 年度审计报告中增加了一个强调说明段，表示了对 ABC 公司持续经营能力的怀疑；

（7）公司 2010～2013 年 3 年的总收益水平持续下降，但是非经营活动收益率呈上升趋势，2014 年度未经审计的净收益比 2013 年有大幅上升，同时增长幅度最大的是经营活动收益率。

【要求】请结合上述材料回答以下问题：

（1）根据所了解的情况，你认为 ABC 公司的重大错报风险水平是高、中还是低？为什么？

（2）根据题目所给的信息，你认为 ABC 公司认定层次的重大错报风险集中的领域是哪些？

第8章 内部控制系统及其评审

本章学习要点

1. 了解内部控制与审计的关系
2. 理解内部控制系统的含义
3. 掌握内部控制要素与内部控制的内容
4. 掌握财务报告内部控制的含义
5. 理解内部控制要素与财务报告认定的关系
6. 掌握内部控制审计报告及意见类型

　　风险导向审计强调从宏观上了解被审计单位及其环境，包括内部控制，以充分识别和评估财务报表重大错报风险，即实施风险评估程序。审计人员要依赖被审计单位的内部控制系统并需要对其内部控制进行测试，以便判断其财务报表存在重大错报的可能性，并据此确定进一步实质性程序的性质、时间和范围。通过本章的学习，应该掌握内部控制的概念、内部控制的测试及相应的风险评审及其应对措施。

8.1　内部控制系统

　　内部控制是被审计单位为了合理保证财务报告的可靠性、经营的效率和效果以及对法律法规的遵守，由治理层、管理层和其他人员设计与执行的政策及程序。具体地说，内部控制系统是指一个单位的董事会、监事会、经理层，为了实现其发展战略，提高经营活动的效率，确保信息的正确、可靠，保护财产的安全、完整，遵循相关的法律法规，利用单位内部因分工而产生的相互制约、相互联系的关系，形成一系列具有控制职能的方法、措施、程序，并予以规范化、系统化，使之组成一个严密的、较为完整的体系。内部控制系统是管理现代化的必然产物，其产生和发展促使审计工作从全面详细审计发展成为以抽样测试为基础的系统导向审计。审查和评价被审计单位的内部控制系统是现代审计的重要特征。

8.1.1　内部控制的发展

　　内部牵制是内部控制产生的源头，经历了一系列的发展演变，逐渐形成了较为科学的系统体系。

1．内部牵制阶段

20 世纪 40 年代以前，内部牵制这一概念盛行，其主要特点为：以任何个人或部门不能单独控制任何一项或一部分业务权力的方式进行组织的责任分工。一般来说，内部牵制的执行大致可分为以下四类。

实物牵制。例如，把保险柜的钥匙交给两个以上工作人员持有。如果不同时使用这两把以上的钥匙，保险柜就打不开。

机械牵制。例如，保险柜的门若非按正确程序操作就打不开。

体制牵制。采用双重控制预防错误和舞弊的发生。

簿记牵制。定期将明细账与总账进行核对。在现代内部控制理论中，内部牵制仍占有重要地位，成为有关组织机构控制和职务分离控制的基础。

2．内部控制阶段

1949 年美国注册会计师协会的审计程序委员会在《内部控制：一种协调制度要素及其对管理当局和独立注册会计师的重要性》的报告中，对内部控制首次做出权威性定义："内部控制包括组织机构的设计和企业内部采取的所有相互协调的方法与措施，以保护企业财产、检查会计信息的准确性，提高经营效率和推动企业坚持执行既定的管理政策和规章制度。"这一范围广泛的定义及其相应的解释，在当时被普遍认为是对理解内部控制这一概念的重大贡献。

3．会计控制和管理控制阶段

1958 年美国注册会计师协会下属的审计程序委员会发布的《审计程序公告第 29 号》对内部控制定义重新进行表述，将内部控制划分为会计控制和管理控制。会计控制包括组织规划的所有方法和程序，这些方法和程序与财产安全以及财务记录可靠性有直接的联系。会计控制包括授权与批准制度、从事财务记录和审核与从事经营或财产保管职务分离的控制、财产的实物控制和内部审计。管理控制包括但不限于确保交易由管理当局授权的组织结构、程序及有关记录。内部管理控制包括组织规划的所有方法和程序，这些方法和程序主要与经营效率和贯彻管理方针有关，通常只与财务记录有间接关系。管理控制一般包括统计分析、时效研究即工作节奏研究、业绩报告、员工培训计划和质量控制。

4．内部控制结构阶段

20 世纪 80 年代以后，西方会计、审计界研究的重点逐步从一般含义向具体内容深化。1988 年美国注册会计师协会发布《审计准则公告第 55 号》，从 1990 年 1 月起取代 1972 年发布的《审计准则公告第 1 号》。该公告首次以"内部控制结构"代替"内部控制"，指出"企业的内部控制结构包括为提供取得企业特定目标的合理保证而建立的各种政策和程序"。内部控制结构是指为了实现特定公司目标提供合理保证而建立的一系列政策和程序构成的有机整体，包括控制环境、会计系统及控制程序三个部分。

（1）控制环境。其反映董事会、管理者、业主和其他人员对控制的态度和行为，具体包括管理哲学和经营作风、组织结构、董事会及审计委员会的职能、人事政策和程序、确定职权和责任的方法、管理者监控和检查工作时所用的控制方法。

（2）会计系统。其规定各项经济业务的确认、归集、分类、分析、登记和编报方法。一个有效的会计制度包括以下内容：鉴定和登记一切合法的经济业务；对各项经济业务进行适当分类，作为编制财务报表的依据；计量经济业务的价值以使其货币价值能够在财务报表中记录；确定经济业务发生的时间，以确保它记录在适当的会计期间；在财务报表中恰当地表述经济业务及有关的揭示内容。

（3）控制程序。这是指管理层制定的政策和程序，以保证达到一定的目的。它包括经济业务和活动的批准权；明确各员工的职责分工；充分的凭证、账单设置和记录；资产和记录的接触控制；业务的独立审核等。

5．内部控制整体框架阶段

进入 20 世纪 90 年代，人们对内部控制的研究进入了一个全新的阶段。1992 年，美国反对虚假财务报告委员会下属的由美国会计学会、美国注册会计师协会、美国国际内部审计人员协会、美国财务经理协会和美国管理会计学会等组织参与的发起组织委员会（COSO）发布报告"内部控制——整合框架"，即"COSO 报告"，该报告具有广泛的适用性。1996 年美国注册会计师协会发布《审计准则公告第 78 号》，并从 1997 年 1 月起取代 1988 年发布的《审计准则公告第 55 号》，将内部控制定义为：由一个企业的董事会、管理层和其他人员实现的过程，旨在为下列目标提供合理保证：①财务报告的可靠性；②经营的效果和效率；③符合适用的法律和法规。审计准则将内部控制划分为五种要素，分别是：控制环境、风险评估、控制活动、信息与沟通、监控。这五种要素使内部控制成为一个整体。

（1）控制环境，构成一个单位的氛围，影响内部管理人员控制其他要素的基础。其包括员工的诚实性和道德观、员工的胜任能力、董事会或审计委员会、管理哲学和经营方式、组织结构、授予权利和责任的方式以及人力资源政策和实施。

（2）风险评估，指管理层识别并采取相应的行动来管理对经营、财务报告、符合性目标有影响的内部或外部风险，包括风险识别和风险分析。

（3）控制活动，指对所确认的风险采取必要的措施，以保证单位目标得以实现的政策和程序，包括业绩评价、信息处理、实物控制和职责分离。

（4）信息与沟通，指为了使职员执行其职责，企业必须识别、捕捉、交流外部和内部信息。沟通是使员工了解其职责，保持对财务报告的控制的一种方式，包括使员工了解在会计准则中他们的工作如何与他人相联系，如何对上级报告例外情况。沟通的方式有政策手册、财务报告手册、备查簿，以及口头交流或管理示例等。

（5）监控，指评价内部控制质量的进程，即对内部控制改革、运行及改进活动进行评价、监督和控制，包括内部审计以及与单位外部人员、团体进行交流。

上述五项要素实际上内容广泛，相互关联。控制环境是其他控制要素的基础，在规划控制活动时，必须对企业可能面临的风险进行细致的了解和评估；风险评估和控制活动必须借助企业内部信息的有效沟通；最后，实施有效的监控以保障内部控制的实施质量。

6．内部控制整合框架——风险管理阶段

2004 年 4 月，美国 COSO 委员会在广泛吸收各国理论界和实务界研究成果的基础上，颁布了《企业风险管理框架》。该框架在 1992 年 COSO 的内部控制整体框架报告的基础上建立

企业风险管理框架，将企业管理的重心由内部控制转向风险管理。相对于内部控制整体框架而言，新的 COSO 报告增加了一个观念，即"风险组合观"；一个目标，即"战略目标"；两个概念，即"风险偏好"和"风险容忍度"；三个要素，即"目标制定"、"事项识别"和"风险反应"。企业风险管理包括八个相互关联的要素，各要素贯穿在企业的管理过程之中。

（1）内部环境。企业的内部环境是其他所有风险管理要素的基础，为其他要素提供规则和结构。内部环境包含的内容很多，包括企业员工的价值观、人员的胜任能力和发展计划、管理者的经营模式、权限和职责的分配方式等。董事会是内部环境的重要组成部分，对其他内部环境要素具有重要的影响。企业的管理者也是内部环境的一部分，其职责是建立企业风险管理理念。

（2）目标制定。管理者根据企业确定的任务或预期制定企业的战略目标，选择战略并确定其他与之相关的目标进而在企业内层层分解和落实。企业风险管理就是给企业管理者提供一个适当的过程，既能够帮助制定企业的目标，又能够将目标与企业的任务或预期联系在一起，并且保证制定的目标与企业的风险偏好相一致。企业的目标包括战略目标、经营目标、报告目标以及合法性目标。

（3）事项识别。不确定性的存在，即管理者不能确切地知道某一事项是否会发生、何时发生或者事项发生后的结果，使得企业的管理者需要对这些事项进行识别。潜在事项对企业可能有正面、负面的影响或者两者同时存在。

（4）风险评估。管理者应从两个方面对风险进行评估——风险发生的可能性和影响。风险发生的可能性是指某一特定事项发生的可能性，影响则是指事项的发生将会带来的影响。对于风险的评估应从企业战略和目标的角度进行：首先，应对企业的固有风险进行评估；其次，管理者应在对固有风险采取有关管理措施的基础上，对企业的剩余风险进行评估。

（5）风险反应。风险反应可以分为规避风险、减少风险、共担风险和接受风险四类。规避风险是指采取措施退出会给企业带来风险的活动。减少风险是指减少风险发生的可能性，减少风险的影响或两者同时减少。共担风险是指通过转嫁风险或与他人共担风险，降低风险发生的可能性或降低风险对企业的影响。接受风险则是不采取任何行动而接受可能发生的风险及其影响。

（6）控制活动。控制活动是帮助保证风险反应方案得到正确执行的相关政策和程序。控制活动是企业为实现其商业目标而执行的过程的一部分，通常包括两个要素：确定应该做出什么样的政策及影响该政策的一系列程序。

（7）信息和沟通。来自企业内部和外部的相关信息必须以一定的格式和时间间隔进行确认、捕捉和传递，以保证企业的员工能够执行各自的职责。有效的沟通包括企业内自上而下、自下而上及横向的沟通，还包括将相关信息与企业外部相关方的有效沟通和交换等。

（8）监控。对企业风险管理的监控是指评估风险管理要素的内容和运行以及一段时期的执行质量的一个过程。企业可以通过两种方式对风险管理进行监控——持续监控和个别评估。持续监控和个别评估都是用来保证企业的风险管理在企业内各管理层面和各部门持续得到执行。

8.1.2 建立内部控制的必要性

内部控制是一种有效的现代管理技术，由于其自身的存在符合经济、社会发展的需要而被广泛应用。作为一门分支学科，内部控制引起了一些专业学术团体和机构的高度重视。其根源在于内部控制不仅是对企业进行科学管理的需要，也是遵守法规的需要，同时还是面对风险，权衡成本与效益后的选择结果。

1．基于科学管理的需求

所有权与经营权的分离是审计产生与发展的一大原因。内部控制作为审计的一部分，其发展动力也离不开这一原因。第二次世界大战之后，科学技术飞速发展，经济的国际化趋势日益明显，生产和资本高度集中，企业的组织规模越来越大，经营业务也日趋复杂化、多样化。拥有众多子公司的跨国公司大量涌现，管理跨度的扩大、经营地点的分散、控制权力层次的变化使得跨国公司面临的管理任务更加艰巨。这样，借助各种财务报告、统计资料来分析考核各个部门和子公司的工作业绩、经营效率和效果成为各大公司的普遍现象。然而，企业管理当局获取的各种信息是否真实、可靠，他们下达的计划、指令是否得到了有效的执行，这些都令人生疑。

规模的扩大和内部职能部门的增多使得企业更需要协调一致，节约资源，防止工作差错和舞弊，提高经营效率，以便在愈加激烈的市场竞争中立于不败之地，这就在客观上要求企业建立完善的包括组织结构和业务程序在内的具有自我控制和自我调节功能的管理机制。于是，内部控制作为一种有效的管理工具应运而生，它能够帮助企业管理当局对其实现目标的各种活动进行有效的组织、制约、考核和调节，为各种信息的准确性和可靠性以及各类活动达到预期的目标提供合理的保证。

2．基于法律、法规的需求

企业是否建立内部控制以及在哪些方面设置内部控制，在相当长的时期，均由企业管理当局根据需要自主决定。1977 年 12 月美国国会通过的《反国外贿赂法》(Foreign Corrupt Practices. Act，FCPA)，除规定禁止各种形式的行贿或具有行贿可疑的行为之外，还要求在 SEC 管辖下的每一家公司都应建立内部控制制度，必须拥有持续的内部会计控制，以合理保证所有交易事项都得到企业管理当局的授权和认可。随着《反国外贿赂法》的颁布，1978 年 2 月证券交易委员会发布了《证券交易法》(第 14478 号公告)，题为"颁布 1977 年反国外贿赂法的通知"；对受该法约束的上市公司，要审查其会计程序、内部会计控制制度和营业惯例，以促使它们采取符合法律要求的必要措施。

《中华人民共和国会计法》（简称《会计法》）第二十七条规定，"各单位应当建立、健全本单位内部会计监督制度。" 2001 年 6 月 22 日，财政部以财会[2001]41 号文件发布了《内部会计控制规范——基本规范（试行）》和《内部会计控制规范——货币资金（试行）》。2002 年 12 月 23 日财政部又以财会[2002]21 号文件发布了《内部会计控制规范——采购与付款（试行）》和《内部会计控制规范——销售与收款（试行）》。这四个规范的发布实施，对于深入贯彻《会计法》，强化单位内部会计监督，整顿和规范社会主义市场经济秩序，必将发挥十分重要的作用。

因此，企业建立有效的内部控制是应履行的一项法律责任，同时，检查和评价客户的内部会计控制也成为外部审计人员进行年度财务报表审计不可缺少的内容，这也促使企业致力于建立健全内部控制，以赢得良好的社会声誉。

3．基于成本—效益原则的需求

当今社会，企业处于不断变动的内外部环境之中，一些因素要求企业加强内部控制，而另外一些因素则要求企业减少控制。因此，在建立内部控制的过程中，就要求企业针对自己所面临的风险，根据成本—效益原则的要求，选择能够实现"控制过度"与"控制不足"的总成本最小化的控制水平。客观上要求企业加强内部控制的因素如下。

（1）避免违规。企业面临的潜在违规风险包括环境保护、职工安全等。如果企业事先设置了相关内部控制程序，可能就会避免这种损失。

（2）降低处罚。有些法律在对企业犯罪量刑时，依据犯罪的严重程度与企业内部控制的有效程度来决定对企业的处罚。如果企业设有能够预防和发现违法行为的有效的内部控制制度，则可以大大降低对企业的处罚。

（3）减少欺诈。近年来，企业发生的内外部欺诈案件呈上升趋势。在这些发生内外部欺诈的公司中，内部控制薄弱是其共同特征。如果企业设有有效的内部控制制度，则可以大大减少欺诈。

（4）管理跨国公司风险。在海外经营的跨国企业会面临不同于国内的政治、经济、文化风险，由于交易活动的复杂性还会产生国际税收、汇率波动等风险，这就要求企业专门设立管理这些风险的内部控制制度。

（5）树立良好社会形象。由于信息透明度的增大，企业一旦发生欺诈行为、管理不善或违反法规、被处罚款，就会引起社会新闻媒介的广泛关注，造成公司股票价格的剧烈波动，甚至给公众留下公司管理失控的不良印象。内部控制有助于预防此类问题的发生，并且在问题发生时能够提供给新闻界已妥善处理的补救程序。

（6）加强政府管制。安然事件等一系列公司财务舞弊案件的发生引致了 2002 年《萨班斯—奥克斯利法案》公布实施，其中第 404 条款要求在 SEC 备案的上市公司必须提交年度内部控制自我评价报告，作为向 SEC 提交的财务报告的组成部分。在这份内部控制自我评价报告中，要求管理层报告公司当前财务报告内部控制的质量，并要求负责财务报表审计的会计师事务所对财务报告内部控制加以审计。

由此看来，控制不足可能导致财务信息不实、违反法律法规、资源使用无效率、财产损失、无法实现企业目标等，但控制过度又可能导致压抑雇员积极性、浪费有限资源、控制过程过分复杂、降低顾客满意度等。在一个动态的竞争环境中，这两方面都可能影响企业的竞争能力。企业必须确认自己所面临的风险，运用成本—效益分析，来选择使控制总成本最小化的最优控制水平，建立适合企业具体情况的内部控制。

8.1.3　内部控制的目标和要素

1．内部控制的目标

1949 年，美国注册会计师协会审计程序委员会公布的内部控制权威定义中，提出了四大内部控制目标，即保护企业财产安全，检查会计信息的准确性与可靠性，提高经营效率，促进企业遵循既定的管理政策。这四大目标为许多国家所接受和应用。

1992 年 COSO 报告在得到各界普遍认可的内部控制概念中提出的目标有三大类：一是营运目标，与企业资源使用的效率和效果有关，包括绩效和获利目标，以及保障资产的安全，使其免受损失；二是财务报告目标，与编制对外公布的财务报表的可靠性有关，包括防止对外公布财务报告的不实；三是遵循目标，与企业遵循相关法律法规有关，它们受外界因素（如环境保护法）的影响。这些法令规定了企业的最低行为标准。

2008 年中国财政部、证监会、审计署、银监会、保监会联合发布了《企业内部控制基本规范》，提出内部控制的目标主要包括以下内容。

（1）确保企业战略的实现。

（2）运营的效果和效率。

（3）财务报告的可靠性。

（4）资产的安全、完整。

（5）符合相关的法律和法规。

2．内部控制的要素

内部控制的内容是由基本要素组成的。企业内部控制的建立一般是根据其特征和需求设计的，例如企业规模、所处行业、业务构成、管理目标等。目前国内外审计界在讲述、设计和评价内部控制时，多采用美国 COSO 委员会提出的内部控制五要素框架，五要素框架具有较强的理论可取性和实践可行性，我国财政部会同证监会、审计署、银监会、保监会制定的《企业内部控制基本规范》仍然采用该框架。以五要素框架为基础的内部控制包括下列要素：①控制环境；②被审计单位的风险评估过程；③与财务报告相关的信息系统（包括相关的业务流程）和沟通；④控制活动；⑤对控制的监督。

控制环境。控制环境包括治理职能和管理职能，以及治理层和管理层对内部控制及其重要性的态度、认识和措施。同时，控制环境是企业内部控制的基础，它反过来又影响企业各级管理人员和一般员工的控制意识。控制环境的具体内容主要包括以下几个方面：诚信原则和道德价值观；员工的胜任能力和公司的人力资源政策；管理理念和经营风格；组织结构和管理层的安排；职权与责任的分配。

风险评估。每个企业都面临来自内部和外部的不同风险，对这些风险都必须加以评估。评估风险的先决条件是制定目标。风险评估就是分析和辨认实现所定目标可能发生的风险。具体包括：目标、风险、环境变化后的管理，等等。

信息和沟通。企业在实现其经营目标和计划的过程中，需要通过从上到下和从下到上的各种形式的信息进行沟通，以使企业的目标和计划转化为员工的责任和行动。所以现代企业必须建立完善的信息系统保障沟通的顺畅。信息系统不仅处理企业内部所产生的信息，而且也要处理与外部发生联系的各种信息。企业的各级管理者和所有员工必须能够从最高管理层明确地得到其应承担责任的信息，同时企业最基层的行动信息也必须向上级各层管理部门进行传递，企业内部的信息也需要以适当的方式向企业外界的客户、供应商、政府管理机构和股东等做有效的沟通。

与财务报告相关的信息系统所生成信息的质量，对管理层能否做出恰当的经营管理决策以及编制可靠的财务报告具有重大影响。与财务报告相关的信息系统通常包括下列职能：①识别与记录所有的有效交易；②及时、详细地描述交易，以便在财务报告中对交易做出恰当分类；③恰当计量交易，以便在财务报告中对交易的货币金额做出准确记录；④恰当确定交易生成的会计期间；⑤在财务报表中恰当列报交易及相关披露。

控制活动。企业管理阶层辨识风险，继之应针对这种风险发出必要的指令。控制活动是确保管理层的指令得以执行的政策及程序，如核准、授权、验证、调节、复核营业绩效、保障资产安全及职务分工等。控制活动在企业内的各个阶层和职能之间都会出现，主要包括：高层经理人员对企业绩效进行分析，对相关部门进行管理，对信息处理的控制，实体控制，绩效指标的比较、分工。

对控制的监督。对控制的监督是指被审计单位评价内部控制在一段时间内运行有效性的过程，该过程包括及时评价控制的设计和运行，以及根据情况的变化采取必要的纠正措施。内部控制系统有效发挥作用离不开得到适当的、持续的监督。

适当的和持续的监督活动伴随着生产经营活动的进行而进行，它包括例行的专门监督活动和履行职务所采取的行动。尽管经常性持续监督程序可以有效地评价内部控制体系，但企业有时需要组织例外的评估活动以直接检查某些控制系统的有效性，或发现有可能出现控制漏洞的薄弱环节后进行的监督检查。例外评估的范围和频率视风险的大小及控制的重要性而定。内部控制存在缺陷时要从下向上报告，反馈至适当的管理层。

以上是五要素的基本概念。与会计责任和审计责任的划分原则相一致，建立和维护一个单位的内部控制是该单位治理层和管理层的责任，而不是审计人员的责任，但是被审计单位内部控制状况可以影响审计人员的工作，所以审计人员需要了解和测试被审计单位的内部控制。

8.1.4 内部控制系统的种类

企业的内部控制系统涉及生产经营的各个环节和各个部门，各个环节和部门均可根据自身业务特点和工作范围建立内部控制系统。这些不同的内部控制系统可以按照不同的标志进行科学分类，以有利于加深对内部控制系统的认识。

内部控制系统按要素分类，可分为控制环境、风险评估、控制活动、信息与沟通以及监控。这五项分类要素的内涵与内部控制要素的内涵基本一致。

按工作范围分类，可分为内部管理控制系统与内部会计控制系统。其内容如下。

（1）内部管理控制系统，是以提高经营效率、工作效率为目的，用于行政和业务管理方面的方法、措施和程序。如劳动组织、劳动工资、人事内部控制系统；质量检验内部控制系统；技术设计内部控制系统；情报资料内部控制系统；电子计算机操作内部控制系统；材料供应、产品生产、产品销售内部控制系统，等等。

（2）内部会计控制系统，是以保护财产物资和确保会计资料可靠性为目的，用于会计业务和与之相关的其他业务管理方面的方法、措施和程序。如现金、银行存款内部控制系统；成本、费用管理内部控制系统；资产管理内部控制系统；利润及其分配管理内部控制系统；记账程序内部控制系统；会计凭证保管、整理、归档内部控制系统；会计电算化内部控制系统，等等。

按建立的目的分类，可以分为保护财产物资的内部控制系统、保证会计资料可靠性和正确性的内部控制系统，以及保证经济活动合法性和效益性的内部控制系统。其内容如下。

（1）保护财产物资的内部控制系统。保护财产物资的内部控制系统是以流动资产、固定资产和其他资产为对象，规定购入、验收、入库、保管、使用、维修、计量等职责和权限、手续和程序。如材料验收控制系统；入库、出库控制系统；限额领用控制系统；产品盘点控制系统；现金管理控制系统；机器设备维修、保养控制系统等。

（2）保证会计资料可靠性和正确性的内部控制系统。保证会计资料可靠性和正确性的内部控制系统是以会计凭证、会计账簿和财务报表为对象，规定了会计核算的组织形式、方法和程序，保证会计资料及其他信息资料的可靠性和正确性。如财产计价控制系统；成本计算规程控制系统；财产清查控制系统；记账程序控制系统；账证、账账、账表和账实核对控制系统；会计人员岗位责任系统；电算化会计操作控制系统，等等。

（3）保证经济活动合法性和效益性的内部控制系统。保证经济活动合法性和效益性的内部控制系统是以经济活动为对象，规定了经济活动必须遵守的规范和程序以及控制经济活动的方法、措施。这类控制系统范围较广，包括行政和业务部门的内部控制系统和会计部门的内部控制系统，如材料采购控制系统和现金控制系统；成本、费用控制系统；产品销售控制系统；目标利润控制系统；财务成果分配控制系统；基建工程控制系统，等等。

按控制方式分类，可分为预防性内部控制系统与察觉性内部控制系统。其内容如下。

（1）预防性内部控制系统。预防性内部控制系统是指那些目的在于防止差错和舞弊行为的发生而设置的措施和程序。如出纳与会计必须由两个人担任，开具银行支票的必须与掌管印章的相分离，销售开发票的必须与收款的相分离等，都属于防患于未然的预防性内部控制系统。

（2）察觉性内部控制系统。察觉性内部控制系统是指当错弊行为发生后，能够立即自动发出信号，并及时采取纠正或补救的方法、措施和程序。如定期进行结账、对账，定期进行财产清查、核对账实，定期交换人员工作等，都属于察觉性内部控制系统。

8.1.5 内部控制的内容

要对内部控制进行评审，首先必须充分了解其构成内容。由于每个单位的性质、业务、规模等不同，内部控制系统的具体内容也不尽相同。概括起来，内部控制的构成可分为如下几个方面。

1. 合规、合法性控制

建立和健全企业内部控制系统必须符合国家财经政策、法令和财经制度的规定，每一项经济业务活动必须控制在合规、合法的范围内。如一切会计凭证都必须由会计部门认真审核、把关，对不合规、不合法的经济业务应坚决予以揭露和制止；生产和销售的产品必须符合质量要求，不许以次充优或生产销售伪劣产品，等等。

2. 授权、分权控制

企事业单位规模不断扩大，环节日益增多，业务纷繁，企事业单位管理层不可能事必躬亲，包揽一切事务。因此，必须将事、权进行合理划分，对下级授权、分权，规定各级人员处理某些事务的权力。在授权、分权范围内，授权者或分权者有权处理有关事务；未经批准和授权，不得处理有关经济业务。这样，把各项经济业务在其发生之际就加以控制，使各级业务人员都能在其位谋其政。权和责是相互联系的，建立内部控制系统时，必须将每个单位或个人按其所授权力或所分权力与应负的责任相联系，制定岗位责任制，明确岗位应予履行的任务及其应负的责任，并定期进行检查，做到事事有人管，人人有专责，办事有标准，工作有检查，从而对各项经济业务进行控制。例如，一项经济业务，其核准、经办、复核、验收、审批等都应在制度中予以充分说明，做到分工负责，权责分明。

3. 不相容职务控制

建立内部控制系统，必须对某些不相容职务进行分离，应分别由两人以上担任，以便相互核对、相互牵制、防止舞弊。不相容职务指集中于一人办理时，发生差错或舞弊的可能性就会增加的两项或几项职务。如经管现金和银行存款的出纳与负责总账登记的会计，就属于不相容职务。企业对不相容职务应该加以严格控制和分离。其具体内容如下。

（1）经济业务处理的分工。这是指一项经济业务的全过程不应由一个人或一个部门单独处理，应分割为若干环节，分属不同的岗位或人员管理。具体要求是：授权进行某项经济业务和执行该项业务的职务要分离；执行某项经济业务和审查该项业务的职务要分离；执行某项经济业务和记录该项业务的职务要分离；记录某项经济业务与审核该项经济业务的职务要分离。

（2）资产记录与保管的分工。实行这种分工的目的在于保护资产的安全、完整。具体要求是：保管某项物资和记录该项物资的职务要分离；保管物资与核对该项物资账实是否相符的职务要分离；记录总账和记录明细账的职务要分离；登记日记账和登记总账的职务要分离；贵重物品仓库的钥匙由两个人分别持有。

（3）各职能部门具有相对独立性。这种独立性体现在：一是各职能部门之间是平级关系，而非上下级从属关系；二是各职能部门的工作有明确分工，不存在责任共担、成绩均享的关系。

4. 业务程序标准化控制

为提高办事效率，实现科学化管理，现代企业一般将每一项业务活动都划分为六个步骤：授权、主办、核准、执行、记录和复核。按照标准化处理程序的要求，会计部门的每一个工作人员必须有严密的组织分工，会计资料力求做到统一格式、统一编号、专人填制、专人保管，防止混乱、丢失。

5．复查核对控制

为了保证会计信息的可靠性，规定各项经济业务必须经过复查核对，以免发生差错和舞弊。对业已完成的经济业务记录进行复查核对是控制记录，使其正确可靠的重要方法。复查核对一般分为两种：一种是将记录与所记的事物相核实；另一种是记录之间的相互复查核对。通过这两种复查核对，能进一步保证记录真实、完整、正确。复查核对的内容包括凭证之间的复查核对，凭证和账簿之间的复查核对，账簿和报表之间的复查核对，账簿之间的复查核对等。建立严格的复查核对制度，有利于及时发现并改正会计记录中的错误，做到证、账、表相符。

6．人员素质控制

内部控制系统实施是否有效，关键取决于实施内部控制系统人员的素质。要使内部控制系统的功能按预定的目标正常发挥，必须配备与承担的职务相适应的高素质人员。否则，即使内部控制系统本身十分完美，实施的效果也难以令人满意。人员的素质包括良好的思想品德和职业道德，较高的业务素质和专业技能，较广博的知识水平，而且还包括接受职业继续教育和培训。人员素质的控制除了对人员本身的素质提出较高要求外，还应对人员的选择、使用和培训采取一定的措施和办法，以控制内部控制系统执行人员的素质。

对人员素质的控制，除上述内容外，还包括对人员的职务进行定期轮换，以增加对某项职务的全面复核，从而达到控制的目的。有关职务实行定期轮换是实践中证明行之有效的控制措施，不仅使某项职务的承担人员发生的错弊能在短时间内被发现、纠正，而且可以促使工作人员兢兢业业工作，以便交接时经得起检查，从而增强内部控制的功能。

8.2 财务报告内部控制

8.2.1 财务报告内部控制的含义

21 世纪，随着法律法规对内部控制提出新要求，在内部控制的发展过程中，出现了财务报告内部控制（Internal Control Over Financial Reporting）这一新提法。SEC 在 2002 年发布的 33-8138 号提案中首次对财务报告内部控制进行了解释，即财务报告内部控制的目的是确保公司设计的控制程序能为下列事项提供合理的保证：公司的业务活动经过合理的授权；保护公司的资产，避免未经授权或不恰当的使用；业务活动被恰当地记录并报告，从而保证上市公司的财务报告符合公认会计原则的编报要求。该定义与美国 2002 年《萨班斯—奥克斯利法案》103 条款中要求注册会计师进行内部控制审计的内容保持一致，并且符合美国注册会计师协会发布的审计准则公告 319 条款的规定。

另外，COSO 在 1994 年对内部控制框架修订时，单独对保证财务报告可靠性的内部控制进行了说明，分析列举了内部控制五要素中对财务报告可靠性产生影响的因素。尽管内部控制三个目标之间存在着重叠，各项控制措施几乎都服务于一个以上的目标，很难确定哪些控制是属于财务报告可靠性的内部控制，但是 COSO 报告仍然认为，应该对于保证财务报告可靠性的内部控制进行界定以确保对财务报告可靠性的内部控制能满足财务报告使用者的合理预期。

由此可见，财务报告内部控制是专为合理保证财务报告的可靠性这一目标而提出的，既然将财务报告内部控制这一概念单独从内部控制中分离出来，说明在保证财务报告可靠性方面，内部控制的确发挥着不可忽视的作用。

8.2.2 内部控制对财务报告的影响

有效的内部控制系统的目标之一是保证财务报告的可靠性，但保证财务报告的可靠性并不是内部控制系统的全部。一方面，有效的内部控制系统只能合理保证财务报告的可靠性；另一方面，没有内部控制系统的企业财务报告不一定不可靠，财务报告一旦不可靠，则企业的内部控制系统必定无效。

有效的内部控制能确保会计核算系统中确认、计量、记录、报告各步骤都具有真实、合法的凭据，并减少核算中的差错，最终提供真实、可靠的财务报告。无论哪一个控制环节出现问题，都可能会产生记录核算错误或者给不法分子以可乘之机，诱发舞弊，造成虚假的财务报告。

除了业务控制程序和活动外，内部控制其他组成部分也制约着财务报告的真实性、可靠性。如组织结构、内部审计和人员素质因素等。尽管这些因素对会计核算系统的影响是间接的，但是任何一个因素出现问题都会严重影响内部控制系统甚至会计核算系统的有效运行，最终产生不可靠的财务报告信息。

8.2.3 内部控制要素与财务报告认定的关系

内部控制与财务报告可靠性的关系具体体现在内部控制五要素与财务报告的五大认定之间的关系上。财务报告中所包含的有关管理当局的认定如下。

（1）存在或发生。所有资产、负债和所有者权益在资产负债表项目中必须存在，并且所有利润表中的收入、费用，利润都必须在当期发生。

（2）完整性。财务报告包括所有的交易、资产、负债和所有者权益。

（3）权利和义务。在财务报告中，企业拥有资产的权利和偿还负债的义务。

（4）估价或分摊。财务报告中的资产、负债、所有者权益、收入、费用、利润和亏损是根据公认的会计准则来确定的。

（5）表达与披露。财务报告中记录的数据按照公认的会计原则被合理地分类和披露。

特定的内部控制要素与财务报告认定的关系主要内容如下。

（1）内部环境与财务报告认定的关系。内部控制中的基础性要素是控制环境，其对财务报告认定的实现有重大的影响。如果管理层缺乏正直的品格和良好的道德，加上面临改善盈余的内部或外部压力，则可能会有意错报，从而影响整个财务报告的认定。完善的人力资源政策能够确保执行政策和程序的人员具有胜任能力和正直的品行。管理层对风险的态度可能会影响财务报告的表述。

（2）风险评估与财务报告认定的关系。如果企业面临重大的经营风险或财务风险，企业与成本、收益有关的经营目标通过努力无法实现时，则负责预算的员工可能会有意去粉饰实际结果，以达到预算目标。当员工的工资或薪水与预算的有利差异紧密相关时，这种错报的可能性就加大了。在这种情况下，存在或发生、完整性和估价认定的可靠性就值得怀疑。为减少这种可能性，企业必须客观地评估面临的风险，设置的计划和预算指标应满足如下条件：这种计划和预算所设立的目标应是可实现的，并清晰地说明达到目标的可靠性策略，这些目标和策略与负责具体预算的人确实相关。因此，在制定预算时，应仔细评估实现目标所存在的重要风险。

（3）控制活动与财务报告认定的关系。用于防止和发现会计记录差错的控制活动加强了会计信息系统的功能，有助于产生更为可靠的财务报告，这些控制活动包括批准、授权、安全控制、职责分工等。安全控制用于保护企业的资产，以确保资产安全和记录可靠，与降低存在或发生、完整性、估价或分摊认定的控制风险有关。

（4）信息和沟通与财务报告认定的关系。信息的确认和收集保证财务报告所提供信息的完整性；对信息的处理有助于信息的分类和记录，对记录的适当控制有助于估价认定的实现，对分类的适当控制有助于表达与披露、权利和义务认定的实现；信息的报告是企业编制财务报告的过程，影响财务报告质量的各个方面。沟通大大加强了各个认定的可靠性。财务报告有效的沟通还要求明确地将相关职责分配给执行控制程序的员工，使相关的员工清楚如何进行控制，以及自身在内部控制系统中的角色和责任，这同样会增强财务报告的可靠性。

（5）内部监督与财务报告认定的关系。对内部控制进行内部监督的目的是确保其他内部控制要素如设计时一样得到有效执行。内部监督影响各个认定的实现。

8.3　内部控制的描述

审计人员在充分了解企业内部控制的情况后，应当采用适当的方法将了解的内部控制情况记录下来，形成审计工作底稿。审计人员可采用文字说明法、调查表法和流程图法等方法对内部控制进行描述。

8.3.1　文字说明法

文字说明是对客户内部控制通过书面描述的形式进行的记录。对内部控制制度和相关控制点的恰当文字说明一般具备以下四个特征。

（1）说明制度中每份凭证和每个记录的来源。例如，文字说明应当指出顾客订单从何而来，销售发票如何产生。

（2）说明已发生的全部业务处理过程。例如，销售额是计算机程序以发货数量乘以货物标准价格来确定的说明。

（3）制度中每份凭证和每个记录的处置。凭证归档，寄给顾客或者销毁，都应当反映。

（4）指出与估定控制风险有关的控制点。这通常包括职责分工（如现金记录职能与现金收付职能相分离）、授权与批准（如赊销的批准）、内部验证（如销售单价与销售合同相比较）。

表 8.1 是对某企业产成品收发环节的内部控制所做的文字描述。

表 8.1　某企业产成品收发的内部控制

2014 年 12 月

产成品仓库由陈兴师傅负责。产成品入库时，仓库会同质量检验处根据生产车间入库单的数量、等级验收产成品，并由仓库填写产成品验收入库单。验收入库单一式三联：第一联由仓库留存登记产成品卡片，第二联交销售处登记产成品明细账，第三联连同生产车间的入库单交会计处登记总账。各产成品销售部门均由专人负责签发出库单。产成品发出时，由销售部门填制出库单，凭一式三联的出库单向仓库要求发出产成品。仓库发出产成品后，将第一联出库单留存登记产成品卡片，第二联交销售处登记产成品明细账，第三联交会计处登记产成品总账和明细账。

产成品的收发采用永续盘存制记录，按计划成本计价。

销售处每月编制产成品收发存月报，并报送会计处。经管产成品明细账的会计员孙六根据销售处送来的收发存月报，与产成品明细账核对，并编制产成品收发汇总表。孙六同志根据产成品明细账登记产成品总账，并据以结转产品销售成本。发出和库存产成品的成本差异按月进行调整。

评价：产成品收发的内部控制系统不够健全。出库单的传递不尽合理，据以登记产成品总账和明细账的都是出库单的第三联，无法起到总账对明细账的驾驭作用。产成品总账和明细账都是由孙六同志登记，不相容职务未进行分离。

以上两点，说明产成品收发的内部控制系统存在着明显的弱点。

审计员：×××

2014 年 12 月 9 日

8.3.2　流程图法

内部控制流程图是运用符号和图形来反映客户的业务处理过程和相应凭证及其在组织内部有序流动过程的示意图。流程图也应当采取一定的形式表示出上述文字说明所应具备的四个特征。

流程图可以提供客户制度的概况，是审计人员进行评价的有用工具。编制完善的流程图便于更清楚地了解制度的运行，从而可以帮助识别制度中的不足之处。流程图是一种反映制度特征的好方法，查看图表要比阅读文字说明更容易。此外，流程图的更新也比文字说明更容易。不过，有时可以把文字说明和流程图结合起来使用。图 8.1 是销售与收款循环业务的流程图。

8.3.3　调查表法

内部控制调查表对每一个审计单元的控制点提出一系列问题，作为提示审计人员内部控制可能存在缺陷的工具。在大多数情况下，所设计的问题都要求给予"是"或"否"的回答，如果回答"否"，就表明内部控制可能存在缺陷。

表 8.2 是某公司销售和收款循环内部控制调查表的一部分，该调查表的设计结合使用了五个业务审计目标。可以将调查表与流程图结合起来使用，这也许是了解客户制度的较好方

法。流程图可以反映出制度的总体概况，调查表则是提醒审计人员各种应当存在的控制点的清单。如果使用得当，两者结合起来可以为审计人员提供非常好的制度说明。

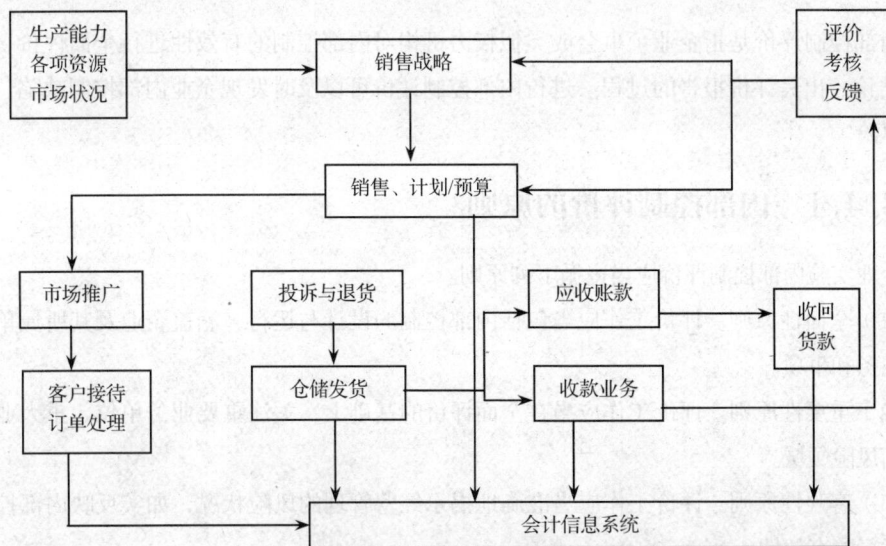

图 8.1　销售与收款循环业务流程图

表 8.2　销售业务内部控制调查表

被调查单位：某股份有限公司　　　　　　　　　　　调查时间：2014 年 12 月 10 日
调查内容：销售业务内部控制系统　　　　　　　　　被调查人：刘学友等

目标和问题	是	否	不适用	注释
1. 记录的销售业务是否有经授权的发货单位和经审批顾客订单为依据？				
2. 对顾客的赊销是否经信用负责人审核批准？				
3. 任何商品出库是否都要求有预先连续编号的书面发货单？是否列明具体发货地点？				
4. 销售发票是否预先编号并做说明？是否保证所有发货都已开票？				
5. 是否保留发货记录并保证入账？				
6. 发货单与销售发票上的数量是否经过独立核对？				
7. 是否采用经授权的价目表？				
8. 是否按月给顾客发送对账单？				
9. 已入账的销售与发票存根是否已经过独立核对？				
10. 已入账的销售与库存商品是否已经过独立核对？				
11. 发货单类别与入账类别是否已经过独立核对？				
12. 入账的销售类别是否正确？				

　　一般来说，最好是利用被审计方编制的文字说明和流程图，再让被审计方填写内部控制调查表。如果无法从被审计方那里取得易懂的和可靠的文字说明、流程图和调查表（这种情况经常发生），则审计人员必须亲自编制。

8.4 内部控制评价

内部控制评价是指企业董事会或类似权力机构对内部控制的有效性进行全面评价、形成评论结论、出具评价报告的过程。进行内部控制评价可以及时发现企业内部控制缺陷、防范经营风险。

8.4.1 内部控制评价的原则

企业实施内部控制评价应当遵循下列原则。

（1）全面性原则。评价工作应当包括内部控制的设计与运行，涵盖企业及其所属单位的各种业务和事项。

（2）重要性原则。评价工作应当在全面评价的基础上，关注重要业务单位、重大业务事项和高风险领域。

（3）客观性原则。评价工作应当准确地揭示经营管理的风险状况，如实反映内部控制设计与运行的有效性。

企业应当根据评价指引，结合内部控制设计与运行的实际情况，制定具体的内部控制评价办法，规定评价的原则、内容、程序、方法和报告形式等，明确相关机构或岗位的职责权限，落实责任制，按照规定的办法、程序和要求，有序开展内部控制评价工作。企业董事会应当对内部控制评价报告的真实性负责。

8.4.2 内部控制评价的内容

内部控制测试的内容可以包括内部控制五要素，对每个要素从两个方面进行测试，一是控制设计测试，二是控制执行测试。实施控制设计测试，要解决的问题是被审计单位的控制政策和制度是否设计合理和适当，是否能够发现、防止并纠正财务报表认定层次的重大错报。实施控制执行测试，要解决的问题是被审计单位的控制政策和制度是否确实发挥了作用，是否确实发现、防止并纠正了财务报表认定层次的重大错报，这其中需要审计人员关注三个基本问题：每项控制是怎样设计和应用的，是否在年度中一贯应用，控制的实施者是谁。

（1）控制环境测试。审计人员需要取得本章前面所述的控制环境各组成要素的有关信息，然后利用这些信息来评价治理层和管理层对控制重要性的态度和意识。例如，审计人员可以就企业生产计划、生产要素价格和各类预算等控制政策和制度的设计与运行情况进行测试，通过向有关工作人员询问、阅读相关文件、观察业务处理、追查计划或预算与实际的差异的处理方法来对控制环境加以评价。

（2）风险评估测试。审计人员要检查客户的风险评估制度的设计是否合理、有效，要通过询问、观察、核对等手段确定管理部门如何识别与财务报告有关的风险，如何评价其重要性和发生的可能性，以及如何决定应对各种风险所应采取的必要行动，以此来确定管理部门的风险评估过程。

（3）控制活动测试。在大多数审计中，审计人员测试控制环境和风险评估的方法大致相同，测试控制活动的方法却有较大差别。被审计单位的控制活动中有大量的控制点显示控制的实施，在测试阶段通常可以识别出许多控制点，审计人员可以通过测试确定这些控制点是否确实发挥作用。

（4）信息和传递测试。审计人员要调查客户信息及其传递制度是否有明确具体的设计，设计是否合理，通过观察和检查弄清客户的有关信息是如何生成、处理和传递的，信息到达不同人员之后，这些人员是如何反应和决策的。

（5）对监督的测试。对于监督，审计人员需要进行的测试首先是弄清客户所采用的监督活动的主要类型，以及怎样通过这些监督活动对内部控制进行必要的调整。最常用的调查方法是与管理部门进行讨论。

8.4.3 内部控制评价的程序

企业内部控制评价程序一般包括：制定评价工作方案、组成评价工作组、实施现场测试、认定控制缺陷、汇总评价结果、编报评价报告等环节。

企业可以授权内部审计部门或专门机构（以下简称内部控制评价部门）负责内部控制评价的具体组织实施工作。

（1）制定评价工作方案。企业内部控制评价部门应当拟订评价工作方案，明确评价范围、工作任务、人员组织、进度安排和费用预算等相关内容，报经董事会或其授权机构审批后实施。

（2）组成评价工作组。企业内部控制评价部门应当根据经批准的评价方案，组成内部控制评价工作组，具体实施内部控制评价工作。评价工作组应当吸收企业内部相关机构熟悉情况的业务骨干参加。评价工作组成员对本部门的内部控制评价工作应当实行回避制度。

企业可以委托中介机构实施内部控制评价。为企业提供内部控制审计服务的会计师事务所不得同时为同一企业提供内部控制评价服务。

（3）实施现场测试。内部控制评价工作组应当对被评价单位进行现场测试，综合运用个别访谈、调查问卷、专题讨论、穿行测试、实地查验、抽样和比较分析等方法，充分收集被评价单位内部控制设计和运行是否有效的证据，按照评价的具体内容，如实填写评价工作底稿，研究分析内部控制缺陷。

（4）认定控制缺陷。内部控制缺陷包括设计缺陷和运行缺陷。企业对内部控制缺陷的认定，应当以日常监督和专项监督为基础，结合年度内部控制评价，由内部控制评价部门进行综合分析后提出认定意见，按照规定的权限和程序进行审核后予以最终认定。

内部控制评价工作组应当根据现场测试获取的证据，对内部控制缺陷进行初步认定，并按其影响程度分为重大缺陷、重要缺陷和一般缺陷。

重大缺陷是指一个或多个控制缺陷的组合，可能导致企业严重偏离控制目标。

重要缺陷是指一个或多个控制缺陷的组合，其严重程度和经济后果低于重大缺陷，但仍有可能导致企业偏离控制目标。

一般缺陷是指除重大缺陷、重要缺陷之外的其他缺陷。

（5）汇总评价结果。企业内部控制评价工作组应当建立评价质量交叉复核制度，评价工作组负责人应当对评价工作底稿进行严格审核，并对所认定的评价结果签字确认后，提交企业内部控制评价部门。

企业内部控制评价部门应当编制内部控制缺陷认定汇总表，结合日常监督和专项监督发现的内部控制缺陷及其持续改进情况，对内部控制缺陷及其成因、表现形式和影响程度进行综合分析和全面复核，提出认定意见，并以适当的形式向董事会、监事会或者经理层报告。重大缺陷应当由董事会予以最终认定。

企业对于认定的重大缺陷，应当及时采取应对策略，切实将风险控制在可承受范围之内，并追究有关部门或相关人员的责任。

（6）编报评价报告。企业应当设计内部控制评价报告的种类、格式和内容，明确内部控制评价报告编制程序和要求，按照规定的权限报经批准后对外报出。

内部控制评价报告应当分别内部环境、风险评估、控制活动、信息与沟通、内部监督等要素进行设计，对内部控制评价过程、内部控制缺陷认定及整改情况、内部控制有效性的结论等相关内容做出披露。

内部控制评价报告至少应当披露下列内容。

①董事会对内部控制报告真实性的声明。

②内部控制评价工作的总体情况。

③内部控制评价的依据。

④内部控制评价的范围。

⑤内部控制评价的程序和方法。

⑥内部控制缺陷及其认定情况。

⑦内部控制缺陷的整改情况及重大缺陷拟采取的整改措施。

⑧内部控制有效性的结论。

内部控制评价报告应当报经董事会或类似权力机构批准后对外披露或报送相关部门。企业内部控制评价部门应当关注自内部控制评价报告基准日至内部控制评价报告发出日之间是否发生影响内部控制有效性的因素，并根据其性质和影响程度对评价结论进行相应调整。

企业应当以 12 月 31 日作为年度内部控制评价报告的基准日。内部控制评价报告应于基准日后 4 个月内报出。

8.5　内部控制审计

8.5.1　内部控制审计程序

企业内部控制审计是指会计师事务所接受委托，对特定基准日内部控制设计与运行的有效性进行审计。

注册会计师可以单独进行内部控制审计，也可将内部控制审计与财务报表审计整合进行，即整合审计。在整合审计中，注册会计师应当对内部控制设计与运行的有效性进行测试，以同时实现下列目标：①获取充分、适当的证据，支持其在内部控制审计中对内部控制有效性发表的意见；②获取充分、适当的证据，支持其在财务报表审计中对控制风险的评估结果。

内部控制审计程序主要包括以下内容。

1．计划审计工作

注册会计师应当恰当地计划内部控制审计工作，配备具有专业胜任能力的项目组，并对助理人员进行适当的督导。

在计划审计工作时，注册会计师应当评价下列事项对内部控制、财务报表以及审计工作的影响。

（1）与企业相关的风险。

（2）相关法律法规和行业概况。

（3）企业组织结构、经营特点和资本结构等相关重要事项。

（4）企业内部控制最近发生变化的程度。

（5）与企业沟通过的内部控制缺陷。

（6）重要性、风险等与确定内部控制重大缺陷相关的因素。

（7）对内部控制有效性的初步判断。

（8）可获取的、与内部控制有效性相关的证据的类型和范围。

注册会计师应当以风险评估为基础，选择拟测试的控制，确定测试所需收集的证据。内部控制的特定领域存在重大缺陷的风险越高，给予该领域的审计关注就越多。

注册会计师应当对企业内部控制自我评价工作进行评估，判断是否利用企业内部审计人员、内部控制评价人员和其他相关人员的工作以及可利用的程度，相应减少可能本应由注册会计师执行的工作。

注册会计师利用企业内部审计人员、内部控制评价人员和其他相关人员的工作，应当对其专业胜任能力和客观性进行充分评价。与某项控制相关的风险越高，可利用程度就越低，注册会计师应当更多地对该项控制亲自进行测试。

注册会计师应当对发表的审计意见独立承担责任，其责任不因为利用企业内部审计人员、内部控制评价人员和其他相关人员的工作而减轻。

2．实施审计工作

注册会计师应当按照自上而下的方法实施审计工作。自上而下的方法是注册会计师识别风险、选择拟测试控制的基本思路。注册会计师在实施审计工作时，可以将企业层面控制和业务层面控制的测试结合进行。

注册会计师测试企业层面控制，应当把握重要性原则，至少应当关注以下内容。

（1）与内部环境相关的控制。

（2）针对董事会、经理层凌驾于控制之上的风险而设计的控制。

（3）企业的风险评估过程。

（4）对内部信息传递和财务报告流程的控制。

（5）对控制有效性的内部监督和自我评价。

注册会计师测试业务层面控制应当把握重要性原则，结合企业实际、企业内部控制各项应用指引的要求和企业层面控制的测试情况，重点对企业生产经营活动中的重要业务与事项的控制进行测试。注册会计师应当关注信息系统对内部控制及风险评估的影响。

注册会计师在测试企业层面控制和业务层面控制时，应当评价内部控制是否足以应对舞弊风险。

注册会计师应当测试内部控制设计与运行的有效性。如果某项控制由拥有必要授权和专业胜任能力的人员按照规定的程序与要求执行，能够实现控制目标，表明该项控制的设计是有效的。如果某项控制正在按照设计运行，执行人员拥有必要授权和专业胜任能力，能够实现控制目标，表明该项控制的运行是有效的。

注册会计师应当根据与内部控制相关的风险，确定拟实施审计程序的性质、时间安排和范围，获取充分、适当的证据。与内部控制相关的风险越高，注册会计师需要获取的证据应越多。注册会计师在测试控制设计与运行的有效性时，应当综合运用询问适当人员、观察经营活动、检查相关文件、穿行测试和重新执行等方法。

注册会计师在确定测试的时间安排时，应当在下列两个因素之间做出平衡，以获取充分、适当的证据。

（1）尽量在接近企业内部控制自我评价基准日实施测试。

（2）实施的测试需要涵盖足够长的期间。

注册会计师对于内部控制运行偏离设计的情况（即控制偏差），应当确定该偏差对相关风险评估，需要获取的证据以及控制运行有效性结论的影响。

在连续审计中，注册会计师在确定测试的性质、时间安排和范围时，应当考虑以前年度执行内部控制审计时了解的情况。

3．评价控制缺陷

内部控制缺陷按其成因分为设计缺陷和运行缺陷，按其影响程度分为重大缺陷、重要缺陷和一般缺陷。

注册会计师应当评价其识别的各项内部控制缺陷的严重程度，以确定这些缺陷单独或组合起来是否构成重大缺陷。

在确定一项内部控制缺陷或多项内部控制缺陷的组合是否构成重大缺陷时，注册会计师应当评价补偿性控制（替代性控制）的影响。企业执行的补偿性控制应当具有同样的效果。

表明内部控制可能存在重大缺陷的迹象主要包括以下几点。

（1）注册会计师发现董事、监事和高级管理人员舞弊。

（2）企业更正已经公布的财务报表。

（3）注册会计师发现当期财务报表存在重大错报，而内部控制在运行过程中未能发现该错报。

（4）企业审计委员会和内部审计机构对内部控制的监督无效。

4．完成审计工作

注册会计师完成审计工作后，应当取得经企业签署的对内部控制的书面声明。书面声明应当包括下列内容。

（1）企业董事会认可其对建立健全和有效实施内部控制负责。

（2）企业已对内部控制的有效性做出自我评价，并说明评价时采用的标准以及得出的结论。

（3）企业没有利用注册会计师执行的审计程序及其结果作为自我评价的基础。

（4）企业已向注册会计师披露识别出的所有内部控制缺陷，并单独披露其中的重大缺陷和重要缺陷。

（5）企业对于注册会计师在以前年度审计中识别的重大缺陷和重要缺陷是否已经采取措施予以解决。

（6）企业在内部控制自我评价基准日后，内部控制是否发生重大变化，或者存在对内部控制具有重要影响的其他因素。

企业如果拒绝提供或以其他不当理由回避书面声明，注册会计师应当将其视为审计范围受到限制，解除业务约定或出具无法表示意见的内部控制审计报告。

注册会计师认为审计委员会和内部审计机构对内部控制的监督无效的，应当就此以书面形式直接与董事会和经理层沟通。书面沟通应当在注册会计师出具内部控制审计报告之前进行。

注册会计师应当与企业沟通审计过程中识别的所有控制缺陷。对于其中的重大缺陷和重要缺陷，应当以书面形式与董事会和经理层沟通。注册会计师应当对获取的证据进行评价，形成对内部控制有效性的意见。

注册会计师对在审计过程中注意到的非财务报告内部控制缺陷，应当区别具体情况予以处理。

（1）注册会计师认为非财务报告内部控制缺陷为一般缺陷的，应当与企业进行沟通，提醒企业加以改进，但无须在内部控制审计报告中说明。

（2）注册会计师认为非财务报告内部控制缺陷为重要缺陷的，应当以书面形式与企业董事会和经理层沟通，提醒企业加以改进，但无须在内部控制审计报告中说明。

（3）注册会计师认为非财务报告内部控制缺陷为重大缺陷的，应当以书面形式与企业董事会和经理层沟通，提醒企业加以改进；同时应当在内部控制审计报告中增加非财务报告内部控制重大缺陷描述段，对重大缺陷的性质及其对实现相关控制目标的影响程度进行披露，提示内部控制审计报告使用者注意相关风险。

5．出具审计报告

注册会计师在完成内部控制审计工作后，应当出具内部控制审计报告。标准内部控制审计报告应当包括下列要素。

（1）标题。内部控制审计报告的标题应当统一规范为"内部控制审计报告"。

（2）收件人。内部控制审计报告的收件人是指注册会计师按照业务约定书的要求致送内部控制审计报告的对象，一般是指内部控制审计业务的委托人。内部控制审计报告应当载明收件人的全称。

（3）引言段。内部控制审计报告的引言段应当说明企业的名称和内部控制已经审计，并包括下列内容。

①指出内部控制审计依据。

②提及管理层对内部控制的评估报告。

③指明内部控制的评价截止日期。

（4）企业对内部控制的责任段。应当说明按照《企业内部控制基本规范》、《企业内部控制应用指引》、《企业内部控制评价指引》的规定，建立健全和有效实施内部控制，并评价其有效性是企业董事会的责任。

（5）注册会计师的责任段。注册会计师的责任段应说明的责任是注册会计师在实施审计工作的基础上，对财务报告内部控制的有效性发表审计意见，并对注意到的非财务报告内部控制的重大缺陷进行披露。

（6）内部控制固有局限性的说明段。内部控制的固有局限性说明段应说明内部控制具有固有局限性，存在不能防止和发现错报的可能性。此外，由于情况的变化可能导致内部控制变得不恰当，或对控制政策和程序遵循的程度降低，根据内部控制审计结果推测未来内部控制的有效性具有一定风险。

（7）财务报告内部控制审计意见段。审计意见段应说明按照《企业内部控制基本规范》和相关规定在所有重大方面保持了有效的财务报告内部控制。

（8）非财务报告内部控制重大缺陷描述段。非财务报告内部控制重大缺陷描述段应说明在内部控制审计过程中，我们注意到公司的非财务报告内部控制存在重大缺陷。由于存在上述重大缺陷，我们提醒本报告使用者注意相关风险。需要指出的是，我们并不对公司的非财务报告内部控制发表意见或提供保证。

（9）注册会计师的签名和盖章。内部控制审计报告应当由注册会计师签名并盖章。

（10）会计师事务所的名称、地址及盖章。内部控制审计报告应当载明会计师事务所的名称和地址，并加盖会计师事务所公章。

（11）报告日期。内部控制审计报告应当注明报告日期。报告的日期不应早于注册会计师获取充分、适当的证据（包括管理层认可对内部控制及评估报告的责任且已批准评估报告的证据），并在此基础上对内部控制形成内部控制审计意见的日期。

6. 关注期后事项

对于企业内部控制自我评价基准日并不存在，但在该基准日之后至审计报告日之前内部控制可能发生变化，或出现其他可能对内部控制产生重要影响的因素，注册会计师应当询问是否存在这类变化或影响因素，并获取企业关于这些情况的书面声明。

注册会计师知悉对企业内部控制自我评价基准日内部控制有效性有重大负面影响的期后事项的，应当对财务报告内部控制发表否定意见。

注册会计师不能确定期后事项对内部控制有效性的影响程度的，应当出具无法表示意见的内部控制审计报告。

7．记录审计工作

注册会计师应当编制内部控制审计工作底稿，完整记录内部控制审计工作情况。

注册会计师应当在审计工作底稿中记录下列内容。

（1）内部控制审计计划及重大修改情况。

（2）相关风险评估和选择拟测试的内部控制的主要过程及结果。

（3）测试内部控制设计与运行有效性的程序及结果。

（4）对识别的控制缺陷的评价。

（5）形成的审计结论和意见。

（6）其他重要事项。

8.5.2　内部控制审计报告

注册会计师应当对获取的证据进行评价，形成对内部控制有效性的意见。注册会计师在完成内部控制审计工作后，应当出具内部控制审计报告。

注册会计师应根据对内部控制有效性的审计结论，出具下列内部控制审计意见之一的审计报告。

（1）无保留意见。

（2）带强调事项段的无保留意见。

（3）否定意见。

（4）无法表示意见。

在内部控制审计意见中没有保留意见，主要是保留意见的信息含量较低，且与否定意见的区分度不清晰，所以在国际上都没有保留意见的内部控制审计报告。

1．无保留意见的内部控制审计报告

符合下列所有条件的，注册会计师应当对财务报告内部控制出具无保留意见的内部控制审计报告。

（1）企业按照《企业内部控制基本规范》、《企业内部控制应用指引》、《企业内部控制评价指引》以及企业自身内部控制制度的要求，在所有重大方面保持了有效的内部控制。

（2）注册会计师已经按照《企业内部控制审计指引》的要求计划和实施审计工作，在审计过程中未受到限制。

【例8.1】　下面是无保留意见的内部控制审计报告的样例。

无保留意见的内部控制审计报告

东方股份有限公司全体股东：

按照《企业内部控制审计指引》及中国注册会计师执业准则的相关要求，我们审计了东方股份有限公司（以下简称东方公司）2014 年 12 月 31 日的财务报告内部控制的有效性。

一、企业对内部控制的责任

按照《企业内部控制基本规范》、《企业内部控制应用指引》、《企业内部控制评价指引》的规定，建立健全和有效实施内部控制，并评价其有效性是企业董事会的责任。

二、注册会计师的责任

我们的责任是在实施审计工作的基础上，对财务报告内部控制的有效性发表审计意见，并对注意到的非财务报告内部控制的重大缺陷进行披露。

三、内部控制的固有局限性

内部控制具有固有局限性，存在不能防止和发现错报的可能性。此外，由于情况的变化可能导致内部控制变得不恰当，或对控制政策和程序遵循的程度降低，根据内部控制审计结果推测未来内部控制的有效性具有一定风险。

四、财务报告内部控制审计意见

我们认为，东方公司按照《企业内部控制基本规范》和相关规定在所有重大方面保持了有效的财务报告内部控制。

五、非财务报告内部控制的重大缺陷

在内部控制审计过程中，我们注意到，东方公司未来三年"再造一个东方公司"的发展计划只是公司董事长张扬个人提出来的设想，未经公司战略委员会和董事会讨论和审议，也不符合公司所在行业的发展趋势。由于存在上述非财务报告内部控制的重大缺陷，我们提醒本报告使用者注意相关风险。需要指出的是，我们并不对东方公司的非财务报告内部控制发表意见或提供保证。本段内容不影响对财务报告内部控制有效性发表的审计意见。

标志会计师事务所

（盖章）　　　　　　　　　　　　中国注册会计师：陈水晶（签名并盖章）

中国北京市　　　　　　　　　　　中国注册会计师：刘海军（签名并盖章）

2015 年 3 月 2 日

2．带强调事项段的无保留意见内部控制审计报告

注册会计师认为财务报告内部控制虽不存在重大缺陷，但仍有一项或者多项重大事项需要提请内部控制审计报告使用者注意的，应当在内部控制审计报告中增加强调事项段予以说明。

注册会计师应当在强调事项段中指明，该段内容仅用于提醒内部控制审计报告使用者关注，并不影响对财务报告内部控制发表的审计意见。

【例 8.2】　下面是带强调事项段的内部控制审计报告的样例。

带强调事项段的内部控制审计报告

南方股份有限公司全体股东：

按照《企业内部控制审计指引》及中国注册会计师执业准则的相关要求，我们审计了南方股份有限公司（以下简称南方公司）2014 年 12 月 31 日的财务报告内部控制的有效性。

（"一、企业对内部控制的责任"至"五、非财务报告内部控制的重大缺陷"参见无保留意见的内部控制审计报告相关段落表述。）

六、强调事项

我们提醒内部控制审计报告使用者关注，公司有 60%的会计人员未经过系统的会计知识学习与培训，未取得会计人员资格证书，这有可能会影响内部控制和会计信息的质量。本段内容不影响已对财务报告内部控制发表的审计意见。

中超会计师事务所　　　　　　　中国注册会计师：王朝阳（签名并盖章）

（盖章）　　　　　　　　　　　中国注册会计师：路边林（签名并盖章）

中国重庆市　　　　　　　　　　　　　　　　　　　　2015 年 2 月 28 日

3．否定意见内部控制审计报告

注册会计师认为财务报告内部控制存在一项或多项重大缺陷的，除非审计范围受到限制，应当对财务报告内部控制发表否定意见。

注册会计师出具否定意见的内部控制审计报告，还应当包括下列内容。

（1）重大缺陷的定义。

（2）重大缺陷的性质及其对财务报告内部控制的影响程度。

【例 8.3】　下面是否定意见内部控制审计报告的样例。

否定意见内部控制审计报告

大地股份有限公司全体股东：

按照《企业内部控制审计指引》及中国注册会计师执业准则的相关要求，我们审计了大地股份有限公司（下称大地公司）2014 年 12 月 31 日的财务报告内部控制的有效性。

（"一、企业对内部控制的责任"至"三、内部控制的固有局限性"参见无保留意见内部控制审计报告相关段落表述。）

四、导致否定意见的事项

重大缺陷，是指一个或多个控制缺陷的组合，可能导致企业严重偏离控制目标。

我们在内部控制审计中发现，公司对外投资业务较多，投资金额达到 34 256 万元，但缺乏相关的内部控制，从投资立项到资金投入都由总经理负责实施和审批，未按规定的程序实施。另外，公司产品对外销售的折扣审批缺乏相关的制度，公司总经理、副总经理可以随意审批。这些现象的存在，使公司的投资和销售业务缺乏监督，难以保证内部控制发挥作用。

有效的内部控制能够为财务报告及相关信息的真实、完整提供合理保证，而上述重大缺陷使大地公司内部控制失去这一功能。

五、财务报告内部控制审计意见

我们认为，由于存在上述重大缺陷及其对实现控制目标的影响，大地公司未能按照《企业内部控制基本规范》和相关规定在所有重大方面保持有效的财务报告内部控制。

六、非财务报告内部控制的重大缺陷

（参见无保留意见内部控制审计报告相关段落表述。）

证林会计师事务所　　　　　　　中国注册会计师：杜鹃花（签名并盖章）

（盖章）　　　　　　　　　　　中国注册会计师：林海洋（签名并盖章）

中国广州市　　　　　　　　　　　　　　　　　　　　2015 年 3 月 15 日

4．无法表示意见内部控制审计报告

注册会计师审计范围受到限制的，应当解除业务约定或出具无法表示意见的内部控制审

计报告，并就审计范围受到限制的情况，以书面形式与董事会进行沟通。

注册会计师在出具无法表示意见的内部控制审计报告时，应当在内部控制审计报告中指明审计范围受到限制，无法对内部控制的有效性发表意见。

【例8.4】 下面是无法表示意见内部控制审计报告的样例。

无法表示意见内部控制审计报告

大明股份有限公司全体股东：

我们接受委托，对大明股份有限公司（下称大明公司）2014年12月31日的财务报告内部控制进行审计。

（删除注册会计师的责任段，"一、企业对内部控制的责任"和"二、内部控制的固有局限性"参见无保留意见内部控制审计报告相关段落表述。）

三、导致无法表示意见的事项

在内部控制审计过程中，公司拒绝提供相关资料，致使我们无法取得公司原材料采购、成本费用计算、采用会计政策与会计估计等方面的制度，也无法取得公司董事会、总经理办公会的会议记录。

四、财务报告内部控制审计意见

由于审计范围受到上述限制，我们未能实施必要的审计程序以获取发表意见所需的充分、适当的证据，因此，我们无法对大明公司财务报告内部控制的有效性发表意见。

欧亚会计师事务所	中国注册会计师：陆家凤（签名并盖章）
（盖章）	中国注册会计师：蒋纬（签名并盖章）
中国成都市	2015年4月8日

复习题

一、简答题

1. 内部控制的发展经历了哪些阶段？

2. 如何理解内部控制的目标与要素？

3. 内部控制系统可以分为哪些种类？

4. 描述内部控制有哪些方法？

5. 内部控制评价的内容包括哪些？

6. 内部控制审计报告意见类型有哪些？各审计意见类型的适用条件是什么？

二、分析题

【资料】审计人员对ABC公司2014度的财务状况进行审计。ABC公司尚未采用计算机记账。审计人员于2014年11月对ABC公司的内部控制制度进行了了解和测试，并在相关的审计工作底稿中记录了了解和测试的事项，摘录如下。

（1）ABC公司产成品发出时，由销售部填制一式三联的出库单，仓库发出产成品后，将第一联出库单留存登记产成品卡片，第二联交销售部留存，第三联交会计部会计人员甲登记产成品总账和明细账。

（2）会计人员乙负责开具未连续编号的销售发票。在开具销售发票之前，先核对装运凭证和相应的经批准的销售单，并根据已授权批准的商品价目表填写销售发票的价格，根据装运凭证上的数量填写销售发票上的数量。

（3）ABC 公司的材料采购需要经授权批准后方可进行。采购部根据经批准的请购单发出订购单。货物运达后，验收部门根据订购单的要求验收货物，并编制一式多联的连续编号的验收单。仓库根据验收单验收货物，在验收单上签字后，将货物移入仓库加以保管。验收单上有数量、品名、单价等要素。验收单一联交采购部登记采购明细账和编制付款凭单，付款凭单经批准后，及时交会计部；一联交会计部登记材料明细账；一联由仓库保留并登记材料明细账；会计部根据只附验收单的付款凭单登记有关账簿。

（4）会计部审核付款凭单后，按约定时间支付采购款项。支付货款时，由会计人员开出付款凭证，交出纳员办理付款手续；出纳员付款后，在进货发票上加盖"付讫"戳记，再转交会计人员记账。

（5）ABC 公司股东大会批准董事会的投资权限为 1.5 亿元以下，董事会的决定由总经理负责实施。总经理决定由证券部负责总额在 1.5 亿元以下的股票买卖。ABC 公司规定：企业划入营业部的款项由证券部申请，由会计部审核，总经理批准后划转入公司在营业部中开立的资金账户。经总经理批准，证券部从营业部资金账户支取款项，此过程有会计部的审核，且证券买卖、资金存取的会计记录都由会计部处理。

（6）审计人员了解和测试投资的内部控制制度后发现：证券部在某营业部开户的有关协议及补充协议已经过会计部门审核。根据总经理的批准，会计部门已将 1 亿元汇入该户。证券部处理证券买卖会计记录，月底将证券买卖清单交给会计部门，会计部门据以汇总登记。

（7）计划部根据批准，签发预先编号的生产通知单。生产部根据生产通知单填写一式四联的领料单。仓库发料后，其中一联留存，一联连同材料交还领料部，其余两联经仓库登记明细账后送会计部进行材料收发核算和成本核算。

（8）ABC 公司设立了内部审计部，并直接对董事长负责。每年对子公司和各营业部进行审计，并出具内部审计报告。审计人员获取了 2014 年度所有的内部审计报告，经抽查表明，内部审计报告指出了内部控制存在的缺陷，并提出了改进意见。

（9）ABC 公司设立现金出纳员和银行出纳员。银行出纳员负责到银行送取支票等票据，并登记银行存款日记账。月底银行出纳员取得银行对账单并编制银行存款余额调节表；员工报销，须根据审批手续报批，会计部对报销单据加以审核，现金出纳员见到加盖核准印章的支出凭据后付款。

（10）ABC 公司未描述的其他内部控制无论在设计还是在运行方面都不存在缺陷。

【要求】

（1）根据上述摘录，请指出 ABC 公司内部控制的缺陷，提出改进建议。

（2）根据上述材料，审计人员应该如何评价 ABC 公司的控制风险，采用何种实质性程序（扩大，还是缩小），以及需要何种审计证据（多还是少）？

第9章 销售与收款循环审计

本章学习要点

1. 了解销售与收款循环涉及的主要环节
2. 掌握销售与收款循环的内部控制及其控制测试
3. 掌握主营业务收入实质性测试内容
4. 掌握应收账款实质性测试内容

前面章节介绍了审计的基本理论与方法，阐明了审计工作的一般程序和要求。自本章开始，讲述审计实务部分，包括销售与收款循环审计、采购与付款循环审计、生产与存货循环审计、投资与筹资循环审计、货币资金审计等。

9.1 概述

在审计过程中，交易和账户余额的实质性测试可以按财务报表项目进行，称为分项审计；也可以按业务循环组织实施，称为业务循环审计。本书提倡采用循环法审计，主张将企业的交易和账户余额划分为销售与收款、采购与付款、生产与存货、筹资与投资等业务循环。从本章开始，我们将介绍业务循环审计的具体内容。

销售与收款循环是指企业对外销售商品、提供劳务并收取款项，其在企业整个经营活动中占有重要地位。该循环涉及的主要报表项目包括：应收账款、应收票据、预收款项、应交税费、营业收入、营业税金及附加、销售费用等。该循环概述主要包括两方面的内容：一是本循环涉及的主要凭证和会计记录；二是本循环中的主要业务活动。

9.1.1 涉及的主要凭证与会计记录

在内部控制比较健全的企业，处理销售与收款业务通常需要使用很多凭证与会计记录。典型的销售与收款循环所涉及的主要凭证与会计记录有以下几种。

（1）客户订购单。客户订购单即客户提出的书面购货要求。企业可以通过销售人员或其他途径，如采用电话、信函和向现有的及潜在的客户发送订购单等方式接受订货，取得客户订购单。

（2）销售单。销售单是列示客户所订商品的名称、规格、数量以及其他客户订购单有关信息的凭证，作为销售方内部处理客户订购单的凭证。

（3）发运凭证。发运凭证即在发运货物时编制的，用以反映发出商品的规格、数量和其他有关内容的凭据。发运凭证的一联寄送给客户，其余联由企业保留。这种凭证可用作向客户开具账单的依据。

（4）销售发票。销售发票是一种用来表明已销售商品的名称、规格、数量、价格、销售金额、运费和保险费、开票日期、付款条件等内容的凭证。销售发票的一联寄送给客户，其余联由企业保留。销售发票也是在会计账簿中登记销售交易的基本凭证。

（5）商品价目表。商品价目表是列示已经授权批准的、可供销售的各种商品的价格清单。

（6）贷项通知单。贷项通知单是一种用来表示由于销售退回或经批准的折让而引起的应收销货款减少的凭证。这种凭证的格式通常与销售发票的格式相同，只不过它不是用来证明应收账款的增加，而是用来证明应收账款的减少。

（7）应收账款账龄分析表。通常，应收账款账龄分析表按月编制，反映月末尚未收回的应收账款总额和账龄，并详细反映每个客户月末尚未偿还的应收账款数额和账龄。

（8）应收账款明细账。应收账款明细账是用来记录每个客户各项赊销、还款、销售退回及折让的明细账。各应收账款明细账的余额合计数应与应收账款总账的余额相等。

（9）主营业务收入明细账。主营业务收入明细账是一种用来记录销售交易的明细账。它通常记载和反映不同类别商品或服务的营业收入的明细发生情况和总额。

（10）折扣与折让明细账。折扣与折让明细账是一种用来核算企业销售商品时，按销售合同规定为了及早收回货款而给予客户的销售折扣和由于商品品种、质量等原因而给予客户的销售折让情况的明细账。当然，企业也可以不设置折扣与折让明细账，而将该类业务直接记录于主营业务收入明细账。

（11）汇款通知书。汇款通知书是一种与销售发票一起寄给客户，由客户在付款时再寄回销售单位的凭证。这种凭证注明了客户的姓名、销售发票号码、销售单位开户银行账号以及金额等内容。

（12）库存现金日记账和银行存款日记账。库存现金日记账和银行存款日记账是用来记录应收账款的收回或现销收入以及其他各种现金、银行存款收入和支出的日记账。

（13）坏账审批表。坏账审批表是一种用来批准将某些应收款项注销为坏账，仅在企业内部使用的凭证。

（14）客户月末对账单。客户月末对账单是一种按月定期寄送给客户的用于购销双方定期核对账目的凭证。客户月末对账单上应注明应收账款的月初余额、本月各项销售交易的金额、本月已收到的货款、各贷项通知单的数额及月末余额等内容。

（15）转账凭证。转账凭证是指记录转账业务的记账凭证，它是根据有关转账业务（即不涉及现金、银行存款收付的各项业务）的原始凭证编制的。

（16）收款凭证。收款凭证是指用来记录现金和银行存款收入业务的记账凭证。

9.1.2　涉及的主要业务活动

了解企业在销售与收款循环中的典型活动，对该业务循环的审计非常必要。下面介绍一下销售与收款循环所涉及的主要业务活动。

1．接受客户订购单

客户提出订货要求是整个销售与收款循环的起点，是购买某种货物或接受某种劳务的一项申请。客户的订购单只有在符合企业管理层的授权标准时才能被接受。管理层一般有已批准销售的客户名单。销售单管理部门在决定是否同意接受某客户的订购单时，应追查该客户是否被列入这张名单。如果该客户未被列入，则通常需要由销售单管理部门的主管来决定是否同意销售。批准了客户订购单之后，下一步就应编制一式多联的销售单。销售单是证明管理层有关销售交易的"发生"认定的凭据之一，也是此笔销售的交易轨迹的起点之一。

2．批准赊销信用

赊销业务的批准是由信用管理部门根据管理层的赊销政策在每个客户的已授权的信用额度内进行的。信用管理部门的职员在收到销售单管理部门的销售单后，应将销售单与该客户已被授权的赊销信用额度以及至今尚欠的账款余额加以比较。执行人工赊销信用检查时，还应合理划分工作职责，以避免销售人员为扩大销售而使企业承受不适当的信用风险。

企业的信用管理部门通常应对每个新客户进行信用调查，包括获取信用评审机构对客户信用等级的评定报告。无论是否批准赊销，都要求被授权的信用管理部门人员在销售单上签署意见，然后再将已签署意见的销售单送回销售单管理部门。

3．按销售单供货

企业管理层通常要求商品仓库只有在收到经过批准的销售单时才能供货。设立这项控制程序的目的是为了防止仓库在未经授权的情况下擅自发货。因此，已批准销售单的一联通常送达仓库，作为仓库按销售单供货和发货给装运部门的授权依据。

4．按销售单装运货物

将按经批准的销售单供货与按销售单装运货物职责相分离，有助于避免负责装运货物的职员在未经授权的情况下装运产品。此外，装运部门职员在装运之前，还必须进行独立验证，以确定从仓库提取的商品都附有经批准的销售单，并且，所提取商品的内容与销售单一致。

5．向客户开具账单

开具账单是指开具并向客户寄送事先连续编号的销售发票。为了降低开具账单过程中出现遗漏、重复、错误计价或其他差错的风险，应设立以下控制程序。

（1）开具账单部门职员在开具每张销售发票之前，独立检查是否存在装运凭证和相应的经批准的销售单。

（2）依据已授权批准的商品价目表开具销售发票。

（3）独立检查销售发票计价和计算的正确性。

（4）将装运凭证上的商品总数与相对应的销售发票上的商品总数进行比较。

6．记录销售

在手工会计系统中，记录销售的过程包括区分赊销、现销，按销售发票编制转账凭证或现金、银行存款收款凭证，再据以登记销售明细账和应收账款明细账或库存现金、银行存款日记账。

记录销售的控制程序包括以下内容。

（1）只依据附有有效装运凭证和销售单的销售发票记录销售。这些装运凭证和销售单应能证明销售交易的发生及其发生的日期。

（2）控制所有事先连续编号的销售发票。

（3）独立检查已处理销售发票上的销售金额与会计记录金额的一致性。

（4）记录销售的职责应与处理销售交易的其他职责相分离。

（5）对记录过程中所涉及的有关记录的接触予以限制，以减少未经授权批准的记录发生。

（6）定期独立检查应收账款的明细账与总账的一致性。

（7）定期向客户寄送对账单，并要求客户将任何例外情况直接向指定的未执行或记录销售交易的会计主管报告。

7．办理和记录现金、银行存款收入

这项业务涉及的是有关货款收回，现金、银行存款增加以及应收账款减少的活动。在办理和记录现金、银行存款收入时，最应关心的是货币资金失窃的可能性。货币资金失窃可能发生在货币资金收入登记入账之前或登记入账之后。处理货币资金收入时最重要的是要保证全部货币资金都必须如数、及时地记入库存现金、银行存款日记账或应收账款明细账，并如数、及时地将现金存入银行。在这方面，汇款通知单起着很重要的作用。

8．办理和记录销售退回、销售折扣与折让

客户如果对商品不满意，销售企业一般都会同意接受退货，或给予一定的销售折让；客户如果提前支付货款，销售企业则可能会给予一定的销售折扣。发生此类事项时，必须经授权批准，并应确保与办理此事有关的部门和职员各司其职，分别控制实物流和会计处理。在这方面，严格使用贷项通知单无疑会起到关键的作用。

9．注销坏账

不管赊销部门的工作如何主动，客户因经营不善、宣告破产、死亡等原因而不支付货款的事仍可能发生。销售企业若认为某项货款再也无法收回，就必须注销这笔货款。对这些坏账，正确的处理方法应该是获取货款无法收回的确凿证据，经适当审批后及时做会计调整。

10．提取坏账准备

坏账准备提取的数额必须能够抵补企业以后无法收回的销货款。

9.2 销售与收款循环内部控制

9.2.1 销售交易的内部控制

销售交易的内部控制主要包括以下方面。

1．适当的职责分离

适当的职责分离有助于防止各种有意或无意的错误。企业有关销售与收款业务相关职责适当分离的基本要求通常包括：企业应当将办理销售、发货、收款三项业务的部门（或岗位）分别设立；企业在销售合同订立前，应当指定专门人员就销售价格、信用政策、发货及收款方式等具体事项与客户进行谈判，谈判人员至少应有两人以上，并与订立合同的人员相分离；编制销售发票通知单的人员与开具销售发票的人员应相互分离；销售人员应当避免接触销货现款；企业应收票据的取得和贴现必须经由保管票据以外的主管人员的书面批准；主营业务收入账应由记录应收账款账之外的职员独立登记，并由另一位不负责账簿记录的职员定期调节总账和明细账。

2．恰当的授权审批

对于授权审批问题，注册会计师应当关注以下四个关键点上的审批程序：其一，在销售发生之前，赊销已经正确审批；其二，非经正当审批，不得发出货物；其三，销售价格、销售条件、运费、折扣等必须经过审批；其四，审批人应当根据销售与收款授权批准制度的规定，在授权范围内进行审批，不得超越审批权限。对于超过企业既定销售政策和信用政策规定范围的特殊销售交易，企业应当进行集体决策。

3．充分的凭证和记录

只有具备充分的记录手续，才有可能实现其他各项控制目标。例如，企业在收到客户订购单后，就立即编制一份预先编号的一式多联的销售单，分别用于批准赊销、审批发货、记录发货数量以及向客户开具账单和销售发票等。在这种制度下，只要定期清点销售单和销售发票，漏开账单的情形几乎就不太会发生。

4．凭证的预先编号

对凭证预先进行编号，旨在防止销售以后遗漏向客户开具账单或登记入账，也可防止重复开具账单或重复记账。由收款员对每笔销售开具账单后，将发运凭证按顺序归档；而由另一位职员定期检查全部凭证的编号，并调查凭证缺号的原因，就是实施这项控制的一种方法。

5．按月寄出对账单

由不负责现金出纳和销售及应收账款记账的人员按月向客户寄发对账单，能促使客户在发现应付账款余额不正确后及时反馈有关信息。为了使这项控制更加有效，最好将账户余额中出现的所有核对不符的账项，指定一位既不掌管货币资金也不记录主营业务收入和应收账款的主管人员处理，然后由独立人员按月编制对账情况汇总报告并交管理层审阅。

6．内部核查程序

由内部审计人员或其他独立人员核查销售交易的处理和记录，是实现内部控制目标所不可缺少的一项控制措施。

9.2.2　收款交易的内部控制

尽管由于每个企业的性质、所处行业、规模以及内部控制健全程度等不同，而使得其与收款交易相关的内部控制内容有所不同，但以下与收款交易相关的内部控制内容是通常应当共同遵循的。

（1）企业应当按照《现金管理暂行条例》、《支付结算办法》等规定，及时办理销售收款业务。

（2）企业应将销售收入及时入账，不得账外设账，不得擅自坐支现金。销售人员应当避免接触销售现款。

（3）企业应当建立应收账款账龄分析制度和逾期应收账款催收制度。销售部门应当负责应收账款的催收，财会部门应当督促销售部门加紧催收。对催收无效的逾期应收账款可通过法律程序予以解决。

（4）企业应当按客户设置应收账款台账，及时登记每一客户应收账款余额增减变动情况和信用额度使用情况。对长期往来客户应当建立起完善的客户资料，并对客户资料实行动态管理，及时更新。

（5）企业对于可能成为坏账的应收账款应当报告有关决策机构，由其进行审查，确定是否确认为坏账。企业发生的各项坏账，应查明原因，明确责任，并在履行规定的审批程序后做出会计处理。

（6）企业注销的坏账应当进行备查登记，做到账销案存。已注销的坏账又收回时应当及时入账，防止形成账外资金。

（7）企业应收票据的取得和贴现必须经由保管票据以外的主管人员的书面批准。应有专人保管应收票据，对于即将到期的应收票据，应及时向付款人提示付款；已贴现票据应在备查簿中登记，以便日后追踪管理；并应制定逾期票据的冲销管理程序和逾期票据追踪监控制度。

（8）企业应当定期与往来客户通过函证等方式核对应收账款、应收票据、预收款项等往来款项。如有不符，应查明原因，及时处理。

9.3　评估销售与收款循环的重大错报风险

注册会计师应当考虑影响收入交易的重大错报风险，并对被审计单位经营活动中可能发生的重大错报风险保持警觉。收入交易和余额存在的固有风险可能包括以下内容。

（1）管理层对收入造假的偏好和动因。被审计单位管理层可能为了完成预算，满足业绩考核要求，保证从银行获得额外的资金，吸引潜在投资者，或影响公司股价，而在财务报告中虚增收入。

（2）收入的复杂性。例如，被审计单位可能针对一些特定的产品或者服务提供一些特殊的交易安排（如特殊的退货约定、特殊的服务期限安排等），但管理层可能对这些不同安排下所涉及的交易风险的判断缺乏经验，收入确认上就容易发生错误。

（3）管理层凌驾于控制之上的风险。被审计单位在年末编造虚假销售，然后在次年转回，可能导致当年收入以及当年年末应收账款余额、货币资金余额和应交税费余额的高估。

（4）采用不正确的收入截止。将属于下一会计期间的收入有意或无意地计入本期，或者将属于本期的收入有意或无意地计入下一会计期间，可能导致本期收入以及本期期末应收账款余额、货币资金余额和应交税费余额的高估或低估。

（5）低估应收账款坏账准备的压力。尤其是当欠款金额较大的几个主要客户面临财务困难，或者整体经济环境出现恶化时，这种压力更大。可能导致资产负债表中应收账款余额的高估。

（6）舞弊和盗窃的风险。如果被审计单位从事贸易业务，并且销售货款较多地以现金结算时，被审计单位员工发生舞弊和盗窃的风险较高；如果被审计单位拥有多个资金端口，比如超市，由于每天通过多个端口采用人工方式处理大量货币资金，资金端口的安全问题和人工控制的风险便会增加，可能导致货币资金的损失。

（7）款项无法收回的风险。这可能产生于向没有良好付款能力的客户销售产品，或客户用无效的支票或盗取的信用卡进行货款结算，可能导致货币资金或应收账款的高估。

（8）发生错误的风险。例如，没有及时更新商品价目表，商品可能以错误的价格销售；销售量较大时，如果扫描时没有读取商品条形码，收款员使用错误的手册，售出商品的数量发生错误，或收款员给客户的找零发生错误，错误均会发生。

（9）隐瞒盗窃的风险。在被审计单位员工利用销售调整和销售退回隐瞒盗窃现金行为时，将发生隐瞒盗窃的风险。可能导致收入、应收账款的高估和货币资金的低估。

归根结底，与收入交易和余额相关的重大错报风险主要存在于销售交易、现金收款交易的发生、完整性、准确性、截止和分类认定，以及会计期末应收账款、货币资金和应交税费的存在、权利和义务、完整性、计价和分摊认定。

在实施用以识别和评估重大错报风险相关的审计程序后，注册会计师应当充分关注可能表明被审计单位存在重大错报风险的事项和情况，考虑由于上述事项和情况导致的风险是否重大，以及该风险导致财务报表发生重大错报的可能性，并且应当确定，识别的重大错报风险是与特定的某类交易、账户余额和披露的认定相关，还是与财务报表整体广泛相关，进而影响多项认定。

某些重大错报风险可能与财务报表整体广泛相关，进而影响多项认定。比如前述中管理层凌驾于控制之上或承受异常的压力可能引发舞弊风险；某些重大错报风险可能与特定的某类交易、账户余额和披露的认定相关。如前述中管理层承受低估应收账款坏账准备的压力，该事项表明应收账款账户余额的认定可能存在重大错报风险。

在评估重大错报风险时，注册会计师还应当将所了解的控制与特定认定相联系，并且，应当考虑对识别的销售与收款交易、账户余额和披露认定层次的重大错报风险予以汇总和评估，以确定进一步审计程序的性质、时间安排和范围。

9.4　销售与收款循环控制测试

按照销售与收款交易内部控制的讨论顺序，简要阐述销售与收款循环的控制测试的主要有关内容。

（1）对于职责分离，注册会计师通常通过观察被审计单位相关人员的活动，以及与这些人员进行讨论，来实施职责分离的控制测试。

（2）对于授权审批，内部控制通常存在前述的四个关键点上的审批程序，注册会计师主要通过检查凭证在这四个关键点上是否经过审批，可以很容易地测试出授权审批方面的内部控制效果。

（3）对于充分的凭证和记录以及凭证预先编号这两项控制，常用的控制测试程序是清点各种凭证。比如从主营业务收入明细账中选取样本，追查至相应的销售发票存根，进而检查其编号是否连续，有无不正常的缺号发票和重号发票。视检查顺序和范围的不同，这种测试程序往往可同时提供有关发生和完整性目标的证据。

（4）对于按月寄出对账单这项控制，观察指定人员寄送对账单，并检查客户复函档案和管理层的审阅记录，是注册会计师十分有效的一项控制测试。

（5）对于内部核查程序，注册会计师可以通过检查内部审计人员的报告，或检查其他独立人员在他们核查的凭证上的签字等方法实施控制测试。

【例 9.1】A 注册会计师负责对 ABC 公司 2014 年度财务报表进行审计。在对 ABC 公司的内部控制进行了解和测试时，注意到下列情况。

（1）根据批准的顾客订单，销售部编制预先连续编号的一式三联现销或赊销销售单。经销售部被授权人员批准后，所有销售单的第一联直接送仓库作为按销售单供货和发货给装运部门的授权依据，第二联交开具账单部门，第三联由销售部留存。

（2）仓库部门根据批准的销售单供货，装运部门将从仓库提取的商品与销售单核对无误后装运，并编制一式四联预先连续编号的发运单，其中三联及时分送开具账单部门、仓库和顾客，一联留存装运部门。

（3）开具账单部门在收到发运单并与销售单核对无误后，编制预先连续编号的销售凭证，并将其连同发运单和销售单及时送交会计部门。会计部门在核对无误后由财务部丁职员据以登记销售收入和应收账款明细账。

（4）由负责登记应收账款备查簿的人员在每月末定期给顾客寄送对账单，并对顾客提出的异议进行专门追查。

要求：请指出上述 4 种情况中，内部控制是否存在缺陷，如有请指出，并说明理由及提出改进建议。

【解答】

第（1）项存在缺陷。

理由：赊销业务的批准是由信用管理部门根据管理层的赊销政策在每个客户的已授权的信用额度内进行的。

建议：在由销售部授权人员签字批准后，涉及赊销业务的销售单将先被送交信用管理部门。信用管理部门将销售单与该顾客的可用信用额度进行比较，在签署信用审阅意见后将销售单送回销售部。对于可用信用额度不足的赊销业务销售单，需要经过公司其他授权人员批准才能发出。然后，经批准的销售单才能送交仓库作为按销售单供货和发货给装运部门的授权依据。

第（2）项不存在缺陷。

第（3）项存在缺陷。

理由：登记收入明细账和应收账款明细账的职员应当是两个人。

建议：由两个人分别登记收入明细账和应收账款明细账。

第（4）项存在缺陷。

理由：登记应收账款备查簿的人员不能向顾客寄送对账单。

建议：由不负责登记应收账款备查簿和销售及应收账款记账的人员寄送对账单。

9.5 销售与收款循环实质性程序

1．销售与收款交易的实质性分析程序

通常，注册会计师在对交易和余额实施细节测试前实施实质性分析程序，符合成本效益原则，通常进行的程序包括以下内容。

（1）识别需要运用实质性分析程序的账户余额或交易。

（2）确定期望值。基于注册会计师对被审计单位的相关预算情况、行业发展状况、市场份额、可比的行业信息、经济形势和发展历程的了解，与营业额、毛利率和应收账款等的预期相关。

（3）确定可接受的差异额。

（4）识别需要进一步调查的差异并调查异常数据关系。注册会计师应当计算实际和期望值之间的差异，这涉及一些比率和比较，包括销售毛利率、应收账款周转率和存货周转率等。

（5）调查重大差异并做出判断。注册会计师在分析上述与预期相联系的指标后，如果认为存在未预期的重大差异，就可能需要对营业收入发生额和应收账款余额实施更加详细的细节测试。

（6）评价分析程序的结果。

注册会计师应当就收集的审计证据是否能支持其试图证实的审计目标和认定形成结论。

2．销售交易的细节测试

（1）登记入账的销售交易是真实的。对这一目标，注册会计师一般关心三类错误的可能性。

一是未曾发货却已将销售交易登记入账。注册会计师可以从主营业务收入明细账中抽取若干笔分录，追查有无发运凭证及其他佐证，借以查明有无事实上没有发货却已登记入账的销售交易。

二是销售交易的重复入账。注册会计师可以通过检查企业的销售交易记录清单以确定是否存在重号、缺号。

三是向虚构的客户发货，并作为销售交易登记入账。注册会计师应当检查主营业务收入明细账中与销售分录相应的销货单，以确定销售是否履行赊销审批手续和发货审批手续。

（2）已发生的销售交易均已登记入账。销售交易的审计一般更多侧重于检查高估资产与收入的问题。但是，如果内部控制不健全，就有必要对完整性目标实施交易的细节测试。测试完整性目标时，起点应是发运凭证，即从发运凭证中选取样本，追查至销售发票存根和主营业务收入明细账，以确定是否存在遗漏事项。

（3）登记入账的销售交易均经正确计价。销售交易计价的准确性包括：按订货数量发货，按发货数量准确地开具账单，以及将账单上的数额准确地记入会计账簿。典型的细节测试程序包括复算会计记录中的数据。通常的做法是以主营业务收入明细账中的会计分录为起点，将所选择的交易业务的合计数与应收账款明细账和销售发票存根进行比较核对。销售发票存根上所列的单价，通常还要与经过批准的商品价目表进行比较核对，对其金额小计和合计数也要进行复算。发票中列出的商品的规格、数量和客户代码等，则应与发运凭证进行比较核对。另外，往往还要审核客户订购单和销售单中的同类数据。

（4）登记入账的销售交易分类恰当。如果销售分为现销和赊销两种，应注意不要在现销时借记应收账款，也不要在收回应收账款时贷记主营业务收入，同样不要将营业资产的转让（例如固定资产转让）混作正常销售。

（5）销售交易记录及时。在实施计价准确性细节测试的同时，一般要将所选取的提货单或其他发运凭证的日期与相应的销售发票存根、主营业务收入明细账和应收账款明细账上的日期做比较。如有重大差异，被审计单位就可能存在销售截止期限上的错误。

（6）销售交易已正确地记入明细账并正确地汇总。通常都要加总主营业务收入明细账，并将加总数和一些具体内容分别追查至主营业务收入总账和应收账款明细账或库存现金、银行存款日记账，以检查在销售过程中是否存在有意或无意的错报问题。

3．收款交易的细节测试

与销售交易的细节测试一样，收款交易的细节测试范围在一定程度上取决于关键控制是否存在以及控制测试的结果。由于销售与收款交易同属一个循环，在经济活动中密切相连，因此，收款交易的一部分测试可与销售交易的测试一并执行，但收款交易的特殊性又决定了其另一部分测试仍须单独实施。

销售与收款循环审计主要针对营业收入和应收账款等进行审查，下面分别加以阐述。

9.5.1 营业收入审计

1．营业收入的审计目标

营业收入的审计目标一般包括：确定记录的营业收入是否已发生，且与被审计单位有关；确定营业收入记录是否完整；确定与营业收入有关的金额及其他数据是否已恰当记录，包括对销售退回、销售折扣与折让的处理是否适当；确定营业收入是否已记录于正确的会计期间；确定营业收入的内容是否正确；确定营业收入的列报是否恰当。

2．营业收入的实质性程序

营业收入的实质性程序一般包括以下内容。

（1）获取或编制主营业务收入明细表。

（2）检查营业收入的确认条件、方法是否符合企业会计准则，前后期是否一致。采用交款提货销售方式，通常应于货款已收到或取得收取货款的权利，同时已将发票账单和提货单交给购货单位时确认收入的实现；采用预收账款销售方式，通常应于商品已经发出时，确认收入的实现；采用托收承付结算方式，通常应于商品已经发出，劳务已经提供，并已将发票账单提交银行，办妥收款手续时确认收入的实现；销售合同或协议明确销售价款的收取采用递延方式，可能实质上具有融资性质的，应当按照应收的合同或协议价款的公允价值确定销售商品收入金额；长期工程合同收入，如果合同的结果能够可靠估计，通常应当根据完工百分比法确认合同收入；销售商品房的，通常应在商品房已经移交并将发票结算账单提交对方时确认收入。

（3）实施实质性分析程序。注册会计师应实施分析程序，检查营业收入是否有异常变动，通常从以下方面进行比较分析：

①将本期与上期的营业收入、销售预算等进行比较，分析营业收入及其构成的变动是否异常，并分析异常变动的原因；

②计算本期重要产品的毛利率，与上期数据比较，与同行业企业进行对比分析，检查是否存在异常，各期之间是否存在重大波动，查明原因；

③比较本期各月各类营业收入的波动情况，分析其变动趋势是否正常，是否符合被审计单位季节性、周期性的经营规律，查明异常现象和重大波动的原因；

④根据增值税发票或普通发票，估算全年收入，与实际收入金额比较。

（4）获取产品价格目录，抽查售价是否符合价格政策。

（5）审查营业收入的会计处理是否恰当。

（6）实施销售的截止测试。对销售实施截止测试，其目的主要在于确定被审计单位主营业务收入的会计记录归属期是否正确：应记入本期或下期的主营业务收入是否被推延至下期或提前至本期。注册会计师在审计中应该注意把握三个与主营业务收入确认有着密切关系的日期：一是发票开具日期；二是记账日期；三是发货日期。检查三者是否归属于同一适当会计期间常常是主营业务收入截止测试的关键所在。注册会计师可以考虑选择三条审计路径实施主营业务收入的截止测试。

一是以账簿记录为起点。从资产负债表日前后若干天的账簿记录查至记账凭证，检查发票存根与发运凭证，目的是证实已入账收入是否在同一期间已开具发票并发货，有无多记收入。

二是以销售发票为起点。抽取若干张在资产负债表日前后开具的销售发票的存根，追查至发运凭证和账簿记录，查明有无漏记收入现象。

三是以发运凭证为起点。从资产负债表日前后若干天的发运凭证查至发票开具情况与账簿记录，确定主营业务收入是否已记入恰当的会计期间，查明有无漏记收入。

（7）检查销售折扣、销售退回与折让是否真实，内容是否完整。

（8）检查有无特殊的销售行为，如附有销售退回条件的商品销售、委托代销、售后回购、以旧换新、商品需要安装和检验的销售、分期收款销售、出口销售、售后租回等，选择恰当的审计程序进行审核。

（9）确定营业收入的列报是否恰当。

9.5.2 应收账款与坏账准备审计

企业的应收账款是在销售交易或提供劳务过程中产生的。因此，应收账款的审计应结合销售交易来进行。企业通常应当定期或者至少每年年度终了，对应收款项进行全面检查，预计各项应收款项可能发生的坏账，相应计提坏账准备。坏账准备通常是审计的重点领域，并且，由于坏账准备与应收账款的联系非常紧密，我们把对坏账准备的审计与对应收账款的审计合在一起予以阐述。

1. 应收账款的审计目标

应收账款的审计目标一般包括：确定资产负债表中记录的应收账款是否存在；确定所有应当记录的应收账款是否均已记录；确定记录的应收账款是否被审计单位拥有或控制；确定应收账款是否可收回，坏账准备的计提方法和比例是否恰当，计提是否充分；确定应收账款及其坏账准备期末余额是否正确；确定应收账款及其坏账准备是否已按照企业会计准则的规定在财务报表中做出恰当列报。

2. 应收账款的实质性程序

（1）取得或编制应收账款明细表，注册会计师复核加计正确，并与总账数和明细账合计数核对是否相符。

（2）检查涉及应收账款的相关财务指标。复核应收账款借方累计发生额与主营业务收入关系是否合理；计算应收账款周转率、应收账款周转天数等指标，并与被审计单位相关赊销政策、被审计单位以前年度指标、同行业同期相关指标对比分析，检查是否存在重大异常。

（3）检查应收账款账龄分析是否正确。

①获取或编制应收账款账龄分析表。注册会计师可以通过获取或编制应收账款账龄分析表来分析应收账款的账龄，以便了解应收账款的可收回性。应收账款账龄分析表参考格式如表9.1所示。

表9.1 应收账款账龄分析表

年 月 日 货币单位：

客户名称	期末余额	账 龄			
		1年以内	1~2年	2~3年	3年以上
合计					

②测试应收账款账龄分析表计算的准确性。

③检查原始凭证，如销售发票、运输记录等，测试账龄划分的准确性。

（4）向债务人函证应收账款。应收账款函证是指直接发函给被审计单位的债务人，要求核实应收账款是否正确的一种审计方法。函证目的在于证实应收账款账户余额的真实性、正确性，防止或发现被审计单位及其有关人员在销售交易中发生的错误或舞弊行为。询证函应由注册会计师编制，并亲自寄发。

①函证的范围和对象。除非有充分证据表明应收账款对被审计单位财务报表而言是不重要的，或者函证很可能是无效的，否则，注册会计师应当对应收账款进行函证。

函证数量的多少、范围是由诸多因素决定的，主要有：应收账款在全部资产中的重要性，若应收账款在全部资产中所占的比重较大，则函证的范围应相应大一些；被审计单位内部控制的强弱，若内部控制制度较健全，则可以相应减少函证量；以前期间的函证结果，若以前期间函证中发现过重大差异，或欠款纠纷较多，则函证范围应相应扩大一些；函证方式的选择，若采用肯定式函证，可减少函证量。

一般情况下，注册会计师应选择以下项目作为函证对象：大额或账龄较长的项目；与债务人发生纠纷的项目；重大关联方项目；主要客户（包括关系密切的客户）项目；交易频繁但期末余额较小甚至余额为零的项目；可能产生重大错报或舞弊的非正常的项目。

②函证的方式。注册会计师可采用积极的或消极的函证方式实施函证，也可将两种方式结合使用。积极式函证就是向债务人发出询证函，要求其证实函证中的欠款是否正确，无论对错都要求复函。参考格式 9.1、9.2 提供了积极式询证函的格式。

参考格式 9.1　积极式询证函（格式一）

企业询证函

编号：

××（公司）：

本公司聘请的××会计师事务所正在对本公司××年度财务报表进行审计，按照中国注册会计师审计准则的要求，应当询证本公司与贵公司的往来账项等事项。下列数据出自本公司账簿记录，如与贵公司记录相符，请在本函下端"信息证明无误"处签章证明；如有不符，请在"信息不符"处列明不符金额。回函请直接寄至××会计师事务所。

回函地址：

邮编：　电话：　传真：　联系人：

1. 本公司与贵公司的往来账项列示如下

单位：元

截止日期	贵公司欠	欠贵公司	备注

2. 其他事项

本函仅为复核账目之用，并非催款结算。若款项在上述日期之后已经付清，仍请及时函复为盼。

（公司盖章）

年　月　日

结论：1. 信息证明无误

（公司盖章）

年　月　日

经办人：

2. 信息不符，请列明不符的详细情况

（公司盖章）

年　月　日

经办人：

参考格式 9.2　积极式询证函（格式二）

企业询证函

编号：

××（公司）：

　　本公司聘请的××会计师事务所正在对本公司××年度财务报表进行审计，按照中国注册会计师审计准则的要求，应当询证本公司与贵公司的往来账项等事项。请列示截止××年×月×日贵公司与本公司往来款项余额。回函请直接寄至××会计师事务所。

　　回函地址：

　　邮编：　　电话：　　传真：　　联系人：

　　本函仅为复核账目之用，并非催款结算。若款项在上述日期之后已经付清，仍请及时函复为盼。

（公司盖章）

年　月　日

1. 贵公司与本公司的往来账项列示如下

单位：元

截止日期	贵公司欠	欠贵公司	备　注

2. 其他事项

（公司盖章）

年　月　日

经办人：

　　消极式函证也是向债务人发出询证函，但所函证的款项相符时不必复函，只有在款项不符时才要求债务人复函。参考格式 9.3 列示了消极式询证函的格式。

参考格式 9.3　消极式询证函格式

企业询证函

编号：

××（公司）：

　　本公司聘请的××会计师事务所正在对本公司××年度财务报表进行审计，按照中国注册会计师审计准则的要求，应当询证本公司与贵公司的往来账项等事项。下列数据出自本公司账簿记录，如与贵公司记录相符，则无须回复；如有不符，请直接通知会计师事务所，并请在空白处列明贵公司认为是正确的信息。回函请直接寄至××会计师事务所。

回函地址：

邮编： 电话： 传真： 联系人：

1. 本公司与贵公司的往来账项列示如下

单位：元

截止日期	贵公司欠	欠贵公司	备 注

2. 其他事项

本函仅为复核账目之用，并非催款结算。若款项在上述日期之后已经付清，仍请及时核对为盼。

（公司盖章）

年 月 日

××会计师事务所：

上面的信息不正确，差异如下：

（公司盖章）

年 月 日

经办人：

③函证时间的选择。注册会计师通常以资产负债表日为截止日，在资产负债表日后适当时间内实施函证。

④函证的控制。注册会计师可通过函证结果汇总表的方式对询证函的收回情况加以控制。函证结果汇总表如表 9.2 所示。

表 9.2 应收账款函证结果汇总表

被审计单位名称： 制表： 日期：

结账日：年 月 日 复核： 日期：

询证函编号	债务人名称	债务人地址及联系方式	账面金额	函证方式	函证日期 第一次	函证日期 第二次	回函日期	替代程序	确认余额	差异金额及说明	备注
合 计											

⑤对不符事项的处理。对应收账款而言，登记入账的时间不同而产生的不符事项主要表现为：询证函发出时，债务人已经付款，被审计单位尚未收到货款；询证函发出时，被审计单位的货物已经发出并已做销售记录，货物仍在途中，债务人尚未收到货物；债务人由于某种原因将货物退回，被审计单位尚未收到；债务人对收到的货物的数量、质量及价格等方面有异议，全部或部分拒付货款等。如果不符事项构成错报，注册会计师应当评价该错报是否表明存在舞弊，并重新考虑所实施审计程序的性质、时间和范围。

⑥对函证结果的总结和评价。注册会计师对函证结果可进行如下评价：如果函证结果表明没有审计差异，则可以合理地推论，全部应收账款总体是正确的；如果函证结果表明存在审计差异，则应当估算应收账款总额中可能出现的累计差错是多少，估算未被选中进行函证的应收账款的累计差错是多少。为取得对应收账款累计差错更加准确的估计，也可以进一步扩大函证范围。

（5）确定已收回的应收账款金额。请被审计单位协助，在应收账款账龄明细表中标出至审计时已收回的应收账款金额，对已收回金额较大的款项进行常规检查，如核对收款凭证、银行对账单、销货发票等，并注意凭证发生日期的合理性，分析收款时间是否与合同相关要素一致。

（6）对未函证应收账款实施替代审计程序。通常，注册会计师不可能对所有应收账款进行函证，因此，对于未函证应收账款，注册会计师应抽查有关原始凭证，如销售合同、销售订购单、销售发票副本、发运凭证及回款单据等，以验证与其相关的应收账款的真实性。

（7）检查坏账的确认和处理。首先，注册会计师应检查有无债务人破产或者死亡的，以及破产或以遗产清偿后仍无法收回的，或者债务人长期未履行清偿义务的应收账款；其次，应检查被审计单位坏账的处理是否经授权批准，有关会计处理是否正确。

（8）抽查有无不属于结算业务的债权。不属于结算业务的债权不应在应收账款中进行核算。因此，注册会计师应抽查应收账款明细账，并追查有关原始凭证，查证被审计单位有无不属于结算业务的债权。如有，应建议被审计单位做适当调整。

（9）检查应收账款的贴现、质押或出售。检查银行存款和银行借款等询证函的回函、会议纪要、借款协议和其他文件，确定应收账款是否已被贴现、质押或出售，应收账款贴现业务是否满足金融资产转移终止确认条件，其会计处理是否正确。

（10）确定应收账款的列报是否恰当。

3．坏账准备的实质性程序

企业会计准则规定，企业应当在期末对应收款项进行检查，并合理预计可能产生的坏账损失。应收款项包括应收票据、应收账款、预付款项、其他应收款和长期应收款等，下面以应收账款相关的坏账准备为例，阐述坏账准备审计常用的实质性程序。

（1）取得或编制坏账准备明细表，复核加计是否正确，与坏账准备总账数、明细账合计数核对是否相符。

（2）将应收账款坏账准备本期计提数与资产减值损失相应明细项目的发生额核对是否相符。

（3）检查应收账款坏账准备计提和核销的批准程序，取得书面报告等证明文件，评价计提坏账准备所依据的资料、假设及方法。

（4）实际发生坏账损失的，检查转销依据是否符合有关规定，会计处理是否正确。

（5）已经确认并转销的坏账重新收回的，检查其会计处理是否正确。

（6）检查函证结果。对债务人回函中反映的例外事项及存在争议的余额，注册会计师应查明原因并做记录。必要时，应建议被审计单位做相应的调整。

（7）实施分析程序。通过比较前期坏账准备计提数和实际发生数，以及检查期后事项，评价应收账款坏账准备计提的合理性。

（8）确定应收账款坏账准备的披露是否恰当。企业应当在财务报表附注中清晰地说明坏账的确认标准、坏账准备的计提方法和计提比例。

【例 9.2】

表 9.3　应收账款明细账

应收账款——益民公司

2014 年		摘　要	借方	贷方	借或贷	余额
月	日					
1	1	上年结转			借	8 000
2	17	售电扇 20 台，每台 200 元	4 000		借	12 000
11	25	收到 2 月 17 日电扇款		4 000	借	8 000

注：经查明上年结转 8 000 元，系 2013 年 3 月销售家电材料款。

表 9.4　应收账款明细账

应收账款——大众商店

2014 年		摘　要	借方	贷方	借或贷	余额
月	日					
1	1	上年结转			借	2 480
3	6	收到货款		2 400	借	80
10	19	售 2 台，每台 1 240 元	2 480		借	2 560
12	6	收到货款		2 480	借	80

注：经审查上年结转的 2 480 元，系 2013 年 9 月份销售家用电器款。

要求：

（1）根据上述两个账户反映的情况，请你推测可能存在的问题；

（2）对两个顾客益民公司和大众商店应分别采用什么方式进行函证？

【解答】

（1）这两个账户反映的情况不正常，首先，益民公司的 8 000 元销货款，账龄将近 1 年，且今年发生的销货款都已结清，故可能存在业务上的纠纷。其次，大众商店的 80 元销货款系去年发生的，且此笔业务大多数货款 2 400 元已付清，尾数未清账，故可能在此笔货款上存在质量、数量、价格等问题的争执。

（2）对益民公司应采用肯定式函证，对大众商店可采用否定式函证。

【例 9.3】ABC 公司 2014 年末应收账款总账余额为 300 000 元，其所属明细账中有借方余额合计数 320 000 元，贷方合计数为 20 000 元，其他应收款总账余额为 3 000 元，坏账准备计提比例为 1%，计提金额为 3 030 元。具体情况如图 9.1 所示。

坏账准备

	期初余额	300
坏账准备计提	3 030	
	期末余额	3 330

图 9.1 ABC 公司坏账准备丁字账户

要求：根据上述资料，指出坏账准备计提中存在的问题并进行纠正。

【解答】

应收账款明细账中贷方余额性质为预收账款，不应计提坏账准备，其他应收款也应计提坏账准备。期末坏账准备应保留的余额=3 230 元，期初余额 300 元，因此本期应计提的坏账准备为 2 930 元。

9.5.3 其他相关账户审计

在销售与收款循环中，除上述会计科目外，还有应收票据、预收账款、应交税费等项目。

1．应收票据的审计

（1）获取或编制应收票据明细表，复核加计正确，并核对其期末余额合计数与报表数、总账数和明细账合计数是否相符。

（2）监盘库存票据。

（3）必要时，抽取部分票据向出票人函证，证实其存在性和可收回性，编制函证结果汇总表。

（4）检查有疑问的商业票据是否曾经更换或转期，或向出票人函询以确定其兑现能力。

（5）验明应收票据的利息收入是否均已正确入账。

（6）对于已贴现的应收票据，审计人员应审查其贴现额与利息额的计算是否正确，会计处理方法是否适当。复核、统计已贴现以及已转让但未到期的应收票据的金额。

（7）验明应收票据在会计报表上的披露是否恰当。审计人员应检查被审计单位资产负债表中应收票据账目的数额是否与审定数相符，是否剔除了已贴现票据，是否将贴现的商业承兑汇票在报表下端补充资料内的"已贴现的商业承兑汇票"项目中加以反映。

2．预收账款的审计

（1）获取或编制预收账款明细表，复核加计正确，并核对其期末余额合计数与报表数、总账数和明细账合计数是否相符。

（2）检查已转销的预收账款。请被审计单位协助，在预收账款明细表上标出至审计日止已转销的预收账款，重点对已转销金额较大的预收账款进行检查，核对记账凭证、仓库发运凭证、销售发票等，并注意这些凭证发生日期的合理性。

（3）抽查相关凭证。抽查预收账款有关的销售合同、仓库发运凭证、收款凭证，检查已实现销售的商品是否及时转销预收账款，确定预收账款期末余额的正确性和合理性。

（4）函证预收账款。选择预收账款的若干重大项目函证，根据回函情况编制函证结果汇总表。

（5）检查预收账款是否存在借方余额，决定是否建议做重分类调整。

（6）检查预收账款长期挂账的原因，并做出记录，必要时提请被审计单位予以调整。

（7）检查预收账款是否已在资产负债表上做恰当披露。

3．应交税费的审计

（1）获取或编制应交税费明细表，复核加计是否正确，并与报表数、总账数和明细账合计数核对是否相符。

（2）注意印花税、耕地占用税以及其他不需要预计应缴数的税金有无误入应交税费项目。

（3）分析存在借方余额的项目，查明原因，判断是否由被审计单位预缴税款引起。

（4）检查应交增值税。获取或编制应交增值税明细表，加计复核其正确性，并与明细账核对相符；将应交增值税明细表与被审计单位增值税纳税申报表进行核对，比较两者是否总体相符，并分析其差额的原因；抽查一定期间的进项税抵扣汇总表，与应交增值税明细表相关数额合计数核对，如有差异，查明原因并做适当处理；根据与增值税销项税额相关账户审定的有关数据，复核存货销售，或将存货用于投资、无偿馈赠他人、分配给股东（或投资者）应计的销项税额，以及将自产、委托加工的产品用于非应税项目的计税依据确定是否正确，以及应计的销项税额是否正确计算，是否按规定进行会计处理；检查适用税率是否符合税法规定；取得《出口货物退（免）税申报表》及办理出口退税有关凭证，复核出口货物退税的计算是否正确，是否按规定进行了会计处理。

（5）检查应交营业税的计算是否正确。结合营业税金及附加等项目的审计，根据审定的当期营业额，检查营业税的计税依据是否正确，适用税率是否符合税法规定，是否按规定进行了会计处理，并分项复核本期应交数；抽查本期已交营业税资料，确定已交数的正确性。

（6）检查应交城市维护建设税的计算是否正确。结合营业税金及附加等项目的审计，根据审定的计税基础和按规定适用的税率，复核被审计单位本期应交城市维护建设税的计算是否正确，是否按规定进行了会计处理；抽查本期已交城市维护建设税资料，确定已交数的正确性。

（7）获取或编制应交所得税测算表，结合所得税项目，确定应纳税所得额及企业所得税税率，复核应交企业所得税的计算是否正确，是否按规定进行了会计处理；抽查本期已交所得税资料，确定已交数的正确性。汇总纳税企业所得税汇算清缴，并按税法规定追加相应的程序。

（8）确定应交税费是否已按照企业会计准则的规定在财务报表中做出恰当列报。

（9）根据评估的舞弊风险等因素增加审计程序。

复习题

一、简答题

1．销售与收款循环的实质性测试程序包括哪些内容？

2．注册会计师在审查应收账款时，可能未得到被审计单位个别债务人对积极式询证函的答复，请回答：

（1）未得到询证函的可能原因有哪些？

（2）若第二次询证函仍未得到答复，注册会计师应如何进一步审计？

3. 在确定应收账款的函证方式时，注册会计师在哪些情况下可以采用积极式函证，哪些情况采用消极式函证？

4. 简述函证银行存款与函证应收账款的异同点。

二、分析题

1. 资料一：注册会计师在审计工作底稿中记录了所了解的有关销售与收款循环的控制，部分内容摘录如下。

（1）仓库人员在系统中根据经销售部门批准的客户订单生成连续编号的发货单，并在将产品交运输商发运后，将发货单设置为"已执行"状态并提交结算部门。结算部门根据系统中的"已执行"发货单记录、订单及相关客户基础资料，在系统中生成并打印销售发票，系统在月末根据发货单和发票信息自动汇总主营业务收入，并据此过入应收账款和主营业务收入账簿。

（2）每月月末，系统自动匹配发货单、订单、发票和入账的主营业务收入，并可以生成一个专门报告反映未匹配项目的清单。系统授权可以生成和阅读该报告的人员是公司销售部经理和总经理。

资料二：注册会计师对销售与收款循环的内部控制实施测试，并在审计工作底稿中记录了测试情况，部分内容摘录如下。

（1）注册会计师观察了结算部门人员根据发货单在系统中开具发票的过程，并从 2014 年主营业务收入明细账中选取销售记录实施测试，未发现异常。

（2）注册会计师询问了总经理和部门经理有关资料一中第（2）项控制的运行情况，他们均表示由于以前月份很少发现不匹配情况，因此，从 2014 年 6 月以后就没有再实际生成和阅读上述专门报告。在注册会计师的要求下，销售部经理在系统中生成了截至 2014 年 12 月 31日的专门报告，注册会计师没有发现存在不匹配的事项。

资料三：注册会计师对公司销售和收款循环的内部控制进行了解和测试，并在相关工作底稿中记录了了解和测试的事项，摘录如下。

（1）公司产成品发出时，由销售部填制一式四联的销售单。仓库发出产成品后，将第一联留存登记产成品卡片，第二联交销售部留存，第三联、第四联交会计部门会计人员乙登记产成品总账和明细账。

（2）会计人员戊负责开具销售发票。在开具销售发票之前，先取得仓库的发货记录和销售商品价目表，然后填写销售发票的数量、单价和金额。

要求：

针对资料一（1）～（2）项，请逐项判断上述控制在设计上是否存在缺陷。如果存在缺陷，请分别予以指出，并简要说明理由，提出改进建议。

针对资料二（1）～（2）项，请逐项指出上述测试结果是否表明相关内部控制得到有效执行。如果表明相关内部控制未能得到有效执行，请简要说明理由。

针对资料三（1）～（2）项，请代注册会计师指出公司在销售与收款循环内部控制方面的缺陷，提出改进建议。

2. 注册会计师对×公司 2014 年度会计报表进行审计。该公司 2014 年度未发生购并、分立和债务重组行为，供产销形势与上年相当。该公司提供的未经审计的 2014 年度合并会计报表附注的部分内容如下（金额单位：人民币万元）。

坏账核算的会计政策：坏账核算采用备抵法，坏账准备按期末账龄法分析计提，提取比率为 5%～40%，应收账款（如表 9.5 所示）和坏账准备 2014 年年末余额为 16 553 元和 527 元。

表 9.5　应收账款账龄分析表

账龄	年初数	年末数
1 年以内	8 392 元	10 915 元
1～2 年	1 186 元	1 399 元
2～3 年	1 161 元	1 365 元
3 年以上	1 421 元	2 874 元
合计	12 160 元	16 553 元

要求：

假定上述附注审定无误，请运用专业判断，必要时运用分析程序，指出表 9.5 中存在的不合理之处，并说明理由。

3. 注册会计师对截至 2014 年 12 月 31 日应收账款实施函证程序，抽取样本 20 个，其中 15 个客户应收账款账面余额合计为 284 005 600 元，与回函结果一致，另 5 个客户情况如下。

（1）J 公司欠款 1 600 万元，收到对方询证回函声明，已于 12 月 28 日由银行汇出 1 600 万元。

（2）W 公司欠款 1 800 万元，收到询证回函称："经核查我方账面仅欠贵方 1 000 万元"，双方差额为 800 万元，被审计单位财务报表报出前未能核对清楚。

（3）B 公司欠款 2 500 万元，虽已发出函证，但未收到回函。

（4）C 公司欠款 150 万元，收到对方询证回函称："已于 10 月份预付货款 250 万元，足以抵付欠款"。

（5）D 公司欠款 100 万元。收到对方询证回函称："所购货从未收到"。

于是，注册会计师又实施以下程序进行判断。

（1）查阅有关凭证，证实 J 公司欠款确已于次年度的 1 月 3 日入账。

（2）查明双方差额 800 万元的原因是：该款已于 2014 年 12 月 31 日收到，该公司尚未进行会计处理。

（3）采用替代程序证实 B 公司欠款 2 500 万元。

（4）检查预收货款确实收到并已入账，同时检查能够抵付，提请对 C 公司做调整会计分录。

（5）审核货运文件等资料以查明货物是否已发出，证实货物尚未发出。函证样本占总户数 20%，抽取样本占期末总额比例为 27%，全部应收账款余额为 128 005 600 元。

要求：

（1）针对情况一，如果注册会计师会同公司查阅有关凭证，证实 J 公司欠款已于此年度 1 月 3 日入账，是否可以直接确认"应收账款——J 公司"？

（2）针对情况二，如果注册会计师查明双方差异的原因是公司会计处理串户，注册会计师下一步应当如何处理？

（3）针对情况三，注册会计师下一步应当如何处理？

（4）针对情况四，注册会计师下一步应当如何处理？如果确实存在能够抵付的预付账款 250 万元，请列出注册会计师建议公司的调整分录。

（5）针对情况五，如果注册会计师检查相关的发运凭证时发现货物已运出，注册会计师应当提出什么建议？

第 10 章　生产与存货循环审计

本章学习要点

1. 了解生产与存货循环涉及的主要业务活动及其会计记录
2. 掌握生产与存货循环的内部控制及其测试
3. 掌握生产与存货循环主要项目的实质性程序
4. 掌握存货监盘的组织与实施
5. 掌握存货的计价与截止测试

生产循环是由原材料转化为产成品的有关活动组成的。对生产循环的审计主要由存货审计、应付职工薪酬审计和相关账户审计组成。

10.1　概述

生产与存货循环涉及的主要报表项目包括：存货、应付职工薪酬、生产成本、制造费用、营业成本等。生产与存货循环审计概述主要包括两部分内容：一是本循环涉及的主要凭证和会计记录；二是本循环中的主要业务活动。

10.1.1　涉及的主要凭证与会计记录

以制造业为例，生产与存货循环由将原材料转化为产成品的有关活动组成。该循环涉及领料、生产加工、销售产成品等主要环节。生产与存货循环所涉及的凭证和记录主要包括以下内容。

（1）生产指令。生产指令又称"生产任务通知单"或"生产通知单"，是企业下达制造产品等生产任务的书面文件，用以通知供应部门组织材料发放，生产车间组织产品制造，会计部门组织成本计算。

（2）领发料凭证。领发料凭证是企业为控制材料发出所采用的各种凭证，如材料发出汇总表、领料单、限额领料单、领料登记簿、退料单等。

（3）产量和工时记录。产量和工时记录是登记工人或生产班组在出勤时间内完成产品数量、质量和生产这些产品所耗费工时数量的原始记录。常见的产量和工时记录主要有工作通知单、工序进程单、工作班产量报告、产量通知单、产量明细表、废品通知单等。

（4）工薪汇总表及工薪费用分配表。工薪汇总表是为了反映企业全部工薪的结算情况，并据以进行工薪总分类核算和汇总整个企业工薪费用而编制的，它是企业进行工薪费用分配的依据。工薪费用分配表反映了各生产车间各产品应负担的生产工人工薪及福利费。

（5）材料费用分配表。材料费用分配表是用来汇总反映各生产车间各产品所耗费的材料费用的原始记录。

（6）制造费用分配汇总表。制造费用分配汇总表是用来汇总反映各生产车间各产品所应负担的制造费用的原始记录。

（7）成本计算单。成本计算单是用来归集某一成本计算对象所应承担的生产费用，计算成本计算对象的总成本和单位成本的记录。

（8）存货明细账。存货明细账是用来反映各种存货增减变动情况和期末库存数量及相关成本信息的会计记录。

10.1.2 涉及的主要业务活动

以制造业为例，生产与存货循环所涉及的主要业务活动包括：计划和安排生产，发出原材料，生产产品，核算产品成本，储存产成品，发出产成品等。上述业务活动通常涉及以下部门：生产计划部门、仓库部门、生产部门、人事部门、销售部门、会计部门等。

（1）计划和安排生产。生产计划部门的职责是根据客户订购单或者对销售预测和产品需求的分析来决定生产授权。如决定授权生产，即签发预先顺序编号的生产通知单。该部门通常应将发出的所有生产通知单顺序编号并加以记录控制。

（2）发出原材料。仓库部门的责任是根据从生产部门收到的领料单发出原材料。领料单上必须列示所需的材料数量和种类，以及领料部门的名称。领料单可以一料一单，也可以多料一单，通常需一式三联。仓库发料后，将其中一联连同材料交给领料部门，一联留在仓库登记材料明细账，一联交会计部门进行材料收发核算和成本核算。

（3）生产产品。生产部门在收到生产通知单及领取原材料后，便将生产任务分解到每一个生产工人，并将所领取的原材料交给生产工人，据以执行生产任务。生产工人在完成生产任务后，将完成的产品交生产部门查点，然后转交检验员验收并办理入库手续；或是将所完成的产品移交下一个部门，进一步加工。

（4）核算产品成本。为了正确核算并有效控制产品成本，必须建立健全成本会计制度，将生产控制和成本核算有机结合在一起。一方面，生产过程中的各种记录、生产通知单、领料单、计工单、入库单等文件资料都要汇集到会计部门，由会计部门对其进行检查和核对，了解和控制生产过程中存货的实物流转；另一方面，会计部门要设置相应的会计账户，会同有关部门对生产过程中的成本进行核算和控制。

（5）产成品入库。产成品入库须由仓库部门先行点验和检查，然后签收。签收后，将实际入库数量通知会计部门。据此，仓库部门确立了本身应承担的责任，并对验收部门的工作进行验证。

（6）发出产成品。产成品的发出须由独立的发运部门进行。装运产成品时必须持有经有关部门核准的发运通知单，并据此编制出库单。出库单一般为一式四联，一联交仓库部门；一联由发运部门留存；一联送交顾客；一联作为给顾客开发票的依据。

10.2 生产与存货循环内部控制

生产与存货循环的内部控制包括三大系统：一是生产过程中的存货的内部控制；二是工薪的内部控制；三是对产品成本进行记录与控制的成本会计控制。

1．存货的内部控制

存货的内部控制主要体现在购货、验收、仓储、生产等环节。

（1）购货应由独立的采购部门负责。请购单、购货单，购货单副本须送仓储部门和会计部门，以便随后的材料入库和会计核算。

（2）验收应由专门的验收部门负责。

（3）建立储存管理责任制。

（4）领料与发货。领料单必须根据用料单、工程通知单或销货单填制。

（5）控制生产过程。

2．工薪的内部控制

工薪内部控制是指对工薪的支出进行反映和监督的内部控制，主要内容如下。

（1）雇佣员工。人事授权表一份存放于人事部门的员工档案，一份送交工资部门。

（2）授权变动工资。

（3）编制出勤和计时资料。

（4）编制工资计算表。工资计算表和人工成本分配汇总表一式两份，一份连同计时卡和计工单留在工资部门，另一份与人工成本分配表送达财务部门。

（5）支付工资和保管未领工资。工资只发给经过适当确认的员工，未领工资应保存在财务部门的保险柜中。

（6）填写个人所得税申报表。

（7）记录工资。根据人工成本分配汇总表编制记账凭证，并登记有关账簿。

3．成本会计制度的内部控制

成本会计制度的内部控制主要包括成本费用管理控制与成本费用会计控制两部分内容。

（1）成本费用管理控制。成本费用管理控制是指对成本费用支出进行计划、控制和考核的内部控制。其具体包括：确定成本控制目标和成本计划；制定直接材料、人工工资和制造费用的消耗定额；编制成本、费用预算；对各项成本费用指标进行分解，建立成本费用归口、分级管理责任制；定期进行成本费用考核与评价。

（2）成本费用会计控制。成本费用会计控制是指对成本费用支出业务进行反映和监督的内部控制。其主要包括以下内容：制定成本费用制度，明确成本范围、开支标准、制定报销手续；建立各种支出的审核制度；设置相应的会计账户，选择适当的成本计算方法，合理地归集与分配各项费用，确定产品生产成本；对各项费用的归集与分配结果进行复核；定期进行成本分析，查明企业成本变动的趋势和原因。

10.3 评估生产与存货循环的重大错报风险

注册会计师应当清楚了解被审计单位管理层管理生产与存货交易的关键因素和关键业绩指标，因为这些将为识别潜在的重大错报风险提供线索。当生产流程得到良好控制时，注册会计师可以将重大错报风险评价为中或低，并且可以了解不同级别的管理层收到的例外报告的类型，实施的不同的监督活动，以及是否有证据表明所选取的控制的设计和运行是适当的，是否能够保证管理层采取及时有效的措施来识别错误并处理舞弊。

生产与存货交易也有其自身的特点，以制造类企业为例，影响生产与存货交易和余额的重大错报风险可能包括以下内容。

（1）交易的数量和复杂性。制造类企业交易的数量庞大，业务复杂，这就增加了错误和舞弊的风险。

（2）成本基础的复杂性。制造类企业的成本基础是复杂的。虽然原材料和直接人工等直接费用的分配比较简单，但间接费用的分配就可能较为复杂，并且，同一行业中的不同企业也可能采用不同的认定和计量基础。

（3）产品的多元化。这可能要求聘请专家来验证其质量、状况或价值。另外，计算库存存货数量的方法也可能是不同的。例如，计量煤堆、筒仓里的谷物或糖、钻石或者其他贵重的宝石、化工品和药剂产品的存储量的方法都可能不一样。这并不是要求注册会计师每次清点存货都需要专家配合，如果存货容易辨认，存货数量容易清点，就无须专家帮助。

（4）某些存货项目的可变现净值难以确定。例如，价格受全球经济供求关系影响的存货，由于其可变现净值难以确定，会影响存货采购价格和销售价格的确定，并将影响注册会计师对与存货计价认定有关的风险进行的评估。

（5）将存货存放在很多地点。大型企业可能将存货存放在很多地点，并且可以在不同的地点之间配送存货，这将增加商品途中毁损或遗失的风险，或者导致存货在两个地点被重复列示，也可能产生转移定价的错误或舞弊。

（6）寄存的存货。有时候存货虽然还存放在企业，但可能已经不归企业所有。反之，企业的存货也可能被寄存在其他企业。

注册会计师应当了解被审计单位对生产与存货的管理程序。如果注册会计师认为被审计单位可能存在销售成本和存货的重大错报风险，通常需要考虑对已选取的控制活动的运行有效性进行测试，以证实计划依赖的认定层次上的控制已经在整个期间内运行了。

很显然，控制是否适当直接关乎其预防、发现和纠正错报的能力。预防性的控制经常在交易初期和记录过程中实施，而作为管理层的监督程序的组成部分，检查性控制通常在交易执行和记录过程之后实施，以便检查、纠正错误与舞弊。测试已选取的、涉及几项认定的监督控制要比测试交易初期的预防性控制更为有效。

注册会计师对于生产过程和存货管理中的控制的了解，来自于观察控制活动执行情况、询问员工以及检查文件和资料。这些文件和资料包括以前年度审计工作底稿，原材料领料单上记录的各个生产流程的制造成本，人工成本记录和间接费用分配表，以及例外报告和所及时采取的相应的纠正行动。

10.4　生产与存货循环控制测试

注册会计师了解生产与存货循环内部控制，可以通过询问相关人员或者查阅企业章程等文件，获得有关存货账户体系的设置、存货计价方法以及成本会计制度的信息，还可以通过发放调查问卷或者绘制流程图等方法来了解采购、验货、仓储、生产、销售等有关内部控制制度是否得到执行。此外，还须实地观察存货的保管是否能够有效地防止存货的变质、毁损和被盗。

1．存货的内部控制测试

（1）实地观察以下不相容职责是否分离：存货的验收、仓储、使用与记账职责；对半成品或产成品的验收与生产部门；存货报废核销、审批与仓储、使用部门；存货业务各账户的总账与明细账登记职责；保管存货与监督定期实地盘点职责。

（2）审查购货业务的内部控制执行情况和效果：从业务部门的业务档案中抽取定货单样本，审核定货单样本是否附有请购单或其他批准文件，审核与定货单样本有关的供应商发票、验收单和已付讫支票，并追查有关的购货记录和现金日记账，审核订购单、供应商发票和验收单的品种、数量和单价金额是否相符，追查购货日记账、总分类账和有关存货项目明细账的过账是否正确。

（3）实地观察：存货分类安全存放和保管，重要存货有无良好的防火、防盗等防护措施；保管人员是否对入库存货进行点验并填制入库单；仓储部门是否依据领料单或提货单发货并填写出库单；在产品在各生产部门或工序间的转移有无严格手续和记录。

（4）抽取部分入库单检查：是否附有验收单并经检验人员签字；核对入库单的数量、日期、规格、型号、价格等是否同实物收发存登记簿记录、存货明细账记录相一致；大额存货采购是否签订了合同，有无审批手续。

（5）抽取部分出库单检查：如果是领料，追查有无经主管批准和领用人签字的领料单；如果是销售，追查有无销售主管批准签字的发货单或提货单；出库单记载的数量、日期是否同实物收发存登记簿记录相一致；追查领料的金额是否恰当合理地计入产品成本明细账中。

（6）检查存货计价方法是否符合财会制度规定，计价方法发生变化有无批准程序。

（7）检查存货的分检、堆放、仓储条件是否良好，是否建立定期盘点制度，并如实反映盘点结果。

（8）审查对存货盘盈和盘亏的处理是否经企业主管批准，其处理是否及时，是否符合财务制度规定。

2．工薪的内部控制测试

在测试工薪内部控制时，首先，应选择若干月份工薪汇总表，做如下检查：计算复核每一份工薪汇总表；检查每一份工薪汇总表是否经授权批准；检查应付工薪总额与人工费用分配汇总表中的合计数是否相符；检查其代扣款项的账务处理是否正确；检查实发工薪总额与银行付款凭单及银行存款对账单是否相符，并正确过入相关账户。其次，从工资单中选取若干个样本（应包括各种不同类型员工），做如下检查：检查员工工薪卡或人事档案，确保工薪发放有依据；检查员工工资率及实发工薪额的计算；检查实际工时统计记录（或产量统计报告）与员工个人钟点卡（或产量记录）是否相符；检查员工加班加点记录与主管人员签证的月度加班汇总表是否相符；检查员工扣款依据是否正确；检查员工工薪签收证明；实地抽查部分员工，证明其确在本公司工作。

3．成本会计制度的内部控制测试

成本会计制度的内部控制测试包括直接材料成本测试、直接人工成本测试、制造费用测试和生产成本当期完工产品与在产品之间分配的测试四项内容。

10.5　生产与存货循环实质性程序

结合存货容易被盗和变质、毁损等不同于其他财务报表项目的特性，生产与存货交易的重大错报风险通常是影响存货存在、完整性、权利和义务、计价和分摊等认定的存货的高估风险。相应地，注册会计师针对上述重大错报风险应实施实质性审计程序的目标在于获取关于存货存在、完整性、权利和义务、计价和分摊等多项认定的审计证据。

为实现上述审计目标，生产与存货交易的实质性程序分为实质性分析程序、生产与存货交易和相关余额的细节测试两个方面。

1．实质性分析程序

（1）根据对被审计单位的经营活动、供应商的发展历程、贸易条件、行业惯例和行业现状的了解，确定营业收入、营业成本、毛利以及存货周转和费用支出项目的期望值。

（2）根据本期存货余额组成、存货采购、生产水平与以前期和预算的比较，定义营业收入、营业成本和存货可接受的重大差异额。

（3）比较存货余额和预期周转率。

（4）计算实际数和预计数之间的差异，并同管理层使用的关键业绩指标进行比较。

（5）通过询问管理层和员工，调查实质性分析程序得出的重大差异额是否表明存在重大错报风险，是否需要设计恰当的细节测试程序以识别和应对重大错报风险。

（6）形成结论，即实质性分析程序能够提供充分、适当的审计证据，或需要对交易和余额实施细节测试以获取进一步的审计证据。

实施实质性分析程序的目的在于获取支持相关审计目标的证据。因此，注册会计师在具体实施上述分析程序时还应当注意以下几个方面。

（1）使用计算机辅助审计方法下载被审计单位存货文档和总分类账户以便计算财务指标和经营指标，并将计算结果与期望值进行比较。例如，注册会计师利用所掌握的、适用于被审计单位的销售毛利率知识，判断各类产品的销售毛利率是否符合期望值，存货周转率或者周转能力是否随着重要存货项目的变化而变化。

（2）按区域分析被审计单位各月存货变动情况，并考虑存货变动情况是否与季节性变动和经济因素变动一致。

（3）对周转缓慢或者长时间没有周转（如超过半年）以及出现负余额的存货项目单独摘录并列表。

（4）由于可能隐含着重要的潜在趋势，注册会计师应当注意不要过分依赖计算的平均值。各个存货项目的潜在重大错报风险可能并不一致，实质性分析程序应该用来查明单项存货或分类别存货的一些指标关系。

2．生产与存货交易和相关余额的细节测试

（1）交易的细节测试。

①注册会计师应从被审计单位存货业务流程层面的主要交易流中选取一个样本，检查其支持性证据。例如，从存货采购，完工产品的转移，销售和销售退回记录中选取一个样本：

A．检查支持性的供应商文件、生产成本分配表、完工产品报告、销售和销售退回文件；

B．从供应商文件、生产成本分配表、完工产品报告、销售和销售退回文件中选取一个样本，追踪至存货总分类账户的相关分录；

C．重新计算样本所涉及的金额，检查交易经授权批准而发生的证据。

②对期末前后发生的诸如采购、销售退回、销售、产品存货转移等主要交易流，实施截止测试。

确认本期末存货收发记录的最后一个顺序号码，并详细检查随后的记录，以检测在本会计期间的存货收发记录中是否存在更大的顺序号码，或因存货收发交易被漏记或错计入下一会计期间而在本期遗漏的顺序号码。

（2）存货余额的细节测试。存货余额的细节测试内容很多，比如，观察被审计单位存货的实地盘存；通过询问确定现有存货是否存在寄存情形，或者被审计单位存货在盘点日是否被寄存在他人处；获取最终的存货盘点表，并对存货的完整性、存在和计量进行测试；检查、计算、询问和函证存货价格；检查存货的抵押合同和寄存合同；检查、计算、询问和函证存货的可变现净值等。这些将在下面单独讨论。

10.5.1　存货成本审计

存货成本审计包括直接材料成本的审计、直接人工成本的审计、制造费用的审计和主营业务成本的审计等内容。

1．存货成本的审计目标

存货成本的审计目标包括：确定存货成本发生的真实性；确定存货成本发生的完整性；确定存货成本金额计算的正确性；确定存货成本金额分配的正确性等。

2．存货成本的实质性测试

（1）直接材料成本的审计。直接材料成本的审计一般应从审阅材料和生产成本明细账入手，抽查有关的费用凭证，验证企业产品直接耗用材料的数量、计价和材料费用分配是否真实、合理。

①抽查产品成本计算单，检查成本计算，费用的分配标准与计算方法，与材料费用分配

汇总表相核对。

②审查耗用数量的真实性，有无将非生产用材料计入直接材料费用。

③分析比较同一产品前后各年度的直接材料成本，如有重大波动应查明原因。

④抽查材料发出及领用的原始凭证，检查是否经过授权、经过适当的复核，成本计价方法是否适当，是否正确及时入账。

⑤对采用定额成本或标准成本的企业，应检查直接材料成本差异的计算、分配与会计处理是否正确，并查明直接材料的定额成本、标准成本在本年度内有无重大变更。

（2）直接人工成本审计。直接人工成本审计包括以下内容。

①抽查产品成本计算单，检查成本计算，费用的分配标准与计算方法，与人工费用分配汇总表相核对。

②将本年度直接人工成本与前期进行比较，查明异常波动的原因。

③分析比较本年度各个月份的人工费用发生额，如有异常波动，应查明原因。

④结合应付工资的审查，抽查人工费用会计记录及会计处理是否正确。

⑤对采用标准成本法的企业，应检查直接人工成本差异的计算、分配与会计处理是否正确，并查明直接人工的标准成本在本年度内有无重大变更。

（3）制造费用审计。制造费用审计的基本要点包括以下内容。

①获取或编制制造费用汇总表，并与明细账、总账核对相符。

②抽查制造费用中的重大数额项目及例外项目是否合理。

③审阅制造费用明细账，检查其核算内容及范围是否正确，并应注意是否存在异常会计事项。

④必要时，对制造费用实施截止测试，即检查资产负债表日前后若干天的制造费用明细账及其凭证，确定有无跨期入账的情况。

⑤审查制造费用的分配是否合理。重点查明分配方法；分配方法是否在相当时期内保持稳定，有无随意变更的情况；分配率和分配额的计算是否正确，有无以人为估计数代替分配数的情况；对按预定分配率分配费用的企业，还应查明计划与实际差异是否及时调整。

⑥对于采用标准成本法的企业，应抽查标准制造费用的确定是否合理，计入成本计算单的数额是否正确，制造费用的计算、分配与会计处理是否正确，并查明标准制造费用在本年度内有无重大变动。

（4）营业成本的审计。营业成本的审计包括以下内容。

①获取或编制营业成本明细表，与明细账和总账核对相符。

②编制生产成本及销售成本倒轧表，与总账核对相符。

③分析比较本年度与上年度营业成本总额，以及本年度各月份的营业成本金额，如有重大波动和异常情况，应查明原因。

④结合生产成本的审计，抽查销售成本结转数额的正确性，并检查其是否与销售收入配比。

⑤检查营业成本账户中重大调整事项（如销售退回等）是否有其充分理由。

⑥确定营业成本在利润表中是否已恰当披露。

10.5.2　存货监盘

注册会计师对存货监盘是存货审计必不可少的一项审计程序，为了达到比较好的结果，存货监盘应做好盘点前的计划工作、盘点过程的监督工作以及盘点工作结束后的记录工作。

1．存货监盘的作用

存货监盘作为存货审计的一项核心审计程序，通常可同时实现多项审计目标：

（1）被审计单位记录的所有存货确实存在（存在）；

（2）已经反映了被审计单位拥有的全部存货（完整性）；

（3）属于被审计单位的合法财产（权利和义务）。

一般而言，监盘足以证实存在认定，但对于权利和义务认定和完整性认定时，除监盘程序外，可能还需要实施其他审计程序。

2．存货监盘的计划

（1）制定存货监盘计划的基本要求。有效的存货监盘需要制定周密、细致的计划。为了避免误解并有助于有效地实施存货监盘，注册会计师通常需要与被审计单位就存货监盘等问题达成一致意见。因此，注册会计师首先应当充分了解被审计单位存货的特点、盘存制度和存货内部控制的有效性等情况，并考虑获取、审阅和评价被审计单位预定的盘点程序。存货存在与完整性的认定具有较高的重大错报风险，而且注册会计师通常只有一次机会通过存货的实地监盘对有关认定做出评价。根据计划过程所搜集到的信息，有助于注册会计师合理确定参与监盘的地点以及存货监盘的程序。

（2）制定存货监盘计划应考虑的相关事项。在编制存货监盘计划时，注册会计师需要考虑以下事项。

①与存货相关的重大错报风险。存货通常具有较高水平的重大错报风险。

②与存货相关的内部控制。与存货相关的内部控制涉及被审计单位供、产、销各个环节，包括采购、验收、仓储、领用、加工、装运出库等方面。

③对存货盘点制定的适当程序和下达的正确指令。注册会计师应当考虑下列主要因素，以评价其能否合理地确定存货的数量和状况：盘点的时间安排；存货盘点范围和场所的确定；盘点人员的分工及胜任能力；盘点前的会议及任务布置；存货的整理和排列，对毁损、陈旧、过时、残次及所有权不属于被审计单位的存货的区分；存货的计量工具和计量方法；在产品完工程度的确定方法；存放在外单位的存货的盘点安排；存货收发截止的控制；盘点期间存货移动的控制；盘点表单的设计、使用与控制；盘点结果的汇总以及盘盈或盘亏的分析、调查与处理。

④存货盘点的时间安排。如果存货盘点在财务报表日以外的其他日期进行，注册会计师除实施存货监盘审计程序外，还应当实施其他审计程序，以获取审计证据，确定存货盘点日与财务报表日之间的存货变动是否已得到恰当的记录。

⑤被审计单位是否一贯采用永续盘存制。如果被审计单位通过实地盘存制确定数量，则注册会计师要参加此种盘点。如果被审计单位采用永续盘存制，注册会计师应在年度中一次

或多次参加盘点。

⑥获取存货的存放地点，以确定适当的监盘地点。注册会计师通常应当重点考虑被审计单位的重要存货存放地点，特别是金额较大可能存在重大错报风险（如存货性质特殊）的存货地点，将这些存货地点列入监盘地点。对其他无法在存货盘点现场实施监盘的存货存放地点，注册会计师应当实施替代审计程序，以获取有关存货的存在和状况的充分、适当的审计证据。

⑦是否需要专家协助。在确定资产数量或资产实物状况（如矿石堆），或在收集特殊类别存货（如艺术品、稀有玉石、房地产、电子器件、工程设计等）的审计证据时，注册会计师可以考虑利用专家的工作。

（3）存货监盘计划的主要内容。

①存货监盘的目标、范围及时间安排。存货监盘的主要目标包括获取被审计单位资产负债表日有关存货数量和状况以及有关管理层存货盘点程序可靠性的审计证据，检查存货的数量是否真实、完整，是否归属被审计单位，存货有无毁损、陈旧、过时、残次和短缺等状况。

存货监盘范围的大小取决于存货的内容、性质以及与存货相关的内部控制的完善程度和重大错报风险的评估结果。

存货监盘的时间包括实地察看盘点现场的时间、观察存货盘点的时间和对已盘点存货实施检查的时间等，应当与被审计单位实施存货盘点的时间相协调。

②存货监盘的要点及关注事项。注册会计师需要重点关注的事项包括盘点期间的存货移动、存货的状况、存货的截止确认、存货的各个存放地点及金额等。

③参加存货监盘人员的分工。根据被审计单位参加存货盘点人员分工、分组情况、存货监盘工作量的大小和人员素质情况，确定参加存货监盘的人员组成以及各组成人员的职责和具体的分工情况。

④检查存货的范围。在实施观察程序后，如果认为被审计单位内部控制设计良好且得到有效实施，存货盘点组织良好，可以相应缩小实施检查程序的范围。

3. 存货监盘程序

在存货盘点现场实施监盘时，注册会计师应当实施下列审计程序。

（1）评价管理层用以记录和控制存货盘点结果的指令和程序。

（2）观察移动、截止的盘点程序。如果在盘点过程中无法停止存货的移动，考虑无法停止存货移动的原因及其合理性，了解管理层针对存货移动所采取的控制程序。采取的控制程序包括：在仓库内划分出独立的过渡区域；将预计在盘点期间领用的存货移至过渡区域，将盘点期间办理入库手续的存货暂时存放在过渡区域。

截止测试的目的是检查库存记录与会计记录期末截止是否正确。测试的关键是确定存货截止日是否在库，所有权是否转移。

（3）检查存货。在存货监盘过程中检查存货，不一定能确定存货的所有权，但有助于确定存货的存在，以及识别过时、毁损或陈旧的存货。

（4）执行抽盘。注册会计师可以从存货盘点记录中选取项目追查至存货实物，以及从存货实物中选取项目追查至盘点记录，以获取有关盘点记录准确性和完整性的审计证据。需要说明的是，注册会计师应尽可能避免让被审计单位事先了解将抽盘的存货项目。除记录注册会计师对存货盘点结果进行的测试情况外，获取管理层完成的存货盘点记录的复印件也有助于注册会计师日后实施审计程序。

注册会计师在实施抽盘程序时发现差异，很可能表明被审计单位的存货盘点在准确性或完整性方面存在错误。一方面，注册会计师应当查明原因，并及时提请被审计单位更正；另一方面，注册会计师应当考虑错误的潜在范围和重大程度，在可能的情况下，扩大检查范围以减少错误的发生。注册会计师还可要求被审计单位重新盘点。重新盘点的范围可限于某一特殊领域的存货或特定盘点小组。

（5）需要特别关注的情况。

①盘点之前观察盘点现场。在被审计单位盘点存货前，注册会计师应当观察盘点现场，确定应纳入盘点范围的存货是否已经适当整理和排列，并附有盘点标志，防止遗漏或重复盘点。

②确认代存存货不被盘点。对所有权不属于被审计单位的存货，注册会计师应当取得其规格、数量等有关资料，确定是否已单独存放、标明，且未被纳入盘点范围。即使在被审计单位声明不存在受托代存货，监盘时也应关注是否存在某些存货不属于被审计单位的迹象。

③对特殊类型存货的监盘。

4．特殊情况的处理

（1）在存货盘点现场实施存货监盘不可行。如果在存货盘点现场实施存货监盘不可行，注册会计师应当实施替代审计程序以获取有关存货的存在和状况的充分、适当的审计证据。如果不能实施替代审计程序，或者实施替代审计程序可能无法获取有关存货的存在和状况的充分、适当的审计证据，按规定发表非无保留意见。

（2）因不可预见的情况导致无法在存货盘点现场实施监盘。如果由于不可预见的情况无法在存货盘点现场实施监盘，注册会计师应当另择日期实施监盘，并对间隔期内发生的交易实施审计程序。

（3）由第三方保管或控制的存货。如果由第三方保管或控制的存货对财务报表是重要的，注册会计师应当实施下列一项或两项审计程序。

①向持有被审计单位存货的第三方函证存货的数量和状况。

②实施检查或其他适合具体情况的审计程序。

第一，实施或安排其他注册会计师实施对第三方的存货监盘；

第二，获取其他注册会计师或服务机构注册会计师针对用以保证存货得到恰当盘点和保管的内部控制的适当性而出具的报告；

第三，检查与第三方持有的存货相关的文件记录，如仓储单；

第四，当存货被作为抵押品时，要求其他机构或人员进行确认。

【例10.1】注册会计师接受委托，对ABC公司2014年度财务报表进行审计。公司为玻璃制造企业，存货主要有玻璃、煤炭和烧碱，其中少量玻璃存放于外地公用仓库。另有 D 公司部分水泥存放于 ABC 公司的仓库。ABC 公司拟于 2014 年 12 月 29 日至 12 月 31 日盘点存货，以下是注册会计师撰写的存货监盘计划的部分内容。

存货监盘计划

一、存货监盘的目标

检查 ABC 公司 2014 年 12 月 31 日存货数量是否真实、完整。

二、存货监盘范围

2014 年 12 月 31 日库存的所有存货，包括玻璃、煤炭、烧碱和水泥。

三、监盘时间

存货的观察与检查时间均为 2014 年 12 月 31 日。

四、存货监盘的主要程序

1. 与管理层讨论存货监盘计划。

2. 观察公司盘点人员是否按照盘点计划盘点。

3. 检查相关凭证以证实盘点截止日前所有已确认为销售但尚未装运出库的存货均已纳入盘点范围。

4. 对于存放在外地公用仓库的玻璃，主要实施检查货运文件、出库记录等替代程序。

要求：

（1）请指出存货监盘计划中的目标、范围和时间存在的错误，并简要说明理由；

（2）请判断存货监盘计划中列示的主要程序是否恰当，若不恰当，请予以修改。

【解答】

存货监盘的目标不正确，应该是获取 ABC 公司 2014 年 12 月 31 日有关存货数量和状况以及有关管理层对存货盘点程序可靠性的审计证据，检查存货的数量是否真实、完整，是否归属被审计单位，存货有无毁损、陈旧、残次和短缺等状况。

存货监盘的范围不正确，应该是 2014 年 12 月 31 日库存的玻璃、煤炭和烧碱，并不应该包括其他公司存放在本公司的水泥。

存货监盘的时间不正确，存货监盘的时间应该包括实地察看盘点现场的时间、观察存货盘点的时间和对已盘点存货实施检查的时间等，应当与被审计单位实施存货盘点的时间相协调，所以应为 2014 年 12 月 29 日至 12 月 31 日。

程序 1："与管理层讨论存货监盘计划"不恰当，应该是与被审计单位管理层复核或讨论其存货盘点计划。

程序 2："观察公司盘点人员是否按照盘点计划盘点"是恰当的。

程序 3："检查相关凭证以证实盘点截止日前所有已确认为销售但尚未装运出库的存货均已纳入盘点范围"是不恰当的，应该是检查所有在截止日前已确认为销售但尚未装运出库的存货均未纳入盘点范围。

程序 4："对于存放在外地公用仓库的玻璃，主要实施检查装运文件、出库记录等替代程序"是不恰当的，应该主要通过函证或利用其他注册会计师工作等替代程序来进行查验。

10.5.3 存货计价审计和截止测试

1．存货计价测试

监盘程序主要是对存货的结存数量予以确认。为验证财务报表上存货余额的真实性，还必须对存货的计价进行审计。

（1）样本的选择。计价审计的样本，应从存货数量已经盘点、单价和总金额已经计入存货汇总表的结存存货中选择。选择样本时应着重选择结存余额较大且价格变化比较频繁的项目，同时考虑所选样本的代表性。抽样方法一般采用分层抽样法，抽样规模应足以推断总体的情况。

（2）计价方法的确认。存货的计价方法多种多样，被审计单位应结合企业会计准则的基本要求选择符合自身特点的方法。注册会计师除应了解掌握被审计单位的存货计价方法外，还应对这种计价方法的合理性与一贯性予以关注，没有足够理由，计价方法在同一会计年度内不得变动。

（3）计价测试。进行计价测试时，注册会计师首先应对存货价格的组成内容予以审核，然后按照所了解的计价方法对所选择的存货样本进行计价测试。测试时，应尽量排除被审计单位已有计算程序和结果的影响，进行独立测试。测试结果出来后，应与被审计单位账面记录对比，编制对比分析表，分析形成差异的原因。如果差异过大，应扩大测试范围，并根据审计结果考虑是否应提出审计调整建议。

在存货计价审计中，由于被审计单位对期末存货采用成本与可变现净值孰低的方法计价，所以注册会计师应充分关注其对存货可变现净值的确定及存货跌价准备的计提。

【例 10.2】ABC 公司的会计政策规定，入库产成品按实际生产成本入账，发出产成品采用先进先出法核算。2014 年 12 月 31 日，公司甲产品期末结存数量为 1 200 件，期末余额为 5 210 万元。公司 2014 年度甲产品的相关明细资料如表 10.1 所示。

表 10.1 甲产品明细账

数量单位：件

金额单位：万元

日期	摘要	入 库			发 出			结 存		
		数量	单价	金额	数量	单价	金额	数量	单价	金额
1.1	期初余额							500		2 500
3.1	入库	400	5.1	2 040				900		4 540
4.1	销售				800	5.2	4 160	100		380
8.1	入库	1 600	4.6	7 360				1 700		7 740
10.3	销售				400	4.6	1 840	1 300		5 900
12.1	入库	700	4.5	3 150				2 000		9 050
12.31	销售				800	4.8	3 840	1 200		5 210
12.31	期末余额							1 200		5 210

要求：注册会计师应提出的审计调整建议是什么？

【解答】

期末甲产品成本=（2 500+2 040+7 360+3 150）-（2 500+300×5.1+100×5.1+300×4.6+800×4.6）=15 050-（2 500+400×5.1+1 100×4.6）=15 050-9 600=5 450（万元）。

公司甲产成品存货成本期末数应为 5 450 万元，说明当期主营业务成本多结转了 240 万元，因此，应提请公司调减 2014 年度主营业务成本 240 万元。

2．存货的截止测试

所谓存货截止测试就是检查截至 12 月 31 日，所购入并已包含在 12 月 31 日存货盘点范围的存货。存货正确截止的关键在于存货实物纳入盘点范围的时间与存货的入账时间处于同一会计期间。应关注以下 10 种具体情况。

（1）所有在截止日以前入库的存货是否均已包括在盘点范围内，并已反映在截止日的记录中。

（2）在截止日期以后入库的存货项目是否均未包括在盘点范围内，也未反映在截止日以前的记录中。

（3）在截止日以前装运出库的存货是否均未包括在盘点范围内，且未包括在截止日的存货账面余额中。

（4）任何在截止日期以后装运出库的存货项目是否均已包括在盘点范围内，并已包括在截止日的存货账面余额中。

（5）所有已销售但尚未装运出库的商品是否均未包括在盘点范围内，且未包括在截止日存货账面余额中。

（6）所有已记录为购货但尚未入库的存货是否均已包括在盘点范围内，反映在记录中。

（7）在途存货和被审计单位直接向顾客发运的存货是否均已得到了适当的会计处理。

（8）截止地点：通常可观察存货的验收入库地点和装运出库地点以执行截止测试。

（9）对凭证编号的运用：如入库和装运凭证有连续编号，应关注截止日期前的最后编号。没有连续编号的，应列出截止日期前的最后几笔入库和装运记录。

（10）对装箱存放的考虑：如使用运货车厢或拖车存储、运输或验收入库，应详细列出满载和空载的车厢或拖车，并记录存货状况。

【例 10.3】注册会计师对公司 2014 年的期末会计资料进行审计时，发现临近结账日前后所发生的业务事项如下。

（1）2015 年 1 月 2 日收到价值为 20 000 元的货物，入账日期为 1 月 4 日，发票上注明由供应商负责运送，目的地交货，开票日期为 2014 年 12 月 26 日。

（2）当实际盘点时，1 包价值 80 000 元的产品已放在装运处，因包装纸上注明"有待发运"字样而未计入存货内。经调查发现，顾客的定货单日期为 2014 年 12 月 20 日，顾客于 2015 年 1 月 4 日收到后付款。

（3）2015 年 1 月 6 日收到价值为 700 元的物品，并于当天登记入账。该物品于 2014 年 12 月 28 日按供货商离厂交货条件运送，因 2014 年 12 月 31 日尚未收到，故未计入结账日存货。

（4）按顾客特殊订单制作的某产品，于 2014 年 12 月 31 日完工并送装运部门，顾客已于该日付款。该产品于 2015 年 1 月 5 日送出，但未包括在 2014 年 12 月 31 日存货内。

要求：请分析上述 4 种情况是否应包括在 2014 年 12 月 31 日的存货内，并说明理由。

【解答】

（1）不应包括在 2014 年 12 月 31 日的存货内。企业确认的存货入账时间为 2015 年 1 月 4 日，它应归属于 2015 年存货。

（2）应包括在 2014 年 12 月 31 日存货内。在盘点日，货物并未发出，所有权未转让，有关的交易手续未完结。2015 年 1 月 4 日，顾客收到货物付款，企业此时才确认收入结转成本，因此该批存货 2014 年 12 月 31 日仍归企业所有。

（3）可以不包含在 12 月 31 日。2015 年 1 月 6 日收到价值为 700 元的物品，并于当天登记入账。

（4）不应包括在 12 月 31 日的存货内。顾客 12 月 31 日付款，并送装运部门，交易手续已完结，存货所有权转移给买方，尽管存货还在企业，但不应包括在期末存货范围内。

10.5.4 应付职工薪酬审计

在一般企业中，职工薪酬费用在成本费用中所占比重较大。如果职工薪酬计算错误，就会影响成本费用和利润的正确性。所以，注册会计师仍应重视对职工薪酬业务的审计。

1．审计目标

应付职工薪酬的审计目标一般包括：确定资产负债表中记录的应付职工薪酬是否存在；所有应当记录的应付职工薪酬是否均已记录；确定记录的应付职工薪酬是否为被审计单位应当履行的现时义务；确定应付职工薪酬是否以恰当的金额包括在财务报表中，与之相关的计价调整是否已恰当记录；确定应付职工薪酬是否已按照企业会计准则的规定在财务报表中做出恰当列报。

2．应付职工薪酬的实质性程序

（1）获取或编制应付职工薪酬明细表，复核加计是否正确，并与报表数、总账数和明细账合计数核对是否相符。

（2）实施实质性分析程序。

①比较被审计单位员工人数的变动情况，检查被审计单位各部门各月工资费用的发生额是否有异常波动，若有，则查明波动原因是否合理；

②比较本期与上期工资费用总额，要求被审计单位解释其增减变动原因，或取得公司管理当局关于员工工资标准的决议；

③比较本期应付职工薪酬余额与上期应付职工薪酬余额是否有异常变动。

（3）检查应付职工薪酬的核算内容是否包括工资、职工福利、社会保险费、住房公积金等明细项目。

（4）检查职工薪酬计算是否正确，分配方法是否合理，与上期是否一致。

（5）检查应付职工薪酬的范围、标准是否符合规定。

（6）审阅应付职工薪酬明细账，抽查应付职工薪酬各明细的支付和使用情况，检查是否符合有关规定，是否履行审批程序。

（7）检查被审计单位实施的工薪制度是否合法、合理。

（8）确定应付职工薪酬在资产负债表的披露是否恰当。

10.5.5 其他相关账户审计

除了以上报表项目审计外，生产与存货循环审计还包括库存商品、包装物等审计。

1．库存商品审计

（1）获取或编制库存商品明细表，复核加计是否正确，并与总账数、明细账合计数核对是否相符；同时与仓库台账、卡片抽查核对。

（2）现场观察被审计单位库存商品盘点情况，取得库存商品盘点资料和盘盈、盘亏报告表，做重点抽查，并注意查明账实不符原因，有关审批手续是否完备，账务处理是否正确；对冷背、残次、呆滞的库存商品，应关注其计价是否合理。

（3）查核库存商品的计价方法，检查其前后期是否一致。对自制商品产品等，在实际成本计价条件下，应以样本的单位成本与库存商品明细账及成本计算单核对；在计划成本计价条件下，应以样本的单位成本与库存商品明细账、商品成本差异明细账及成本计算单核对。对库存外购商品，在以实际成本计价条件下，应以样本的单位成本与库存商品明细账及购货发票核对；在以计划成本计价条件下，应以样本的单位成本与库存商品明细账、商品成本差异明细账及购货发票核对。

（4）抽查库存商品入库单，核对库存商品的品种、数量与入账记录是否一致，并检查入库库存商品的实际成本是否与"生产成本"科目的结转额相符。抽查库存商品的发出凭证，核对转出库存商品的品种、数量和实际成本与"主营业务成本"是否相符。

（5）审阅库存商品明细账，检查有无长期挂账、异常记录等会计事项，如有查明原因，必要时做调整。

2．包装物审计

（1）首先应获取或编制包装物明细表，复核加计是否正确，并核对与总账数、明细账合计数是否相符，同时抽查核对明细账是否与仓库台账、卡片记录相符。

（2）然后，将期末包装物余额与上期期末余额进行比较，解释其波动原因，并对大额异常项目进行调查；现场观察被审计单位的期末包装物盘点情况，取得包装物盘点资料和盘盈、盘亏报告表，做重点抽查，注意查明账实不符的原因，并检查有关审批手续是否完备，账务处理是否正确，对存放在外的包装物，应现场查看或函询核实；检查包装物的入账基础和计价方法是否正确，是否前后一致；检查发出包装物的计价基础是否正确，抽查若干月发出包装物汇总表的正确性；根据被审计单位包装物计价方法，抽查期末结存量较大的包装物的计价是否正确，若包装物以计划成本计价，还应检查"材料成本差异"账项发生额、转销额是否计算正确；审核有无长期挂账包装物事项，如有，应查明原因，必要时做调整；查阅资产负债表日前后若干天的包装物增减变动的有关账簿记录和原始凭证，检查有无跨期现象，如有，则应做出记录，必要时做调整；结合包装物的盘点，检查期末有无料到单未到的情况，如有，应查明是否已暂估入账，其暂估价是否合理；检查出租、出借包装物的会计处理是否正确。

复习题

一、简答题

1. 存货监盘计划包括哪些内容？

2. 如何进行存货监盘？

3. 如何进行存货计价测试？

二、分析题

1. 注册会计师接受委托，对 H 公司 2014 年度财务报表进行审计。公司存货中少量产品存放于外地公用仓库。另有丁公司部分 M 产品存放于本公司的仓库内。公司拟于 2014 年 12 月 29 日至 12 月 31 日盘点存货，以下是注册会计师撰写的存货监盘计划的部分内容。

存货监盘计划

存货监盘目标：检查 H 公司 2014 年 12 月 31 日存货数量是否真实、完整。

存货监盘范围：2014 年 12 月 31 日库存的所有存货，包括仓库里的 M 产品。

存货监盘时间：存货的观察与检查时间均为 2014 年 12 月 31 日。

存货监盘主要程序：

（1）与管理层讨论注册会计师的监盘计划；

（2）盘点截止日前所有已确认为销售但未出库的存货均要纳入盘点范围；

（3）对存放在外仓库的产品，主要检查货运文件、出库记录等替代程序；

（4）存货品种繁多，为保证监盘工作顺利进行，注册会计师提前两天将拟抽盘项目清单发给财务部人员，要求其做好准备工作。

要求：

（1）指出存货监盘计划中的目标、范围和时间存在的错误，并简要说明理由；

（2）请判断存货监盘计划中列示的主要程序是否适当，若不恰当，请予以修正。

2. 注册会计师对 W 公司的主要原材料进行抽盘，于 2015 年 2 月 15 日盘点实存量为 320 000 吨。经过核实 2015 年 1 月 1 日至 2 月 15 日期间收入 26 000 吨，付出 24 000 吨。2014 年 12 月 31 日的账面结存数量为 348 000 吨，金额为 34 800 000 元。编制存货抽点表如表 10.2 所示。

表 10.2 存货抽点表

客户：　　　　　　　　　　编制人：　　　　　　　　　　日期：
截止日期：2014 年 12 月 31 日　　复核人：　　　　　　　　日期：

品名	盘点数量	加：盘点日前付出数量	减：盘点日前收入数量	实存数量	账面结存		差异	
					数量	金额	数量	金额
审计结论：								

3. 注册会计师对 B 公司的主营业务成本进行审计，通过审查该公司的主营业务成本明细表，并与有关明细账、总账核对，发现账表之间数字完全相符。有关数字如表 10.3 所示。

表 10.3　有关数据表

材料期初余额	80 000 元	本期购进材料	150 000 元
材料期末余额	60 000 元	本期销售材料	10 000 元
直接人工成本	15 000 元	制造费用	42 000 元
在产品期初余额	23 000 元	在产品期末余额	30 000 元
产成品期初余额	40 000 元	产成品期末余额	50 000 元

该注册会计师通过对有关记账凭证和原始凭证的审计，发现以下问题：

（1）本期已入库，但尚未收到结算凭证的材料 5 000 元尚未暂估处理；

（2）已领未用的材料 1 000 元，未做退料处理；

（3）为在建工程发生的工人工资计入生产成本 2 000 元；

（4）本期生产设备发生的修理费用 6 000 元计入当期制造费用；

（5）经对期末在产品的盘点发现，在产品的实际金额为 38 000 元。

要求：

根据以上资料填制"生产成本及销售成本倒轧表"（计算结果并得出审计结论），如表 10.4 所示。

表 10.4　生产成本及销售成本倒轧表

被审计单位名称：　　　　　　　　财务报表期间：　　　　　　　　工作底稿索引号：

编制人及复核人签字

编制人：		日期：	
复核人[如项目经理/项目负责人]：		日期：	
项目质量控制复核：		日期：	

索引号	项目	未审数	调整或重分类分录	审定数
	原材料期初余额			
	加：本期购进			
	减：原材料期末余额			
	其他发出额			
	直接材料成本			
	加：直接人工成本			
	制造费用			
	生产成本			
	加：在产品期初余额			
	减：在产品期末余额			
	产品生产成本			
	加：产成品期初余额			
	减：产成品期末余额			
	主营业务成本			
审计结论				

第11章 采购与付款循环审计

本章学习要点

1. 了解采购与付款循环涉及的主要业务活动
2. 理解采购与付款循环的内部控制
3. 掌握采购与付款循环的控制测试
4. 掌握采购与付款循环的主要项目的实质性程序

采购与付款循环是指企业为保证其生产经营正常进行而发生的各种支出循环，是企业付出代价从外界获取各种生产资源的所有活动。采购与付款循环是企业资金周转的关键环节。采购包括商品、材料等存货的购进活动，也包括固定资产购进业务；采购存货与固定资产便相应发生了付款业务。

11.1 概述

企业的采购与付款循环包括购买商品、劳务和固定资产，以及发生的付款业务。购货与付款循环涉及的主要报表项目包括存货、固定资产、累计折旧、固定资产减值准备、工程物资、在建工程、应付账款、应付票据、预付账款等。采购与付款循环审计概述主要介绍本循环涉及凭证、会计记录以及主要的业务活动。

11.1.1 涉及的主要凭证与会计记录

采购与付款交易通常要经过请购—订货—验收—付款这样的程序，同销售与收款交易一样，在内部控制比较健全的企业，处理采购与付款交易通常也需要使用很多凭证与会计记录。典型的采购与付款循环所涉及的主要凭证与会计记录有以下几种。

（1）请购单。请购单是由产品制造、资产使用等部门的有关人员填写，送交采购部门，申请购买商品、劳务或其他资产的书面凭证。

（2）订购单。订购单是由采购部门填写，向另一企业购买订购单上所指定的商品、劳务或其他资产的书面凭证。

（3）验收单。验收单是收到商品、资产时所编制的凭证，列示从供应商处收到的商品、资产的种类和数量等内容。

（4）卖方发票。卖方发票（供应商发票）是供应商开具的，交给买方以载明发运的货物或提供的劳务、应付款金额和付款条件等事项的凭证。

（5）付款凭单。付款凭单是采购方企业的应付凭单部门编制的，载明已收到的商品、资产或接受的劳务、应付款金额和付款日期的凭证。付款凭单是采购方企业内部记录和支付负债的授权证明文件。

（6）转账凭证。转账凭证是指记录转账交易的记账凭证，它是根据有关转账交易（即不涉及库存现金、银行存款收付的各项交易）的原始凭证编制的。

（7）付款凭证。付款凭证包括现金付款凭证和银行存款付款凭证，是指用来记录库存现金和银行存款支出交易的记账凭证。

（8）应付账款明细账。

（9）库存现金日记账和银行存款日记账。

（10）供应商对账单。

11.1.2 涉及的主要业务活动

在一个企业，如可能的话，应将各项职能活动指派给不同的部门或职员来完成。这样，每个部门或职员都可以独立检查其他部门和职员工作的正确性。下面以采购商品为例，分别阐述采购与付款循环所涉及的主要业务活动。

（1）请购商品和劳务。请购单是采购交易的起点，是证明有关采购交易的"发生"认定的凭据之一。谁请购，谁填写，仓库、其他部门都可以编制。大多数企业对正常经营所需物资的购买均做一般授权，对资本支出和租赁合同，企业则通常要求做特别授权，只允许指定人员提出请购。由于企业内不少部门都可以填列请购单，可能不便事先编号，为加强控制，每张请购单必须经过对这类支出预算负责的主管人员签字批准。

（2）编制订购单。采购部门在收到请购单后，只能对经过批准的请购单发出订购单。订购单应正确填写所需要的商品品名、数量、价格、厂商名称和地址等，预先予以顺序编号并经过被授权的采购人员签名。其正联应送交供应商，副联则送至企业内部的验收部门、应付凭单部门和编制请购单的部门。

（3）验收商品。验收部门应对已收货的每张订购单编制一式多联、预先按顺序编号的验收单，作为验收和检验商品的依据。验收人员将商品送交仓库或其他请购部门时，应取得经过签字的收据，或要求其在验收单的副联上签收，以确立他们对所采购的资产应负的保管责任。验收人员还应将其中的一联验收单送交应付凭单部门。验收单与采购交易的"存在或发生"认定有关，定期独立检查验收单的顺序编号与采购交易的"完整性"认定有关。

（4）储存已验收的商品。将已验收商品的保管与采购的其他职责相分离，可减少未经授权的采购和盗用商品的风险。存放商品的仓储区应相对独立，限制无关人员接近。这些控制与商品的"存在"认定有关。

（5）编制付款凭单。记录采购交易之前，应付凭单部门应编制付款凭单。确定供应商发票的内容与相关的验收单、订购单的一致性、供应商发票计算的正确性。编制有预先顺序编号的付款凭单，并附上支持性凭证（如订购单、验收单和供应商发票等）。独立检查付款凭单计算的正确性，在付款凭单上填入应借记的资产或费用账户名称。由被授权人员在凭单上签字，以示批准照此凭单要求付款。这些控制与"存在"、"发生"、"完整性"、"权利和义务"和"计价和分摊"等认定有关。

（6）确认与记录负债。与应付账款确认和记录相关的部门一般有责任核查购置的财产，并在应付凭单登记簿或应付账款明细账中加以记录。在手工系统下，应将已批准的未付款凭单送达会计部门，据以编制有关记账凭证和登记有关账簿。

（7）付款。企业有多种款项结算方式，以支票结算方式为例，编制和签署支票的有关控制包括：应由被授权的财务部门的人员负责签署支票，被授权签署支票的人员应确定每张支票都附有一张已经适当批准的未付款凭单，并确定支票收款人姓名和金额与凭单内容一致；支票一经签署就应在其凭单和支持性凭证上用加盖印戳或打洞等方式将其注销，以免重复付款。支票应预先顺序编号，保证支出支票存根的完整性和作废支票处理的恰当性。

（8）记录现金、银行存款支出。

11.2　采购与付款循环内部控制

采购与付款循环的内部控制主要包括三部分内容：采购交易的内部控制，付款交易的内部控制和固定资产的内部控制。

1．采购交易的内部控制

（1）适当的职责分离。适当的职责分离有助于防止各种有意或无意的错误。与销售和收款交易一样，采购与付款交易也需要适当的职责分离。采购与付款交易不相容岗位至少包括：请购与审批；询价与确定供应商；采购合同的订立与审批；采购与验收；采购、验收与相关会计记录；付款审批与付款执行。

（2）内部核查。企业应当建立对采购与付款交易内部控制的监督检查制度。采购与付款交易内部控制监督检查的主要内容通常包括以下方面。

①采购与付款交易相关岗位及人员的设置情况。重点检查是否存在采购与付款交易不相容职务混岗的现象。

②采购与付款交易授权批准制度的执行情况。重点检查大宗采购与付款交易的授权批准手续是否健全，是否存在越权审批的行为。

③应付账款和预付账款的管理。重点审查应付账款和预付账款支付的正确性、时效性和合法性。

④有关单据、凭证和文件的使用和保管情况。重点检查凭证的登记、领用、传递、保管、注销手续是否健全，使用和保管制度是否存在漏洞。

2．付款交易的内部控制

需要指出的是，对于每个企业而言，由于性质、所处行业、规模以及内部控制健全程度等不同，使得与付款交易相关的内部控制内容可能有所不同，但以下与付款交易相关的内部控制内容是通常应当共同遵循的。

（1）企业应当按照《现金管理暂行条例》、《支付结算办法》等有关货币资金内部会计控制的规定办理采购付款交易。

（2）企业财会部门在办理付款交易时，应当对采购发票、结算凭证、验收证明等相关凭证的真实性、完整性、合法性及合规性进行严格审核。

（3）企业应当建立预付账款和定金的授权批准制度，加强预付账款和定金的管理。

（4）企业应当加强应付账款和应付票据的管理，由专人按照约定的付款日期、折扣条件等管理应付款项。已到期的应付款项须经有关授权人员审批后方可办理结算与支付。

（5）企业应当建立退货管理制度，对退货条件、退货手续、货物出库、退货货款回收等做出明确规定，及时收回退货款。

（6）企业应当定期与供应商核对应付账款、应付票据、预付款项等往来款项。如有不符，应查明原因，及时处理。

3. 固定资产的内部控制

固定资产归属采购与付款循环，固定资产与一般的商品在内部控制和控制测试问题上固然有许多共性的地方，但固定资产还具有不少特殊性，有必要对其单独加以说明。

（1）固定资产的预算制度。预算制度是固定资产内部控制中最重要的部分。通常，大中型企业应编制旨在预测与控制固定资产增减和合理运用资金的年度预算；小规模企业即使没有正规的预算，对固定资产的购建也要事先加以计划。

（2）授权批准制度。完善的授权批准制度包括：企业的资本性预算只有经过董事会等高层管理机构批准方可生效；所有固定资产的取得和处置均须经企业管理层书面认可。

（3）账簿记录制度。除固定资产总账外，被审计单位还须设置固定资产明细分类账和固定资产登记卡，按固定资产类别、使用部门和每项固定资产进行明细分类核算。固定资产的增减变化均应有充分的原始凭证。

（4）职责分工制度。对固定资产的取得、记录、保管、使用、维修、处置等，均应明确划分责任，由专门部门和专人负责。

（5）资本性支出和收益性支出的区分制度。企业应制定区分资本性支出和收益性支出的书面标准。通常须明确资本性支出的范围和最低金额，凡不属于资本性支出的范围、金额低于下限的任何支出，均应列作费用并抵减当期收益。

（6）固定资产的处置制度。固定资产的处置包括投资转出、报废、出售等，均要有一定的申请报批程序。

（7）固定资产的定期盘点制度。对固定资产的定期盘点是验证账面各项固定资产是否真实存在，了解固定资产放置地点和使用状况以及发现是否存在未入账固定资产的必要手段。

（8）固定资产的维护保养制度。固定资产应有严密的维护保养制度，以防止其因各种自然和人为的因素而遭受损失，并应建立日常维护和定期检修制度，以延长其使用寿命。

11.3 评估采购与付款循环的重大错报风险

在实施控制测试和实质性程序之前，注册会计师需要了解被审计单位采购与付款交易和相关余额的内部控制的设计、执行情况，评估认定层次的财务报表重大错报风险，并对被审计单位特殊的交易活动和可能影响财务报表真实反映的事项保持职业怀疑态度。这将影响到注册会计师决定采取何种适当的审计方法。

影响采购与付款交易和余额的重大错报风险可能包括以下方面。

（1）管理层错报费用支出的偏好和动因。被审计单位管理层可能为了完成预算，满足业绩考核要求，保证从银行获得额外的资金，吸引潜在的投资者，误导股东，影响公司股价，或通过把私人费用计入公司进行个人赢利而错报支出。常见的方法可能有以下几种。

①把通常应当及时计入损益的费用资本化，然后通过资产的逐步摊销予以消化。这对增加当年的利润和留存收益都将产生影响。

②平滑利润。通过多计准备或少计负债和准备，把损益控制在被审计单位管理层希望的程度。

③利用特别目的的实体把负债从资产负债表中剥离，或利用关联方间的费用定价优势制造虚假的收益增长趋势。

④通过复杂的税务安排推延或隐瞒所得税和增值税。

⑤被审计单位管理层把私人费用计入企业费用，把企业资金当作私人资金运作。

（2）费用支出的复杂性。例如，被审计单位以复杂的交易安排购买一定期间的多种服务，管理层对于涉及的服务受益与付款安排所涉及的复杂性缺乏足够的了解。这可能导致费用支出分配或计提的错误。

（3）管理层凌驾于控制之上和员工舞弊的风险。例如，通过与第三方串通，把私人费用计入企业费用支出，或有意无意地重复付款。

（4）采用不正确的费用支出截止期。将本期采购并收到的商品计入下一会计期间；或者将下一会计期间采购的商品提前计入本期；未及时计提尚未付款的已经购买的服务支出等。

（5）低估。在承受反映较高赢利水平和营运资本的压力下，被审计单位管理层可能试图低估准备和应付账款，包括低估对存货、应收账款应计提的减值以及对已售商品提供的担保（例如售后服务承诺）应计提的准备。

（6）不正确地记录外币交易。当被审计单位进口用于出售的商品时，可能由于采用不恰当的外币汇率而导致该项采购的记录出现差错。此外，还存在未能将诸如运费、保险费和关税等与存货相关的进口费用进行正确分摊的风险。

（7）舞弊和盗窃的固有风险。如果被审计单位经营大型零售业务，由于所采购商品和固定资产的数量及支付的款项庞大，交易复杂，容易造成商品发运错误，员工和客户发生舞弊和盗窃的风险较高。如果那些负责付款的会计人员有权接触应付账款主文档，并能够通过在应付账款主文档中擅自添加新的账户来虚构采购交易，风险也会增加。

（8）存货的采购成本没有按照适当的计量属性确认。其结果可能导致存货成本和销售成本的核算不正确。

（9）存在未记录的权利和义务。这可能导致资产负债表分类错误以及财务报表附注不正确或披露不充分。

在计算机环境下，注册会计师既应当考虑常用的控制活动的有效性，也应当考虑特殊的控制活动对于采购与付款交易的适用性。其中最为重要的控制应着眼于计算机程序的更改和供应商主文档中重要数据的变动，因为这会对采购与付款、应付账款带来影响，也会影响对差错和例外事项的处理过程和结果。概言之，针对采购与付款的控制需要关注以下内容。

（1）遗失连续编号的验收单，这表明采购交易可能未予入账。

（2）出现重复的验收单或发票。

（3）供应商发票与订购单或验收单不符。

（4）供应商名称及代码与供应商主文档信息中的名称及代码不符。

（5）在处理供应商发票时出现计算错误。

（6）采购或验收的商品的存货代码无效。

（7）处理采购或付款的会计期间出现差错。

（8）通过电子货币转账系统把货款转入供应商的银行账户，但该账户并非是供应商支付文档指定的银行账户。

总之，当被审计单位管理层具有高估利润的动机时，注册会计师应当主要关注费用支出和应付账款的低计。重大错报风险集中体现在遗漏交易，采用不正确的费用支出截止期，以及错误划分资本性支出和费用性支出。这些将对完整性、截止、发生、存在、准确性和分类认定产生影响。

如前所述，为评估重大错报风险，注册会计师应详细了解有关交易或付款的内部控制，这些控制主要是为预防、检查和纠正前面所认定的重大错报的固有风险而设置的。注册会计师可以通过审阅以前年度审计工作底稿，观察内部控制执行情况，询问管理层和员工，检查相关的文件和资料等方法加以了解。对相关文件和资料的检查可以提供审计证据，比如通过检查供应商对账表和银行对账单，能够发现差错并加以纠正。

在评估重大错报风险时，注册会计师之所以需要充分了解被审计单位对采购与付款交易的控制活动，目的在于使得计划实施的审计程序更加有效。也就是说，注册会计师必须对被审计单位的重大错报风险有一定认识，在此基础上设计并实施进一步审计程序，才能有效应对重大错报风险。

11.4 采购与付款循环控制测试

考虑到采购与付款交易控制测试的重要性，注册会计师通常对这一循环采用属性抽样审计方法。在测试该循环中的大多数属性时，注册会计师通常选择相对较低的可容忍误差。

（1）注册会计师在实施控制测试时，应抽取请购单、订购单和商品验收单，检查请购单、订购单是否得到适当审批，验收单是否有相关人员的签名，订购单和验收单是否按顺序编号。

（2）对于编制付款凭单、确认与记录负债这两项主要业务活动，注册会计师在实施控制测试时，应抽取订购单、验收单和采购发票，检查所载信息是否核对一致，发票上是否加盖了"相符"印戳。

（3）对于付款这项主要业务活动，注册会计师在实施控制测试时，应抽取付款凭证，检查其是否经由会计主管复核和审批，并检查款项支付是否得到适当人员的复核和审批。

（4）固定资产的内部控制测试。注册会计师在对被审计单位的固定资产实施控制测试时应注意以下问题。

①对于固定资产的预算制度，注册会计师应选取固定资产投资预算和投资可行性项目论证报告，检查是否编制预算并进行论证，以及是否经适当层次审批；对实际支出与预算之间的差异以及未列入预算的特殊事项，应检查其是否履行特别的审批手续。如果固定资产增减均能处于良好的经批准的预算控制之内，注册会计师即可适当减少针对固定资产增加、减少实施的实质性程序的样本量。

②对于固定资产的授权批准制度，注册会计师不仅应检查被审计单位固定资产授权批准制度本身是否完善，还应选取固定资产请购单及相关采购合同，检查是否得到适当审批和签署，关注授权批准制度是否得到切实执行。

③对于固定资产的账簿记录制度，注册会计师应当认识到一套设置完善的固定资产明细分类账和登记卡，将为分析固定资产的取得和处置、复核折旧费用和修理支出的列支带来帮助。

④对于固定资产的职责分工制度，注册会计师应当认识到明确的职责分工制度有利于防止舞弊，降低注册会计师的审计风险。

⑤对于资本性支出和收益性支出的区分制度，注册会计师应当检查该制度是否遵循企业会计准则的要求，是否适应被审计单位的行业特点和经营规模，并抽查实际发生与固定资产相关的支出时是否按照该制度进行恰当的会计处理。

⑥对于固定资产的处置制度，注册会计师应当关注被审计单位是否建立了有关固定资产处置的分级申请报批程序；抽取固定资产盘点明细表，检查账实之间的差异是否经审批后及时处理；抽取固定资产报废单，检查报废是否经适当批准和处理；抽取固定资产内部调拨单，检查调入、调出是否已进行适当处理；抽取固定资产增减变动情况分析报告，检查是否经复核。

⑦对于固定资产的定期盘点制度，注册会计师应了解和评价企业固定资产盘点制度，并应注意查询盘盈、盘亏固定资产的处理情况。

⑧对于固定资产的保险情况，注册会计师应抽取固定资产保险单盘点表，检查是否已办理商业保险。

11.5 采购与付款循环实质性程序

采购与付款交易实施的实质性程序通常包括以下两个方面。

1. 实质性分析程序

（1）观察月度（或每周）已记录采购总额趋势，与往年或预算相比较。任何异常波动都必须与管理层讨论，如果有必要的话还应做进一步的调查。

（2）将实际毛利与以前年度和预算相比较。如果被审计单位以不同的加价销售产品，就需要将相似利润水平的产品分组进行比较。任何重大的差异都需要进行调查。

（3）计算记录在应付账款上的赊购天数，并将其与以前年度相比较。超出预期的变化可能由多种因素造成，包括未记录采购、虚构采购记录或截止问题。

（4）检查常规账户和付款。例如，租金、电话费和电费，这些费用是日常发生的，通常按月支付。通过检查可以确定已记录的所有费用及其月度变动情况。

（5）检查异常项目的采购。例如，大额采购，从不经常发生交易的供应商处采购，以及未通过采购账户而是通过其他途径计入存货和费用项目的采购。

（6）无效付款或金额不正确的付款，可以通过检查付款记录和付款趋势得以发现。例如，注册会计师通过查找金额偏大的异常项目并深入调查，可能发现重复付款或记入不恰当应付账款账户的付款。

2. 采购与付款交易和相关余额的细节测试

（1）交易的细节测试。注册会计师应从被审计单位业务流程层面的主要交易流中选取样本，检查支持性的订购单、商品验收单、发运凭证和发票，追踪至相关费用或资产账户以及应付账款账户；检查已用于付款的支票存根或电子货币转账付款证明以及相关的汇款通知。如果付款与发票对应，则检查相关供应商发票，并追踪付款至相关的应付账款或费用账户。

（2）交易的截止测试。选择已记录采购的样本，检查相关的商品验收单，保证交易已计入正确的会计期间；确定期末最后一份验收单的顺序号码并审查代码报告，以检测记录在本会计期间的验收单是否存在更大的顺序号码，或因采购交易被漏记或错计入下一会计期间而在本期遗漏的顺序号码。

（3）付款交易的截止测试。确定期末最后签署的支票的号码，确保其后的支票支付未被当作本期的交易予以记录；追踪付款至期后的银行对账单，确定其在期后的合理期间内被支付；询问期末已签署但尚未寄出的支票，考虑该项支付是否应在本期冲回，计入下一会计期间。

（4）寻找未记录的负债。

①确定被审计单位期末用于识别未记录负债的程序，获取相关交易已记入应付账款的证据；

②复核供应商付款通知和供应商对账单；获取发票被遗失或未计入正确的会计期间的证据；询问并确定在资产债表日是否应增加一项应计负债；

③调查关于订购单、商品验收单和发票不符的例外报告，识别遗漏的交易或计入不恰当

会计期间的交易；

④复核截至审计外勤结束日记录在期后的付款，查找其是否在年底前发生的证据；

⑤询问审计外勤结束时仍未支付的应付账款；

⑥对于在建工程，检查承建方的证明或质量监督报告，以获取存在未记录负债的证据；

⑦复核资本预算和董事会会议纪要，获取是否存在承诺和或有负债的证据。

（5）余额的细节测试。复核供应商的付款通知，与供应商对账，获取发票遗漏、未计入正确的会计期间的证据。询问并检查对收费存在争议的往来信函。在特殊情况下，注册会计师需要决定是否应通过供应商来证实被审计单位期末的应付余额。

11.5.1 应付账款审计

应付账款是企业在正常经营过程中，因购买材料、商品和接受劳务供应等经营活动而应付给供应商的款项。注册会计师应结合赊购交易进行应付账款的审计。

1．应付账款的审计目标

应付账款的审计目标一般包括：确定资产负债表中记录的应付账款是否存在；确定所有应当记录的应付账款是否均已记录；确定资产负债表中记录的应付账款是否为被审计单位应当履行的现时义务；确定应付账款是否以恰当的金额包括在财务报表中，与之相关的计价调整是否已恰当记录；确定应付账款是否已按照企业会计准则的规定在财务报表中做出恰当的列报。

2．应付账款的实质性程序

（1）获取或编制应付账款明细表。复核加计是否正确，并与报表数、总账数和明细账合计数核对是否相符。

（2）根据被审计单位实际情况，选择以下方法对应付账款执行实质性分析程序。

①将期末应付账款余额与期初余额进行比较，分析波动原因。

②分析长期挂账的应付账款，要求被审计单位做出解释，判断被审计单位是否缺乏偿债能力或利用应付账款隐瞒利润，并注意其是否可能无须支付。对确实无须支付的应付账款的会计处理是否正确，依据是否充分；关注账龄超过 3 年的大额应付账款在资产负债表日后是否偿付，检查偿付记录、单据及披露情况。

③计算应付账款与存货的比率，应付账款与流动负债的比率，并与以前年度相关比率对比分析，评价应付账款整体的合理性。

④分析存货和营业成本等项目的增减变动，判断应付账款增减变动的合理性。

（3）函证应付账款。

一般情况下，并非必须函证应付账款，这是因为函证不能保证查出未记录的应付账款，况且注册会计师能够取得采购发票等外部凭证来证实应付账款的余额。但是，如果控制风险较高，某应付账款明细账户金额较大，则应考虑进行应付账款的函证。

进行函证时，注册会计师应选择较大金额的债权人，以及那些在资产负债表日金额不大，甚至为零，但为被审计单位重要供应商的债权人，作为函证对象。函证最好采用积极函证方式，并具体说明应付金额。注册会计师必须对函证的过程进行控制，要求债权人直接回函，并根据回函情况编制与分析函证结果汇总表，对未回函的，应考虑是否再次函证。如果存在未回函的重大项目，注册会计师应采用替代审计程序。

（4）检查是否存在未入账的应付账款。

①检查债务形成的相关原始凭证，如供应商发票、验收报告或入库单等，查找有无未及时入账的应付账款，确认应付账款期末余额的完整性。

②检查资产负债表日后应付账款明细账贷方发生额的相应凭证，关注其购货发票的日期，确认其入账时间是否合理。

③获取被审计单位与其供应商之间的对账单，并将对账单和被审计单位财务记录之间的差异进行调节（如在途款项、在途商品、付款折扣、未记录的负债等），查找有无未入账的应付账款，确定应付账款金额的准确性。

④针对资产负债表日后付款项目，检查银行对账单及有关付款凭证（如银行汇款通知、供应商收据等），询问被审计单位内部或外部的知情人员，查找有无未及时入账的应付账款。

⑤结合存货监盘程序，检查被审计单位在资产负债日前后的存货入库资料（验收报告或入库单），检查是否有大额货到单未到的情况，确认相关负债是否计入了正确的会计期间。

（5）针对异常或大额交易及重大调整事项（如大额的购货折扣或退回，会计处理异常的交易，未经授权的交易，或缺乏支持性凭证的交易等），检查相关原始凭证和会计记录，以分析交易的真实性、合理性。

（6）检查应付账款是否已按照企业会计准则的规定在财务报表中做出恰当列报。一般来说，"应付账款"项目应根据"应付账款"和"预付账款"科目所属明细科目的期末贷方余额的合计数填列。

【例 11.1】审计人员接受委托，对 ABC 公司进行年度会计报表审计。该审计人员目前正在对应付账款项目的审计编制计划。上年度工作底稿显示共寄发 200 封询证函，对该客户的 2 000 家供货商进行抽样函证，样本从余额较大的各明细账户中抽取。为了解决函证结果与被审计单位会计记录间的较小差异，审计人员和被审计单位均花费较多时间。对于未回复的供应商，均运用其他审计程序进行了审计，没有发生异议。

要求：

（1）说明该审计人员在制定将予实施的审计程序时，应考虑哪些审计目的；

（2）说明该审计人员是否使用函证，如使用函证，列举使用函证的各种情况；

（3）说明上年度进行函证时，选取有较大年末余额的供应商进行函证为何不一定是最有效的方法？本年度在选样函证应付账款时，该审计人员宜采用何种更有效的方法？

【解答】

（1）应考虑的审计目的有：确定相关的内部控制是否健全有效；应付账款的记录是否完整；有无低估的可能；所列的负债是否实际发生；在资产负债表上的表达是否恰当。

（2）一般情况下，应付账款不需要函证，这是因为函证对象只能从已入账的客户中选择，所以函证程序不能保证查出未入账的应付账款。况且审计人员能够取得购货发票等可靠程度较高的外部证据来证实应付账款余额的真实存在性。但是，如果控制风险较高，某应付账款账户金额较大或被审单位处于经济困难阶段，则应进行应付账款的函证程序。进行函证时，审计人员应选择金额较大的债权人，以及那些在资产负债表日金额不大，甚至为零，为单位企业重要供货人的债权人，作为函证对象。此外，还应考虑向上年度债权人及不送对账单的债权人进行函证。

（3）函证应付账款在于揭示未入账的负债，函证具有较大余额的账户不一定能实现此目标。应选择与委托人交易频繁的供货商或委托人的关联方作为函证对象。

11.5.2　固定资产和累计折旧审计

固定资产单位价值高，且其价值总额在资产总额中一般都占有较大比重，固定资产的安全与完整对企业的生产经营影响极大，因此对固定资产审计的重要性必须予以高度重视。固定资产的审计通常会涉及累计折旧的审计。

1. 固定资产审计

（1）固定资产的审计目标。固定资产的审计目标一般包括：确定资产负债表中记录的固定资产是否存在；确定所有应记录的固定资产是否均已记录；确定记录的固定资产是否由被审计单位拥有或控制；确定固定资产以恰当的金额包括在财务报表中，与之相关的计价或分摊已恰当记录；确定固定资产原价、累计折旧和固定资产减值准备是否已按照企业会计准则的规定在财务报表中做出恰当列报。

（2）固定资产的实质性程序。

①获取或编制固定资产和累计折旧分类汇总表，检查固定资产的分类是否正确并与总账数和明细账合计数核对是否相符，结合累计折旧、减值准备科目与报表数核对是否相符。

固定资产和累计折旧分类汇总表又称一览表或综合分析表，是审计固定资产和累计折旧的重要工作底稿，其参考格式如表 11.1 所示。

表 11.1　固定资产和累计折旧分类汇总表

年　　月　　日

编制人：　　　　　　　　　　　　　　　　日期：

被审计单位：_____　　　　复核人：　　　　　　　　　　日期：

固定资产类别	固定资产				累计折旧					
	期初余额	本期增加	本期减少	期末余额	折旧方法	折旧率	期初余额	本期增加	本期减少	期末余额
合计										

②对固定资产实施实质性分析程序。分类计算本期计提折旧额与固定资产原值的比率，并与上期比较；计算固定资产修理及维护费用占固定资产原值的比例，并进行本期各月、本期与以前各期的比较；计算累计折旧占固定资产原值的比例，与折旧率比较；计算当期计提折旧占固定资产原值的比例，与折旧率比较；计算固定资产减值准备占期末固定资产原值的比率，与期初该比率比较。

③实地检查重要固定资产。通过实施实地检查程序，不仅能确定固定资产是否存在，而

且有助于发现固定资产是否存在已报废但仍未核销的情况。

④检查固定资产的所有权或控制权。对外购的机器设备等，审核采购发票、采购合同等；对房地产，查阅合同、产权证明、财产税单、抵押借款还款凭据、保险单等；对融资租入的固定资产，验证融资租赁合同；对汽车等运输设备，应验证有关运营证件等；为确定固定资产是否受留置权限制，应审核负债项目。

⑤检查本期固定资产的增加。审计固定资产的增加是固定资产实质性程序的重要内容。固定资产的增加有多种途径，审计中应注意：外购固定资产，核对采购合同、发票、保险单、发运凭证等，测试入账价值，授权批准手续和会计处理；在建工程转入的固定资产，检查固定资产确认时点是否符合规定，入账价值与在建工程的记录是否相符，与竣工决算、验收和移交报告等是否一致；对已经达到预定可使用状态，但尚未办理竣工决算手续的固定资产，检查其是否已按估计价值入账，并按规定计提折旧；投资者投入的固定资产，是否按投资各方确认的价值入账，确认价值是否公允，交接手续是否齐全；涉及国有资产的，是否有评估报告并经国有资产管理部门评审备案或核准确认；对于更新改造增加的固定资产，检查通过更新改造而增加的固定资产，增加的原值是否符合资本化条件，是否真实，会计处理是否正确，重新确定的剩余折旧年限是否恰当；对于融资租赁增加的固定资产，获取融资租入固定资产的相关证明文件，检查融资租赁合同的主要内容，并结合长期应付款、未确认融资费用科目检查相关的会计处理是否正确；对于企业合并、债务重组和非货币性资产交换增加的固定资产，检查产权过户手续是否齐备，检查固定资产入账价值及确认的损益和负债是否符合规定。

⑥检查本期固定资产的减少。

⑦检查固定资产的后续支出，确定固定资产有关的后续支出是否满足资产确认条件；如不满足，该支出是否在该后续支出发生时计入当期损益。

⑧检查固定资产的租赁。企业在生产经营过程中，有时可能有闲置的固定资产供其他单位租用；有时由于生产经营的需要，又须租用固定资产。租赁一般分为经营租赁和融资租赁，企业对以经营性租赁方式租入的固定资产，不在"固定资产"账户内核算，只是另设备查簿进行登记，而租出固定资产的企业，仍继续提取折旧，同时取得租金收入；在融资租赁中，租入企业在租赁期间，对融资租入的固定资产应按企业自有固定资产一样管理，并计提折旧、进行维修。

⑨对应计入固定资产的借款费用，应根据企业会计准则的规定，结合长短期借款、应付债券或长期应付款的审计，检查借款费用（借款利息、折溢价摊销、汇兑差额、辅助费用）资本化的计算方法和资本化金额，以及会计处理是否正确。

⑩确定固定资产是否已按照企业会计准则的规定在财务报表中做出恰当列报。

2．累计折旧审计

累计折旧的实质性程序通常包括以下内容。

（1）获取或编制累计折旧分类汇总表，复核加计是否正确，并与总账数和明细账合计数核对是否相符。

243

（2）检查被审计单位制定的折旧政策和方法是否符合相关会计准则的规定，确定其所采用的折旧方法能否在固定资产预计使用寿命内合理分摊其成本，前后期是否一致，预计使用寿命和预计净残值是否合理。

（3）复核本期折旧费用的计提和分配。

①已计提部分减值准备的固定资产，计提的折旧是否正确。

②已全额计提减值准备的固定资产是否已停止计提折旧。

③因更新改造而停止使用的固定资产是否已停止计提折旧，因大修理而停止使用的固定资产是否照提折旧。

④对按规定予以资本化的固定资产装修费用是否在两次装修期间与固定资产尚可使用年限两者中较短的期间内，采用合理的方法单独计提折旧，并在下次装修时将该项固定资产装修余额一次全部计入了当期营业外支出。

⑤对融资租入固定资产发生的，按规定可予以资本化的固定资产装修费用，是否在两次装修期间、剩余租赁期与固定资产尚可使用年限三者中较短的期间内，采用合理的方法单独计提折旧。

⑥对采用经营租赁方式租入的固定资产发生的改良支出，是否在剩余租赁期与租赁资产尚可使用年限两者中较短的期间内，采用合理的方法单独计提折旧。

⑦未使用、不需用和暂时闲置的固定资产是否按规定计提折旧。

⑧持有待售的固定资产折旧计提是否符合规定。

（4）将"累计折旧"账户贷方的本期计提折旧额与相应的成本费用中的折旧费用明细账户的借方相比较，以查明所计提折旧金额是否已全部摊入本期产品成本或费用。若存在差异，应追查原因，并考虑是否应建议做适当调整。

（5）检查累计折旧的减少是否合理、会计处理是否正确。

（6）确定累计折旧的披露是否恰当。

3．固定资产减值准备的审计

下列迹象表明固定资产可能发生了减值。

（1）固定资产当期市价大幅度下跌，其跌幅明显高于因时间推移或正常使用而预计的下跌。

（2）企业经营所处的经济、技术或法律等环境及固定资产所处的市场在当期或将在近期发生重大变化，对企业产生不利影响。

（3）市场利率或其他市场投资回报率在当期已经提高，影响企业计算固定资产预计未来现金流量现值的折现率，导致固定资产可收回金额大幅度降低。

（4）有证据表明固定资产陈旧过时或者其实体已经损坏。

（5）固定资产已经或者将被闲置、终止使用或者计划提前处置。

（6）企业内部报告的证据表明固定资产的经济绩效已经低于或者将低于预期，如固定资产所创造的净现金流量或者实现的营业利润（或者损失）远远低于（或者高于）预计金额等。

固定资产减值的实质性程序包括以下内容。

（1）获取或编制固定资产减值准备明细表，复核加计是否正确，并与总账数和明细账合计数核对是否相符。

（2）检查被审计单位计提固定资产减值准备的依据是否充分，会计处理是否正确。

（3）获取闲置固定资产的清单，并观察其实际状况，识别是否存在减值迹象。

（4）检查资产组的认定是否恰当，计提固定资产减值准备的依据是否充分，会计处理是否正确。

（5）计算本期末固定资产减值准备占期末固定资产原值的比率，并与期初该比率比较，分析固定资产的质量状况。

（6）检查被审计单位处置固定资产时原计提的减值准备是否同时结转，会计处理是否正确。

（7）检查是否存在转回固定资产减值准备的情况。按照企业会计准则的规定，固定资产减值损失一经确认，在以后会计期间不得转回。

（8）确定固定资产减值准备的披露是否恰当。

【例11.2】注册会计师对ABC公司2014年度会计报表进行审计。该公司提供的未经审计的2014年度合并会计报表中固定资产原价和累计折旧项目附注内容如下（金额单位：人民币万元）。

固定资产原价和累计折旧项目附注，如表11.2、表11.3所示。

固定资产原价/累计折旧　　　　　　　　2014年年末余额49 580万元/11 296万元

表11.2　固定资产情况表

固定资产原价 \ 类别	年初数	本年增加	本年减少	年末数
房屋及建筑物	20 930	2 655	21	23 564
通用设备	8 612	1 158	62	9 708
专用设备	10 008	3 854	121	13 741
运输工具	1 681	460	574	1 567
土地	472			472
其他设备	389	150	11	528
合计	42 092	8 277	789	49 580

表11.3　累计折旧情况表

固定资产折旧 \ 类别	年初数	本年增加	本年减少	年末数
房屋及建筑物	3 490	898	31	4 357
通用设备	863	865	34	1 694
专用设备	3 080	1 041	20	4 101
运输工具	992	232	290	934
土地		15		15
其他设备	115	83	3	195
合计	8 540	3 134	387	11 296

要求：根据上述资料，请运用专业判断，指出上述附注内容中存在或可能存在的不合理之处，并简要说明理由。

【解答】

可能存在两处不合理之处。

一是"固定资产原价——房屋及建筑物"的本年减少数为 21 万元，小于"累计折旧——房屋及建筑物"的本年减少数（31 万元）。根据会计核算的基本原理，考虑固定资产净残值率这一因素，即使这些减少的房屋及建筑物已提足折旧，其累计折旧数也应小于相应的固定资产原价。

二是"累计折旧——土地"的本年增加数为 15 万元，这与国家规定土地不提折旧的要求相悖。

【例 11.3】2015 年 1 月，注册会计师审查 H 企业 2014 年 12 月基本生产车间设备计提折旧情况，在审阅固定资产明细账和制造费用明细账时，发现如下记录：

（1）11 月末该车间设备计提折旧额为 12 000 元，年折旧率为 6%；

（2）11 月份购入设备一台，原值 20 000 元，已安装完工交付使用；

（3）11 月份将原来未使用的一台设备投入车间使用，原值 10 000 元；

（4）11 月份交外单位大修设备一台，原值 50 000 元；

（5）11 月份进行技术改造设备一台，当月交付使用，该设备原值为 200 000 元，技改支出 50 000 元，变价收入 20 000 元；

（6）12 月份该车间设备计提折旧 21 000 元。

要求：验证该企业 2014 年 12 月份计提折旧数是否正确。如不正确，请做审计调整分录。

【解答】

该企业 2014 年 12 月份计提折旧数

=12 000+[20 000+10 000+（200 000+50 000–20 000）]×6%/12=13 300（元）

多提折旧额=21 000–13 300=7 700（元）

调账分录为：

借：累计折旧   7 700

  贷：制造费用   7 700

11.5.3 投资性房地产审计

1. 投资性房地产的审计目标

投资性房地产是指为赚取租金或资本增值，或两者兼有而持有的房地产。投资性房地产的审计目标一般包括：确定投资性房地产是否存在；确定投资性房地产是否归被审计单位所有；确定投资性房地产的增减记录是否完整；确定投资性房地产的计价方法是否恰当；确定投资性房地产、投资性房地产累计折旧和投资性房地产减值准备的披露是否恰当。

2. 投资性房地产的实质性程序

投资性房地产的实质性程序通常包括以下内容。

（1）获取或编制投资性房地产明细表，复核加计正确，并与总账数和明细账合计数核对相符；结合累计摊销（折旧），投资性房地产减值准备科目与报表数核对相符。

（2）检查纳入投资性房地产范围的建筑物和土地使用权是否符合会计准则的规定。

（3）检查投资性房地产后续计量模式选用的依据是否充分。与上年政策进行比较，确定后续计量模式的一致性。

（4）确定投资性房地产后续计量选用公允价值模式政策恰当，计算复核期末计价正确。

（5）投资性房地产后续计量选用成本计量模式，确定投资性房地产累计摊销（折旧）政策恰当，计算复核本年度摊销（折旧）的计提是否正确。

（6）期末对成本计量的投资性房地产进行如下逐项检查，以确定投资性房地产是否已经发生减值。

（7）确定投资性房地产后续计量模式的转换恰当。

（8）如被审计单位投资性房地产与其他资产发生相互转换的，应审查转换依据是否充分，是否经过有效批准，转换日房地产成本计量是否正确，会计处理是否正确。

（9）确定投资性房地产已恰当列报。

11.5.4 其他相关账户审计

除上述报表项目审计外，采购与付款审计还包括预付账款、应付票据、在建工程等审计。

1．预付账款的审计

（1）获取或编制预付账款明细表，复核加计正确，并与报表数、总账数和明细账合计数核对相符。同时请被审计单位协助，在预付账款明细表上标出会计报表日至审计日止已收到货物并冲销预付账款的项目。

（2）分析预付账款账龄及余额构成，根据审计策略选择大额或异常的预付账款重要项目，函证其余额是否正确。

（3）结合应付账款明细账抽查入库记录，查核有无重复付款或将同一笔已付清的账款在预付账款和应付账款两个科目中同时挂账的情况。

（4）分析预付账款明细账余额，对于出现贷方余额的项目，应查明原因，必要时建议进行重新分类调整。

（5）对于用非记账本位币结算的预付账款，检查其采用的折算汇率和汇兑损益处理的正确性。

（6）检查预付账款长期挂账的原因。

（7）检查预付账款是否在资产负债表上恰当披露。

2．应付票据的审计

（1）获取或编制应付票据明细表，列示票据类别及编号、出票日期、面额、到期日、付款人名称、利息率、付息条件，抵押品名称、数量、金额，并与明细账、总账核对相符。

（2）向票据持有人函证，确定应付票据的余额是否正确。

（3）复核票据利息是否足额计提，其会计处理是否正确。

（4）检查逾期未付票据的原因，如系有抵押的票据，应做出记录，并提请被审计单位进行必要的披露。

（5）检查非记账本位币折合记账本位币采用的折算汇率，折算差额是否按规定进行会计处理。

（6）验明应付票据是否已在资产负债表上充分披露。

3．在建工程的审计

（1）获取或编制在建工程明细表，复核加计正确，并与报表数、总账数和明细账合计数核对相符。

（2）检查本期在建工程增加、减少数。了解在建工程相关预算、结算、决算资料，在建工程核算政策、相关工程合同、协议等法律文件；检查在建工程交付使用、竣工、完工情况及工程进度等。

（3）检查在建工程期末余额的构成内容，并实地观察工程现场，确定在建工程是否存在。

（4）查询工程项目投保、抵押情况。

（5）确定在建工程在资产负债表上的披露是否恰当。

复习题

一、简答题

1．注册会计师怎么查找未入账的应付账款？

2．注册会计师函证应付账款的方式及原因是什么？

3．应收账款函证与应付账款函证的相同和不同之处是什么？

4．固定资产审计中的常见问题有哪些？

二、分析题

1．注册会计师在对 2014 年度 G 公司财务报表进行审计时，对采购与付款循环进行了解，形成"采购与付款循环备忘录"，如表 11.4 所示。

表 11.4　采购与付款循环备忘录

被审计单位名称：　　　　　　　　财务报表期间：　　　　　　　工作底稿索引号：

编制人及复核人签字：

编制人：	日期：
复核人（如项目经理/项目负责人）：	日期：
项目质量控制复核：	日期：

内部控制描述	可能存在的缺陷	改进措施
购货由采购部门负责，根据自己填制的采购单采购，货物进厂后由隶属于采购部门的验收部门负责验收		
如果货物验收合格，验收部门就在"采购单"上盖"货已验讫"的印章，交给会计部门付款		
对于验收不合格的货物由验收部门直接退给供货商		
验收后的货物直接堆放在机器旁准备加工		

被审计单位存在下列会计事项。

（1）大型中央空调设备 12 月 28 日安装调试完毕，投入使用，计价 400 000 元，购货发票开具日期也是 12 月 28 日，但该被审计单位直到次年 1 月 20 日付款时方予以入账。

（2）11 月和 12 月广告费共计 5 000 元，发票日期为 12 月 31 日，被审计单位直到次年 1 月 10 日付款时方予以入账。

（3）12 月 20 日收到货物一批，计 80 000 元，当日验收入库。发票日期虽然标明是 12 月 20 日，但是次年 1 月 10 日才收到，被审计单位将该项业务记入次年 1 月份的交易中。

（4）12 月 28 日收到一份发票，金额为 12 000 元。该批购买的货物供货方 12 月 28 日发出，但被审计单位于次年 1 月 15 日收到货物，被审计单位在收货当日将该项交易入账。

要求：

（1）指出表 11.4 中可能存在的缺陷及改进措施；

（2）上述业务处理是否正确，是否需要做出审计调整？

2. 某企业固定资产盘点结果如表 11.5 所示（单位：万元）。

表 11.5　固定资产盘点

固定资产名称	固定资产明细账	固定资产卡片	固定资产实物
A	60 000	60 000	54 000
B	90 000	90 000	100 000
C	32 400	27 000	324 000
D	84 000	70 000	70 000

要求：根据上述资料，分析该企业固定资产可能存在的问题，并就问题提出建议。

第 12 章　投资与筹资循环审计

本章学习要点

1. 了解投资与筹资循环的主要业务活动
2. 掌握投资与筹资循环的内部控制及其测试
3. 掌握投资与筹资循环的重大错报风险
4. 掌握所有者权益和金融资产的实质性程序

投资与筹资循环由筹资活动与投资活动的交易事项构成。筹资活动是指企业为了满足生存和发展的需要，通过改变企业资本及债务规模和构成而筹集资金的活动。筹资活动主要由借款和股东投资组成。投资活动是指企业为了享有被投资单位分配的利润，或为谋求其他利益，将资产让渡给其他单位而获得另一项资产的活动。投资活动主要由权益性投资和债权性投资组成。

12.1　概述

由于筹资与投资活动的特殊性，该循环具有如下特征：审计年度内发生的业务较少，尤其是举借长期债务、所有者权益和长期投资等业务发生的次数很少；每一笔业务的金额通常都较大，遗漏或不恰当地进行会计处理将会导致重大错误，从而对会计报表的公允反映产生较大的影响；业务的发生必须遵守国家更多的法律、法规和相关契约的规定。

筹资与投资循环中涉及的报表项目主要包括：交易性金融资产、应收利息、应收股利、可供出售金融资产、持有至到期投资、长期股权投资、投资性房地产、短期借款、交易性金融负债、应付利息、应付股利、长期借款、应付债券、实收资本（或股本）、资本公积、盈余公积、未分配利润、财务费用、投资收益等。审计概述主要介绍本循环涉及凭证、会计记录以及主要的业务活动。

12.1.1　涉及的主要凭证与会计记录

1. 筹资活动涉及的主要凭证和会计记录

筹资活动涉及的主要凭证有：债券或者股票、债券合同、股东名册、公司债券存根簿、承销或包销协议、借款合同或协议、有关的记账凭证、会计明细账和总账。

筹资活动涉及的会计科目主要有：银行存款、短期借款、长期借款、应付债券、长期应付款、股本等。

2. 投资活动涉及的主要凭证和会计记录

投资活动涉及的主要凭证有：股票或债券、经纪人通知书、债券合同、被投资企业的章程及有关投资协议、股票或债券登记簿、有关的记账凭证和会计明细账和总账。

投资活动涉及的会计科目主要有：交易性金融资产、可供出售金融资产、持有至到期投资、长期股权投资、投资性房地产、应收利息等。

12.1.2 涉及的主要业务活动

1. 筹资所涉及的主要业务活动

（1）审批授权。企业通过借款筹集资金须经管理层审批，其中债券发行须董事会授权，企业发行股票必须要依据国家有关法规或企业章程的规定，报经企业最高权力机构及国家有关管理部门批准。

（2）签订合同和协议。向银行或其他金融机构融资须签订借款合同，发行债券须签订债券合同和债券承销或包销合同。

（3）取得资金。企业实际取得银行或金融机构划入的款项。

（4）计算利息和股利。企业按合同或者协议的规定，及时计算利息或股利。

（5）偿还本息或发放股利。银行借款或发行债券应按合同或协议的规定偿还本息，根据股东大会决定发放股利。

2. 投资活动所涉及的主要业务活动

（1）审批授权。投资业务一般应由董事会进行审批，重大的投资业务须经股东会或股东大会批准。

（2）取得证券或其他投资。企业可以通过购买股票或债券进行投资。

（3）取得投资收益。企业可以取得股利收入、利息收入和其他投资收益。

（4）转让证券或收回其他投资。

12.2 投资与筹资循环内部控制

1. 筹资活动内部控制主要内容

（1）严格的授权审批。企业应当对筹资业务建立严格的授权批准制度，明确授权批准方式、程序和相关控制措施，规定审批人的权限、责任以及经办人的职责范围和工作要求。

（2）恰当的职责分离。企业应当建立筹资业务的岗位责任制，明确有关部门和岗位的职责、权限，确保办理筹资业务的不相容岗位相互分离、制约和监督。同一部门或个人不得办理筹资业务的全过程。

筹资业务的不相容岗位至少包括：筹资方案的拟订与决策；筹资合同或协议的审批与订

立；与筹资有关的各种款项偿付的审批与执行；筹资业务的执行与相关会计记录。

（3）筹资决策控制制度。企业应当建立筹资业务决策环节的控制制度，对筹资方案的拟订设计、筹资决策程序等做出明确规定，确保筹资方式符合成本效益原则，筹资决策科学、合理。

（4）详尽的会计资料保管制度。企业应当建立筹资决策、审批过程的书面记录制度以及有关合同或协议、收款凭证、支付凭证等资料的存档、保管和调用制度，加强对与筹资业务有关的各种文件和凭据的管理，明确相关人员的职责权限。

2. 投资活动内部控制的主要内容

（1）合理的职责分工。应在业务的授权、业务的执行、业务的会计记录以及投资资产的保管等方面都有明确的分工，不得由一人同时负责上述任何两项工作。

具体来讲，不相容岗位包括：对外投资预算的编制与审批；对外投资项目的分析论证与评估；对外投资的决策与执行；对外投资处置的审批与执行；对外投资业务的执行与相关会计记录。

（2）健全的资产保管制度。一般有两种保管方式：一种是由独立的专门机构保管，如委托银行、证券公司、信托投资公司等机构进行保管；另一种是由企业自行保管，在这种方式下，必须建立严格的联合控制制度，即至少要由两名以上人员共同控制，不得一人单独接触证券。

（3）详尽的会计核算制度。

（4）严格的记名登记制度。

（5）完善的定期盘点制度。

12.3 评估筹资投资活动的重大错报风险

1. 评估筹资活动的重大错报风险

注册会计师应当在了解被审计单位筹资活动的内部控制基础上考虑重大错报风险，并对被审计单位业务活动中可能出现的特别风险保持警惕。考虑到严格的监管环境和董事会针对筹资活动设计的严格控制，除非注册会计师对管理层的诚信产生疑虑，否则重大错报风险一般应当评估为低水平。企业会计准则以及监管法规对借款和权益的披露要求，可能引起完整性、计价和分摊、列报认定的潜在重大错报风险。尽管账户余额发生错报的可能性不大，仍然可能存在权利和义务被忽略或发生错报的可能。在实施实质性测试前，注册会计师应当评估筹资活动在报表层次和认定层次的重大错报风险。注册会计师应当通过询问、检查文件记录、观察控制程序等方法获取确切的信息以及支持对重大错报风险的评估，识别特别账户余额的影响，并设计适当的审计程序以发现和纠正剩余的重大错报风险。

2. 评估投资活动的重大错报风险

注册会计师应当在了解被审计单位投资活动的内部控制基础上考虑重大错报风险。影响投资活动的重大风险包括：管理层错报投资业务及其收益的偏好；投资计量的复杂性；投资公允价值难以确定；投资业务凭证控制风险；投资多元化风险；发生各种错误的可能性；衍生金额工具交易的复杂性等。注册会计师应当通过询问、检查文件记录、观察控制程序等方法获取确切的信息以及支持对重大错报风险的评估，识别特别账户余额的影响，并设计适当的审计程序以发现和纠正剩余的重大错报风险。

12.4 投资与筹资循环控制测试

1．筹资业务的内部控制测试

（1）了解筹资业务的内部控制。注册会计师应通过查阅被审计单位的各种规章制度、管理办法，或询问有关人员了解被审计单位对筹资循环设立了哪些内部控制，以便进行进一步的测试。

（2）抽查有关的会计记录。注册会计师抽查会计记录就是从会计角度审核被审计单位内部控制是否得到一贯执行。抽查范围包括有关筹资业务的明细账、总账、原始凭证、记账凭证等。

（3）审查筹资业务中实物资产的保管情况。

（4）评价筹资活动的内部控制。

注册会计师在评价被审计单位的内部控制时，应重点考虑内部控制是否存在，是否完善，能否达到控制目的，是否得到一贯遵守。存在哪些缺陷及这些缺陷带来的影响，以便进行下一步的实质性程序。

2．投资业务的内部控制测试

（1）了解投资业务的内部控制。通过询问被审计单位有关人员或查阅被审计单位的相关资料，了解被审计单位的内部控制的制定情况，并及时记录，以便测试被审计单位的内部控制。

（2）抽取与投资业务有关的会计记录。抽查会计记录可以从各种投资业务的明细账开始，根据明细账的记录选择若干项业务，检查相关的记账凭证、原始凭证并与总账核对。通过检查判断会计处理过程是否完整，并据以核实有关的控制制度是否被有效的执行。

（3）审阅内部审计人员或其他被授权人员的定期盘核报告。如果客户的内部审计人员或其他授权人员已定期盘核被审计单位的对外投资证券，注册会计师应认真审阅其盘查报告。

（4）分析投资业务管理报告。注册会计师应对企业的管理报告进行认真分析，判断企业投资业务的管理绩效。

（5）评价投资循环的内部控制。审计人员完成上述测试后，取得了被审计单位投资业务内部控制是否健全、有效的证据，找出投资业务内部控制的强弱点，对内部控制进行评价，确认对投资业务内部控制的依赖程度，进而确定进行实质性程序的重点。

【例 12.1】注册会计师于 2014 年 12 月 2～6 日对 ABC 公司筹资与投资循环的内部控制进行了测试，并在相关审计工作底稿中记录了了解和测试的事项，摘录如下。

公司股东大会批准董事会的投资权限为 1 亿元以下。董事会决定由总经理负责实施。总经理决定由证券部负责总额在 1 亿元以下的股票买卖。公司规定：公司划入营业部的款项由证券部申请，由会计部审核，总经理批准后划入公司在营业部开立的资金账户。经总经理批准，证券部直接从营业部资金账户支取款项。证券买卖、资金存取的会计记录由会计部门处理。注册会计师了解和测试投资的内部控制系统后发现：证券部在某营业所开户的有关协议及补充协议未经会计部或法律部审核。根据总经理的批准，会计部已将 9 000 万元汇入该账户。证券部处理证券买卖的会计记录，月底将证券买卖清单交给会计部，会计部据此汇总登记。

要求：根据上述摘录，请指出筹资与投资循环内部控制的缺陷，并提出改进建议。

【解答】

由证券部直接支取款项，授权与执行职务未得到分离，不易保证款项安全。应建议公司从资金账户支取款项时，由会计部审核和记录，由证券部办理。

与证券部投资有关的活动要由两个部门控制。有关协议未经过独立部门审查会使有关的条款可能存在协议外的约定。建议公司与营业部的协议应经会计部或者法律部审查。

证券部自己处理证券买卖的会计处理，业务的执行与记录的不相容职务未分离，并未得到适当的授权和批准。月末会计部汇总登记投资记录，未及时明细核算。应建议公司由会计部负责对投资进行核算，及时分品种设立明细账详细核算。

12.5 投资与筹资循环实质性程序

12.5.1 借款审计

借款的审计目标一般包括：确定资产负债表中列示的借款是否存在；确定所有应当列示的借款是否均已列示；确定列示的借款是否为被审计单位应当履行的现时义务；确定借款是否以恰当的金额列示在财务报表中，与之相关的计价调整是否已恰当记录；确定借款是否已按照企业会计准则的规定在财务报表中做出恰当列报。

借款审计主要包括短期借款、长期借款、应付债券的审计。

1. 短期借款的实质性测试程序

（1）获取或编制短期借款明细表，复核其加计数是否正确，并与明细账和总账核对相符；

（2）向银行或其他债权人函证重大的短期借款；

（3）对年度内增加的短期借款，检查借款合同和授权批准，了解借款数额、借款条件、借款日期、还款期限、借款利率，并与相关会计记录进行核对；

（4）对年度内减少的短期借款，检查相关会计记录和原始凭证，核实还款数额；

（5）检查年末有无到期未偿还的借款，逾期借款是否办理了延期手续；

（6）复核已计借款利息是否正确，如有未计利息应做出记录，必要时进行适当调整；

（7）检查非记账本位币折合记账本位币采用的折算汇率，折算差额是否按规定进行会计处理；

（8）验明短期借款是否已在资产负债表上充分披露。

2．长期借款的实质性测试程序

（1）获取或编制长期借款明细表，复核其加计数是否正确，并与明细账和总账核对相符；

（2）对年度内增加的长期借款，应检查借款合同和授权批准，了解借款数额、借款条件借款日期、还款期限、借款利率，并与相关会计记录相核对；

（3）审查长期借款的使用是否符合借款合同的规定，重点审查长期借款使用的合理性；

（4）向银行或其他债权人函证重大的长期借款；

（5）对年度内减少的长期借款，注册会计师应检查相关记录和原始凭证，核实还款数额；

（6）检查1年内到期的长期借款是否已转列为流动负债；

（7）计算长期借款的各个月份的平均余额，选取适用的利率匡算利息支出总额，并与财务费用的相关记录核对，判断被审计单位是否高估或低估利息支出，必要时进行适当调整；

（8）审查企业抵押期借款的抵押资产的所有权是否属于企业，其价值和现实状况是否与抵押契约中的规定相一致；

（9）确定长期借款是否已在资产负债表上充分披露。

3．应付债券的实质性测试

（1）取得或编制应付债券明细表，并同有关的明细分类账和总账核对相符。应付债券明细表通常包括债券名称、承销机构、发行日、到期日、债券面值、实收金额、折价和溢价及其摊销、应付利息、担保情况等内容。

（2）审查债券交易的有关原始凭证，验证其合法性。

（3）审查应计利息、债券折（溢）价摊销及其会计处理是否正确。常通过审查债券利息、溢价、折价等账户期末余额。

（4）函证"应付债券"账户期末余额。

（5）审查到期债券的偿还，审查相关会计记录，查明其会计处理是否正确。

（6）确定应付债券是否已在资产负债表中充分披露。注意有关应付债券的类别是否已在会计报表附注中做了充分说明。

12.5.2　所有者权益审计

所有者权益是指所有者在企业资产中享有的经济利益，其金额为资产减去负债后的余额。所有者权益包括实收资本（股本）、资本公积、盈余公积和未分配利润。由于所有者权益增减变动的金额都较大，所以，注册会计师在对资产和负债进行了详细、充分的审计后，仍应对所有者权益进行单独审计。

所有者权益的审计目标：确定被审计单位有关所有者权益是否存在，包括对投资的有关协议、合同和企业章程条款，利润分配的决议、分配方案，会计处理程序等方面的检查；确定投入资本、资本公积的形成、增减及其他有关经济业务会计记录的合法性与真实性，为投资者及其他有关方面研究企业的财务结构，进行投资决策提供依据；确定盈余公积和未分配利润的形成和增减变动的合法性、真实性，为投资者及其他有关方面了解企业的增值、积累情况等提供资料；确定会计报表上所有权益的反映是否恰当。

1. 实收资本（或股本）的实质性程序

实收资本（或股本）的实质性审计程序通常包括以下内容。

（1）获取或编制实收资本（或股本）增减变动情况明细表，复核加计是否正确，与报表数、总账数和明细账合计数核对是否相符。

（2）查阅公司章程、股东大会、董事会会议记录中有关实收资本（或股本）的规定。

（3）检查实收资本（或股本）增减变动的原因，查阅其是否与董事会纪要、补充合同、协议及其他有关法律性文件的规定一致，逐笔追查至原始凭证，检查其会计处理是否正确。注意有无抽资或变相抽资的情况，如有，应取证核实，做恰当处理。对首次接受委托的客户，除取得验资报告外，还应检查并复印记账凭证及进账单。

（4）对于以资本公积、盈余公积和未分配利润转增资本的，应取得股东（大）会等资料，并审核是否符合国家有关规定。

（5）以权益结算的股份支付，应取得相关资料，检查是否符合相关规定。

（6）中外合作企业根据合同规定在合作期间归还投资的，检查的内容有：第一，如系直接归还投资，检查是否符合有关的决议与公司章程和投资协议的规定，款项是否已付出，会计处理是否正确；第二，如系以利润归还投资，还须检查是否与利润分配的决议相符，并检查与利润分配有关的会计处理是否正确。

（7）根据证券登记公司提供的股东名录，检查被审计单位及其子公司、合营企业与联营企业是否有违反规定的持股情况。

（8）以非记账本位币出资的，检查其折算汇率是否符合规定。

（9）检查认股权证及其有关交易，确定委托人及认股人是否遵守认股合约或认股权证中的有关规定。

（10）检查实收资本（或股本）的列报是否恰当。

2. 资本公积的实质性程序

资本公积是企业由于投入资本业务等非正常经营因素而形成的不能记入实收资本的所有者权益。资本公积主要包括：投资者实际交付的出资额超过其资本或股本中所占份额的差额以及直接计入所有者权益的利得和损失等。

（1）检查资本公积增减变动的内容及其依据。

（2）检查资本公积的具体核算内容。

（3）检查资本公积转赠资本是否经过授权批准。

（4）检查资本公积的披露是否充分、适当。

3. 盈余公积的实质性测试

（1）获取或编制盈余公积明细表，并与明细账和总账核对相符。

（2）检查盈余公积的提取。

（3）检查盈余公积的使用。

（4）检查盈余公积是否充分披露。

12.5.3　金融资产审计

金融资产审计主要包括交易性金融资产、可供出售金融资产、持有至到期投资、长期股权投资的审计。金融资产的审计目标有：确定金融资产是否存在且归被审计单位所有；确定金融资产的计价是否正确；确定金融资产的增减变动及其损益的记录是否完整；确定金融资产期末余额是否正确；确定金融资产的列报与披露是否恰当。

1．交易性金融资产的实质性程序

（1）对期末结存的相关交易性金融资产，向被审计单位核实其持有目的，检查本科目核算范围是否恰当。

（2）获取股票、债券及基金等交易流水单及被审计单位证券投资部门的交易记录，与明细账核对，检查会计记录是否完整，会计处理是否正确。

（3）监盘库存交易性金融资产，并与相关账户余额进行核对，如有差异，应查明原因，并做出记录或进行适当调整。

（4）向相关金融机构发函询证交易性金融资产期末数量以及是否存在变现限制（与存出投资款一并函证），并记录函证过程。取得回函时应检查相关签章是否符合要求。

（5）复核与交易性金融资产相关的损益计算是否准确，并与公允价值变动损益及投资收益等有关数据核对。

（6）复核股票、债券及基金等交易性金融资产的期末公允价值是否合理，相关会计处理是否正确。

2．可供出售金融资产的实质性程序

（1）获取可供出售金融资产明细表，复核加计是否正确，并与总账数和明细账合计数核对相符；获取可供出售金融资产对账单，与明细账核对，并检查其会计处理是否正确。

（2）检查库存可供出售金融资产，并与相关账户余额进行核对，如有差异，应查明原因，并做出记录或进行适当调整。

（3）向相关金融机构发函询证可供出售金融资产期末数量，并记录函证过程。取得回函时应检查相关签章是否符合要求。

（4）对期末结存的可供出售金融资产，向被审计单位核实其持有目的，检查本科目核算范围是否恰当。

（5）复核可供出售金融资产的期末公允价值是否合理，检查会计处理是否正确。

（6）如果可供出售金融资产的公允价值发生较大幅度下降，并且预期这种下降趋势属于非暂时性的，应当检查被审计单位是否计提资产减值准备，计提金额和相关会计处理是否正确。

（7）复核可供出售金融资产划转为持有至到期投资的依据是否充分，会计处理是否正确。

3．持有至到期投资的实质性程序

（1）获取持有至到期投资明细表，复核加计是否正确，并与总账数和明细账合计数核对相符；获取持有至到期投资对账单，与明细账核对，并检查其会计处理是否正确。

（2）检查库存持有至到期投资，并与账面余额进行核对，如有差异，应查明原因，并做出记录或进行适当调整。

（3）向相关金融机构发函询证持有至到期投资期末数量，并记录函证过程。取得回函时应检查相关签章是否符合要求。

（4）对期末结存的持有至到期投资资产，核实被审计单位持有的目的和能力，检查本科目核算范围是否恰当。

（5）抽取持有至到期投资增加的记账凭证，注意其原始凭证是否完整、合法，成本、交易费用和相关利息的会计处理是否符合规定。

（6）根据相关资料，确定债券投资的计息类型，结合投资收益科目，复核计算利息采用的利率是否恰当，相关会计处理是否正确，检查持有至到期投资持有期间收到利息的会计处理是否正确。检查债券投资票面利率和实际利率有较大差异时，被审计单位采用的利率及其计算方法是否正确。

（7）检查当持有目的改变时，持有至到期投资划转为可供出售金融资产的会计处理是否正确。

4．长期股权投资的实质性程序

（1）获取或编制长期股权投资明细表，复核加计是否正确，并与总账数和明细账合计数核对相符；结合长期股权投资减值准备科目与报表数核对相符。

（2）根据有关合同和文件，确认股权投资的股权比例和持有时间，检查股权投资核算方法是否正确。

（3）对于重大投资，向被投资单位函证被审计单位的投资额、持股比例及被投资单位发放的股利等情况。

（4）对于应采用权益法核算的长期股权投资，获取被投资单位已经注册会计师审计的年度财务报表，如果未经注册会计师审计，则应考虑对被投资单位的财务报表实施适当的审计或审阅程序。

（5）对于采用成本法核算的长期股权投资，检查股利分配的原始凭证及分配决议等。

（6）对于成本法和权益法相互转换的，检查其投资成本的确定是否正确。

（7）确定长期股权投资的增减变动的记录是否完整。

（8）期末对长期股权投资进行逐项检查，以确定长期股权投资是否已经发生减值。

（9）确定长期股权投资在资产负债表上已恰当列报。

【例12.2】H公司于2014年1月1日取得B公司6%的股权，成本为120万元。2014年3月20日，H公司又以120万元取得对B公司6%的股权。假设H公司在取得B公司的股权后，对B公司的财务和经营决策不具有控制、共同控制或重大影响，且该投资不存在活跃的交易市场，公允价值无法取得。

2014年1月1日会计分录如下。

借：长期股权投资   12 000 000

 贷：银行存款   12 000 000

2014 年 3 月 20 日会计分录如下。

借：长期股权投资   12 000 000

 贷：银行存款   12 000 000

要求：请注册会计师指出上述账务处理存在的问题，并做正确的账务处理。

【解答】

2014 年 3 月 19 日，财政部发布了《关于印发修订〈会计准则 2 号——长期股权投资〉的通知》（财会 2014 [14 号]），废除 2006 年 2 月 15 日发布的《企业会计准则第 2 号——长期股权投资》。在新会计准则下，成本法最大的变化就是核算范围变小了，将"原持有的对被投资单位不具有控制、共同控制或重大影响，且在活跃市场中没有报价、公允价值不能可靠计量的权益性投资"纳入《会计准则第 22 号——金融工具的确认和计量》这样一来便把原属"长期股权投资"的权益性资产归纳到"可供出售金融资产"中，对长期股权投资的初始计量与在追加投资或减少投资时，核算方法的转换及处置都产生了重大影响。

正确的会计分录如下。

2014 年 1 月 1 日。

借：可供出售金融资产   12 000 000

 贷：银行存款   12 000 000

2014 年 3 月 20 日。

借：可供出售金融资产   12 000 000

 贷：银行存款   12 000 000

12.5.4　其他相关账户审计

除上述报表项目审计外，还包括其他应收款、其他应付款、长期应付款、所得税费用审计。

1．其他应收款的审计

（1）获取或编制其他应收款明细表，复核加计是否正确，并与报表数、总账数和明细账合计数核对是否相符。

（2）判断选择一定金额以上、账龄较长或异常的账户余额，发函询证。

（3）对发出询证函未能收到回函的样本，采用替代审计程序。

（4）检查资产负债表日后的收款事项，确定有无未及时入账的债权。

（5）分析明细账户，对于长期未能收到的项目，应查明原因，确定是否可能发生坏账损失。

（6）对非记账本位币结算的其他应收款，检查其采用的折算汇率是否正确。

（7）检查转做坏账损失的项目，是否符合规定并办妥审批手续。

（8）检查其他应收款的列报是否恰当。

2．其他应付款的审计

（1）获取或编制其他应付款明细表，复核加计是否正确，并与报表数、总账数和明细账合计数核对是否相符。

（2）请被审计单位协助，在其他应付款明细账上标出截止审计日已支付的其他应付款项，抽查付款凭证、银行对账单等，并注意这些凭证发生日期的合理性。

（3）判断选择一定金额以上和异常的明细余额，检查其原始凭证，并考虑向债权人发函询证。

（4）对非记账本位币结算的其他应付款，检查其采用的折算汇率是否正确。

（5）审核资产负债表日后的付款事项，确定有无未及时入账的其他应付款。

（6）检查长期未结的其他应付款，并做妥善处理。

（7）检查其他应付款中关联方的余额是否正常，如数额较大或有其他异常情况，应查明原因，追查至原始凭证并做适当披露。

（8）检查其他应付款的列报是否恰当。

3．长期应付款的审计

（1）获取或编制长期应付款明细表，复核加计是否正确，并与报表数、总账数和明细账合计数核对是否相符。

（2）检查各项长期应付款相关的契约。

（3）向债权人函证重大的长期应付款。

（4）检查各项长期应付款本息的计算是否准确，会计处理是否正确。

（5）检查与长期应付款有关的汇兑损益是否按规定进行了会计处理。

（6）检查长期应付款的列报是否恰当，注意1年内到期的长期应付款应列入流动负债。

4．所得税费用的审计

（1）获取或编制所得税费用明细表，递延所得税资产明细表，核对与明细账合计数、总账及报表数是否相符。

（2）根据审计结果和税法规定，核实当期的纳税调整事项，确定应纳税所得额，计算当期所得税费用。

（3）根据期末资产及负债的账面价值与其计税基础之间的差异，以及未做资产和负债确认的项目的账面价值与按照税法的规定确定的计税基础的差异，计算递延所得税资产、递延所得税负债期末应有余额，并根据递延所得税资产、递延所得税负债期初余额，倒轧出递延所得税费用。

（4）将当期所得税费用与递延所得税费用之和与利润表上的"所得税"项目金额相核对。

（5）确定所得税费用是否已在财务报表中恰当列报。

复习题

一、简答题

1．简述投资与筹资循环的特征。

2．简述投资内部控制的主要内容。

3. 简述应付债券审计的实质性程序。

二、分析题

1. 注册会计师对 A 公司的实收资本审查。经查该公司 2013 年 12 月 31 日 "实收资本" 账户记录为 800 000 元，"资本公积" 账户为 200 000 元。2014 年根据市场需要，经董事会决定，并报原审计机关批准，吸收向阳公司投资 200 000 元，注册资本已办理变更登记，调整为 1 000 000 元。3 月 5 日，向阳公司以一台设备投入该公司，经评估确认其价值为 210 000 元。相关会计记录如下。

借：固定资产 210 000

　贷：实收资本 210 000

要求：对吸收投资处理的正确性进行判断，并说明原因，提出调整建议。

2. 注册会计师在审查 B 公司 "长期借款" 明细账时，发现该公司 5 月份从银行借入技改借款 120 万元，但在 "在建工程" 账户中没有增加数，长期股权投资额却增加了 100 万元，进一步审查是购买股票的投资，查其资金来源为从银行借入的技改贷款。

要求：上述事项存在什么问题，请提出审计意见。

第13章　货币资金审计

本章学习要点

1. 了解货币资金与业务循环的关系
2. 掌握货币资金的内部控制及其测试
3. 掌握货币资金的实质性程序

货币资金是企业资产中流动性最强的资产，持有货币资金是企业生产经营活动的基本条件。货币资金审计是指对企业的现金、银行存款和其他货币资金收付业务及其结存情况的真实性、正确性和合法性所进行的审计。

13.1　概述

货币资金项目审计是企业资产负债表审计的一个重要组成部分，主要包括库存现金、银行存款及其他货币资金的审计。货币资金涉及的凭证和会计记录主要有：现金盘点表；银行对账单；银行存款余额调节表；有关科目的记账凭证；有关会计账簿。货币资金与各个业务循环中的业务活动存在密切的关系。

13.2　货币资金的内部控制及控制测试

13.2.1　货币资金的内部控制

由于货币资金是企业流动性最强的资产，所以企业必须加强对货币资金的管理，建立良好的货币资金内部控制。尽管由于每个企业的性质、所处行业、规模以及内部控制健全程度等不同，而使得其与货币资金相关的内部控制内容有所不同，但以下要求是通常应当共同遵循的。

1. 岗位分工及授权批准

（1）出纳人员不得兼任稽核、会计档案保管和收入、支出、费用、债权债务账目的登记工作。不得由一人办理货币资金业务的全过程。

（2）审批人应按规定在授权范围内进行审批，不得超越审批权限。对于超越授权范围审批的货币资金业务，经办人员有权拒绝办理，并及时向审批人的上级授权部门报告。

（3）按照规定程序即申请、审批、复核、支付来办理货币资金支付业务。

（4）对于重要货币资金支付业务，应实行集体决策和审批。

（5）严禁未经授权的机构或人员办理货币资金业务或直接接触货币资金。

2．现金和银行存款的管理

（1）超过库存限额的现金应及时存入银行。

（2）超过现金开支范围的业务应通过银行办理转账结算。

（3）现金收入应及时存入银行，不得用于直接支付自身的支出。特殊情况须坐支现金的，应事先报经开户银行审查批准。

（4）货币资金收入必须及时入账，不得私设"小金库"，不得账外设账，严禁收款不入账。

（5）加强银行账户的管理。定期检查、清理银行账户的开立及使用情况，发现问题，及时处理。

（6）不签发没有资金保证的票据或远期支票。

（7）指定专人定期核对银行账户，每月至少核对一次，编制银行存款余额调节表。

（8）定期和不定期地进行盘点现金，确保现金账面余额与实际库存相符。发现不符，及时查明原因，做出处理。

3．票据及有关印章的管理

（1）企业应当加强与货币资金相关的票据的管理，明确各种票据的购买、保管、领用、背书转让、注销等环节的职责权限和程序，并专设登记簿进行记录，防止空白票据的遗失和被盗用。

（2）企业应当加强银行预留印鉴的管理。财务专用章应由专人保管，个人名章必须由本人或其授权人员保管。严禁一人保管支付款项所需的全部印章。

4．监督检查

企业应当建立对货币资金业务的监督检查制度，明确监督检查机构或人员的职责权限，定期和不定期地进行检查。

13.2.2　货币资金的控制测试

（1）了解货币资金的内部控制。注册会计师在编制之前应通过询问、观察等调查手段收集必要的资料，然后根据所了解的情况编制流程图。对中小企业，也可采用编写现金内部控制说明的方法。对内部控制的了解的同时，应当注意检查货币资金内部控制是否建立并严格执行。

（2）抽取并检查收款凭证。

①核对收款凭证与存入银行账户的日期和金额是否相符。

②核对收款凭证与银行对账单是否相符。

③核对收款凭证与应收账款等相关明细账是否相符。

④核对实收金额与销售发票是否一致。

（3）抽取并检查付款凭证。

①检查付款的授权批准手续是否符合规定。

②核对付款凭证的实付金额与购货发票是否相符。

③核对付款凭证与应付账款明细账的记录是否一致。

④核对付款凭证与银行对账单金额是否正确。

（4）抽取一定期间的现金、银行存款日记账与总账核对。

（5）抽取一定期间银行存款余额调节表，检查是否按月编制并复核。

（6）评价货币资金内部控制。

13.3　库存现金审计

13.3.1　审计目标

现金是企业流动性最强的资产，尽管其在企业资产总额中的比重不大，但企业发生的舞弊事件大都与现金有关，因此，注册会计师应该重视库存现金的审计。

库存现金的审计目标一般应包括以下内容。

（1）确定被审计单位资产负债表的货币资金项目中的库存现金在资产负债表日是否确实存在。（存在）

（2）确定被审计单位所有应当记录的现金收支业务是否均已记录完毕，有无遗漏。（完整性）

（3）确定记录的库存现金是否为被审计单位所拥有或控制。（权利和义务）

（4）确定库存现金以恰当的金额包括在财务报表的货币资金项目中，与之相关的计价调整已恰当记录。（计价和分摊）

（5）确定库存现金是否已按照企业会计准则的规定在财务报表中做出恰当列报。（列报）

13.3.2　库存现金的实质性程序

（1）核对库存现金日记账与总账的金额是否相符。注册会计师测试现金余额的起点是核对库存现金日记账与总账的金额是否相符。如果不相符，应查明原因，必要时应建议做出适当调整。

（2）监盘库存现金。监盘库存现金是证实库存现金是否存在的一项重要审计程序。企业盘点库存现金，通常包括对已收到但未存入银行的现金、零用金、找换金等的盘点。盘点库存现金的时间和人员应视被审计单位的具体情况而定，但现金出纳员和被审计单位会计主管人员必须参加，并由注册会计师进行监盘。盘点和监盘库存现金的步骤与方法主要如下。

①制订监盘计划，确定监盘时间。对库存现金的监盘最好实施突击性的检查，时间最好选择在上午上班前或下午下班时，盘点的范围一般包括被审计单位各部门经管的现金。如被审计单位库存现金存放部门有两处或两处以上的，应同时进行盘点。

②审阅库存现金日记账并同时与现金收付凭证相核对。

③由出纳员根据库存现金日记账加计累计数额，结出现金余额。

④盘点保险柜内的现金实存数，同时由注册会计师编制"库存现金监盘表"（格式如表 13.1 所示），分币种、面值列示盘点金额。

表 13.1　库存现金监盘表

被审计单位：_____　　索引号：_____

项目：_____　　财务报表截止日/期间：_____

编制：_____　　复核：_____

日期：_____　　日期：_____

检查盘点记录					实有库存现金盘点记录						
项目	项次	人民币	美元	某外币	面额	人民币		美元		某外币	
						张	金额	张	金额	张	金额
上一日账面库存余额	①										
盘点日未记账传票收入金额	②				1 000元						
盘点日未记账传票支出金额	③				500元						
盘点日账面应有金额	④=①+②-③				100元						
盘点实有库存现金数额	⑤				50元						
盘点日应有与实有差异	⑥=④-⑤				10元						
差异原因分析	白条抵库（张）				5元						
					2元						
					1元						
					0.5元						
					0.2元						
					0.1元						
					合计						
追溯调整	报表日至审计日库存现金付出总额										
	报表日至审计日库存现金收入总额										
	报表日库存现金应有余额										
	报表日账面汇率										
	报表日余额折合本位币金额										
本位币合计											

出纳员：　　　　会计主管人员：　　　　监盘人：　　　　检查日期：

审计说明：

⑤将盘点金额与库存现金日记账余额进行核对，如有差异，应要求被审计单位查明原因，必要时应提请被审计单位做出调整；如无法查明原因，应要求被审计单位按管理权限批准后做出调整。

⑥若有冲抵库存现金的借条、未提现支票、未作报销的原始凭证，应在"库存现金监盘表"中注明，必要时应提请被审计单位做出调整。

⑦在非资产负债表日进行盘点和监盘时，应调整至资产负债表日的金额。

（3）分析被审计单位日常库存现金余额是否合理，关注是否存在大额未缴存的现金。

（4）抽查大额库存现金收支。检查大额现金收支的原始凭证是否齐全，原始凭证内容是否完整，有无授权批准，记账凭证与原始凭证是否相符，账务处理是否正确，是否记录于恰当的会计期间等项内容。

（5）抽查资产负债表日前后若干天的、一定金额以上的现金收支凭证实施截止测试。被审计单位资产负债表的货币资金项目中的库存现金数额，应以结账日实有数额为准。因此，注册会计师必须验证现金收支的截止日期，以确定是否存在跨期事项，是否应考虑提出调整建议。

（6）检查库存现金是否在财务报表中做出恰当列报。根据有关规定，库存现金在资产负债表的"货币资金"项目中反映，注册会计师应在实施上述审计程序后，确定"库存现金"账户的期末余额是否恰当，进而确定库存现金是否在资产负债表中被恰当披露。

【例 13.1】对 ABC 公司 2014 年度财务报表进行审计时，A 注册会计师负责审计货币资金项目。该公司在总部和营业部均设有出纳部门。为顺利监盘库存现金，A 注册会计师在监盘前一天通知会计主管人员做好监盘准备。考虑到出纳日常工作安排，对总部和营业部库存现金的监盘时间分别定在上午 10 点和下午 3 点。监盘时，出纳员把现金放入保险柜，并将已办妥现金收付手续的交易登入现金日记账，结出现金日记账余额；然后，A 注册会计师当场盘点现金，在与现金日记账核对后填写"库存现金监盘表"，并在签字后形成审计工作底稿。

要求：请指出上述库存现金盘点工作中有哪些不当之处，并提出改进建议。

【解答】

（1）提前通知 ABC 公司会计主管人员做好监盘准备的做法不当。A 注册会计师最好实施突击性的检查。

（2）没有同时监盘总部和营业部库存现金的做法不当。A 注册会计师应组织同时监盘总部和营业部的库存现金，若不能同时监盘，则应对后监盘的库存现金实施封存。

（3）该公司会计主管人员没有参与盘点的做法不当。盘点人员应包括出纳和会计主管人员。

（4）现金盘点操作程序不当。库存现金应由出纳盘点，由注册会计师监盘。

（5）"库存现金盘点表"签字人员不当。"库存现金盘点表"应由公司相关人员和注册会计师共同签字。

13.4 银行存款审计

13.4.1 审计目标

银行存款是指企业存放在银行或其他金融机构的各种款项。企业在银行开设账户以后，除按核定的限额保留库存现金外，超过限额的现金必须存入银行；除了在规定的范围内可以用现金直接支付款项外，在经营过程中所发生的一切货币收支业务都必须通过银行存款账户进行结算。

银行存款的审计目标一般应包括以下内容。

（1）确定被审计单位资产负债表的货币资金项目中的银行存款在资产负债表日是否确实存在。（存在）

（2）确定被审计单位所有应当记录的银行存款收支业务是否均已记录完毕，有无遗漏。（完整性）

（3）确定记录的银行存款是否为被审计单位所拥有或控制。（权利和义务）

（4）确定银行存款以恰当的金额包括在财务报表的货币资金项目中，与之相关的计价调整已恰当记录。（计价和分摊）

（5）确定银行存款是否已按照企业会计准则的规定在财务报表中做出恰当列报。（列报）

13.4.2 银行存款的实质性程序

银行存款的实质性程序一般包括以下方面。

（1）获取或编制银行存款余额明细表，复核加计是否正确，并与总账数和日记账合计数核对是否相符。注册会计师测试银行存款余额的起点是核对银行存款日记账与总账的余额是否相符。如果不相符，应查明原因，必要时应建议做出适当调整。

（2）实施实质性分析程序。计算银行存款累计余额应收利息收入，分析比较被审计单位银行存款应收利息收入与实际利息收入的差异是否恰当，评估利息收入的合理性，检查是否存在高息资金拆借，确认银行存款余额是否存在，利息收入是否已经完整记录。

（3）检查银行存单。编制银行存单检查表，检查是否与账面记录金额一致，是否被质押或限制使用，存单是否为被审计单位所拥有。

（4）取得并检查银行存款余额对账单和银行存款余额调节表。

银行存款余额调节表通常应由被审计单位根据不同的银行账户及货币种类分别编制，其格式如表13.2所示。

具体测试程序通常包括以下内容。

①将被审计单位资产负债表日的银行存款余额对账单与银行询证函回函核对。

②获取资产负债表日的银行存款余额调节表，检查调节表中加计数是否正确，调节后银行存款日记账余额与银行对账单余额是否一致。

③检查调节事项的性质和范围是否合理。检查是否存在跨期收支和跨行转账的调节事

项；检查大额在途存款和未付票据；检查在途存款的日期，查明发生在途存款的具体原因；检查被审计单位的未付票据明细清单，查明被审计单位未及时入账的原因；检查被审计单位未付票据明细清单中有记录但截至资产负债表日银行对账单无记录且金额较大的未付票据。

④检查是否存在未入账的利息收入和利息支出。

表 13.2　银行存款余额调节表

年　　月　　日

编制人：　　　　　　　日期：　　索引号：
复核人：　　　　　　　日期：　　页次：

户别　　　　　　　　　　　　　　　　　　　　　　　币别：

项　　目
银行对账单余额（　　年　　月　　日）
加：企业已收，银行尚未入账金额
其中：1. _____元
2. _____元
减：企业已付，银行尚未入账金额
其中：1. _____元
2. _____元
调整后银行对账单金额
企业银行存款日记账金额（　　年　　月　　日）
加：银行已收，企业尚未入账金额
其中：1. _____元
2. _____元
减：银行已付，企业尚未入账金额
其中：1. _____元
2. _____元
调整后企业银行存款日记账金额
经办会计人员：（签字）　　　　　　　　　　　　会计主管：（签字）

【例 13.2】ABC 公司 2014 年 12 月 31 日银行存款日记账账面余额 150 000 元，银行对账单余额为 195 000 元，2015 年 2 月 20 日，审计人员到该公司审查银行存款账目时发现如下情况。

（1）银行对账单（存入）如表 13.3 所示。

表 13.3　银行对账单（存入）

12 月 10 日收存外地汇款	8 000 元
12 月 26 日存入现金	20 000 元
12 月 27 日转入存款利息	1 000 元
12 月 31 日存入外地托收款	30 000 元

（2）银行对账单（支出）如表 13.4 所示。

（3）企业银行存款账面数额如表 13.5 所示。

表13.4 银行对账单（支出）

12月5日开出现金支票	20 000元
12月14日开出现金支票	2 000元
12月15日开出转账支票	6 000元
12月29日开出现金支票	1 000元

表13.5 企业银行存款账面数额

12月31日开出转账支票	15 000元

要求：

（1）编制银行存款余额调节表；

（2）提出审查意见，得出审计结论。

【解答】

编制的银行存款余额调节表如表13.6所示。

表13.6 银行存款余额调节表 金额单位：元

12月31日账面余额 150 000		12月31日银行对账单余额 195 000	
加：银行已收款入账，企业未入账			
12月10日收存外地汇款	8 000	加：企业已收款入账，银行未入账	
12月26日存入现金	20 000		
12月27日转入利息	1 000		
12月31日存入托收款	30 000		
减：12月5日开出现金支票	20 000		
12月14日开出现金支票	2 000	减：12月31日开出转账支票	15 000
12月15日开出转账支票	6 000		
12月29日开出现金支票	1 000		
调整后的余额：	180 000	调整后的余额：	180 000

审计意见：从银行存款调节表来看，调节后账面余额与对账单余额相符，但从内容看，仍有一些疑点待查。

审计结论：该公司的银行存款内控制度较弱，银行存款账目的可信度较差，应进一步做深入的追踪审计。

（5）函证银行存款余额，编制银行函证结果汇总表。银行存款函证是指注册会计师在执行审计业务的过程中，需要以被审计单位的名义向有关单位发函询证，以验证被审计单位的银行存款是否真实、合法、完整。

函证银行存款余额是证实资产负债表所列银行存款是否存在的重要程序。通过向往来银行函证，注册会计师不仅可以了解企业资产的存在，还可了解企业账面反映所欠银行债务的情况，并有助于发现企业未入账的银行借款和未披露的或有负债。

注册会计师应当对银行存款（包括零余额账户和在本期内注销的账户）及与金融机构往来的其他重要信息实施函证程序，除非有充分的证据表明某一银行存款及与金融机构往来的其他重要信息对财务报表不重要且与之相关的重大风险很低。如果不对这些项目实施函证程序，注册会计师应当在审计工作底稿中说明理由。

注册会计师需要考虑是否对在本期内注销的账户的银行进行函证，这通常是因为有可能存款账户已注销但仍有银行借款或其他负债存在。

表 13.7 列示了银行询证函格式，供参考。

表 13.7　银行询证函

编号

××（银行）：

本公司聘请的××会计师事务所正在对本公司××年度财务报表进行审计，按照中国注册会计师审计准则的要求，询证本公司与贵行相关的信息。下列信息出自本公司记录，如与贵行记录相符，请在本函下端"信息证明无误"处签单证明；如有不符，请在"信息不符"处列明不符项目及具体内容；如存在与本公司有关的未列入本函的其他重要信息，也请在"信息不符"处列出其详细资料。回函请直接寄到××会计师事务所。

回函地址：　　　　　　　　　　　　　　　　　邮编：

电话：　　　　　　　　传真：　　　　　　　　联系人：

截至××年××月××日，本公司与贵行相关的信息列示如下。

1. 银行存款

账户名称	银行账号	币种	利率	余额	起止日期	是否被质押、用于担保或存在其他使用限制	备注

除上述列示的银行存款外，本公司并无在贵行的其他借款。

注："截止日期"一栏仅适用于定期存款，如为活期或保证金存款，可只填写"活期"或"保证金"字样。

2. 银行借款

借款人名称	币种	本息余额	借款日期	到期日期	利率	借款条件	抵（质）押品担保人	备注

除上述列示的银行借款外，本公司并无自贵行的其他借款。

注：此项仅函证截至资产负债表日本公司尚未归还的借款。

3. 截至函证日之前 12 个月内注销的账户

账户名称	银行账号	币种	注销账户日期

除上述列示的账户外，本公司并无截至函证日之前 12 个月内在贵行注销的其他账户。

4. 委托存款

账户名称	银行账号	借款方	币种	利率	余额	存款起止日期	备注

除上述列示的委托存款外，本公司并无通过贵行办理的其他委托存款。

5. 委托贷款

账户名称	银行账号	资金使用方式	币种	利率	本金	利息	贷款起止日期	备注

除上述列示的委托贷款外，本公司并无通过贵行办理的其他委托贷款。

6. 担保

（1）本公司为其他单位提供的，以贵行为担保受益人的担保。

被担保人	担保方式	担保金额	担保期限	担保事由	担保合同编号	被担保人与贵行就担保事项往来的内容（借款等）	备注

除上述列示的担保外，本公司并无其他以贵行为担保受益人的担保。

注：如采用抵押或质押方式提供担保的，应在备注中说明抵押物或质押物情况。

（2）贵行向本公司提供的担保。

被担保人	担保方式	担保金额	担保期限	担保事由	担保合同编号	被担保人与贵行就担保事项往来的内容（借款等）	备注

除上述列示的担保外，本公司并无贵行提供的其他担保。

7. 以本公司名称为出票人且由贵行承兑而尚未支付的银行承兑汇票

银行承兑汇票	票面金额	出票日	到期日

除上述列示的银行承兑汇票外，本公司并无由贵行承兑而尚未支付的其他银行承兑汇票。

8. 本公司向贵行已贴现而尚未到期的商业汇票

商业汇票号码	付款人名称	承兑人名称	票面金额	票面利率	出票日	到期日	贴现日	贴现率	贴现净额

除上述列示的商业汇票外，本公司并无向贵行已贴现而尚未到期的其他商业汇票。

9. 本公司为持票人且由贵行托收的商业汇票

商业汇票号码	承兑人名称	票面金额	出票日	到期日

除上述列示的商业汇票外，本公司并无由贵行托收的其他商业汇票。

10. 本公司为申请人，由贵行开具的，未履行完毕的不可撤销信用证

信用证号码	受益人	信用证金额	到期日	未使用金额

除上述列示的不可撤销信用证外，本公司并无由贵行开具的，未履行完毕的其他不可撤销信用证。

11. 本公司与贵行之间未履行完毕的外汇买卖合约

类　　别	合约号码	买卖币种	未履行的合约买卖金额	汇率	交收日期
贵行卖予本公司					
本公司卖予贵行					

除上述列示的外汇买卖合约外，本公司并无与贵行之间未履行完毕的其他外汇买卖合约。

12. 本公司存放于贵行的有价证券或其他产权文件

有价证券或其他产权文件名称	产权文件编号	数量	金额

除上述列示的有价证券或其他产权文件外，本公司并无存放于贵行的其他有价证券或其他产权文件。

注：此项不包括本公司存放在贵行保管箱中的有价证券或其他产权文件。

13. 其他重大事项

注：此项应填列注册会计师认为重大且应予函证的其他事项，如信托存款等；如无，则应填写"不适用"。

（公司盖章）

年　月　日

以下仅供被询证银行使用

结论：1. 信息证明无误。   　　　　　　　　　　　　　　　　　　　　　（银行盖章） 　　　　　　　　　　　　　　　经办人：　　　　　年　月　日
2. 信息不符，请列示不符项目及具体内容（对于在本函前述第 1 项至第 13 项中漏列的其他重要信息，请列出详细资料）。   　　　　　　　　　　　　　　　　　　　　　（银行盖章） 　　　　　　　　　　　　　　　经办人：　　　　　年　月　日

（6）检查银行存款账户存款人是否为被审计单位，若存款人非被审计单位，应获取该账户户主和被审计单位的书面声明，确认资产负债表日是否需要提请被审计单位进行调整。

（7）关注是否存在质押、冻结等对变现有限制或存在境外的款项。如果存在，是否已提请被审计单位做必要的调整和披露。

（8）对不符合现金及现金等价物条件的银行存款在审计工作底稿中予以列明，以考虑对现金流量表的影响。

（9）抽查大额银行存款收支的原始凭证，检查原始凭证是否齐全，记账凭证与原始凭证是否相符，账务处理是否正确，是否记录于恰当的会计期间等项内容。检查是否存在非营业目的的大额货币资金转移，并核对相关账户的进账情况；如有与被审计单位生产经营无关的收支事项，应查明原因并做相应的记录。

（10）检查银行存款收支的截止是否正确。选取资产负债表日前后若干张、一定金额以上的凭证实施截止测试，关注业务内容及对应项目，如有跨期收支事项，应考虑是否提请被审计单位进行调整。

（11）检查银行存款是否在财务报表中做出恰当列报。根据有关规定，企业的银行存款在资产负债的"货币资金"项目中反映，所以，注册会计师应在实施上述审计程序后，确定银行存款账户的期末余额是否恰当，进而确定银行存款是否在资产负债表中被恰当披露。此外，如果企业的银行存款存在抵押、冻结等使用限制情况或者潜在回收风险，注册会计师应关注企业是否已经恰当披露有关情况。

【例13.3】注册会计师负责审计 ABC 公司 2014 年度财务报表。

审计项目组成员实施银行函证程序时遇到下列事项，如表 13.8 所示。

表13.8 审计具体事项

单位：万元

银行名称	银行账户	银行对账单余额	账户性质	审计说明
银行1	账户 a	1 361	基本户	（1）
银行2	账户 b	1 500	定期存款户	（2）
银行3	账户 c	1 100	结算户	（3）
银行4	账户 d	495	结算户	（4）

审计说明：

（1）2014 年 12 月 20 日，公司一董事从银行借款 300 万元。审计项目组成员获悉公司已为该笔借款提供担保，但在银行函证中未包含此事项。

（2）审计项目组成员认为可以查看定期存单，不必发送银行询证函。

（3）审计项目组成员第一次询证无人回复，再次发送询证函仍无回复。作为替代程序，审计项目组成员要求 ABC 公司提供 2014 年 12 月份银行对账单复印件，并将其归入工作底稿。

（4）ABC 公司会计经理去办理相关业务时，顺便取回银行询证函回函。审计项目组成员核对后，将回函归入工作底稿。

要求：针对第（1）~（4）项，逐项指出审计项目组成员的做法是否恰当。如不恰当，简要说明理由。

【解答】

（1）不恰当。注册会计师应当就担保事项进行函证。

（2）不恰当。定期存款金额重大，应实施函证程序。

（3）不恰当。ABC 公司提供的银行对账单复印件可能被篡改，归入底稿前未验证。

（4）不恰当。注册会计师应当考虑回函是否来自所要求的回函人。

13.5 其他货币资金审计

其他货币资金审计是指对外埠存款、银行汇票存款、银行本票存款和在途货币资金等所

273

进行的审计。其他货币资金的审计目标：确定被审计单位资产负债表中其他货币资金在会计报表日是否确实存在，是否为被审计单位所拥有；确定被审计单位在特定期间内发生的其他货币资金收支业务是否均已记录完毕，有无遗漏；确定其他货币资金的金额是否正确；确定其他货币资金在会计报表上的披露是否恰当。

其他货币资金的实质性程序主要包括以下几方面的内容。

（1）核对外埠存款、银行汇票存款、银行本票存款等各明细账期末合计数与总账数是否相符。

（2）函证外埠存款户、银行汇票存款户、银行本票存款户期末余额。

（3）抽查一定样本量的原始凭证进行测试，检查其经济内容是否完整，有无适当的审批授权，并核对相关账户的进账情况。

（4）抽取资产负债表日后的大额收支凭证进行截止测试，如有跨期收支事项应做适当调整。

（5）检查其他货币资金的披露是否恰当。

复习题

一、简答题

1. 简述库存现金的实质性程序。

2. 货币资金审计的目标有哪些？

3. 检查银行存款余额调节表能否证实资产负债表所列的银行存款是否存在，为什么？

4. 简述注册会计师进行现金监盘与存货监盘的区别。

二、分析题

1. 注册会计师了解 C 公司货币资金的内部控制。会计和出纳分设，由于会计工作量大，财务经理安排由出纳负责登记三大期间费用账户，并且根据规定，收款的同时为销售部门开具销售发票。办理付款手续时，直接根据采购人员提供的发票办理支付手续。在财务部负责人的授意下，开立多个结算账户，资金紧张的时候就从没有金额的账户给客户开支票，拖延还款时间。对于超过授权范围审批的货币资金业务，出纳人员在办理后再向上级部门报告。对于签发票据所必需的印鉴，由财务主管负责保管，出纳人员使用完毕及时交还财务主管。设置内部审计部，由主管会计兼任内部审计负责人。

要求：找出该公司货币资金内部控制存在的问题，并提出改进建议。

2. 2014 年 12 月 11 日下午 5 点，注册会计师参加对 E 公司库存现金的清查盘点工作。清查结果如下。

（1）实点库存现金（人民币）结存数：100 元币 120 张，50 元币 80 张，10 元币 220 张，5 元币 84 张，2 元币 175 张，1 元币 220 张，5 角币 50 张，2 角币 20 张，1 角币 51 张，5 分币 32 张，2 分币 14 张，1 分币 8 张。

（2）查明现金日记账截止到当年 12 月 7 日的账面余额为 21 679.24 元。

（3）查出已经办理收款手续尚未入账的收款凭证（191号至202号）金额合计为4372.31元。

（4）查出已经办理付款手续尚未入账的付款凭证（203号至211号）金额合计为4126.14元。

（5）发现现金日记账中夹有下列借据，共计2560元：职工刘红借学费250元，职工王敏借学费110元，许林华借药费1000元，万广华借药费1200元。

（6）发现保险柜中有12月1日收到销售产品的转账支票一张，计价7500元。

（7）发现保险柜中有待领工资215元，单独包封。

（8）银行核定库存现金限额10000元。

要求：

（1）根据清查结果，编制库存现金清查表，如表13.9所示；

（2）指出该公司现金管理中存在的主要问题，并提出审计意见。

表13.9　库存现金清查表

被审计单位：　　　　　　　　　　　　　　　索引号：

项目：　　　　　　　　　　　　　　　　　　报表截止日：

编制：　　　　　　　　　　　　　　　　　　复核：

日期：　　　　　　　　　　　　　　　　　　日期：

单位：元

项　　目	金　　额	备　　注
库存现金实存额		
盘点日止账面结存额 加：已收款未入账部分 减：已付款未入账部分		
盘点日止账面应存额		
溢缺金额		

审计人员：　　　　　　出纳员：　　　　　　会计主管：

3. 注册会计师在对 F 公司 2014 年度财务报表进行审计时，对该公司的银行存款实施的部分审计程序如下。

（1）取得 2014 年 12 月 31 日银行存款余额调节表。

（2）向开户银行寄发银行询证函，并直接收取寄回的询证函回函。

（3）取得开户银行 2015 年 1 月 31 日的银行对账单。

要求：

（1）请问注册会计师向开户银行询证的作用有哪些？

（2）请问注册会计师应采取什么方式才能直接收回开户银行的询证函回函？目的是什么？

（3）请问注册会计师取得银行存款余额调节表后，应检查哪些内容？

（4）请问注册会计师索取开户银行 2015 年 1 月 31 日的银行对账单，能证实 2014 年 12 月 31 日银行存款余额调节表的哪些内容？

第 14 章　完成审计工作

本章学习要点

1. 了解期初余额的含义、掌握期初余额的审计程序
2. 了解期后事项和或有事项以及其对财务报表的影响
3. 掌握期后事项和或有事项的审计程序及其对财务报表的影响
4. 了解审计人员获取管理层声明书

完成审计工作是注册会计师在执行了对各项交易及账户余额的测试后，编制与签发审计报告前进行的综合性测试工作，是财务报表审计的最后阶段。本章主要内容包括期初余额审计，期后事项与或有事项审计，取得被审计单位管理层声明书，评价审计结果，复核工作底稿，确定审计意见等。

14.1　期初余额审计

广义地讲，期初余额的审计既包括注册会计师首次接受委托对被审计单位的财务报表进行审计时所涉及的如何审计财务报表期初余额问题，也包括注册会计师执行连续审计业务时所涉及的如何审计财务报表期初余额问题。对于后者，注册会计师在当期审计中通常只须关注被审计单位经审计的上期期末余额是否已正确结转至本期，或在适当的情况下已做出重新表述，很少再实施其他专门的审计程序。因此，本节主要针对注册会计师首次接受委托对被审计单位的财务报表进行审计时所涉及的期初余额审计问题进行阐述。

14.1.1　期初余额的含义

正确理解期初余额的含义，需要把握以下三点。

（1）期初余额是期初已存在的账户余额。期初已存在的账户余额是由上期结转至本期的金额，或是上期期末余额调整后的金额。

（2）期初余额反映了以前期间的交易和事项以及上期采用的会计政策的结果。

（3）期初余额与注册会计师首次审计业务相联系。

注册会计师对财务报表进行审计，是对被审计单位所审期间财务报表发表审计意见，一般无须专门对期初余额发表审计意见，但因为期初余额是本期财务报表的基础，所以要对期初余额实施适当的审计程序。注册会计师应当根据期初余额对财务报表的影响程度，合理运

用职业判断，以确定期初余额的审计范围。判断期初余额对本期财务报表的影响程度应着眼于以下三方面：一是上期结转至本期的金额；二是上期所采用的会计政策；三是上期期末已存在的或有事项及承诺。注册会计师应以这三方面的内容为重点，确定期初余额对本期财务报表的影响。

14.1.2　期初余额的审计程序

在执行首次审计业务时，注册会计师针对期初余额的目标是获取充分、适当的审计证据以确定：①期初余额是否含有对本期财务报表产生重大影响的错报；②期初余额反映的恰当的会计政策是否在本期财务报表中得到一贯运用，或会计政策的变更是否已按照适用的财务报告编制基础做出恰当的会计处理和充分的列报与披露。

为达到上述期初余额审计目标，注册会计师实施的审计程序包括以下内容。

（1）如果上期财务报表已经审计，查阅前任注册会计师的审计工作底稿，以获取有关期初余额的审计证据。

①查阅前任注册会计师的工作底稿。查阅的重点通常限于对本期审计产生重大影响的事项，具体来讲：查阅前任注册会计师工作底稿中的所有重要审计领域；考虑前任注册会计师是否已实施重要审计程序评价资产负债表重要账户期初余额的合理性；复核前任注册会计师建议的调整分录和未更正错报汇总表，并评价其对当期审计的影响。

②考虑前任注册会计师的独立性和专业胜任能力。注册会计师能否通过查阅前任注册会计师的审计工作底稿获取有关期初余额的充分、适当的审计证据，在很大程度上依赖于注册会计师对前任注册会计师的独立性和专业胜任能力的判断。如果认为前任注册会计师不具有独立性，或者不具有应有的专业胜任能力，则无法通过查阅其审计工作底稿获取有关期初余额的充分、适当的审计证据。

③与前任注册会计师沟通时的考虑。在与前任注册会计师沟通时，注册会计师应当遵守职业道德守则和《中国注册会计师审计准则第 1153 号——前任注册会计师和后任注册会计师的沟通》的规定。该准则要求，注册会计师无论在接受委托前、接受委托后，还是在发现前任注册会计师审计的财务报表可能存在重大错报时，均应当采取相应的措施。这些同样是注册会计师在与前任注册会计师沟通时所必须遵守的。

（2）评价本期实施的审计程序是否提供了有关期初余额的审计证据。

（3）实施其他专门的审计程序，以获取有关期初余额的审计证据。注册会计师应当根据期初余额有关账户的不同性质实施相应的审计程序。账户的性质主要按照账户属于资产类还是负债类，属于流动性还是非流动性等标准加以区分。

①对流动资产和流动负债的审计程序。对流动资产和流动负债，注册会计师通常可以通过本期实施的审计程序获取部分审计证据。对于存货，因为委托时间滞后，注册会计师可能未能对上期期末存货实施监盘，本期对存货的期末余额实施的审计程序，几乎无法提供有关期初持有存货的审计证据。因此，注册会计师有必要实施追加的审计程序。

②对非流动资产和非流动负债的审计程序。对非流动资产和非流动负债，注册会计师通常检查形成期初余额的会计记录和其他信息。在某些情况下，注册会计师可向第三方函证期

初余额，或实施追加的审计程序。

14.1.3 期初余额对审计结论和报告的影响

在对期初余额实施审计程序后，注册会计师应当分析已获取的审计证据，区分不同情况形成对被审计单位期初余额的审计结论，在此基础上确定其对本期财务报表出具审计报告的影响。

1．审计后不能获取有关期初余额的充分、适当的审计证据

如果不能针对期初余额获取充分、适当的审计证据，注册会计师需要在审计报告中发表下列类型之一的非无保留意见。

（1）发表适合具体情况的保留意见或无法表示意见。

（2）除非法律法规禁止，对经营成果和现金流量（如相关）发表保留意见或无法表示意见，而对财务状况发表无保留意见。

2．期初余额存在对本期财务报表产生重大影响的错报

如果期初余额存在对本期财务报表产生重大影响的错报，注册会计师应当告知管理层；如果上期财务报表由前任注册会计师审计，注册会计师还应当考虑提请管理层告知前任注册会计师。如果错报的影响未能得到正确的会计处理和恰当的列报，注册会计师应当对财务报表发表保留意见或否定意见。

3．会计政策变更对审计报告的影响

如果认为按照适用的财务报告编制基础与期初余额相关的会计政策未能在本期得到一贯运用，或者会计政策的变更未能得到恰当的会计处理或适当的列报与披露，注册会计师应当对财务报表发表保留意见或否定意见。

4．前任注册会计师对上期财务报表发表了非无保留意见

如果前任注册会计师对上期财务报表发表了非无保留意见，注册会计师应当考虑该审计报告对本期财务报表的影响。如果导致出具非标准审计报告的事项对本期财务报表仍然相关和重大，注册会计师应当对本期财务报表发表非无保留意见。

前任注册会计师对上期财务报表出具了非标准审计报告，对本期财务报表可能产生影响，也可能不再产生影响，在某些情况下，导致前任注册会计师发表非无保留意见的事项可能与对本期财务报表发表的意见既不相关也不重大，那么注册会计师在本期审计时就无须因此而发表非无保留意见。反之，如果该重大事项在本期仍然存在并且对本期财务报表的影响仍然大，而被审计单位继续坚持不在本期财务报表附注中予以披露，那么注册会计师在本期审计时仍须因此而发表非无保留意见。

14.2 期后事项审计

注册会计师在审计被审计单位某一会计年度的财务报表时，除了对所审会计年度内发生

的交易和事项实施必要的审计程序外，还必须考虑所审会计年度之后发生和发现的事项对财务报表和审计报告的影响，以保证一个会计期间的财务报表的真实性和完整性。

14.2.1 期后事项的含义和种类

期后事项是指财务报表日至审计报告日之间发生的事项，以及注册会计师在审计报告日后知悉的事实。根据其发生时间的不同，期后事项可分为两类。

1. 财务报表日后调整事项

对财务报表日已经存在的情况提供证据的事项，即对财务报表日已经存在的情况提供了新的或进一步证据的事项，这类事项影响财务报表金额，须提请被审计单位管理层调整财务报表及与之相关的披露信息。

这类事项既为被审计单位管理层确定财务报表日账户余额提供信息，也为注册会计师核实这些余额提供补充证据。如果这类期后事项的金额重大，应提请被审计单位对本期财务报表及相关的账户金额进行调整。诸如以下内容。

（1）财务报表日后诉讼案件结案，法院判决证实了企业在财务报表日已经存在现时义务，需要调整原先确认的与该诉讼案件相关的预计负债，或确认一项新负债。

（2）财务报表日后取得确凿证据，表明某项资产在财务报表日发生了减值或者需要调整该项资产原先确认的减值金额。

（3）财务报表日后进一步确定了财务报表日前购入资产的成本或售出资产的收入。

（4）财务报表日后发现了财务报表舞弊或差错。

2. 财务报表日后非调整事项

对财务报表日后发生的情况提供证据的事项，即表明财务报表日后发生的情况的事项。这类事项虽不影响财务报表金额，但可能影响对财务报表的正确理解，须提请被审计单位管理层在财务报表附注中做适当披露。

这类事项因不影响财务报表日财务状况，而不需要调整被审计单位的本期财务报表，但如果被审计单位的财务报表因此可能受到误解，就应在财务报表中以附注的形式予以适当披露。需要在财务报表中披露而非调整的事项通常包括以下内容。

（1）财务报表日后发生重大诉讼、仲裁、承诺。

（2）财务报表日后资产价格、税收政策、外汇汇率发生重大变化。

（3）财务报表日后因自然灾害导致资产发生重大损失。

（4）财务报表日后发生股票和债券以及其他巨额举债。

（5）财务报表日后资本公积转增资本。

（6）财务报表日后发生巨额亏损。

（7）财务报表日后发生企业合并或处置子公司。

（8）财务报表日后企业利润分配方案中拟分配的以及经审议批准宣告发放的股利或利润。

14.2.2　期后事项的审计程序

根据期后事项的上述定义，期后事项可以按时间分为三个时段：第一个时段是财务报表日后至审计报告日，我们可以把在这一期间发生的事项称为"第一时段期后事项"；第二时段是审计报告日后至财务报表报出日，我们可以把这一期间发现的事实称为"第二时段期后事项"；第三个时段是财务报表报出日后，我们可以把这一期间发现的事实称为"第三时段期后事项"，如图 14.1 所示。

财务报表日是指财务报表涵盖的最近期间的截止日期；财务报表批准日是指构成整套财务报表的所有报表（包括相关附注）已编制完成，并且被审计单位的董事会、管理层或类似机构已经认可其对财务报表负责的日期；财务报表报出日是指审计报告和已审计财务报表提供给第三方的日期。在实务中审计报告日与财务报表批准日通常是相同的日期。

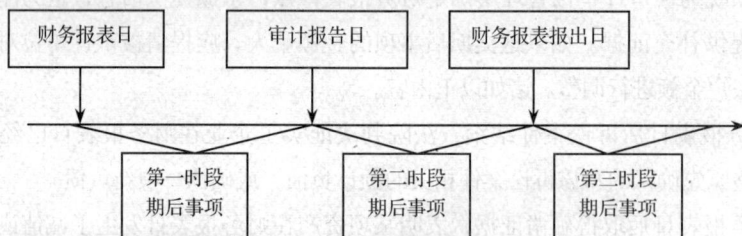

图 14.1　期后事项分段示意

不同时段的期后事项，注册会计师的责任和实施的审计程序是不同的。

1．注册会计师须主动识别财务报表日至审计报告日之间发生的事项

财务报表日至审计报告日之间发生的期后事项属于第一时段期后事项。对于这一时段的期后事项，注册会计师负有主动识别的义务，应当设计专门的审计程序来识别这些期后事项，并根据这些事项的性质判断其对财务报表的影响，进而确定是进行调整还是披露。

通常情况下，针对期后事项的专门审计程序，其实施时间越接近审计报告日越好。用以识别第一时段期后事项的审计程序通常如下。

（1）了解管理层为确保识别期后事项而建立的程序。

（2）询问管理层和治理层（如适用），确定是否已发生可能影响财务报表的期后事项。

（3）查阅被审计单位的所有者、管理层和治理层在财务报表日后举行会议的纪要，在不能获取会议纪要的情况下，询问此类会议讨论的事项。

（4）查阅被审计单位最近的中期财务报表，查阅被审计单位在财务报表日后最近期间内的预算、现金流量预测和其他相关的管理报告。

（5）就诉讼和索赔事项询问被审计的法律顾问，或扩大之前口头或书面查询的范围。

2．注册会计师被动识别在审计报告日后至财务报表报出日前知悉的事实

审计报告日后至财务报表报出日前发现的事实属于"第二时段期后事项"，注册会计师针对被审计单位的审计业务已经结束，要识别可能存在的期后事项比较困难，因而无法承担主动识别第二时段期后事项的审计责任。但是，在这一阶段，被审计单位的财务报表并未报

出，管理层有责任将发现的可能影响财务报表的事实告知注册会计师。当然，注册会计师还可能从媒体报道、举报信或者证券监管部门告知等途径获悉影响财务报表的期后事项。

3．注册会计师没有义务识别在财务报表报出后知悉的事实

财务报表报出日后发现的事实属于第三时段期后事项，注册会计师没有义务针对财务报表实施任何审计程序。但是，并不排除注册会计师通过媒体等其他途径获悉可能对财务报表产生重大影响的期后事项的可能性。

14.2.3　期后事项对审计结论和报告的影响

1．注册会计师知悉第一时段对财务报表有重大影响的期后事项时的考虑

如果注册会计师识别出对财务报表有重大影响的期后事项，应当确定这些事项是否按照适用的财务报告编制基础的规定在财务报表中得到恰当反映。如果所知悉的期后事项属于调整事项，注册会计师应当考虑被审计单位是否已对财务报表做出适当的调整。如果所知悉的期后事项属于非调整事项，注册会计师应当考虑被审计单位是否在财务报表附注中予以充分披露。

2．注册会计师知悉第二时段期后事项时的考虑

在审计报告日后至财务报表报出日前，如果知悉了某事实，且若在审计报告日知悉可能导致修改审计报告，注册会计师应当与管理层和治理层（如适用）讨论该事项；确定财务报表是否需要修改；如果需要修改，询问管理层将如何在财务报表中处理该事项。

（1）管理层修改财务报表时的处理。如果管理层修改财务报表，注册会计师应当根据具体情况对有关修改实施必要的审计程序；同时，除特殊情况外，注册会计师应当将用以识别期后事项的上述审计程序延伸至新的审计报告日，并针对修改后的财务报表出具新的审计报告。新的审计报告日不应早于修改后的财务报表被批准的日期。

（2）管理层不修改财务报表且审计报告未提交时的处理。如果认为管理层应当修改财务报表而没有修改，并且审计报告尚未提交给被审计单位；注册会计师应当按照《中国注册会计师审计准则第 1502 号——在审计报告中发表非无保留意见》的规定发表非无保留意见，然后再提交审计报告。

（3）管理层不修改财务报表且审计报告已提交时的处理。如果认为管理层应当修改财务报表而没有修改，并且审计报告已经提交给被审计单位，注册会计师应当通知管理层和治理层（除非治理层全部成员参与管理被审计单位）在财务报表做出必要修改前不要向第三方报出。如果财务报表在未经必要修改的情况下仍被报出，注册会计师应当采取适当措施，以设法防止财务报表使用者依赖该审计报告。例如，针对上市公司，注册会计师可以利用证券传媒等刊登必要的声明，防止使用者依赖审计报告。

3．注册会计师知悉第三时段期后事项时的考虑

在财务报表报出后，如果知悉了某事实，且若在审计报告日知悉可能导致修改审计报告，注册会计师应当与管理层和治理层（如适用）讨论该事项；确定财务报表是否需要修

改；如果需要修改，询问管理层将如何在财务报表中处理该事项。

（1）管理层修改财务报表时的处理。如果管理层修改了财务报表，注册会计师应当采取如下必要的措施：根据具体情况对有关修改实施必要的审计程序；复核管理层采取的措施能否确保所有收到原财务报表和审计报告的人士了解这一情况；延伸实施审计程序，并针对修改后的财务报表出具新的审计报告。注册会计师应当在新的或经修改的审计报告中增加强调事项段或其他事项段，提醒财务报表使用者关注财务报表附注中有关修改原财务报表的详细原因和注册会计师提供的原审计报告。

（2）管理层未采取任何行动时的处理。如果管理层没有采取必要措施确保所有收到原财务报表的人士了解这一情况，也没有在注册会计师认为需要修改的情况下修改财务报表，注册会计师应当通知管理层和治理层（除非治理层全部成员参与管理被审计单位），注册会计师将设法防止财务报表使用者信赖该审计报告。

14.3 或有事项审计

14.3.1 或有事项的含义

或有事项是指过去的交易或事项形成的，其结果须由某些未来事项的发生或不发生才能决定的不确定事项。常见的或有事项主要包括：未决诉讼或仲裁、债务担保、产品质量保证（含产品安全保证）、承诺、亏损合同、重组义务、环境污染整治等。

随着我国市场经济的发展，或有事项这一特定的经济现象已越来越多地存在于企业的经营活动中，并对企业的财务状况和经营成果产生重要影响。或有事项对企业潜在的财务影响究竟有多大，企业因此而承担的风险又究竟有多大，都有必要通过企业的财务报表或财务报表附注予以反映，使财务报表使用者能够获得真实、充分、详细的信息，帮助其进行正确的分析、判断。所以，注册会计师应当对或有事项实施必要的审计程序。特别需要指出的是，由于或有事项本质上属于不确定事项，相应地，其重大错报风险较高，需要注册会计师予以充分关注。

14.3.2 或有事项的审计程序

注册会计师对或有事项进行审计所要达到的审计目标一般包括：确定或有事项是否存在和完整；确定或有事项的确认和计量是否符合企业会计准则的规定；确定或有事项的列报或披露是否恰当。

在审计或有事项时，注册会计师尤其要关注财务报表反映的或有事项的完整性。由于或有事项的种类不同，注册会计师在审计被审计单位的或有事项时，所采取的程序也各不相同，但总结起来，针对或有事项完整性的审计程序通常如下。

（1）了解被审计单位与识别或有事项有关的内部控制。

（2）审阅截至审计工作完成日被审计单位历次董事会纪要和股东大会会议记录，确定是否存在未决诉讼或仲裁、未决索赔、税务纠纷、债务担保、产品质量保证、财务承诺等方面的记录。

（3）向与被审计单位有业务往来的银行函证，或检查被审计单位与银行之间的借款协议和往来函件，以查找有关票据贴现、背书、应收账款抵借、票据背书和担保。

（4）检查与税务征管机构之间的往来函件和税收结算报告，以确定是否存在税务争议。

（5）向被审计单位的法律顾问和律师进行函证，分析被审计单位在审计期间发生的法律费用，以确定是否存在未决诉讼、索赔等事项。

（6）向被审计单位管理层获取书面声明，声明其已按照企业会计准则的规定，对全部或有事项做了恰当反映。

14.3.3 或有事项对审计结论和报告的影响

对于截止到审计报告日被审计单位应披露而未披露或者披露不公允，或确认计量不正确、不合理的或有事项，审计人员应提请被审计单位以适当形式予以披露或者确认、计量。如果被审计单位拒绝接受，审计人员应运用专业判断确定或有事项的重要程度，并考虑是否在审计报告中反映及发表审计意见的类型。

14.4 管理层声明

书面声明是指管理层向注册会计师提供的书面陈述，用以确认某些事项或支持其他审计证据。尽管书面声明提供必要的审计证据，但其本身并不为所涉及的任何事项提供充分、适当的审计证据。而且，管理层已提供可靠书面声明的事实，并不影响注册会计师就管理层责任履行情况或具体认定获取的其他审计证据的性质和范围。

1．管理层书面声明的内容

针对财务报表的编制，注册会计师应当要求管理层提供书面声明，确认其根据审计业务约定条款，履行了按照适用的财务报告编制基础编制财务报表并使其实现公允反映（如适用）的责任。

针对提供的信息和交易的完整性，注册会计师应当要求管理层就下列事项提供书面声明：按照审计业务约定条款，已向注册会计师提供所有相关信息，并允许注册会计师不受限制地接触所有相关信息以及被审计单位内部人员和其他相关人员；所有交易均已记录并反映在财务报表中。

2．管理层声明的日期和涵盖的期间

由于书面声明是必要的审计证据，在管理层签署书面声明前，注册会计师不能发表审计意见，也不能签署审计报告。而且，由于注册会计师关注截至审计报告日发生的，可能需要在财务报表中做出相应调整或披露的事项，书面声明的日期应当尽量接近对财务报表出具审计报告的日期，但不得在其之后。

书面声明应当涵盖审计报告针对的所有财务报表和期间。在实务中可能会出现这样的情况，即在审计报告中提及的所有期间内，现任管理层均尚未就任。他们可能由此声称无法就上述期间提供部分或全部书面声明。然而，这一事实并不能减轻现任管理层对财务报表整体的责任。相应地，注册会计师仍然需要向现任管理层获取涵盖整个相关期间的书面声明。

3．书面声明的形式

书面声明应当以声明书的形式致送注册会计师。管理层声明书一般包括下列要素：标题、收件人、声明内容、签章和日期。

参考格式14.1列示了一种声明书的范例。

参考格式14.1

ABC公司管理层声明书

（致注册会计师）：

本声明书是针对你们审计ABC公司截至20×4年12月31日的年度财务报表而提供的。审计的目的是对财务报表发表意见，以确定财务报表是否在所有重大方面已按照企业会计准则的规定编制，并实现公允反映。

尽我们所知，并在做出了必要的查询和了解后，我们确认以下内容。

一、财务报表

1. 我们已履行（插入日期）签署的审计业务约定书中提及的责任，即根据企业会计准则的规定编制财务报表，并对财务报表进行公允反映。

2. 在做出会计估计时使用的重大假设（包括与公允价值计量相关的假设）是合理的。

3. 已按照企业会计准则的规定对关联方关系及其交易做出了恰当的会计处理和披露。

4. 根据企业会计准则的规定，所有需要调整或披露的资产负债表日后事项都已得到调整或披露。

5. 未更正错报，无论是单独还是汇总起来，对财务报表整体的影响均不重大，未更正错报汇总表附在本声明书后。

6. （插入注册会计师可能认为适当的其他任何事项）。

二、提供的信息

7. 我们已向你们提供下列工作条件。

（1）允许接触我们注意到的，与财务报表编制相关的所有信息（如记录、文件和其他事项）。

（2）提供你们基于审计目的要求我们提供的其他信息。

（3）允许在获取审计证据时不受限制地接触你们认为必要的本公司内部人员和其他相关人员。

8. 所有交易均已记录并反映在财务报表中。

9. 我们已向你们披露了由于舞弊可能导致的财务报表重大错报风险的评估结果。

10. 我们已向你们披露了我们注意到的，可能影响本公司的与舞弊或舞弊嫌疑相关的所有信息，这些信息涉及本公司的：

（1）管理层；

（2）在内部控制中承担重要职责的员工；

（3）其他人员（在舞弊行为导致财务报表重大错报的情况下）。

11. 我们已向你们披露了从现任和前任员工、分析师、监管机构等方面获知的，影响财务报表的舞弊指控或舞弊嫌疑的所有信息。

12. 我们已向你们披露了所有已知的，在编制财务报表时应当考虑其影响的违反或涉嫌违反法律法规的行为。

13. 我们已向你们披露了我们注意到的关联方的名称和特征，所有关联方关系及其交易。

14.（插入注册会计师可能认为必要的其他任何事项）。

附：未更正错报汇总表

ABC 公司   ABC 公司管理层

（盖章）   （签名并盖章）

中国××市   二○×五年×月×日

4. 对书面声明可靠性的疑虑以及管理层不提供要求的书面声明

（1）对书面声明可靠性的疑虑。

①对管理层的胜任能力、诚信、道德价值观或勤勉尽责存在疑虑。注册会计师应当确定这些疑虑对书面或口头声明和审计证据总体的可靠性可能产生的影响。在这种情况下，除非治理层采取适当的纠正措施，否则注册会计师可能需要考虑解除业务约定（如果法律法规允许）。

②书面声明与其他审计证据不一致。注册会计师可能需要考虑风险评估结果是否仍然适当。如果认为不适当，注册会计师需要修正风险评估结果，并确定进一步审计程序的性质、时间安排和范围，以应对评估的风险。

（2）管理层不提供要求的书面声明。如果管理层不提供要求的一项或多项书面声明，注册会计师应当与管理层讨论该事项；重新评价管理层的诚信，并评价该事项对书面或口头声明和审计证据总体的可靠性可能产生的影响；采取适当措施，包括确认该事项对审计意见可能产生的影响。

如果存在下列情形之一，注册会计师应当对财务报表发表无法表示意见。

①注册会计师对管理层的诚信产生重大疑虑，以至于认为其做出的书面声明不可靠。

②管理层不提供审计准则要求的书面声明。

这是因为，如果注册会计师认为有关这些事项的书面声明不可靠，或者管理层不提供有关这些事项的书面声明，则注册会计师无法获取充分、适当的审计证据，这对财务报表的影响可能是广泛的，并不局限于财务报表的特定要素、账户或项目。在这种情况下，注册会计师需要对财务报表发表无法表示意见。

14.5 评价审计结果

注册会计师按业务循环完成各财务报表项目的审计测试和一些特殊项目的审计工作后，

在审计完成阶段应汇总审计测试结果，进行更具综合性的审计工作，如评价审计中的重大发现，汇总审计差异，评价独立性和道德问题，考虑被审计单位的持续经营假设的合理性，关注或有事项和期后事项对财务报表的影响，撰写审计总结，复核审计工作底稿和财务报表等。在此基础上，应评价审计结果，在与客户沟通以后，获取管理层声明，确定应出具审计报告的意见类型和措辞，进而编制并致送审计报告，终结审计工作。

14.5.1　评价审计中的重大发现

重大发现涉及会计政策的选择、运用和一贯性的重大事项，包括相关的信息披露。在审计完成阶段，项目负责合伙人（或主任会计师，下同）和审计项目组考虑的重大发现和事项的例子包括以下内容。

（1）中期复核中的重大发现及其对审计方法的相关影响。

（2）涉及会计政策的选择、运用和一贯性的重大事项，包括相关的披露。

（3）就特别审计目标识别的重大风险，对审计策略和计划的审计程序所做的重大修正。

（4）在与管理层和其他人员讨论重大发现和事项时得到的信息。

（5）与注册会计师的最终审计结论相矛盾或不一致的信息。

对已记录的审计程序进行评估，可能全部或部分地揭示出以下事项。

（1）为了实现计划的审计目标，是否有必要对重要性进行修订。

（2）对审计策略和计划的审计程序的重大修正，包括对审计目标的重大错报风险评估水平的重要变动。

（3）对审计方法有重要影响的与财务报告相关的值得关注的内部控制的缺陷和其他弱点。

（4）财务报表中存在的重大错报或漏报，包括相关披露和其他审计调整。

（5）项目组成员内部，或项目组与项目质量控制复核人员或提供咨询的其他人员之间，就重大会计和审计事项达成最终结论所存在的意见分歧。

（6）在实施审计程序时遭遇重大困难的情形。

（7）向事务所内部有经验的专业人士或外部专业顾问咨询。

（8）与管理层或其他人员就重大发现以及与注册会计师的最终审计结论相矛盾或不一致的信息进行讨论。

注册会计师在审计计划阶段对重要性的判断，与其在评估审计差异时对重要性的判断是不同的。如果在审计完成阶段确定的修订后的重要性水平远远低于在计划阶段确定的重要性水平，注册会计师应重新评估已经获得的审计证据的充分性和适当性。重要性的任何变化都要求注册会计师重新评估重大错报上限和审计策略。

如果审计项目组内部、项目组与被咨询者之间以及项目负责合伙人与项目质量控制复核人员之间存在意见分歧，审计项目组应当遵循事务所的政策和程序予以妥善处理。

14.5.2　汇总审计差异

在完成按业务循环进行的控制测试、交易与财务报表项目的实质性程序以及特殊项目的审计后，对审计项目组成员在审计中发现的被审计单位的会计处理方法与企业会计准则的不一致，即审计差异，审计项目经理应根据审计重要性原则予以初步确定并汇总，并建议被审计单位进行调整，使经审计的财务报表所载信息能够公允地反映被审计单位的财务状况、经营成果和现金流量。对审计差异的"初步确定并汇总"直至形成"经审计的财务报表"的过程，主要是通过编制审计差异调整表和试算平衡表得以完成的。

1. 编制审计差异调整表

审计差异按是否需要调整账户记录可分为核算错误和重分类错误。核算错误是因企业对经济业务进行了不正确的会计核算而引起的错误，用审计重要性原则来衡量每一项核算错误，又可把这些核算错误区分为建议调整的不符事项和不建议调整的不符事项（即未调整不符事项）；重分类错误是因企业未按企业会计准则列报财务报表而引起的错误，例如，企业在应付账款项目中反映的预付款项，在应收账款项目中反映的预收款项等。

无论是建议调整的不符事项、重分类错误还是未调整不符事项，在审计工作底稿中通常都是以会计分录的形式反映的。由于审计中发现的错误往往不止一两项，为便于审计项目的各级负责人综合判断、分析和决定，也为了便于有效编制试算平衡表和代编经审计的财务报表，通常需要将这些建议调整的不符事项、重分类错误以及未调整不符事项分别汇总至"账项调整分录汇总表"、"重分类调整分录汇总表"与"未更正错报汇总表"。3 张汇总表的参考格式分别如表 14.1、表 14.2 和表 14.3 所示。

表 14.1 账项调整分录汇总表

序号	内容及说明	索引号	调整内容				影响利润表	影响资产负债表
			借方项目	借方金额	贷方项目	贷方金额		

与被审计单位的沟通：

参加人员：

被审计单位：_____

审计项目组：_____

被审计单位的意见：

_____

_____

_____

结论：

是否同意上述审计调整：_____

被审计单位授权代表签字：_____ 日期：_____

表 14.2　重分类调整分录汇总表

序号	内容及说明	索引号	调整项目和金额			
			借方项目	借方金额	贷方项目	贷方金额

与被审计单位的沟通：

参加人员：

被审计单位：＿＿＿＿＿＿＿＿＿＿＿＿＿

审计项目组：＿＿＿＿＿＿＿＿＿＿＿＿＿

被审计单位的意见：

＿＿＿＿＿＿＿＿＿＿＿＿＿＿＿＿＿＿＿＿＿＿＿＿＿＿＿＿＿

＿＿＿＿＿＿＿＿＿＿＿＿＿＿＿＿＿＿＿＿＿＿＿＿＿＿＿＿＿

＿＿＿＿＿＿＿＿＿＿＿＿＿＿＿＿＿＿＿＿＿＿＿＿＿＿＿＿＿

结论：

是否同意上述审计调整：＿＿＿＿＿＿＿＿＿＿

被审计单位授权代表签字：＿＿＿＿＿＿＿＿＿＿　　日期：＿＿＿＿＿＿＿＿＿

表 14.3　未更正错报汇总表

序号	内容及说明	索引号	未调整内容				备注
			借方项目	借方金额	贷方项目	贷方金额	

未更正错报的影响：

项目金额百分比计划百分比

1. 总资产＿＿＿＿＿＿＿＿＿＿＿＿＿＿＿＿＿＿＿＿＿＿＿＿＿＿＿＿

2. 净资产＿＿＿＿＿＿＿＿＿＿＿＿＿＿＿＿＿＿＿＿＿＿＿＿＿＿＿＿

3. 销售收入＿＿＿＿＿＿＿＿＿＿＿＿＿＿＿＿＿＿＿＿＿＿＿＿＿＿

4. 费用总额＿＿＿＿＿＿＿＿＿＿＿＿＿＿＿＿＿＿＿＿＿＿＿＿＿＿

5. 毛利＿＿＿＿＿＿＿＿＿＿＿＿＿＿＿＿＿＿＿＿＿＿＿＿＿＿＿＿

6. 净利润＿＿＿＿＿＿＿＿＿＿＿＿＿＿＿＿＿＿＿＿＿＿＿＿＿＿＿

结论：

被审计单位授权代表签字：＿＿＿＿＿＿＿＿＿＿＿＿　　日期：＿＿＿＿＿＿＿＿＿

　　注册会计师确定了建议调整的不符事项和重分类错误后，应以书面方式及时征求被审计单位对需要调整财务报表事项的意见。若被审计单位予以采纳，应取得被审计单位同意调整的书面确认；若被审计单位不予采纳，应分析原因，并根据未调整不符事项的性质和重要程度，确定是否在审计报告中予以反映，以及如何反映。

2．编制试算平衡表

试算平衡表是注册会计师在被审计单位提供未审财务报表的基础上，考虑调整分录、重分类分录等内容以确定已审数与报表披露数的表式。有关资产负债表和利润表的试算平衡表的参考格式分别如表 14.4 和表 14.5 所示。

表 14.4　资产负债表试算平衡表

项目	期末未审数	账项调整		重分类调整		期末审定数	项目	期末未审数	账项调整		重分类调整		期末审定数
		借方	贷方	借方	贷方				借方	贷方	借方	贷方	
货币资金							短期借款						
交易性金融资产							交易性金融负债						
应收票据							应付票据						
应收账款							应付账款						
预付账款							预收款项						
应收利息							应付职工薪酬						
应收股利							应交税费						
其他应收款							应付利息						
存货							应付股利						
一年内到期的非流动资产							其他应付款						
其他流动资产							一年内到期的非流动负债						
可供出售金融资产							其他流动负债						
持有至到期投资							长期借款						
长期应收款							应付债券						
长期股权投资							长期应付款						
投资性房地产							专项应付款						
固定资产							预计负债						
在建工程							递延所得税负债						
工程物资							其他非流动负债						
固定资产清理							实收资本（股本）						
无形资产							资本公积						
开发支出							盈余公积						
商誉							未分配利润						
长期待摊费用													
递延所得税资产													
其他非流动资产													
合计							合计						

表 14.5 利润表试算平衡表工作底稿

被审计单位：_____ 索引号：_____

项目：_____ 财务报表截止日/期间：_____

编制：_____ 复核：_____

日期：_____ 日期：_____

项 目	审计前金额	调整金额		审定金额
		借方	贷方	
一、 营业收入				
减：营业成本				
营业税金及附加				
销售费用				
管理费用				
财务费用				
资产减值损失				
加：公允价值变动损益				
投资收益				
二、 营业利润				
加：营业外收入				
减：营业外支出				
三、 利润总额				
减：所得税费用				
四、 净利润				

14.5.3 复核审计工作底稿和财务报表

1. 对财务报表总体合理性实施分析程序

在审计结束或临近结束时，注册会计师运用分析程序的目的是确定经审计调整后的财务报表整体是否与对被审计单位的了解一致，是否具有合理性。注册会计师应当围绕这一目的运用分析程序。在运用分析程序进行总体复核时，如果识别出以前未识别的重大错报风险，注册会计师应当重新考虑对全部或部分各类交易、账户余额、披露评估的风险是否恰当，并在此基础上重新评价之前计划的审计程序是否充分，是否有必要追加审计程序。

2. 评价审计结果

注册会计师评价审计结果主要是为了确定审计意见的类型以及在整个审计工作中是否遵循了审计准则。为此，注册会计师必须完成两项工作：一是对重要性和审计风险进行最终的评价；二是对被审计单位已审财务报表形成审计意见并草拟审计报告。

（1）对重要性和审计风险进行最终的评价。对重要性和审计风险进行最终评价是注册会计师决定发表何种类型审计意见的必要过程。该过程可通过以下两个步骤来完成：确定可能的错报金额，根据财务报表层次的重要性水平，确定可能的错报金额的汇总数（即可能错报总额）对整个财务报表的影响程度。

（2）对被审计单位已审计财务报表形成审计意见并草拟审计报告。在对审计意见形成最后决定之前，会计师事务所通常要与被审计单位召开沟通会。在沟通会上，注册会计师可口头报告本次审计所发现的问题，并说明建议被审计单位做必要调整或表外披露的理由。当然，管理层也可以在会上申辩其立场。最后，通常会对需要被审计单位做出的改变达成协议。如达成了协议，注册会计师一般即可签发标准审计报告，否则，注册会计师则可能不得不发表其他类型的审计意见。

3. 复核审计工作底稿

会计师事务所应当建立完善的审计工作底稿分级复核制度。对审计工作底稿的复核可分为两个层次：项目组内部复核和独立的项目质量控制复核。

（1）项目组内部复核。项目组内部复核又分为两个层次：项目负责经理的现场复核和项目负责合伙人的复核。

①项目负责经理的现场复核。由项目负责经理对工作底稿的复核属于第一级复核。该级复核通常在审计现场完成，以便及时发现和解决问题，争取审计工作的主动。

②项目合伙人的复核。项目合伙人对审计工作底稿实施复核是项目组内部最高级别的复核。该复核既是对项目负责经理复核的再监督，也是对重要审计事项的把关。

（2）独立的项目质量控制复核。项目质量控制复核是指在出具报告前，对项目组做出的重大判断和在准备报告时形成的结论做出客观评价的过程。项目质量控制复核也称独立复核。

14.5.4　评价独立性和道德问题

在签署审计报告前，项目合伙人确信审计过程中产生的所有独立性和道德问题已经得到圆满解决，为此，项目合伙人应该采取以下措施。

（1）从会计师事务所或网络事务所获取相关信息，以识别、评价对独立性产生不利影响的情形。

（2）评价已识别的违反会计师事务所独立性政策和程序的情况，以确定是否对审计业务的独立性产生不利影响。

（3）采取适当的防护措施以消除对独立性产生的不利影响，或将其降至可接受的水平。对未能解决的事项，项目合伙人应当立即向事务所报告，以便事务所采取适当的行动。

（4）记录与独立性有关的结论，以及事务所内部支持这一结论的相关讨论情况。

复习题

一、简答题

1. 简述期初余额的审计程序。

2. 简述期后事项的审计程序。

3. 简述或有事项的审计程序。

4. 简述管理层声明的主要内容。

二、分析题

1. 注册会计师负责对 A 公司 2014 年度财务报表进行审计，已于 2015 年 1 月 20 日完成外勤审计工作，注册会计师了解到 2015 年 1 月 25 日 A 公司发生火灾，遭受重大损失，于是在 1 月 27 日对火灾损失追加了审计程序，并在 2 月 1 日完成审计报告并送达 A 公司。A 公司在 2 月 5 日公布 2014 年的审计报告。

要求：分析 2014 年 1 月 20 日之后，注册会计师对不同时期的期后事项分别负有什么责任？

2. 注册会计师负责对 C 公司 2014 年度财务报表进行审计，审计报告日为 2015 年 2 月 10 日。财务报告报出日为 2015 年 2 月 15 日。在执行审计过程中，注册会计师发现以下情况。

（1）2014 年 11 月 1 日，C 公司被起诉违约，12 月 1 日法院宣判 C 败诉，赔偿 500 万元，C 公司不服判决，提起上诉，法院终审判决尚未做出。公司法律顾问认为，胜诉的可能性不大。C 公司对该诉讼事项仅在附注中披露，并未确认预计负债。

（2）2014 年 12 月 1 日，C 公司被客户起诉，要求赔偿 200 万元，法院尚未做出判决。法律顾问估计 C 公司败诉的可能性为 50%，对此 C 公司做了充分披露，2015 年 2 月 12 日法院终审判决要求 C 赔偿 200 万元。

要求：针对这两个事项，注册会计师应给出审计调整建议是什么？

第15章 审计报告

本章学习要点

1. 了解审计报告的含义、作用和种类
2. 了解审计报告基本内容与审计意见的形成过程
3. 掌握审计报告责任段、意见段及说明段的内容
4. 掌握审计报告审计意见的类型
5. 了解管理建议书的含义及作用

审计报告是审计工作的最终结果。注册会计师编制审计报告，以书面形式向委托人就被审计单位的财务状况、经营成果和现金流量情况是否公允反映发表审计意见。

15.1 审计报告的意义和作用

审计报告是指注册会计师根据审计准则的规定，在执行审计工作的基础上，对财务报表发表审计意见的书面文件。审计报告是注册会计师在完成审计工作后向委托人提交的最终产品，注册会计师应当根据由审计证据得出的结论，清楚表达对财务报表的意见。无论是出具标准审计报告，还是非标准审计报告，注册会计师一旦在审计报告上签名并盖章，就表明对其出具的审计报告负责。

1. 审计报告的意义

编制审计报告是注册会计师完成约定审计事项的一个非常重要的步骤，它是一项总结性的工作，其重要意义表现在以下几个方面。

（1）审计报告是注册会计师完成审计任务，表达审计意见的主要方式。会计师事务所接受委托人的委托，鉴证被审计单位的财务报表的合法性、公允性。通过编制审计报告，既可以总结审计工作，完成约定的审计任务，又可以正确表达审计意见，是审计工作中十分必要的步骤。

（2）审计报告是明确注册会计师的责任，发挥鉴证作用的重要条件。注册会计师出具的审计报告并在报告上签字盖章是保证审计报告真实、合法，并保证注册会计师对其出具报告内容的真实性、合法性负责的重要条件，通过审计报告，可以明确注册会计师做出审计结论的审计责任以及存在重大过失的法律责任。

（3）审计报告是审计档案的重要组成部分。会计师事务所除应将审计报告报送委托人之

外，还应由注册会计师对审计报告副本进行复核和签署，作为审计档案，立卷归档。审计报告是一个审计项目形成的各种需要归档保管的档案资料中综合性最强、最重要的文件。将其作为审计档案归档，也是保证审计工作质量，提高审计工作水平的要求。

2．审计报告的作用

注册会计师签发的审计报告，主要具有鉴证、保护和证明三方面的作用。

（1）鉴证作用。注册会计师签发的审计报告不同于政府审计和内部审计的审计报告，其是以超然独立的第三者身份，对被审计单位财务报表合法性、公允性发表意见。这种意见具有鉴证作用，得到了政府及其各部门和社会各界的普遍认可。政府有关部门了解、掌握企业的财务状况和经营成果的主要依据是企业提供的财务报表。财务报表是否合法、公允，主要依据注册会计师的审计报告做出判断。股份制企业的股东主要依据注册会计师的审计报告来判断被投资企业的财务报表是否公允地反映了财务状况和经营成果，以进行投资决策等。

（2）保护作用。注册会计师通过审计，可以对被审计单位财务报表出具不同类型审计意见的审计报告，以提高或降低财务报表使用者对财务报表的信赖程度，能够在一定程度上对被审计单位的财产、债权人和股东的权益及企业利害关系人的利益起到保护作用。如投资者为了减少投资风险，在进行投资之前，需要查阅被投资企业的财务报表和注册会计师的审计报告，了解被投资企业的经营情况和财务状况。投资者根据注册会计师的审计报告做出投资决策，可以降低其投资风险。

（3）证明作用。审计报告是对注册会计师审计任务完成情况及其结果所做的总结，它可以表明审计工作的质量并明确注册会计师的审计责任。因此，审计报告可以对审计工作质量和注册会计师的审计责任起证明作用。通过审计报告，可以证明注册会计师在审计过程中是否实施了必要的审计程序；是否以审计工作底稿为依据发表审计意见，发表的审计意见是否与被审计单位的实际情况相一致，审计工作的质量是否符合要求。通过审计报告，可以证明注册会计师对审计责任的履行情况。

15.2 审计报告的内容

审计报告应当包括下列要素。

1．标题

审计报告应当具有标题，统一规范为"审计报告"。

2．收件人

审计报告的收件人是指注册会计师按照业务约定书的要求致送审计报告的对象，一般是指审计业务的委托人。审计报告应当按照审计业务的约定载明收件人的全称。针对整套通用目的财务报表出具的审计报告，审计报告的致送对象通常为被审计单位的股东或治理层。

3．引言段

审计报告的引言段应当包括下列方面。

（1）指出被审计单位的名称。

（2）说明财务报表已经审计。

（3）指出构成整套财务报表的每一财务报表的名称。

（4）提及财务报表附注（包括重要会计政策概要和其他解释性信息）。

（5）指明构成整套财务报表的每一财务报表的日期或涵盖的期间。

4．管理层对财务报表的责任段

审计报告应当包含标题为"管理层对财务报表的责任"的段落，管理层对财务报表的责任段应当说明编制财务报表是管理层的责任，这种责任包括以下两点。

（1）按照适用的财务报告编制基础编制财务报表，并使其实现公允反映。

（2）设计、执行和维护必要的内部控制，以使财务报表不存在由于舞弊或错误导致的重大错报。

5．注册会计师的责任段

审计报告应当包含标题为"注册会计师的责任"的段落。注册会计师的责任段应当说明下列内容。

（1）注册会计师的责任是在执行审计工作的基础上对财务报表发表审计意见。

（2）注册会计师按照中国注册会计师审计准则的规定执行了审计工作。中国注册会计师审计准则要求注册会计师遵守中国注册会计师职业道德守则，计划和执行审计工作以对财务报表是否不存在重大错报获取合理保证。

（3）审计工作涉及实施审计程序，以获取有关财务报表金额和披露的审计证据。选择的审计程序取决于注册会计师的判断，包括对由于舞弊或错误导致的财务报表重大错报风险的评估。在进行风险评估时，注册会计师考虑与财务报表编制和公允列报相关的内部控制，以设计恰当的审计程序，但目的并非对内部控制的有效性发表意见。审计工作还包括评价管理层选用会计政策的恰当性和做出会计估计的合理性，以及评价财务报表的总体列报。

（4）注册会计师相信获取的审计证据是充分、适当的，为其发表审计意见提供了基础。

如果结合财务报表审计对内部控制的有效性发表意见，注册会计师应当删除上述第（3）项中"但目的并非对内部控制的有效性发表意见"的措辞。

6．审计意见段

审计报告应当包含标题为"审计意见"的段落。如果对财务报表发表无保留意见，除非法律法规另有规定，审计意见应当使用"财务报表在所有重大方面按照（如企业会计准则等）编制，公允反映了……"的措辞。

7．注册会计师的签名和盖章

审计报告应当由注册会计师签名并盖章。注册会计师在审计报告上签名并盖章，有利于明确法律责任。

8．会计师事务所的名称、地址和盖章

审计报告应当载明会计师事务所的名称和地址，并加盖会计师事务所公章。

注册会计师在审计报告中载明会计师事务所地址时，标明会计师事务所所在的城市即可。在实务中，审计报告通常载于会计师事务所统一印刷的，标有该所详细通讯地址的信笺上，因此，无须在审计报告中注明详细地址。

9．报告日期

审计报告应当注明报告日期。审计报告日不应早于注册会计师获取充分、适当的审计证据（包括管理层认可对财务报表的责任且已批准财务报表的证据），并在此基础上对财务报表形成审计意见的日期。在实务中，注册会计师在正式签署审计报告前，通常把审计报告草稿和已审计财务报表草稿一同提交给管理层。如果管理层批准并签署已审计财务报表，注册会计师即可签署审计报告。注册会计师签署审计报告的日期通常与管理层签署已审计财务报表的日期为同一天，或晚于管理层签署已审计财务报表的日期。

15.3　审计报告的种类

审计报告可以按照不同的标准，划分为不同的类型。

1．按审计报告使用的目的可分为公布目的的审计报告和非公布目的的审计报告

公布目的的审计报告一般是用于对企业股东、投资者、债权人等非特定利益关系者公布的附送财务报表的审计报告。非公布目的的审计报告一般是用于经营管理、合并或者业务转让等特定目的而实施审计的审计报告。非公布目的审计报告是指用于向经营者、合并或业务转让的关系人、提供信用的金融机构等具有特定目的关系人分发的审计报告。

2．按审计报告的格式可分为标准审计报告和非标准审计报告。

标准审计报告是指格式和措辞基本统一的审计报告。标准审计报告一般适用于对外公布的审计报告。非标准审计报告是指格式和措辞不统一，可以根据具体审计项目的问题来决定的审计报告。

3．按审计报告的详略程度可分为简式审计报告和详式审计报告

简式审计报告是内容和格式简明扼要的审计报告，包括注册会计师对会计报表审计后出具的各类审计意见的审计报告。详式审计报告是指注册会计师由于对所有重要的经济业务和情况都必须做详细、具体的分析和说明而出具的审计报告。详式审计报告很难做出统一措辞或基本统一措辞的要求，不具有标准格式的特点。

15.4　审计意见的类型

审计报告的类型分为两大类：标准审计报告和非标准审计报告。当注册会计师出具的无保留意见审计报告不附加强调事项段和其他事项段或任何修饰性用语时，该审计报告称为标

准审计报告。非标准审计报告包括带强调事项段和其他事项段的无保留意见的审计报告和非无保留意见的审计报告。非无保留意见的审计报告包括保留、否定和无法表示意见的审计报告。因此，注册会计师应根据审计结论，出具下列审计意见之一的审计报告。

（1）无保留意见审计报告。

（2）带强调事项段和其他事项段的无保留意见的审计报告。

（3）保留意见审计报告。

（4）否定意见审计报告。

（5）无法表示意见审计报告。

下面是这几种审计意见的类型，如参考格式 15.1～15.6 所示。

1．无保留意见审计报告

如果注册会计师认为被审计单位财务报表符合下列所有条件，应当出具无保留意见审计报告。

（1）被审计单位财务报表已经按照适用的会计准则的规定编制，在所有重大方面公允反映了被审计单位的财务状况、经营成果和现金流量。

（2）注册会计师已经按照中国注册会计师执业准则的规定计划和实施审计工作，在审计过程中未受到限制。

参考格式 15.1

审 计 报 告

ABC 股份有限公司全体股东：

我们审计了后附的 ABC 股份有限公司（以下简称 ABC 公司）财务报表，包括 20×4 年 12 月 31 日的资产负债表，20×4 年度的利润表、股东权益变动表和现金流量表以及财务报表附注。

（一）管理层对财务报表的责任

编制和公允列报财务报表是 ABC 公司管理层的责任，这种责任包括：①按照企业会计准则的规定编制财务报表，并使其实现公允反映；②设计、执行和维护必要的内部控制，以使财务报表不存在由于舞弊或错误导致的重大错报。

（二）注册会计师的责任

我们的责任是在执行审计工作的基础上对财务报表发表审计意见。我们按照中国注册会计师审计准则的规定执行了审计工作。中国注册会计师审计准则要求我们遵守中国注册会计师职业道德守则，计划和执行审计工作以对财务报表是否不存在重大错报获取合理保证。

审计工作涉及实施审计程序，以获取有关财务报表金额和披露的审计证据。选择的审计程序取决于注册会计师的判断，包括对由于舞弊或错误导致的财务报表重大错报风险的评估。在进行风险评估时，注册会计师考虑与财务报表编制和公允列报相关的内部控制，以设计恰当的审计程序，但目的并非对内部控制的有效性发表意见。审计工作还包括评价管理层选用会计政策的恰当性和做出会计估计的合理性，以及评价财务报表的总体列报。

我们相信，我们获取的审计证据是充分、适当的，为发表审计意见提供了基础。

（三）审计意见

我们认为，ABC 公司财务报表在所有重大方面按照企业会计准则的规定编制，公允反映了 ABC 公司 20×4 年 12 月 31 日的财务状况以及 20×4 年度的经营成果和现金流量。

××会计师事务所	中国注册会计师：×××
（盖章）	（签名并盖章）
	中国注册会计师：×××
	（签名并盖章）
中国××市	二〇×五年×月×日

2. 带强调事项段和其他事项段的无保留意见审计报告

参考格式 15.2

审　计　报　告

ABC 股份有限公司全体股东：

我们审计了后附的 ABC 股份有限公司（以下简称 ABC 公司）财务报表，包括 20×4 年 12 月 31 日的资产负债表，20×4 年度的利润表、股东权益变动表和现金流量表以及财务报表附注。

（一）管理层对财务报表的责任

编制和公允列报财务报表是 ABC 公司管理层的责任，这种责任包括：①按照企业会计准则的规定编制财务报表，并使其实现公允反映；②设计、执行和维护必要的内部控制，以使财务报表不存在由于舞弊或错误导致的重大错报。

（二）注册会计师的责任

我们的责任是在执行审计工作的基础上对财务报表发表审计意见。我们按照中国注册会计师审计准则的规定执行了审计工作。中国注册会计师审计准则要求我们遵守中国注册会计师职业道德守则，计划和执行审计工作以对财务报表是否不存在重大错报获取合理保证。

审计工作涉及实施审计程序，以获取有关财务报表金额和披露的审计证据。选择的审计程序取决于注册会计师的判断，包括对由于舞弊或错误导致的财务报表重大错报风险的评估。在进行风险评估时，注册会计师考虑与财务报表编制和公允列报相关的内部控制，以设计恰当的审计程序，但目的并非对内部控制的有效性发表意见。审计工作还包括评价管理层选用会计政策的恰当性和做出会计估计的合理性，以及评价财务报表的总体列报。

我们相信，我们获取的审计证据是充分、适当的，为发表审计意见提供了基础。

（三）审计意见

我们认为，ABC 公司财务报表在所有重大方面按照企业会计准则的规定编制，公允反映了 ABC 公司 20×4 年 12 月 31 日的财务状况以及 20×4 年度的经营成果和现金流量。

（四）强调事项

我们提醒财务报表使用者关注，如财务报表附注×所述，ABC 公司在 20×4 年发生亏损×万元，在 20×4 年 12 月 31 日，流动负债高于资产总额×万元。ABC 公司已在财务报表附注×充分披露了拟采取的改善措施，但其持续经营能力仍然存在重大不确定性。本段内容不影响已发表的审计意见。

××会计师事务所　　　　　　　　　　　　　　中国注册会计师：×××

（盖章）　　　　　　　　　　　　　　　　　　　（签名并盖章）

　　　　　　　　　　　　　　　　　　　　　　中国注册会计师：×××

　　　　　　　　　　　　　　　　　　　　　　　（签名并盖章）

中国××市　　　　　　　　　　　　　　　　二○×五年×月×日

3．保留意见审计报告

当存在下列情形之一时，注册会计师应当发表保留意见审计报告。

（1）在获取充分、适当的审计证据后，注册会计师认为错报单独或汇总起来对财务报表影响重大，但不具有广泛性。

（2）注册会计师无法获取充分、适当的审计证据以作为形成审计意见的基础，但认为未发现的错报（如存在）对财务报表可能产生的影响重大，但不具有广泛性。

参考格式15.3　由于财务报表存在重大错报而出具保留意见的审计报告

审　计　报　告

ABC股份有限公司全体股东：

我们审计了后附的ABC股份有限公司（以下简称ABC公司）财务报表，包括20×4年12月31日的资产负债表，20×4年度的利润表、现金流量表和股东权益变动表以及财务报表附注。

（一）管理层对财务报表的责任

编制和公允列报财务报表是ABC公司管理层的责任，这种责任包括：①按照企业会计准则的规定编制财务报表，并使其实现公允反映；②设计、执行和维护必要的内部控制，以使财务报表不存在由于舞弊或错误导致的重大错报。

（二）注册会计师的责任

我们的责任是在执行审计工作的基础上对财务报表发表审计意见。我们按照中国注册会计师审计准则的规定执行了审计工作。中国注册会计师审计准则要求我们遵守职业道德守则，计划和执行审计工作以对财务报表是否不存在重大错报获取合理保证。

审计工作涉及实施审计程序，以获取有关财务报表金额和披露的审计证据。选择的审计程序取决于注册会计师的判断，包括对由于舞弊或错误导致的财务报表重大错报风险的评估。在进行风险评估时，注册会计师考虑与财务报表编制和公允列报相关的内部控制，以设计恰当的审计程序，但目的并非对内部控制的有效性发表意见。审计工作还包括评价管理层选用会计政策的恰当性和做出会计估计的合理性，以及评价财务报表的总体列报。

我们相信，我们获取的审计证据是充分、适当的，为发表保留意见提供了基础。

（三）导致保留意见的事项

ABC公司20×4年12月31日资产负债表中存货的列示金额为×元。管理层根据成本对存货进行计量，而没有根据成本与可变现净值孰低的原则进行计量，这不符合企业会计准则的规定。公司的会计记录显示，如果管理层以成本与可变现净值孰低来计量存货，存货列示金额将减少×元。相应地，资产减值损失将增加×元，所得税、净利润和股东权益将分别减少×元、×元和×元。

（四）保留意见

我们认为，除"（三）导致保留意见的事项"段所述事项产生的影响外，ABC 公司财务报表在所有重大方面按照企业会计准则的规定编制，公允反映了 ABC 公司 20×4 年 12 月 31 日的财务状况以及 20×4 年度的经营成果和现金流量。

××会计师事务所	中国注册会计师：×××
（盖章）	（签名并盖章）
	中国注册会计师：×××
	（签名并盖章）
中国××市	二〇×五年×月×日

参考格式 15.4　由于注册会计师无法获取充分、适当的审计证据而出具保留意见的审计报告

审　计　报　告

ABC 股份有限公司全体股东：

我们审计了后附的 ABC 股份有限公司（以下简称 ABC 公司）财务报表，包括 20×4 年 12 月 31 日的资产负债表，20×4 年度的利润表、现金流量表和股东权益变动表以及财务报表附注。

（一）管理层对财务报表的责任

编制和公允列报财务报表是 ABC 公司管理层的责任，这种责任包括：①按照企业会计准则的规定编制财务报表，并使其实现公允反映；②设计、执行和维护必要的内部控制，以使财务报表不存在由于舞弊或错误导致的重大错报。

（二）注册会计师的责任

我们的责任是在执行审计工作的基础上对财务报表发表审计意见。我们按照中国注册会计师审计准则的规定执行了审计工作。中国注册会计师审计准则要求我们遵守职业道德守则，计划和执行审计工作以对财务报表是否不存在重大错报获取合理保证。

审计工作涉及实施审计程序，以获取有关财务报表金额和披露的审计证据。选择的审计程序取决于注册会计师的判断，包括对由于舞弊或错误导致的财务报表重大错报风险的评估。在进行风险评估时，注册会计师考虑与财务报表编制和公允列报相关的内部控制，以设计恰当的审计程序，但目的并非对内部控制的有效性发表意见。审计工作还包括评价管理层选用会计政策的恰当性和做出会计估计的合理性，以及评价财务报表的总体列报。

我们相信，我们获取的审计证据是充分、适当的，为发表保留意见提供了基础。

（三）导致保留意见的事项

如财务报表附注×所述，ABC 公司于 20×4 年取得了 XYZ 公司 30%的股权，因能够对 XYZ 公司施加重大影响，故采用权益法核算该项股权投资，于 20×4 年度确认对 XYZ 公司的投资收益×元，截至 20×4 年 12 月 31 日该项股权投资的账面价值为×元。由于我们未被允许接触 XYZ 公司的财务信息、管理层和执行 XYZ 公司审计的注册会计师，我们无法就该项股权投资的账面价值以及 ABC 公司确认的 20×4 年度对 XYZ 公司的投资收益获取充分、适当的审计证据，也无法确定是否有必要对这些金额进行调整。

（四）保留意见

我们认为，除"（三）导致保留意见的事项"段所述事项可能产生的影响外，ABC 公司财务报表在所有重大方面按照企业会计准则的规定编制，公允反映了 ABC 公司 20×4 年 12 月 31 日的财务状况以及 20×4 年度的经营成果和现金流量。

××会计师事务所	中国注册会计师：×××
（盖章）	（签名并盖章）
	中国注册会计师：×××
	（签名并盖章）
中国××市	二○×五年×月×日

4．发表否定意见审计报告

在获取充分、适当的审计证据后，如果认为错报单独或汇总起来对财务报表的影响重大且具有广泛性，注册会计师应当发表否定意见。

参考格式 15.5　由于财务报表存在重大错报而出具否定意见的审计报告

审　计　报　告

ABC 股份有限公司全体股东：

我们审计了后附的 ABC 股份有限公司（以下简称 ABC 公司）的合并财务报表，包括 20×4 年 12 月 31 日的合并资产负债表，20×4 年度的合并利润表、合并现金流量表和合并股东权益变动表以及财务报表附注。

（一）管理层对合并财务报表的责任

编制和公允列报合并财务报表是 ABC 公司管理层的责任，这种责任包括：①按照企业会计准则的规定编制合并财务报表，并使其实现公允反映；②设计、执行和维护必要的内部控制，以使合并财务报表不存在由于舞弊或错误导致的重大错报。

（二）注册会计师的责任

我们的责任是在执行审计工作的基础上对合并财务报表发表审计意见。我们按照中国注册会计师审计准则的规定执行了审计工作。中国注册会计师审计准则要求我们遵守职业道德守则，计划和执行审计工作以对合并财务报表是否不存在重大错报获取合理保证。

审计工作涉及实施审计程序，以获取有关合并财务报表金额和披露的审计证据。选择的审计程序取决于注册会计师的判断，包括对由于舞弊或错误导致的合并财务报表重大错报风险的评估。在进行风险评估时，注册会计师考虑与合并财务报表编制和公允列报相关的内部控制，以设计恰当的审计程序，但目的并非对内部控制的有效性发表意见。审计工作还包括评价管理层选用会计政策的恰当性和做出会计估计的合理性，以及评价合并财务报表的总体列报。

我们相信，我们获取的审计证据是充分、适当的，为发表否定意见提供了基础。

（三）导致否定意见的事项

如财务报表附注×所述，20×4 年 ABC 公司通过非同一控制下的企业合并获得对 XYZ 公司的控制权，因未能取得购买日 XYZ 公司某些重要资产和负债的公允价值，故未将 XYZ 公司纳入合并财务报表的范围，而是按成本法核算对公司的股权投资。ABC 公司的这项会计处理不符合企业会计准则的规定。如果将 XYZ 公司纳入合并财务报表的范围，ABC 公司合并财务报表的多个报表项目将受到重大影响，但我们无法确定未将 XYZ 公司纳入合并范围对财务报表产生的影响。

（四）否定意见

我们认为，由于"（三）导致否定意见的事项"段所述事项的重要性，ABC 公司的合并财务报表没有在所有重大方面按照企业会计准则的规定编制，未能公允反映 ABC 公司及其子公司 20×4 年 12 月 31 日的财务状况以及 20×4 年度的经营成果和现金流量。

××会计师事务所 　　　　　　　　　　　　　　中国注册会计师：×××

（盖章）　　　　　　　　　　　　　　　　　　　　（签名并盖章）

　　　　　　　　　　　　　　　　　　　　　中国注册会计师：×××

　　　　　　　　　　　　　　　　　　　　　　　　（签名并盖章）

中国××市 　　　　　　　　　　　　　　　　　二○×五年×月×日

5. 发表无法表示意见审计报告

如果无法获取充分、适当的审计证据以作为形成审计意见的基础，但认为未发现的错报（如存在）对财务报表可能产生的影响重大且具有广泛性，注册会计师应当发表无法表示意见。在极其特殊的情况下，可能存在多个不确定事项，即使注册会计师对每个单独的不确定事项获取了充分、适当的审计证据，但由于不确定事项之间可能存在相互影响，以及可能对财务报表产生累积影响，注册会计师不可能对财务报表形成审计意见。在这种情况下，注册会计师应当发表无法表示意见。

参考格式 15.6　由于注册会计师无法针对财务报表多个要素获取充分、适当的审计证据而出具无法表示意见的审计报告

审 计 报 告

ABC 股份有限公司全体股东：

我们接受委托，审计后附的 ABC 股份有限公司（以下简称 ABC 公司）财务报表，包括 20×4 年 12 月 31 日的资产负债表，20×4 年度的利润表、现金流量表和股东权益变动表以及财务报表附注。

（一）管理层对财务报表的责任

编制和公允列报财务报表是 ABC 公司管理层的责任，这种责任包括：①按照中国财务报告准则的规定编制财务报表，并使其实现公允反映；②设计、执行和维护必要的内部控制，以使财务报表不存在由于舞弊或错误导致的重大错报。

（二）注册会计师的责任

我们的责任是在按照中国注册会计师审计准则的规定执行审计工作的基础上对财务报表

发表审计意见。由于"（三）导致无法表示意见的事项"段中所述的事项，我们无法获取充分、适当的审计证据以为发表审计意见提供基础。

（三）导致无法表示意见的事项

我们于 20×5 年 1 月接受 ABC 公司的审计委托，因而未能对 ABC 公司 20×4 年年初金额为×元的存货和年末金额为×元的存货实施监盘程序。此外，我们也无法实施替代审计程序获取充分、适当的审计证据。并且，ABC 公司于 20×4 年 9 月采用新的应收账款电算化系统，由于存在系统缺陷导致应收账款出现大量错误。截至审计报告日，管理层仍在纠正系统缺陷并更正错误，我们也无法实施替代审计程序，以对截至 20×4 年 12 月 31 日的应收账款总额×元获取充分、适当的审计证据。因此，我们无法确定是否有必要对存货、应收账款以及财务报表其他项目做出调整，也无法确定应调整的金额。

（四）无法表示意见

由于"（三）导致无法表示意见的事项"段所述事项的重要性，我们无法获取充分、适当的审计证据以为发表审计意见提供基础，因此，我们不对 ABC 公司财务报表发表审计意见。

（五）按照相关法律法规的要求报告的事项

（本部分报告的格式和内容，取决于相关法律法规对其他报告责任的规定。）

××会计师事务所　　　　　　　　　　　　中国注册会计师：×××

（盖章）　　　　　　　　　　　　　　　　　　　　（签名并盖章）

中国注册会计师：×××

（签名并盖章）

中国××市　　　　　　　　　　　　　　　二〇×五年×月×日

15.5 编制审计报告的步骤与要求

1. 编制审计报告的步骤

（1）整理分析审计工作底稿。审计人员在完成审计任务的过程中，收集了许多能证明问题的资料证据，并集中反映在审计工作底稿中，这些底稿是分散的、不系统的，为此，审计人员要在审阅工作底稿的基础上去粗取精，选择一些符合审计目的的有价值的证据资料，并进行归类整理，作为撰写审计报告的基础。

（2）提出对被审计单位财务报表的调整建议。在整理和分析审计工作底稿的基础上，注册会计师应向被审计单位介绍审计情况、初步结论和对于会计事项、财务报表项目的调整意见，提请被审计单位加以调整。

（3）确定审计报告意见的类型和措辞。注册会计师在了解被审计单位是否接受提出的调整意见以及是否已经做了调整以后，可以确定审计报告意见的类型和措辞。这是编写审计报告的主要内容。

（4）撰写审计报告。注册会计师在整理、分析工作底稿和提请调整财务报表，并确定审计意见类型和措辞后，应拟订出审计报告提纲，概括和汇总审计工作底稿所提供的资料。根据提纲进行文字加工就可以编写审计报告。审计报告一般由审计项目负责人编写，完稿后，应经过会计师事务所主管合伙人或者主任会计师负责进行复核。审计报告经审核、修改并完成签署后，正本直接报送委托人，副本归档。

2．编制审计报告的要求

为了保证审计报告的质量，准确表达审计人员的意见，审计报告的撰写应符合以下基本要求。

（1）实事求是，客观公正。审计报告是政策性很强的文件，撰写时必须注重事实，以法律法规为准绳，坚持原则，实事求是，客观公正地对被审计事项进行定性，提出处理意见。

（2）数字准确，证据确凿。审计人员对审计报告中列举的数据资料要认真计算、复核，做到准确无误；对各种证据资料，也要亲自进行调查核实，使其既充分、可靠，又具备有效的证明力，为发表审计意见奠定可靠的基础。

（3）抓住关键，突出重点。审计报告的重点要放在影响全局或影响较大、性质严重或情节恶劣、金额较大的问题上。对重点问题要充分展开，讲透讲清；对一般、次要的问题，则可简略提及，甚至略而不提。只有这样，才能使审计报告的内容重点突出，主次分明。

（4）文字简练，措辞严谨。审计报告是送给被审计单位负责人、上级部门或有关部门领导看的，因此不宜写得太长。这就要求写审计报告时要层次分明，条理清楚；语言文字要字斟句酌，简明扼要；要选择准确、有力的证据作为证明事实的依据，并尽量选用专业术语。

15.6 管理建议书

所谓管理建议书是指注册会计师在完成审计工作后，针对审计过程中已注意到的，可能导致被审计单位财务报表产生重大错误报告的内部控制重大缺陷提出书面建议。现行审计准则要求，注册会计师对审计过程中注意到的内部控制重大缺陷，应当告知被审计单位管理当局，必要时，可出具管理建议书。

管理建议书的作用表现在两个方面。

一方面，由于注册会计师的职业特点，在审计过程中按规定需要检查被审计单位的内部控制系统，能够了解被审计单位经营管理中的关键所在。通过管理建议书，可以针对内部控制弱点，提供进一步完善内部控制，改进会计工作，提高经营管理水平的参考意见。这种意见最及时、有效，能促使被审计单位注意加强控制，改善工作，以防止弊端的发生。

另一方面，注册会计师借助管理建议书，事先提出了改进建议，可以把注册会计师的法律责任降低到最低限度。

管理建议书的主要内容如下。

（1）标题。管理建议书的标题应当统一规范为"管理建议书"。

（2）收件人。管理建议书的收件人应为被审计单位管理当局。

（3）会计报表审计目的及管理建议书的性质。管理建议书应当指明审计目的是对会计报表发表审计意见。管理建议书仅指出了注册会计师在审计过程中注意到的内部控制重大缺陷，不应被视为对内部控制发表的鉴证意见。所提建议不具有强制性和公证性。

（4）内部控制重大缺陷及其影响和改进建议。管理建议书应当指明注册会计师在审计过程中注意到的内部控制设计及运行方面的重大缺陷，包括前期建议改进但本期仍然存在的重大缺陷。

（5）使用范围及使用责任。管理建议书应当指明其仅供被审计单位管理当局内部参考，因使用不当造成的后果与注册会计师及其所在会计师事务所无关。

（6）签章。管理建议书应当由注册会计师签章，并加盖会计师事务所公章。

复习题

一、简答题

1. 简要说明审计报告的要素。
2. 简述审计报告的编写步骤和要求。
3. 简述管理建议书的作用。

二、分析题

注册会计师负责对 D 公司 2014 年度财务报表进行审计，并确定财务报表层次的重要水平为 1 200 000 元。D 公司 2014 年财务报告于 2015 年 3 月 25 日获董事会批准，并于同日报送证券交易所。其他相关资料如下。

D 公司未经审计的 2014 年度会计报表部分项目的年目余额或本年发生额如表 15.1 所示。

表 15.1　2014 年度会计报表部分项目的年目金额或本年发生额

项　　目	金额（万元）
资产总额	42 000
股本	15 000
资本公积	8 000
盈余公积	2 000
未分配利润	1 800
主营业务收入	36 000
利润总额	600
净利润	400

在对 D 公司审计过程中，注册会计师注意到以下事项。

（1）D 公司会计政策规定，对应收款项采用账龄分析法计提坏账准备。确定的坏账准备计提比例分别为：账龄 1 年以内的（含 1 年，以下类推），按其余额的 15%计提；账龄 1~2 年的，按其余额的 40%计提；账龄 2~3 年的，按其余额的 60%计提；账龄 3 年以上的，按其余额的 80%计提。

D 公司 2014 年 12 月 31 日未经审计的预收账款账面余额为 23 445 000 元，明细情况如表 15.2 所示。

表 15.2　预收账款明细表

	1年以内	1~2年	2~3年	3年以上
预收账款——a	30 150 000			
预收账款——b		2 100 000		
预收账款——c	600 000		25 000	
预收账款——d	-9 500 000			
预收账款——e				70 000
合计	21 250 000	2 100 000	25 000	70 000

（2）D 公司采用完工百分比法确认合同收入和合同费用，按累计实际发生的合同成本占合同预计总成本的比例确定合同完工程度。2014 年 1 月，公司作为建筑承包商与建设单位签订一项总金额为 40 000 000 元的固定造价合同，预计总成本为 36 000 000 元。2014 年度实际发生成本 25 200 000 元。2014 年年末，预计为完成该项合同尚须在 2015 年发生成本 16 800 000 元，该合同的结果能够可靠估计，但公司在 2014 年度尚未确认与该项合同相关的主营业务收入和主营业成本。

（3）2014 年 1 月起，公司开始研发一项产品专利技术，董事会认为研发该项目具有可靠的技术和财务等资源的支持，并且一旦研发成功将显著降低公司的产品成本，因此予以批准。2014 年 11 月 31 日，该项专利技术达到预定用途，结转研发支出，确认无形资产。该无形资产的估计使用寿命为 5 年，净残值为零，并按直线法摊销。公司在研发过程中发生材料费 30 000 000 元、工资费用 6 000 000 元、其他相关费用 4 000 000 元，共 40 000 000 元，其中符合资本化条件的支出为 18 000 000 元。公司在 2014 年度做了如下会计处理：在发生研发支出时，借记"研发支出——费用化支出" 22 000 000 元、"研发支出——资本化支出" 18 000 000 元，贷记"原材料" 30 000 000 元、"应付职工薪酬" 6 000 000 元、"银行存款" 4 000 000 元；在结转"研发支出——费用化支出"时，借记"管理费用" 22 000 000 元，贷记"研发支出——费用化支出" 22 000 000 元；在确认无形资产时，借记"无形资产" 18 000 000 元，贷记"研发支出——资本化支出" 18 000 000 元；在摊销该项无形资产时，借记"制造费用——专利技术" 300 000 元，贷记"累计摊销" 300 000 元。

（4）2013 年 2 月，D 公司与某广告代理公司签订广告代理合同，委托该公司承办产品广告业务，采用机场广告牌方式。广告代理合同约定：机场广告牌费用为 14 400 000 元。展示时间为 2013 年 2 月至 2015 年 1 月共两年，若因故在展示期间中止广告，则代理方应退还中止广告期间所对应的广告费用。D 公司于 2013 年 7 月一次全额支付该项广告费用，并全额记入 2013 年度销售费用。注册会计师在审计 D 公司 2013 年度财务报表时认为，应自 2013 年 2 月起的两年内平均分摊该项广告费用，提出借记"长期待摊费用" 7 800 000 元、贷记"销售费用" 7 800 000 元的审计调整建议。公司调整了 2013 年度财务报表，但未调整 2014 年度相关账户和财务报表。

（5）D 公司于 2014 年 8 月取得了某外国上市公司 18%的股权（不能实施控制，也无重大影响），投资成本 8 000 000 元。在编制 2014 年 12 月 31 日资产负债表时，D 公司对该公司投资的账面价值按当日公允价值反映。2015 年 3 月 24 日，该外国上市公司因所在地发生地震造成其股票市场价值与 2014 年 12 月 31 日相比下跌 60%，从而导致公司对该上市公司的股权投资遭受重大损失。

（6）2014 年 1 月 31 日，D 公司开发建成一栋商住两用楼盘，该商住楼所在地不存在活跃的房地产交易市场，2014 年年末未发生减值迹象。该商住楼的建造成本为 30 000 000 元，其中，一层商铺 12 000 000 元计划用于出租，其余楼层 18 000 000 元计划用于公司办公。2014 年 3 月 31 日，公司就一层商铺与某超市签订经营租赁合同，租赁期为 2014 年 3 月 31 日至 20×9 年 3 月 30 日，租赁费用总额 1 440 000 元，自 2014 年 4 月起按月结算。该商住楼预计使用年限为 30 年，预计净残值率为原值的 10%，按平均年限法计提折旧。公司于 2014 年 1 月 31 日做了增加"固定资产——商住楼"30 000 000 元的会计处理；于 2014 年 2 月至 12 月计提了该商住楼折旧，做借记"管理费用——折旧费"825 000 元、贷记"累计折旧"825 000 元的会计处理；于 2014 年 4 月至 12 月对该商住楼的租赁业务做了借记"银行存款"540 000 元、贷记"营业收入——其他业务收入"540 000 元的会计处理。

要求：

如果考虑审计重要性水平，假定 D 公司分别只存在 6 个事项中的 1 个事项，并且拒绝接受注册会计师针对事项（1）至事项（6）提出的审计处理建议（如果有），在不考虑其他条件的前提下，请指出注册会计师应当针对该 6 个独立存在的事项分别出具何种意见类型的审计报告。若须提出审计调整建议，请直接列示审计调整分录。

附录A　第1201号——内部审计

人员职业道德规范

第一章　总则

第一条　为了规范内部审计人员的职业行为，维护内部审计职业声誉，根据《审计法》及其实施条例，以及其他有关法律、法规和规章，制定本规范。

第二条　内部审计人员职业道德是内部审计人员在开展内部审计工作中应当具有的职业品德、应当遵守的职业纪律和应当承担的职业责任的总称。

第三条　内部审计人员从事内部审计活动时，应当遵守本规范，认真履行职责，不得损害国家利益、组织利益和内部审计职业声誉。

第二章　一般原则

第四条　内部审计人员在从事内审计活动时，应当保持诚信、正直。

第五条　内部审计人员应当遵循客观性原则，公正、不偏不倚地做出审计职业判断。

第六条　内部审计人员应当保持并提高专业胜任能力，按照规定参加后续教育。

第七条　内部审计人员应当遵循保密原则，按照规定使用其在履行职责时所获取的信息。

第八条　内部审计人员违反本规范要求的，组织应当批评教育，也可以视情节给予一定的处分。

第三章　诚信正直

第九条　内部审计人员在实施内部审计业务时，应当诚实、守信，不应有下列行为：

（一）歪曲事实；

（二）隐瞒审计发现的问题；

（三）进行缺少证据支持的判断；

（四）做误导性的或者含糊的陈述。

第十条　内部审计人员在实施内部审计业务时，应当廉洁、正直，不应有下列行为：

（一）利用职权谋取私利；

（二）屈从于外部压力，违反原则。

第四章　客观性

第十一条　内部审计人员实施内部审计业务时，应当实事求是，不得由于偏见、利益冲突而影响职业判断。

第十二条　内部审计人员实施内部审计业务前，应当采取下列步骤对客观性进行评估：

（一）识别可能影响客观性的因素；

（二）评估可能影响客观性因素的严重程度；

（三）向审计项目负责人或者内部审计机构负责人报告客观性受损可能造成的影响。

第十三条 内部审计人员应当识别下列可能影响客观性的因素：

（一）审计本人曾经参与过的业务活动；

（二）与被审计单位存在直接利益关系；

（三）与被审计单位存在长期合作关系；

（四）与被审计单位管理层有密切的私人关系；

（五）遭受来自组织内部和外部的压力；

（六）内部审计范围受到限制；

（七）其他。

第十四条 内部审计机构负责人应当采取下列措施保障内部审计的客观性：

（一）提高内部审计人员的职业道德水准；

（二）选派适当的内部审计人员参加审计项目，并进行适当分工；

（三）采用工作轮换的方式安排审计项目及审计组；

（四）建立适当、有效的激励机制；

（五）制定并实施系统、有效的内部审计质量控制制度、程序和方法；

（六）当内部审计人员的客观性受到严重影响，且无法采取适当措施降低影响时，停止实施有关业务，并及时向董事会或者最高管理层报告。

第五章 专业胜任能力

第十五条 内部审计人员应当具备下列履行职责所需的专业知识、职业技能和实践经验：

（一）审计、会计、财务、税务、经济、金融、统计、管理、内部控制、风险管理、法律和信息技术等专业知识，以及与组织业务活动相关的专业知识；

（二）语言文字表达、问题分析、审计技术应用、人际沟通、组织管理等职业技能；

（三）必要的实践经验及相关职业经历。

第十六条 内部审计人员应当通过后续教育和职业实践等途径，了解、学习和掌握相关法律法规、专业知识、技术方法和审计实务的发展变化，保持和提升专业胜任能力。

第十七条 内部审计人员实施内部审计业务时，应当保持职业谨慎，合理运用职业判断。

第六章 保密

第十八条 内部审计人员应当对实施内部审计业务所获取的信息保密，非因有效授权、法律规定或其他合法事由不得披露。

第十九条 内部审计人员在社会交往中，应当履行保密义务，警惕非故意泄密的可能性。

内部审计人员不得利用其在实施内部审计业务时获取的信息牟取不正当利益，或者以有悖于法律法规、组织规定及职业道德的方式使用信息。

第七章 附则

第二十条 本规范由中国内部审计协会发布并负责解释。

第二十一条 本规范自2014年1月1日起施行。

附录B 中国注册会计师

执业准则体系

中国注册会计师审计准则第 1101 号——注册会计师的总体目标和审计工作的基本要求

中国注册会计师审计准则第 1111 号——就审计业务约定条款达成一致意见

中国注册会计师审计准则第 1121 号——对财务报表审计实施的质量控制

中国注册会计师审计准则第 1131 号——审计工作底稿

中国注册会计师审计准则第 1141 号——财务报表审计中与舞弊相关的责任

中国注册会计师审计准则第 1142 号——财务报表审计中对法律法规的考虑

中国注册会计师审计准则第 1151 号——与治理层的沟通

中国注册会计师审计准则第 1152 号——向治理层和管理层通报内部控制缺陷

中国注册会计师审计准则第 1153 号——前任注册会计师和后任注册会计师的沟通

中国注册会计师审计准则第 1201 号——计划审计工作

中国注册会计师审计准则第 1211 号——通过了解被审计单位及其环境识别和评估重大错报风险

中国注册会计师审计准则第 1221 号——计划和执行审计工作时的重要性

中国注册会计师审计准则第 1231 号——针对评估的重大错报风险采取的应对措施

中国注册会计师审计准则第 1241 号——对被审计单位使用服务机构的考虑

中国注册会计师审计准则第 1251 号——评价审计过程中识别出的错报

中国注册会计师审计准则第 1301 号——审计证据

中国注册会计师审计准则第 1311 号——对存货、诉讼和索赔、分部信息等特定项目获取审计证据的具体考虑

中国注册会计师审计准则第 1312 号——函证

中国注册会计师审计准则第 1313 号——分析程序

中国注册会计师审计准则第 1314 号——审计抽样

中国注册会计师审计准则第 1321 号——审计会计估计（包括公允价值会计估计）和相关披露

中国注册会计师审计准则第 1323 号——关联方

中国注册会计师审计准则第 1324 号——持续经营

中国注册会计师审计准则第 1331 号——首次审计业务涉及的期初余额

中国注册会计师审计准则第 1332 号——期后事项

中国注册会计师审计准则第 1341 号——书面声明

中国注册会计师审计准则第 1401 号——对集团财务报表审计的特殊考虑

中国注册会计师审计准则第 1411 号——利用内部审计人员的工作

中国注册会计师审计准则第 1421 号——利用专家的工作

中国注册会计师审计准则第 1501 号——对财务报表形成审计意见和出具审计报告

中国注册会计师审计准则第 1502 号——在审计报告中发表非无保留意见

中国注册会计师审计准则第 1503 号——在审计报告中增加强调事项段和其他事项段

中国注册会计师审计准则第 1511 号——比较信息：对应数据和比较财务报表

中国注册会计师审计准则第 1521 号——注册会计师对含有已审计财务报表的文件中的其他信息的责任

中国注册会计师审计准则第 1601 号——对按照特殊目的编制基础编制的财务报表审计的特殊考虑

中国注册会计师审计准则第 1602 号——验资

中国注册会计师审计准则第 1603 号——对单一财务报表和财务报表特定要素审计的特殊考虑

中国注册会计师审计准则第 1604 号——对简要财务报表出具报告的业务

中国注册会计师审计准则第 1611 号——商业银行财务报表审计

中国注册会计师审计准则第 1612 号——银行间函证程序

中国注册会计师审计准则第 1613 号——与银行监管机构的关系

中国注册会计师审计准则第 1631 号——财务报表审计中对环境事项的考虑

中国注册会计师审计准则第 1632 号——衍生金融工具的审计

中国注册会计师审计准则第 1633 号——电子商务对财务报表审计的影响

中国注册会计师审阅准则第 2101 号——财务报表审阅

中国注册会计师其他鉴证业务准则第 3101 号——历史财务信息审计或审阅以外的鉴证业务

中国注册会计师其他鉴证业务准则第 3111 号——预测性财务信息的审核

中国注册会计师相关服务准则第 4101 号——对财务信息执行商定程序

中国注册会计师相关服务准则第 4111 号——代编财务信息

质量控制准则第 5101 号——会计师事务所对执行财务报表审计和审阅、其他鉴证和相关服务业务实施的质量控制

参 考 文 献

[1] 中国注册会计师协会. 注册会计师全国统一考试辅导教材——审计. 北京：中国财政经济出版社，2015.

[2] 耿慧敏，等. 审计实训教程（第二版）. 大连：东北财经大学出版社，2014.

[3] 颜晓燕，等. 注册会计师审计经典案例教程. 北京：清华大学出版社，2010.

[4] 中国注册会计师协会. 注册会计师全国统一考试辅导教材——会计. 北京：经济科学出版社，2015.

[5] 中国注册会计师协会. 中国注册会计师执业准则应用指南（2010）. 北京：经济科学出版社，2010.

[6] 苗美华. 审计实务. 北京：人民邮电出版社，2014.

[7] 赵华，等. 审计学. 长沙：湖南大学出版社，2012.

[8] 李晓慧. 审计学实务与案例（第三版）. 北京：中国人民大学出版社，2014.

[9] 秦荣生，卢春泉. 审计学（第八版）. 北京：中国人民大学出版社，2014.

[10] 李凤鸣. 审计学原理（第五版）. 上海：复旦大学出版社，2011.

[11] 卡迈克尔. 审计概念与方法. 刘明辉，胡英坤主译. 大连：东北财经大学出版社，1999.

[12] 林志军. 西方审计理论与实务. 北京：中国审计出版社，1996.

[13] 宋常. 审计学. 北京：中国人民大学出版社，2014.

[14] 中国注册会计师协会. 审计. 北京：经济科学出版社，2015.

[15] 田金玉，许淑景. 审计实训教程. 上海：立信会计出版社，2015.